U0145187

思想的・睿智的・獨見的

# 經典名著文庫

學術評議

丘為君　吳惠林　宋鎮照　林玉体　邱燮友
洪漢鼎　孫效智　秦夢群　高明士　高宣揚
張光宇　張炳陽　陳秀蓉　陳思賢　陳清秀
陳鼓應　曾永義　黃光國　黃光雄　黃昆輝
黃政傑　楊維哲　葉海煙　葉國良　廖達琪
劉滄龍　黎建球　盧美貴　薛化元　謝宗林
簡成熙　顏厥安（以姓氏筆畫排序）

策劃　楊榮川

五南圖書出版公司 印行

# 經典名著文庫

## 學術評議者簡介（依姓氏筆畫排序）

經典名著文庫162

# 韓非子(上)

## 【以清・王先愼集解之《韓非子集解》爲依據版本】

韓非 原著

王先愼 集解

陳麗桂 導讀、題解

# 經典永恆．名著常在

## 五十週年的獻禮．「經典名著文庫」出版緣起

總策劃 楊榮川

五南，五十年了。半個世紀，人生旅程的一大半，我們走過來了。不敢說有多大成就，至少沒有凋零。

五南忝為學術出版的一員，在大專教材、學術專著、知識讀本出版已逾壹萬參仟種之後，面對著當今圖書界媚俗的追逐、淺碟化的內容以及碎片化的資訊圖景當中，我們思索著：邁向百年的未來歷程裡，我們能為知識界、文化學術界做些什麼？在速食文化的生態下，有什麼值得讓人雋永品味的？

歷代經典．當今名著，經過時間的洗禮，千錘百鍊，流傳至今，光芒耀人；不僅使我們能領悟前人的智慧，同時也增深加廣我們思考的深度與視野。十九世紀唯意志論開創者叔本華，在其〈論閱讀和書籍〉文中指出：「對任何時代所謂的暢銷書要持謹慎

的態度。」他覺得讀書應該精挑細選，把時間用來閱讀那些「古今中外的偉大人物的著作」，閱讀那些「站在人類之巔的著作及享受不朽聲譽的人們的作品」。閱讀就要「讀原著」，是他的體悟。他甚至認爲，閱讀經典原著，勝過於親炙教誨。他說：

「一個人的著作是這個人的思想菁華。所以，儘管一個人具有偉大的思想能力，但閱讀這個人的著作總會比與這個人的交往獲得更多的內容。就最重要的方面而言，閱讀這些著作的確可以取代，甚至遠遠超過與這個人的近身交往。」

爲什麼？原因正在於這些著作正是他思想的完整呈現，是他所有的思考、研究和學習的結果；而與這個人的交往卻是片斷的、支離的、隨機的。何況，想與之交談，如今時空，只能徒呼負負，空留神往而已。

三十歲就當芝加哥大學校長、四十六歲榮任名譽校長的赫欽斯（Robert M. Hutchins, 1899-1977），是力倡人文教育的大師。「教育要教眞理」，是其名言，強調「經典就是人文教育最佳的方式」。他認爲：

「西方學術思想傳遞下來的永恆學識，即那些不因時代變遷而有所減損其價值的古代經典及現代名著，乃是眞正的文化菁華所在。」

這些經典在一定程度上代表西方文明發展的軌跡，故而他爲大學擬訂了從柏拉圖的《理想國》，以至愛因斯坦的《相對論》，構成著名的「大學百本經典名著課程」。成爲大學通識教育課程的典範。

歷代經典．當今名著，超越了時空，價値永恆。五南跟業界一樣，過去已偶有引進，但都未系統化的完整舖陳。我們決心投入巨資，有計劃的系統梳選，成立「經典名著文庫」，希望收入古今中外思想性的、充滿睿智與獨見的經典、名著，包括：

• 歷經千百年的時間洗禮，依然耀明的著作。遠溯二千三百年前，亞里斯多德的《尼各馬科倫理學》、柏拉圖的《理想國》，還有奧古斯丁的《懺悔錄》。
• 聲震寰宇、澤流遐裔的著作。西方哲學不用說，東方哲學中，我國的孔孟、老莊哲學，古印度毗耶娑（Vyāsa）的《薄伽梵歌》、日本鈴木大拙的《禪與心理分析》，都不缺漏。
• 成就一家之言，獨領風騷之名著。諸如伽森狄（Pierre Gassendi）與笛卡兒論戰的《對笛卡兒沉思錄的詰難》、達爾文（Darwin）的《物種起源》、米塞斯（Mises）的《人的行爲》，以至當今印度獲得諾貝爾經濟學獎阿馬蒂亞．

森（Amartya Sen）的《貧困與饑荒》，及法國當代的哲學家及漢學家余蓮（François Jullien）的《功效論》。

梳選的書目已超過七百種，初期計劃首為三百種。先從思想性的經典開始，漸次及於專業性的論著。「江山代有才人出，各領風騷數百年」，這是一項理想性的、永續性的巨大出版工程。不在意讀者的眾寡，只考慮它的學術價值，力求完整展現先哲思想的軌跡。雖然不符合商業經營模式的考量，但只要能為知識界開啓一片智慧之窗，營造一座百花綻放的世界文明公園，任君遨遊、取菁吸蜜、嘉惠學子，於願足矣！

最後，要感謝學界的支持與熱心參與。擔任「學術評議」的專家，義務的提供建言；各書「導讀」的撰寫者，不計代價地導引讀者進入堂奧；而著譯者日以繼夜，伏案疾書，更是辛苦，感謝你們。也期待熱心文化傳承的智者參與耕耘，共同經營這座「世界文明公園」。如能得到廣大讀者的共鳴與滋潤，那麼經典永恆，名著常在。就不是夢想了！

二〇一七年八月一日 於

五南圖書出版公司

# 目次

## 【上冊】

【下冊】

# 導讀

國立臺灣師範大學國文學系教授　陳麗桂

《韓非子》在先秦諸子文獻典籍中，是相當特殊的。不僅因爲它撰寫體式繁複多類；更因它在許多篇章中，三句一例，五句一證，大量徵引史事、史例與歷史人物，先秦諸子無人能出其右，這使它成爲先秦諸子典籍中，使用史料數量最龐大，展現形態最繁複的著作，前此固無先例，後此卻影響了秦代《呂氏春秋》與漢代《淮南子》的編撰，這一切應當源於作者韓非的過人才氣與豐富學識。

## 壹、韓非的生平與著作

韓非在戰國哲學家中是出身最高的一位，約生於西元前二八〇年，卒於西元前二三三年，享年四十八歲。《史記》本傳說他是「韓之諸公子」，喜刑名法術之學，而歸本於黃老。爲人口吃，不善說話，而善著書。與李斯同事荀卿，李斯自認不如。韓非見韓國日益削弱，幾次上書勸諫韓王，韓王不能用。韓非痛心治國者不能修明法制，有效掌握權勢，統御臣下，富國彊兵；反而舉用浮誇不實之人，加於有功實者之上。尤其痛恨儒士用文亂法，俠士以武犯禁；人君平時寵任名聲浮濫之人，急難才用執干戈的戰士；廉直者不容於邪枉之臣，所養非所用，所用非所養。於是觀察歷史得失之變，作〈孤憤〉、〈五蠹〉、〈內外儲說〉、〈說林〉、〈說難〉等篇，十餘萬言。秦始皇得之，驚爲天人，致函韓國，要求交出韓非。韓王平時不能用韓非，臨急，只好交出韓非。韓非至秦，李斯、姚賈害之，告秦始皇，韓非終究爲韓，不會爲秦。秦始皇於是將韓非下獄，李斯害怕秦王後悔，派人送毒藥給監獄中的韓非，勸其自殺。秦始皇後悔，想赦免韓非，韓非已死於獄中。[1]

韓非的著作，根據《史記》所述，有〈孤憤〉、〈五蠹〉、〈內外儲說〉、〈說林〉、〈說難〉等，共十餘萬言。從《漢書·藝文志》已有著錄看來，今傳《韓非子》五十五篇，應是劉向校理內府秘書時，彙整所得。因爲班固《漢志》源自劉歆《七略》，而《七略》正是整理自劉向的《別錄》。

## 貳、《韓非子》的版本

《韓非子》一書，最早在《漢書·藝文志》子部法家類著錄有《韓子》五十五篇，王應麟《漢書·藝文志考證》所著錄相同。《隋書·經籍志》、《舊唐書·經籍志》、《唐書·藝文志》、《宋史·藝文志》、晁公武《郡齋讀書志》、陳振孫《直齋書錄解題》、《四庫全書總目》及《簡明目錄》則記載有《韓子》二十卷，都在子部法家類。自孫人和的《孫氏祠堂目錄》以下，若盧文弨《群書拾補》、吳山尊《重刊韓非子》、顧廣圻《韓非子識讀》，都稱《韓非子》，卷數亦爲二十卷。可見《韓非子》一書歷代雖有佚文，篇卷數則無殘脫，或作五十五篇，或作二十卷，無歧異。

至其版本，較早應有宋乾道年間黃三八郎本（簡稱乾道本）、元至元三年何犿本（已失傳）、明萬曆十年趙用賢本（以宋刊本與何犿本相校）、明周孔教大字本、清王先愼以宋本與趙本相對校之集解本。而清光緒元年浙江書局二十子中之《韓非子》，係據吳山尊本翻印，堪稱善本。[2]後人之校注，根據《魏書・劉昞傳》之記載，劉昞曾注過《周易》、《韓子》等書；其後，元何犿稱：「舊本有李瓚注」，李瓚爲唐大中朝的進士；再後是清王先愼的《韓非子集解》，集解本正

1 漢・司馬遷撰，劉宋・裴駰集解，唐・司馬貞索引，張守節正義《史記集解》（臺北：藝文印書館景清乾隆武英殿刊本），頁八六〇。

2 以上有關《韓非子》的版本，詳參王先愼《韓非子集解・序》（臺北：世界書局，二〇一八年十月一版），頁二一五。以下所引《韓非子》原典，悉依此本，但標頁碼，不另詳注。

是二十卷五十五篇。近代則以陳奇猷《韓非子集釋》爲代表，然陳奇猷於集釋出版後十餘年，重新考研《韓非子》體系，又蒐羅許多新資料，如各類書、經、史、子、《昭明文選》等舊注所引《韓非子》文，以及近年出土，若馬王堆帛書《老子》、《黃帝四經》、《戰國策》及包山簡等古佚文獻，幾近重撰地，大事增補改易原集釋內容及書名，成《韓非子新校注》，詳贍爲歷來諸家之冠。

## 參、《韓非子》的思想

作爲法家思想的集大成者，韓非站在法家先賢的基礎上，堅持法治、主張明法尊君，力農耕戰、富國強兵。唯較之前賢，《韓非子》有更豐富的內容、具體的主張、嚴整的結構，與細膩的思維。他遠承春秋以來管仲、李悝、吳起等法家先驅的精神與思想，近襲商鞅、愼到、申不害的法、勢、術論，取精用宏，將它們作了有機地結合跟補強，完成了他那勢、術、法緊密結合的高妙政論。從今傳《韓非子》五十五篇中的理論，可以清楚看出其體系周密完備的法家大論。而要理解《韓非子》的思想，得先了解法家。

## 一、《韓非子》思想的淵承——法家思想的特質

儘管儒、墨、道、法等諸子學派的分類，主要是漢代劉歆、班固以後的典籍歸分手法。迄至韓非的戰國晚期諸子中，以學派名稱者，仍只有儒、墨兩家；[3]但先秦諸子百家之所以被歸分為幾個學派，仍然有其彼此相近或明顯區隔的思想與理論依據。就法家而言，從管仲、李悝、吳起、商鞅、愼到、申不害到韓非，時代儘管略有先後，思想和政治主張也各有偏重之焦點，卻呈現出一定的交集，有著共同的目標與宗旨，煥發著某些類近的氣質，這是法家的基本教義。這些教義大致可分為幾項：

### ㈠尊君明法

周代封建制度是以貴族為核心建構起來的，封建貴族在自己的封地和采邑上有絕對的自主權，他們是封君，也是地主，天子的權威是建立在諸侯的擁護之上的。中央對地方，除了有井田與

3 《韓非子．顯學》說：「世之顯學，儒墨也」，王先愼《韓非子集解》，頁三五一。

兵賦的規定外，並無直接管轄權。自平王東遷以後，王室威勢衰微，貴族生命腐化，封建制度解體，五霸七雄遞興，縱橫交錯，王室地位更加陵夷。侯國亦然，魯有三桓，晉有六卿。其後三家分晉，田氏篡齊，君權不彰。法家站在中央集權的立場，主張廢封建，裁抑貴族，解放君權，企圖建立一個強有力的中央政府，來維持政治社會秩序，法家因此要尊君。

他們不但要摧毀以貴族爲核心，親親爲依據的封建禮制傳統，也企圖建立一套絕對客觀的新價值體系；在這套體系中，尊尊親親的公共資源分配原則被打破，一種更爲客觀的新價值標準與遊戲規則被訂定了出來，那就是「法」。

### ㈡富國強兵、勵農戰

法家積極進取，求強大。爲了臻至強大，首先就必須有豐富的資源與足夠的力量，富強因此是法家的首要目標。法家相信，只有富國強兵，才有足夠的本錢去做好領導統御，達到他們的理想與目的。因此，法家不似儒、墨兩家，講道德，重仁義。他們相信，只有強化自身的實力和現實條件，才能擁有發言權，有效發號施令，一切的仁、義、禮教，也才有落實的可能。管仲主張「通貨積財」、「倉廩實則知禮節，衣食足則知榮辱」，[4]都是這個意思。法家的基本目標就是圖強稱霸。

爲了達到富強的目的，他們鼓勵農戰，農以富國養兵，戰以強兵，富國養兵須勵農。李悝主張盡地利之教，吳起主張遷徙疏遠的公族去開墾荒地，充實邊防。法家因此常有屯田之策，兵農合一，糧草可以不假外求。基本上都是富國強兵、圖強稱霸目標下的具體策略。

㈢反傳統

法家在先秦諸子中是現實感最強烈的一家，他們不待百年，不期千古，講時效，重實際，要求在有效期限內當下立竿見影。他們身處東周時期封建制度解體，禮崩樂壞，社會面臨轉型之際，因應情勢，去完成轉型。爲了摧毀封建宗法尊尊親親的公共資源分配原則，歷史因素被降到最低，時代要求被列爲首要，他們要求客觀、公平，不相信有任何一種管理策略和原則可以千年萬代永遠有效；韓非說：

聖人不期修古，不法常法，論世之事，因爲之備。（《韓非子．五蠹》）[5]

---

4 見《管子．牧民》，〔日〕安井衡纂詁《管子纂詁》（臺北：河洛圖書出版社，一九七六年三月），頁一。

5 王先慎《韓非子集解》，頁三三九。

不同時代有不同時代的狀況和需求，應該順應不同的時代情況，做不同的因應與調整。〈五蠹〉也說：「事因於世，而備適於事。」[6]在政治上，他們不但要廢封建、立郡縣，裁抑貴族，解放君權；在經濟上，也主張廢井田、開阡陌，一方面擴大耕地面積，將分封的采邑收歸中央，爲進一步的君主專制體制鋪路。吳起甚至要裁汰疏遠的貴族，讓他們到邊疆去開墾荒地，既充實糧餉，又強化邊防。另一方面，又創立了依田畝情況收稅的稅畝制，取代西周長久以來八家共耕一區公田的井田制度。

## (四)變法維新

他們主張建立一種更爲客觀的新價值標準，去開展新的格局。商鞅因此要變法。李悝的廢井田、盡地利之教，基本上也是一種維新的變革。而「法」是必須因應著新的情勢需要不斷調整的，商鞅說：

> 治世不一道，便國不法古。故湯武不循古而王，夏殷不易禮而亡，反古者不可非，而循禮者不足多。[7]

西周以來的禮樂風教時代已經過去，歷史上成功立業的聖主，莫不革新求變。韓非說：

聖人之治民，法與時移，則禁與能變。[8]

過去周代以「禮」，今後法家要以「法」爲統治者唯一而最高的統治準則；〈五蠹〉說：「明主之國，無書簡之文，以法爲教。」[9]法家族群之所以以「法」爲稱，主要就是他們唯「法」是尚。

6 王先慎《韓非子集解》，頁三三九。
7 見《史記．商君列傳》引商鞅說，漢．司馬遷撰，劉宋．裴駰集解，唐．司馬貞索隱，張守節正義《史記集解》，頁八九一。
8 見〈心度〉，王先慎《韓非子集解》，頁三六六。
9 王先慎《韓非子集解》，頁三四七。

## 二、《韓非子》的思想體系

### ㈠思想基礎：人性趨利避害

法家的各種政術與策略，基本上都是站在性惡的觀點上架構、設定的。就因爲認定人性先天上有弱點與缺失，才需要設定各種方法、機制去防範。一切對勢、術、法的重視與講求，基本上都是站在這樣的基點上開展出來的，韓非亦然。此外，韓非是荀卿的學生，荀卿主性惡，韓非或亦有所因承。但荀子說「性惡」，並非斷定人性本惡，而是認爲，「性」是「本始材樸」，是先天上自然而未有後天加工修飾的生理本能反應。飢而欲食、渴而欲飲、夫妻男女之交，本無所謂善惡。但一味無節制去循「性」滿足，必然造成需求的膨脹、慾望的擴充，便極易流於惡，轉爲惡。因此，需透過「禮」的規範與分配，去加以防範、疏導，使趨於理想。韓非等法家卻不然，他們緊盯著人性和其他生類一樣，有趨利避害的天生本能，局部而片面地加以強調、論證，專門就自私、自利、計較一端去看待、處理人性問題。

韓非說：「夫民之性，惡勞而樂逸」[10]，「大安利者就之，危害者去之，此人之情也」[11]。上古時候男不耕，女不織，民不爭，那是因爲人口少，自然資源足夠享用。自從文明逐漸開發以後，「人民眾而貨財寡，事力勞而供養薄」，物質資源不夠分配，便開始爭。[12]造成管理上極大的麻煩，這是人類本然的天性。就以關係最近的親人而言，韓非說：

父母之於子也，產男則相賀，產女則殺之……慮其後便，計之長利也。（〈六反〉）[13]人爲嬰兒也，父母養之簡，子長而怨。子盛壯成人，其供養薄，……子父至親也，而或譙或怨者，皆挾相爲而不周於爲己也。夫賣庸而播者，……非愛主人也，曰：如是，羹且美，錢布且易云也……皆挾自爲心也。故人行事施予，以利之爲心，則越人易和；以害之爲心，則父子離且怨。（〈外儲說左上〉）[14]

10見〈心度〉，王先慎《韓非子集解》，頁三六五。
11見〈姦劫弒臣〉，王先慎《韓非子集解》，頁六九。
12見〈五蠹〉，王先慎《韓非子集解》，頁三四〇。
13王先慎《韓非子集解》，頁三一九。
14王先慎《韓非子集解》，頁二〇四—二〇五。

子女幼時父母照應不周，子女長大成人，因怨懟而反哺澆薄；家中僱傭操作，僱主寄望其力作，主人供給美食，受僱者努力操作，以換取待遇。韓非認爲，這不是情感多少問題，而是現實自我本位的利益考量，人性就是這樣。事實上，不計過往，無怨悔孝養之子女，亦大有人在，韓非卻選擇偏仄情況來論證，認爲親子如此，一般人際關係也一樣：

醫善吮人之傷，含人之血，非骨肉之親也，利之所加也。故輿人成輿，則欲人之富貴；匠人成棺，則欲人之夭死也。非輿人仁而匠人賊也，人不貴則輿不售，人不死則棺不賣。情非憎人也，利在人之死也。（〈備內〉）15

放大到政治層面來看，就更現實了，〈姦劫弒臣〉說：「君臣之相與也，非有父子之親也」，完全是利祿的連結；韓非說：

臣主之利相與16異者也。……主利在有能而任官，臣利在無能而得事；主利在有勞而爵祿，臣利在無功而富貴；主利在豪傑使能，臣利在朋黨用私。（〈孤憤〉）17

各有各的盤算與考量。莫說人臣，當面對利益時，即使國君的親人也一樣，韓非說：

萬乘之主，千乘之君，后妃、夫人、適子爲太子者，或有欲其君之蚤死者。……君不死則勢不重，情非憎君也，利在君之死也。（〈備内〉）[18]

說得令人毛骨悚然，其關鍵同樣不純粹是情感問題，而是現實的利益考量。韓非認爲，這就人性的普遍狀態，因而論斷：

---

15 王先慎《韓非子集解》，頁八三—八四。

16「相與」本作「與相」，《集解》引顧廣圻之見，以為「與」當在「相」字下，今從校改。王先慎《韓非子集解》，頁五九。

17 王先慎《韓非子集解》，頁五九。

18 王先慎《韓非子集解》，頁八三、八四。

利之所在，民歸之；名之所彰，士死之。（〈外儲說左上〉）19

面對這種發乎本性的心態，韓非說，只有對症下藥，避開情感問題，根源性地從「利害」處著手，才能管理得順當。他說：

凡治天下，必因人情，人情者有好惡，故賞罰可用；賞罰可用，則禁令可立，而治道具矣。（〈八經〉）20

〈外儲說左上〉也說：「利所禁，禁所利，雖神不行；譽所罪，毀所賞，雖堯不治。」違背了人心、人性的需求，一切都枉然。只有設定賞、罰去管理，才切實而有效。法家在先秦哲學家中，現實感是最強烈的，韓非如此認定人性，基本上是要爲其「法」的統治在人性上尋求有力的支撐點。只有肯定人性的本質是自私自利，好利惡害，賞罰的有效性才能得到保證。

總之，韓非和荀子雖都主張性惡，功能旨趣卻大不相同。荀子的性惡，是爲了彰顯禮義的教化功能；韓非的性惡，卻是爲了保證賞罰的統治功效。

## ㈡君臣之道：尊君卑臣

有鑑於東周以來，以貴族爲核心，尊重地方爲原則的封建體制崩解，中央罩不住地方，諸侯各國交征離析，篡逆四起。法家認爲，中央的威勢要強，首先就需要一個能代表公權力的強有力領導，來統御一切，那就是人君。其次，需要訂定一種具體明確，且絕對公平客觀的共同準則，以便一體奉守，那就是「法」，法家因此都尊君、明法。其一切的思想理論都是站在一統專制，維護君權君威的立場上建立起來的。在法家看來，領導統御者就是公權力的總代表與執行者。公權力要伸張，領導統御者的權力就必須受到絕對的維護與保證，尊君因此是重要的基本前提，韓非亦然；他說：

> 道不同於萬物，德不同於陰陽，衡不同於輕重，繩不同於出入，和不同於燥濕，君不同於群臣，凡此六者，道之出也。道無雙，故曰一。是故明君獨道之容，君臣不同道。

19王先愼《韓非子集解》，頁一九六。

20王先愼《韓非子集解》，頁三三〇。

（〈揚權（搉）〉）21

君者，壤地也；臣者，草木也。必壤地美，然後草木碩大，亦君之力也，臣何力之有？（〈難二〉）22

在政治領域中，人君就代表「道」，就是「道」。「道」是根源，至高至上，至尊無形。只是，人君雖是政治的根源與主體，一切政治事務的操作，卻全賴臣來執行，臣是君政治操作的工具。反之，人臣的一切政治動作機會，則需靠人君來給予，利祿爵位全賴人君來封賜。臣似草木，君是其立根、成長與養分供給的土壤。因此，君本臣末、君尊臣卑、君靜臣動、君逸臣勞。〈心度〉說：「明君操權而上重，一政而國治。」23〈愛臣〉說：

萬物莫如身之至貴也，位之至尊也，主威之重，主勢之隆也，……此君人之所當識也。24

一切「法」的訂定、「勢」的強調、「術」的防範與督核，都是針對著這一目標與宗旨而設想。作為公權力總代表的人君，無論如何必須高高在上，才能推動一切。〈八經〉說：「大臣有行則尊君，百姓有功則利上。」25〈忠孝〉說：

> 臣事君，子事父，妻事夫。三者順，則天下治；三者逆，則天下亂，此天下之常道也……。[26]

尊君和孝父、從夫一樣，都是天經地義的事。韓非說，不可以讓「愛臣太親」、「人臣太貴」、「人臣太富」（〈愛臣〉），[27]〈人主〉篇也有重複的叮囑。問題是，君臣關係完全是後天的結

---

21 王先慎《韓非子集解》，頁三一。該篇篇名本作「揚權」，王先慎《集解》引孫詒穀云：「《文選．蜀都賦》劉逵注，韓非有〈揚搉〉篇，今搉作權，誤。」顧廣圻云：「《廣雅》：揚搉，都凡也。」今從校改。說見《集解》頁二九。本書以下所引該篇篇名，因悉標作「〈揚權（搉）〉」，不一一作註。

22 王先慎《韓非子集解》，頁二七五。

23 王先慎《韓非子集解》，頁三六五。

24 王先慎《韓非子集解》，頁一六。

25 王先慎《韓非子集解》，頁三三八。

26 王先慎《韓非子集解》，頁三五八—三五九。

27 王先慎《韓非子集解》，頁一六。

合，沒有任何先天憑藉，〈姦劫弒臣〉說：「君臣之相與也，非有父子之親也。」[28]依循人性的本然，便只有利害問題。而君臣之間的需求不同，利害相反；韓非說：

臣主之利相與異……主利在有能而任官，臣利在無能而得事；主利在有勞而爵祿，臣利在無功而富貴；主利在豪傑使能，臣利在朋黨用私。（〈孤憤〉）[29]

霸王者，人主之大利也。……富貴者，人臣之大利也。（〈六反〉）[30]

上下各有盤算，爲利益而交征不可避免，韓非引黃帝之言說：

「上下一日百戰。」下匿其私，用試其上；上操度量，以制其下。（〈揚搉〉）[31]

而君臣關係既然如壞土與草木，如何既使土壤肥沃厚實，人君尊威強大；又要草木不枝不蔓，臣下不會成群結黨，要權姦欺，必須時時修剪管理；〈揚權（搉）〉說：

爲人君者，數披其木，毋使木枝扶疏，……毋使木枝外拒，……毋使枝大本小。枝大本小，將不勝春風；不勝春風，枝將害心。（〈揚權（搉）〉）[32]

總之，領導統御的重點在人臣的管理，韓非說：

吏者，民之本綱者也，故聖人治吏不治民。（〈外儲說右下〉）[33]

---

28 王先慎《韓非子集解》，頁七三。

29 王先慎《韓非子集解》，頁五九。

30 王先慎《韓非子集解》，頁三一九—三二〇。

31 王先慎《韓非子集解》，頁三四。

32 王先慎《韓非子集解》，頁三五。

33 王先慎《韓非子集解》，頁二五〇、二五八。

從事政治，必先做好人臣管理。這牽涉到「法」的賞罰褒貶、「勢」的保固，尤其是「術」的運作。韓非說：

所謂明君者，能畜其臣者也；所謂賢臣者，能明法辟，治官職，以戴其君者也。（〈忠孝〉）[34]

基本上，君臣權職當區分。詳細的說，韓非對人臣有一些職務規範和條件要求；他說：

人臣處國無私朝，居軍無私交，是故不得四從。其府庫不得私貸於家，此明君之所以禁邪。不載奇兵，非傳非遽。載奇兵革，罪死不赦。此明君之所以備不虞者也。（〈愛臣〉）[35]

在〈姦劫弒臣〉、〈有度〉和〈說疑〉中，韓非一再標舉法家理想中的好臣子，所謂的「忠臣」（「足貴之臣」）和「霸王之佐」說：

伊尹得之，湯以王；管仲得之，齊以霸；商君得之，秦以強。此三人者，皆明於霸王之術，察於治強之數，而不以牽於世俗之言。適當世明主之意，則有直任布衣之士，立爲卿相之處；處位治國，則有尊主廣地之實；此之謂足貴之臣……所謂忠臣也。（〈姦劫弒臣〉）[36]

后稷、皋陶、伊尹、周公旦、太公望、管仲、隰朋、百里奚、蹇叔、舅犯、趙衰、范蠡、大夫種、逢同、華登，此十五人者爲其臣也，皆夙興夜寐，卑身賤體，竦心白意，明刑辟、治官職以事其君；進善言、通道法而不敢矜其善；有成功立事而不敢伐其勞；不難破家以便國，殺身以安主。以其主爲高天泰山之尊，而以其身爲壑谷釜洧之卑，主有明名廣譽於國，而身不難受壑谷釜洧之卑。……此謂霸王之佐也。（〈說疑〉）[37]

---

34 王先慎《韓非子集解》，頁三五八。

35 王先慎《韓非子集解》，頁一七。

36 王先慎《韓非子集解》，頁七五。

37 王先慎《韓非子集解》，頁三〇八—三〇九。

> 賢者之爲人臣，北面委質，無有二心，朝廷不敢辭賤，軍旅不敢辭難，順上之爲，從主之法，虛心以待令而無是非也。故有口不以私言，有目不以私視，而上盡制之。爲人臣者，譬之若手，上以脩頭，下以脩足，清暖寒熱，不得不救；[38]鏌邪傅體，不敢弗搏。……先王之法曰：「臣毋或作威，毋或作利，從王之指；毋或作惡，從王之路。」（〈有度〉）[39]

這就是韓非理想中的君臣關係與賢臣形象：明法審令，盡心竭力，無我無私，匍匐在下，一切尊威盡在君，一切榮耀歸於君。其中對伊尹、管仲、商君尤所推崇，一再地被抬舉讚譽。因爲他們既雄才大略，萬分能幹，又能愼守君尊臣卑、君逸臣勞的大原則。

反之，在〈姦劫弒臣〉和〈說疑〉中，他也同時開列了法家所疵議的劣臣，所謂的「姦臣」（「擅主之臣」）、「無益之臣」、「不令之臣」和「亡國之臣」。「姦臣」（「擅主之臣」）是：只知「順人主之心，以取親幸之勢……主有所善，臣從而譽之；主有所憎，臣因而毀之。」弄得「群下不得盡其智力以陳其忠，百官之吏不得奉法以致其功」。[40]妨礙同僚的盡忠與致功。

「無益之臣」是指如豫讓之類刺客，智伯在時，不能「明法術……領御其眾，以安其國」；等到智伯覆亡，才來殘刑殺身、以死相報，完全沒意義。伯夷、叔齊、許由、續牙、晉伯陽、秦顚

頡、衛僑如、狐不稽、重明、董不識、卞隨、務光、伯夷、叔齊等十二位隱逸之士也一樣，

上見利不喜，下臨難不恐，或與之天下而不取，有萃辱之名，則不樂食穀之利。……或伏死於窟穴，或槁死於草木，或飢餓於山谷，或沉溺於水泉。[41]

功祿既不受，賞罰兩不吃，天子不能臣，諸侯不能友，終老一生，既無補於政，也無益於世，看不出半點價值，這叫「無益之臣」，也叫「不令之民」。（分見〈姦劫弒臣〉與〈說疑〉）[42]

---

38 此句本作「不得不救入」，王先慎以為，「入」是衍文；「不得不救」與「不敢弗搏」相對為文。今從校改。《韓非子集解》，頁二一四。

39 王先慎《韓非子集解》，頁二一四。

40 以上所引，分見王先慎《韓非子集解》，頁六八—三九、七五—七六、三〇七—三〇八。

41 王先慎《韓非子集解》，頁三〇七。

42 分見王先慎《韓非子集解》，頁七五—七六、三〇八。

至於像周滑之、鄭王孫申、陳公孫寧、儀行父、荊芋尹、申亥、隨少師、越種干、吳王孫額、晉陽成泄、齊豎刁、易牙等十二人，都是

> 思小利而忘法義，進則揜蔽賢良以陰闇其主，退則撓亂百官而爲禍難，皆輔其君、共其欲，苟得一說於主，雖破國殺眾不難爲也。

只爲一己之私，即使禍害同僚，敗政亡國，也在所不惜，這叫「諂諛之臣」。（〈說疑〉）[43]最惡劣的是有扈氏的失度，讙兜氏的孤男，三苗的成駒，桀的侯侈，紂的崇侯虎，晉的優施等六人，他們：

> 言是如非，言非如是，內險以賊其外，小謹以徵其善，稱道往古、使良事沮，善擅其主、以集精微，亂之以其所好，此夫郎中左右之類者也。

顛倒是非黑白，陰險奸詐，虛僞作假，專門投以所好，蠱惑人君，成事不足，敗事有餘，這叫「亡國之臣」。[44]

韓非要的是：能在法令的規範下，正面而積極地投入政治工作；有眞本事與能力，又能依循

政治常軌去富國強兵、治世治民的，才是賢臣。舉凡不在法令規範之中，標新立異，自以爲是的行徑與人物，都不值得稱譽和推崇。韓非最推崇的是「智術之士」與「能法之士」，前者「遠見而明察」，能助人主「察姦」；後者「強毅而勁直」，能助人主「矯姦」。一個好臣子就是要能「效度數之言，上明主法，下困姦臣，以尊主安國」。（以上詳見〈孤憤〉）[45]

㈢明法審令：法治與德治、賢治

人心、人性既然以利害爲基點，欲管理「人」，便當對症下藥，由利害著手，透過法令，去公開規定。韓非說：

布帛尋常，庸人不釋；鑠金百鎰，盜賊不掇。不必害則不釋尋常，必害則不奪百鎰。

---

43 王先慎《韓非子集解》，頁三〇九—三一〇。

44 以上詳〈說疑〉，王先慎《韓非子集解》，頁三〇七。

45 王先慎《韓非子集解》，頁五五。

（〈五蠹〉）46

只因前者利雖小，害也小；後者利雖大，害更大。一個人的道德品格如何形成？公德心如何養成？在韓非看來，不過是法令敦促而成、防範而成的，絕非如儒家所說，是自我規範、提升而來，法治當然比德治實際而切要。〈五蠹〉說：

今天有不才子，父母怒之，弗爲改；鄉人譙之，弗爲動；師長教之，弗爲變。夫以父母之愛、鄉人之行、師長之智，三美加焉而終不動其脛毛。州郡之吏操官兵，推公法，而求索姦人，然後恐懼，變其節，易其行矣。（〈五蠹〉）47

火形嚴，故人鮮灼；水形懦，故人多溺。（〈內儲說上〉）48

嚴家無悍虜，而慈母有敗子。（〈顯學〉）49

〈六反〉亦重複這樣的論述。韓非因此斷定：

民固嬌於愛，聽於威（〈五蠹〉）[50]

威勢之可以禁暴，而德厚之不足以止亂。（〈顯學〉）[51]

只有透過法治，針對人性的癥結處下針砭，才能有立竿見影的療效。〈姦劫弒臣〉說：

夫嚴刑者，民之所畏也；重罰者，民之所惡也。故聖人陳其所畏以禁其邪，設其所惡以防其奸，是以國安而暴亂不起。吾以是明仁義愛惠之不足用，而嚴刑重罰之可以治國

46 王先慎《韓非子集解》，頁三四三。

47 王先慎《韓非子集解》，頁三四三。

48 王先慎《韓非子集解》，頁一六六。

49 王先慎《韓非子集解》，頁三五五。

50 王先慎《韓非子集解》，頁三四三。

51 王先慎《韓非子集解》，頁三五五。

也。……善爲主者，明賞設利以勸之，使民以功賞而不以仁義賜；嚴刑重罰以禁之，使民以罪誅而不以愛惠免。52

用他在乎的去獎勵他，用他害怕的去嚇止他，才能直截有效。法令的訂定與執行因此是治政的第一要務。

㈣韓非論法

在法家治政三寶——法、勢、術中，「勢」與「術」所管理的對象，主要都是臣，「法」卻是臣、民一體規範。

1. **法以尊君強國，依循人性而設定**

韓非說，強國尊君，首先須從法令著手：

凡國博君尊者，未嘗非法重而可以至乎令行禁止於天下者也。（〈制分〉）53

有術之主，信賞以盡能，必罰以禁邪，（〈外儲說左下〉）54

法家期於普遍易行，有成效，不希冀尖端難能，法令的訂定應普遍而容易遵行。韓非說：「明主立可為之賞，設可避之罰。」（〈用人〉）[55]賞罰正是最切合人性而且普遍易行。韓非說：

明主之道……設民所欲以求其功，故為爵祿以勸之；設民所惡以禁其姦，故為刑罰以威之。（〈難一〉）[56]

民者好利祿而惡刑罰，上掌好惡以御民力，事實宜不失矣。（〈制分〉）[57]

---

52 王先慎《韓非子集解》，頁七四。

53 王先慎《韓非子集解》，頁三六六。

54 王先慎《韓非子集解》，頁二一六。

55 王先慎《韓非子集解》，頁一五二。

56 王先慎《韓非子集解》，頁二六七。

57 末句本作「事實不宜失矣」，王先慎引王先謙之說，以為「不宜」乃「宜不」之失，今從校改。說見《集解》頁三六七。

法令依循人性，設定一套固定的客觀標準，則不論誰來操作，同樣有效，是不是賢君，無關緊要，這就叫必然而普遍。〈守道〉說：

> 立法非所以備曾、史也，所以使庸主能止盜跖也。……不恃比干之死節，不幸亂臣之無詐也，恃怯之所能服，握庸主之所易守。

不過，治民的責任既然主要在人臣，則韓非所一再叮囑人君的賞罰問題，主要當然聚焦在對人臣政治行爲的管理與考核。韓非說：

> 明主之所導制其臣者，二柄而已矣。二柄者，刑、德也。何謂刑、德？曰：殺戮之謂刑，慶賞之謂德。爲人臣者畏誅罰而利慶賞，故人主自用其刑德，則群臣畏其威而歸其利矣。（〈二柄〉）[58]
>
> 明主使其群臣不遊意於法之外，不爲惠於法之內，動無非法。（〈有度〉）[59]
>
> 君明……正賞罰而非仁下也。爵祿生於功，誅罰生於罪，臣明於此，則盡死力而非忠君也。君通於不仁，臣通於不忠，則可以王。（〈外儲說右下〉）[60]

> 功名所生，必出於官法；法之所外，雖有難行，不以顯焉。（〈八經〉）[61]

透過法令的規範與依循，君臣之間可以排除仁義恩德的情感牽扯，一切照章演練，可以有更公正簡易的操作與良好的互動。

### 2. 法的義界與特質

韓非上承商鞅，明確定義「法」的性質與功能，說：

> 法者，憲令著於官府，賞罰必於民心。賞存乎慎法，而罰加乎姦令者也。（〈定法〉）[62]

---

58 王先慎《韓非子集解》，頁二一六。

59 王先慎《韓非子集解》，頁二一五。

60 王先慎《韓非子集解》，頁二四九。

61 王先慎《韓非子集解》，頁三三八。

62 王先慎《韓非子集解》，頁三〇四。

法者，編著之圖籍，設之於官府，而布之於百姓者也。（〈難三〉）[63]

「法」指政府所定，公佈於外，俾全民共守的成文規條，同於子產與范宣子的刑書，乃至於儒、墨所言之「法」，不過韓非言「法」，卻比他家更細緻。

**(1)法是決定是非善惡的唯一依據**

韓非說：「有術之國，去言而任法」（〈制分〉），[64]「託是非於賞罰，屬輕重於權衡」。[65]不依法管理，錯謬橫生：

賞善罰暴，舉善之至者也；賞暴罰賢，舉惡之至者也。（〈八經〉）[66]

**(2)公平而客觀**

這是法最珍貴的特性，也是法治最重要的價值所在。韓非說：

法不阿貴，繩不撓曲。法之所加也，智者不能辭，勇者弗敢爭，刑過不避大臣，賞善不

遺匹夫。故矯上之失，詰下之邪，治亂決繆，黜羨齊非，一民之軌，莫如法；屬官威民，退淫殆，止詐僞，莫如刑。（〈有度〉）67

「法」爲防「私」而設，〈詭使〉說：「道私者亂，道法者治。」〈飾邪〉說：

夫搖鏡則不得爲明，撫衡則不得爲正，法之謂也。……夫懸衡而知平，設規而知圓，萬全之道也。68

63 王先慎《韓非子集解》，頁二一九〇。
64 王先慎《韓非子集解》，頁三六八。
65 王先慎《韓非子集解》，頁一五六。
66 王先慎《韓非子集解》，頁三三一。
67 王先慎《韓非子集解》，頁二六。
68 王先慎《韓非子集解》，頁九二。

公正無私是「法」最基本的要求，也是最可貴的特質。大家功賞過罰，沒有特例，沒有彈性，一體共遵。

### (3)明確可靠，寧重勿輕

韓非說：

> 賞莫如厚而信，使民利之；罰莫如重而必，使民畏之；法莫如一而固，使民知之。（〈五蠹〉）[69]
>
> 賞譽薄而謾者，下不用也；賞譽厚而信者，下輕死。（〈內儲說上〉）[70]

法令不論賞、罰都要訂得明確而高強度，人民才會有感，執行起來才有效；執法尤其要有信用，令出必行。〈難三〉說：

> 今有功者必賞，賞者不得君，力之所致也；有罪者必誅，誅者不怨上，罪之所生也。民知誅罰之皆起於身也，故疾功利於業，而不受賜於君。[71]

法令推行得澈底而有效，人民會覺得，是賞是罰，根源都在自己，與執政者無關，既無怨，也無恩，一切全從自己身上去要求與考量。

但爲了維護公權力的尊嚴，賞、罰二者相形之下，寧可重罰輕賞，也不要重賞輕罰；霹靂手法，正所以呈顯菩薩正道，韓非說：

夫嚴刑重罰者，民之所惡也，而國之所以治也；哀憐百姓、輕刑罰者，民之所喜，而國之所以危也。故聖人爲法於國者，[72]必逆於世，而順於道。（〈姦劫弒臣〉）[73]

69 王先愼《韓非子集解》，頁三四三。

70 王先愼《韓非子集解》，頁一五九。

71 王先愼《韓非子集解》，頁二八五—二八六。

72 此句本作「聖人為法國也」，高亨云：「法」下當有「於」字；《藏》本「聖」前有「故」字，今皆從校改，說見陳奇猷《韓非子新校注》（上海：上海古籍出版社，二〇〇〇年十月），頁二八九。

73 王先愼《韓非子集解》，頁七十二。

> 重刑少賞，上愛民，民死賞。多賞輕刑，上不愛民，民不死賞。……。行刑，重其輕者，輕者不至，重者不來，此謂以刑去刑。罪重而刑輕，刑輕則事生，此謂以刑致刑，其國必削。（〈飭令〉）[74]
>
> 公孫鞅之法也重輕罪。重罪者人之所難犯也，而小過者人之所易去也，使人去其所易，無離其所難，此治之道。夫小過不生，大罪不至，是人無罪而亂不生也。（〈內儲說上〉）[75]

賞太多，太容易，人民視爲理所當然，不稀罕；罰太輕，人民沒感覺，不在乎。物以稀爲貴，只有不輕賞，他才會珍惜；罰得重，讓他痛，才會有感而畏懼，不敢再犯。賞罰二者，強度都要夠，才有效果；但相形之下，寧重罰，無輕賞。赦免尤其嚴重侵犯法令尊嚴，絕對不可；韓非和商鞅一樣，反對赦免；〈主道〉說：

> 明君無偷賞，無赦罰。賞偷則功臣墮其業，赦罰則奸臣易爲非。是故誠有功，則雖疏賤必賞；誠有過，則雖近愛必誅。[76]

總之，法令的尊嚴不打折扣，只有重罰不赦，嚴守法令的尊嚴，才能達到更好的防罪、止姦效果。

### (4)強制性、警戒性

「法」不只是如禮之規範而已，它還帶有侵犯性的強制作用。〈五蠹〉說：

> 垂泣而不欲刑者，仁也；然而不可不刑者，法也。先王勝其法，不聽其泣。[77]

前者是儒家執法，帶著濃厚的道德情感因素；但，情感在法令之前必須低頭，重情容易徇私。後者是法家的執法，排除一切道德因素，帶著強烈的強制性。韓非又說：

---

74 王先慎《韓非子集解》，頁三六四—三六五。

75 王先慎《韓非子集解》，頁一六七。

76 王先慎《韓非子集解》，頁二一〇。

77 王先慎《韓非子集解》，頁三四一。

重刑者，非爲罪人也。明主之法揆也，治賊，非治所揆也；治所揆也者，是治死人也。刑盜，非治所刑也；治所刑也者，是治胥靡也。故曰：重一姦之罪，而止境內之姦，此所以爲治。（〈六反〉）78

治之已然的處罰，是替死人報仇，或對犯罪者實施懲罰而已，是「法」消極的作用。「法」更積極的功能還在於殺一儆百，防範未然。

3. **法與時變**

基於對法令尊嚴的維護，韓非認爲，法令訂定之後，要澈底信守，不可因執法者一時的意念，而朝令夕改。他說：

好以智矯法，時以行集公，法禁變易，號令數下者，可亡也。（〈亡徵〉）79

但，基於崇功尚用的立場，與重視時效的功能，韓非更認爲，普天之下，古往今來，沒有任何一種軌則、制度或規章，可以千秋萬世永遠通行而不敗的，韓非說：

治民無常，唯法爲治。[80]法與時轉則治，治與世宜則有功。故民樸，而禁之以名則治；世知，維之以刑則從。時移而法不易者亂，能眾[81]而禁不變者削。故聖人之治民，法與時移而禁與能變。（〈心度〉）[82]

法家的出現，本來就是對東周封建禮制的反動。韓非子在〈五蠹〉裡大肆敷論人類歷史文明的演

78 王先慎《韓非子集解》，頁三二一—三二二。

79 王先慎《韓非子集解》，頁七九。

80 此句本作「唯治為法」，《集解》據王先謙改作「唯法為治」，陳奇猷以為不須改，此句意謂：「治民無不變，唯治而立法」。今從之。說見《韓非子新校注》，頁一一七九。

81 此兩句，前句本作「法不易者亂」本作「治不易者亂」，王先謙以為當作「法不易者亂」。而下句本作「能治眾」，王先謙以為「治」字當衍，「能眾」及下「能耕」、「能戰」是也，今悉從校改。說見王先慎《韓非子集解》，頁三六六引。

82 王先慎《韓非子集解》，頁三六六。

進：從上古的伏羲、燧人，到中古的鯀、禹，近古的桀紂、湯武，以迄「今之世」的戰國，社會文明由粗樸到開發，都是不斷進化而來。一世有一世的需求，一代有一代的風氣：

上古競於道德，中古逐於智謀，當今爭於氣力。（〈五蠹〉）[83]

〈八說〉也重複同樣的說法。因此，引領一代風氣的聖人，無一不是「事因於世，而備適於事」，[84]正視當代需求，做必要的轉變、調整與開創，沒有一個時代是停滯不變的。韓非說：「古今異俗，新故異備」，[85]調整與改變是每一個階段必然的需求與狀態。作爲治政最切要的「法」也一樣。韓非等法家從來不相信有任何一種制度或軌則可以千年萬代永世通行。身處當代，若仍堅持故態，不能與時俱進，必然違世逆俗、格格不入，變法維新因此是法家的必然。

### 4. 商君未盡於法

韓非儘管承襲商鞅的重要法論，但對商鞅以戰場軍功作爲進爵的依據與規定，卻有不同看法。基本上他認爲，「術」是人主所執，「君無術則弊於上」；「法」是人臣所師，「臣無法則亂於下」。商鞅之「法」與申不害之「術」皆帝王之具，一樣重要。卻也認爲，「申子未盡於術，商君未盡於法」，二人的術、法，都存在著一定的缺失，未盡善。

以商君的「法」而言，明定官爵之升遷與斬首之功相稱。韓非認爲，這有如令斬首者爲醫匠，驢頭不對馬嘴，不倫不類。因爲治官是智能的事，而斬首是勇力的事，工匠是巧手，醫生善配藥，彼此性質功能差很大，無法相同。若「官爵之遷與斬首之功相稱」，等於「以勇力之所加，治智能之官」，讓殺人的勇士去做醫師、工匠，肯定醫不好病，蓋不好房子，反之亦然。此其一。

其次，商鞅只強調「法」，沒透過「術」去深入了解臣下，結果必然官箴大壞，弊端叢生，〈定法〉說：

公孫鞅之治秦也，設告相坐而責其實，連什伍而同其罪，賞厚而信，刑重而必，是以其民用力勞而不休，逐敵危而不卻，故其國富而兵強。然而無術以知姦，則以其富強也

83 王先慎《韓非子集解》，頁三三四一。
84 王先慎《韓非子集解》，頁三三四一。
85 王先慎《韓非子集解》，頁三三四二一。

資人臣而已矣。……故戰勝則大臣尊，益地則私封立，主無術以知姦也。商君雖十飾其法，人臣反用其資。故乘強秦之資，數十年而不至於帝王者，法不勤飾於官，主無術於上之患也。86

只知嚴刑峻法，國富兵強，而不注意臣下利己的私心，其結果，國家強大的資源全都不知不覺落入臣下的懷囊中。因此「法」與「術」二者須有機結合，相輔相成，這是韓非集法家思想大成的堅持。

㈤韓非論勢

法家中首先言「勢」的是慎到。其所謂「勢」，主要指的是人君附加在名位上所擁有的賞罰生殺以及公共資源分配權。這些權力，是領導統御者先天上優越的統御條件。慎子說，人君當能穩實掌握，並充分利用。一旦丟失或旁落，便會陷入被架空和覆亡的危險。

韓非基本上贊成慎子之見，《韓非子》不但有〈難勢〉專篇論述「勢」，在〈備內〉、〈功名〉、〈外儲說左下〉、〈外儲說右上〉、〈外儲說右下〉、〈難一〉、〈難三〉、〈八經〉、〈五蠹〉各篇也有相關的散論。〈難勢〉開宗明義便引慎子的話說：

> 飛龍乘雲，騰蛇遊霧，雲罷霧霽，而龍蛇與螾螘同矣，則失其所乘也。賢人而詘於不肖者，則權輕位卑也；不肖而能服於賢者，則權重位尊也。堯爲匹夫不能治三人，而桀爲天子能亂天下，吾以此知勢位之足恃，而賢智之不足慕也。夫弩弱而矢高者，激於風也；身不肖而令行者，得助於眾也。堯教於隸屬而民不聽，至於南面而王天下，令則行，禁則止。由此觀之，賢智未足以服眾，而勢位足以詘賢者也。[87]

這一段話大致是《慎子．威德》篇的話，它應該是慎到，也是韓非「勢」論的總綱，凸顯出幾層涵義：㈠優越的材質若沒有客觀情勢作憑藉，發揮不了功能，顯現不出價值。㈡「勢」駕馭「德」，不是「德」決定「勢」。萬物都一樣，影響力的大小，決定在其所處位置的高低與情況的好壞：處位高，情況好，影響力也大；反之，一切就要改觀。對於領導統御而言，客觀地位條件優

86 以上所述韓非矯補商鞅之「法」理論，詳〈定法〉，王先慎《韓非子集解》，頁三〇四—三〇六。

87 「詘賢」本作「缶賢」，《集解》引俞樾，以為「缶」乃「詘」字之誤。說見王先慎《韓非子集解》，頁二九七。今從校改。

越於主觀才德，這是現實的必然。這就是「勢」。㈢倚勢統治，輕鬆容易。負責領導統御事件的人君，必須了解這種客觀的必然，妥善牢實穩固自己的權勢地位。韓非的「勢」論，基本上循著這幾個重點開展。

1. **「勢」尊於「才」，任「勢」施治**

韓非說：

夫有材而無勢，雖賢不能制不肖。故立尺材於高山之上，下臨千仞之谿，材非長也，位高也。桀為天子，能制天下，非賢也，勢重也；堯為匹夫，不能正三家，非不肖也，位卑也。千鈞得船則浮，錙銖失船則沈，非千鈞輕而錙銖重也，有勢之與無勢也。故短之臨高也以位，不肖之制賢也以勢。（〈功名〉）88

其所謂「勢」，就政治而言，是指的周代封建制度下，繼位者附加在名位上的一切權力，這是它執行領導統御的先天資源，和他的名位綁在一起，卻和他的才德不必相關；是「勢」決定統治與被統治，韓非說：

凡明主之治國也，任其勢。（〈難三〉）[89]

民者固服於勢，寡能懷於義。（〈五蠹〉）[90]

君執柄以處勢，故令行禁止。柄者，殺生之制也；勢者，勝眾之資也。（〈八經〉）[91]

孔子雖尊爲聖人，影響範圍只及七十餘人，且爲下；哀公上爲人君，故令行禁止，這就是「勢」的必然結果。（詳〈五蠹〉）[92]

**2.「才」難能而稀得，「勢」絕對而易行**

慎到所以重「勢」，是清楚看到，「才」難得，可遇而不可求，「勢」則必然而足恃，政治管

88 王先慎《韓非子集解》，頁一五五。

89 王先慎《韓非子集解》，頁二八九。

90 王先慎《韓非子集解》，頁三四二。

91 王先慎《韓非子集解》，頁三三〇。

92 王先慎《韓非子集解》，頁三四二—三四三。

理必須捨難得而用必然。〈難勢〉說：

> 夫堯、舜、桀、紂千世而一出，是比肩隨踵而生也，世之治者不絕於中。……今廢勢背法而待堯、舜，堯、舜至乃治，是千世亂而一治也。抱法處勢而待桀、紂，桀、紂至乃亂，是千世治而一亂也。且夫治千而亂一，與治一而亂千也，……相去亦遠矣。夫棄隱栝之法，去度量之數，使奚仲爲車，不能成一輪。無慶賞之勸，刑罰之威，釋勢委法，堯、舜戶說而人辯之，不能治三家。夫勢之足用亦明矣。[93]

### 3. **「勢」不可失**

韓非說：「國者，君之車也；勢者，君之馬也。」人君治天下，眞如上馬駕車，追速馳遠，一路上，同行的臣下眾多，他們與人君本因「勢」結合，「縛於勢而不得不事」（〈備內〉）。[94]因此，人君必須好好掌握車馬的主控權，不能優柔軟弱，才不會被群體甩車，徒步追跑，弄得狼狽不堪。韓非說：

不處勢以禁擅愛之臣，[95]而必德厚以與天下齊行以爭民，是皆不乘君之車，不因馬之利，釋車而下走者也。（〈外儲說右上〉）[96]

換言之，人主以一對眾，一路上必須隨時提高警覺，一有不對，及早發現。絕對不能隨便把主控權交出來，讓同行的臣下與你並肩共駕，或群體勾結，算計你，到時候，統治與被統治的情況會翻轉過來，韓非再三叮囑：

善持勢者早絕其姦萌。（〈外儲說右上〉）[97]

93 王先慎《韓非子集解》，頁三〇〇。

94 王先慎《韓非子集解》，頁二三四。

95 「禁擅愛之臣」本作「禁誅擅愛之臣」，王先慎以為「誅」字衍「禁擅愛之臣」與「禁侵陵之臣」相對，今從校改。說見《韓非子集解》，頁二三四。

96 王先慎《韓非子集解》，頁二三四。

97 王先慎《韓非子集解》，頁二三一。

夫以王良、造父之巧，共轡而御，不能使馬，人主安能與其臣共權以為治？以田連、成竅之巧，共琴而不能成曲，人主又安能與其臣共勢以成功乎？（〈外儲說右上〉）98

大臣比周，蔽上為一，陰相善而陽相惡，以示無私，相為耳目，以候主隙；人主掩蔽，無道得聞，有主名而無實，臣專法而行之，……偏借其權勢則上下易位矣，此言人臣之不可借權勢也。（〈備內〉）99

總之，方向盤必須由人君來掌握，主控權應交在人君手裡。

**4. 自然之「勢」與人設之「勢」**

對於慎到的「勢」論，韓非顯然是不滿意的，他說，慎到把「勢」講得太單一簡易了；〈難勢〉說：

勢者，名一而變無數者也。勢必於自然，則無為言於勢矣。吾所為言勢者，言人之所設也。今日堯、舜得勢而治，桀、紂得勢而亂，吾非以堯、桀為不然也。雖然，非一人之所得設也。夫堯、舜生而在上位，雖有十桀、紂不能亂者，則勢治也；桀、紂亦生而在上位，雖有十堯、舜而亦不能治者，則勢亂也。故曰：「勢治者，則不可亂；而勢亂者，則不可治也。」此自然之勢也，非人之所得設也。若吾所言，謂人之所得設也而已矣。……若吾所言勢，中也；中者，上不及堯、舜，而下亦不爲桀、紂，抱法處勢則治，背法去勢則亂。[100]

韓非雖推闡愼子之「勢」，卻認爲，光有這種先天自然的「勢」，是不夠的。古來人君無不擁有這種「勢」，但權力被架空，覆國敗亡的例證比比皆是，可見它不足以保證領導統御圓滿成功。循愼到所說自然之勢，容易流於遇賢則治，遇不肖則亂。眞正可靠的「勢」，應該是讓任何中才君主來倚處，都能得到絕對而普遍的效果，這就需要學習如何讓這種自然之「勢」，有效發揮其功能；亦即懂得如何憑藉人爲的主動力量去有效掌控自然之「勢」，保證其統御權位絕對不丟

98王先愼《韓非子集解》，頁二五一。

99王先愼《韓非子集解》，頁二五一。

100王先愼《韓非子集解》，頁二九九—三〇〇。

失，韓非說，這叫「人所得設之勢」。換言之，也就是對自然之「勢」的有效堅守與運作。那必須懂得有機地結合「法」和「術」，「藉法固勢」、「抱法處勢」，運「術」操「勢」。則「法」是權威的，人君牢固倚「勢」握「法」，自然威權不失；「術」靈活多方、虛無高妙，人君倚「勢」操「術」，其「勢」自然隨「術」而虛靈，不易探取。身爲法家集大成的韓非，將慎到所指權力本身的「勢」，提升至權力的靈活運用與操作，使成一種高妙的政治藝術，這就牽涉到申不害所說「術」的問題了。

### ㈥韓非論「術」

「法」是靜態的條文規範，「勢」是本然的條件與資源，「術」卻是似靜實動的觀測、判斷與操作，必須高妙而靈活。其施作對象主要是人臣，它是人君用以統御督核人臣的手法與要領。人君管理人臣，基本上當然要依「法」執行賞罰，韓非說：

> 人主之大物，非法則術也。法者，編著之圖籍，設之於官府，而布之於百姓者也。術者，藏之於胸中，以偶眾端而潛御群臣者也。故法莫如顯，而術不欲見。（〈難三〉）[101]

「法」須公開明確規定，「術」卻是暗中窺伺、觀測。韓非說：「有術之君不隨適然之善，而行必然之道。」[102]要「主用術……官行法」，[103]二者有機結合，才能有必然可期的效果。因此用「術」首先就須能執「法」公正，不可有所偏愛袒護。要做到「以罪受誅，人不怨上……以功受賞，臣不德君」（〈外儲說左下〉）。[104]但除此之外，面對臣下可能有的不軌與心機，身爲人君，應該有至高洞澈的本領，這叫「術」。「術」的內容如何？韓非因承申不害，至少有幾項：寓實於虛，操作於無形；不聽一面，多方周聽參驗，深入觀測防姦；還要懂得因循用眾，不專斷剛愎、親力親爲；更要準確地因材器使、嚴謹核實。以〈主道〉、〈大體〉、〈南面〉各篇爲核心，韓非暢論其「尊君」大前提下的完美君術。

101 王先慎《韓非子集解》，頁一九〇。
102 見〈顯學〉，王先慎《韓非子集解》，頁三五五。
103 見〈和氏〉，王先慎《韓非子集解》，頁六七。
104 王先慎《韓非子集解》，頁二一六。

## 1. 虛靜無爲，以闇見疵

司馬遷說申不害「學本於黃老」、韓非「喜刑名法術之學，而其歸本於黃老」，主要指他們深囿莫測的察姦君術基本上是從老子的「虛靜無爲」、「無爲而無不爲」之道中提煉出來的，是道家哲學的法家權謀應用與深化。韓非認爲，人君是公權力的代表，而「道」是一切有形無形現象事物的根源，人君要施政，管理人、事、物，應該有效掌握根源之「道」。〈主道〉說：

> 道者、萬物之始，是非之紀也。是以明君守始以知萬物之源，治紀以知善敗之端。105

這個「道」，就是「靜退」，就是「虛靜」。〈主道〉說：

> 人主之道，靜退以爲寶。
>
> 君無見其所欲，君見其所欲，臣將自雕琢；君無見其意，君見其意，臣將自表異。故去好去惡，臣乃見素；去舊去智，臣乃自備。106

人君居萬人之上，動見瞻觀，一旦有風吹草動，勢必引發群體效應。因此，人主要沉穩淡定，不要隨便綻露喜怒好惡，以免讓臣下掌握其心靈狀態，投以所好，隱其所惡，或產生後續的群體效應。韓非說：

> 越王好勇，而士多輕死；楚靈王好細腰，國中多餓人。（〈二柄〉）[107]

上有所好，下必有甚焉者，這是一層顧慮。姦欺者甚至掩飾、包裝自己，人主永遠只能看到想看到的，看不到不想看到的。但看不到，並不表示不存在，只是被隱藏掩蓋而已。於是，一切姦欺不軌由此走入暗處發展。人臣私下結黨營私，人主大權旁落，被架空、蒙蔽而不自知。因此，人君應該領悟道家虛無的道理，隱藏起自己的意念行跡，讓臣下無從捉摸，才能保住領導統御的尊威與優勢。相較於「法」的固定、公開，讓大家看清楚、有概念，施行起來才能準確、快速而有效；

---

105 王先慎《韓非子集解》，頁一一七。

106 以上兩則引文，分見王先慎《韓非子集解》，頁一一〇、一一八。

107 王先慎《韓非子集解》，頁一一八。

「術」卻需暗裡操作，虛隱無形，執行起來才能靈活高妙。〈主道〉說，人君應該：

見而不見，聞而不聞，知而不知，知其言以往，勿變勿更，以參合驗焉……掩其跡，匿其端，下不能原；棄其智，絕其能，下不能意。……大不可量，深不可測。[108]

以暗窺明，不動聲色，讓臣下讀不到你的心電圖，才能洞悉臣下的實情而不被蒙蔽。韓非說：

君見惡則群臣匿端，君見好則群臣誣能。人主欲見，則群臣之情態得其資矣。（〈二柄〉）[109]

道在不可見，用在不可知，虛靜無爲，以闇見疵。（〈主道〉）[110]

明主其務在周密。是以喜見則德濆，[111]怒見則威分。故明主之言隔塞而不通，周密而不見。（〈八經〉）[112]

虛靜以待令，令名自命也，令事自定也。虛則知實之情，靜則知動者正。（〈主道〉）[113]

這樣才能使「姦無所失」。總之，是要君暗臣明，君靜臣動、君無爲臣有爲，才能充分了解並掌握臣下的動靜，卻令臣下無由捉摸或姦欺，「寂乎其無位而處，漻乎莫得其所。明君無爲於上，群臣竦懼乎下。」（〈主道〉）[114]達到莫測高深，無上尊威的統治效果。這是申韓之術的第一要義。

### 2. 參伍周聽，察端參驗

韓非儘管以「虛靜無爲」爲君術的最高修爲；但在「虛靜無爲」的背後，卻不是無所是適，眞無作爲，而是眼觀四面、耳聽八方，廣拓資源地嚴重關切、密切注意的；〈備內〉說：

---

108 王先慎《韓非子集解》，頁一九。

109 王先慎《韓非子集解》，頁二九。

110 王先慎《韓非子集解》，頁一九。

111 「德瀆」本作「得償」，意不可通，顧廣圻以為，「償」當作「瀆」。今從校改。說見王先慎《韓非子集解》，頁三三五。

112 王先慎《韓非子集解》，頁三三五。

113 王先慎《韓非子集解》，頁一八。

114 王先慎《韓非子集解》，頁一八。

明王不舉不參之事，不食非常之食，遠聽而近視，以審內外之失。省同異之言，以知朋黨之分；偶參伍之驗，以責陳言之實。執後以應前，按法以治眾，眾端以參觀，……則姦邪無所容其私。115

所謂「參伍」，就是多面、多方，不經由單一管道之意。人君聽聞臣下之道，要似知不知地全然被動，淡定地多方多次聽觀臣下言行，從中去掌握實情，這叫「虛靜無爲」、叫「參伍」。換言之，身爲明君，「虛靜無爲」的背後，其實是以靜制動地，密切注意臣下的相關訊息，隨時比對參劾，以防範自己誤聽、誤信、誤判，賞罰失當。〈揚權（搉）〉說：

凡聽之道，以其所出，反以爲之入。……聽言之道，溶若甚醉，脣乎齒乎，吾不爲始乎；齒乎脣乎，愈惛惛乎。彼自離之，吾因以知之。是非輻湊，上不與構。虛靜無爲，道之情也；參伍比物，事之形也。參之以比物，伍之以合虛。116

但在虛靜地參伍周聽，確知實情之後，緊隨著，當然是公正無誤的賞罰判定；韓非說：

明君之道，……決誠以參，聽無門户，故智者不得詐欺；計功而行賞，程能而授事，察端而觀失，有過者罪，有能者得，故愚者不得任事。（〈八說〉）[117]

反之，

不合參驗而行誅，不待見功而爵祿，……不以功伐決智行，不以參伍審罪過，而聽左右近習之言。（〈孤憤〉）[118]

115 王先慎《韓非子集解》，頁八四。

116 王先慎《韓非子集解》，頁三二一。

117 末句「不得任事」本作「不任事」，王先慎以為「不」下當有「得」字，與上「不得作欺」文一律。今從校改。說見《韓非子集解》，頁三二五。

118 王先慎《韓非子集解》，頁五七、五九。

必然造成「無能之士在廷，而愚污之吏處官」，官箴大壞。總結這一切，韓非在〈八經〉中細繪了人君所應灑下的嚴密周聽參驗之網，說：

> 參伍之道：行參以謀多，揆伍以責失；行參必折，揆伍必怒。不折則瀆上，不怒則相和。折之微，足以知多寡；怒之前，不及其眾。觀聽之勢，其徵在也，[119]誅謁而罪同。[120]言會眾端，必揆之以地，謀之以天，驗之以物，參之以人。四徵者符，乃可以觀矣。參言以知其誠，易視以考其澤。[121]執見以得非常。一用以務近習，重官以懼遠使，[122]舉往以悉其前，即邇以知其內，置疏以知其外，[123]握明以問所闇，詭使以絕黷泄，倒言以嘗所疑，論反以得陰姦，設諫以綱獨爲，舉錯以觀姦動，明說以誘避過，卑適以觀直諂，宣聞以通未見，作鬥以散朋黨，深一以警眾心，泄異以易其慮。似類則合其參，陳過則明其固，知罪辟罪以止威，陰使時循以省衰，漸更以離通比，下約不侵其上。[124]相室約其廷臣，廷臣約其官屬，兵士約其軍吏，遣使約其行介，縣令約其辟吏，郎中約其左右，后姬約其宮媛，此之謂條達之道。[125]

總之，是使盡各種力氣，開拓各種管道，鋪天蓋地，隨時無處不在地撒下天羅地網去觀聽、防範臣下言行。這是韓非之「術」的第二要義。

---

119 此句本作「比周而賞異也」。王先慎引盧文弨說，「也」字衍，今從校改，說見《韓非子集解》，頁三三四。

120 此句本作「誅毋謁而罪同」，王先慎以為「毋」字衍，案「誅謁而罪同」與「比周而賞異」相對，因從校改，說見《韓非子集解》，頁三三四。

121 「考其澤」本作「改其澤」，義不可通，王先慎以為，當改作「考」。說見《韓非子集解》，頁三三四。

122 此舉本作「重言以懼遠使」，乾道本「言」作「官」，顧廣圻、王先慎從之，因從校改。說見《韓非子集解》，頁三三四。

123 「置疏」本作「疏置」，俞樾以為，當作「置疏」，與「及邇」對稱。說見《韓非子集解》，頁三三四。因從校改。

124 「不侵其上」本作「以侵其上」，義正相反。陳奇猷以為，本句意思當為上級約束下級，使不侵其上級，「以」當作「不」。今從校改。說見陳奇猷《韓非子新校注》，頁一〇七一。

125 王先慎《韓非子集解》，頁三三四—三三五。

3. **棄己去智，因循用衆**

人君不只應隱藏起自己的好惡，喜怒和心靈狀態，還應守愚守拙，不與臣下競智爭能，代下司職，讓臣下充分展現其才幹，君靜臣動，君逸臣勞。君無為，臣有為，才能達到事半功倍的統御成效。〈有度〉說：

夫為人主而身察百官，則日不足、力不給。且上用目，則下飾觀；上用耳，則下飾聲；上用慮，則下繁辭。先王以三者為不足，故捨技能而因法術、審賞罰。126

身為人君，不論有多大的才幹，都不可能有太多的精力和時間，以一敵百千地去親力親為。韓非說：

天下有信數三：一曰智有所不能立，二曰力有所不能舉，三曰彊有所不能勝。故雖有堯之智，而無衆人之助，大功不立。有烏獲之勁，而不得人助，不能自舉。有賁、育之彊，而無法術，不得長生。故勢有不可得，事有不可成。故烏獲輕千鈞而重其身，非其身重於千鈞也，勢不便也；離朱易百步而難眉睫，非百步近而眉睫遠也，道不可也。故

明主不窮烏獲，以其不能自舉；不困離朱，以其不能自見。因可勢，求易道，故用力寡而功名立。（〈觀行〉）[127]

任何人縱然有再多過人的才情，也肯定有無法跨越的短缺，那還往往是客觀情勢的無能避免，必須正視和面對。領導統御尤其是重大工程，單憑一人材力，無法跨越的短缺肯定更多。因此與其以一抵千萬，親力親爲，舉步維艱；不如收斂起才能，當裁判，依規則與參賽者的表現，下公道的判決，「言已應則執其契，事已增則操其符。符契之所合，賞罰之所生」，[128]不必下場親賽。既能保持尊高的身分，又能讓臣下各居其位，竭盡其能，完成使命；人君則盡收其功，坐享其成，這才是高智慧而精簡省力的統御術。如此，人君一人可合集千百人臣的能量。韓非說，明君當：

126 王先愼《韓非子集解》，頁二四一二五。
127 王先愼《韓非子集解》，頁一四六。
128 詳〈主道〉，王先愼《韓非子集解》，頁二〇。

有智而不以慮，使萬物知其處；有行而不以賢，觀臣下之所因；有勇而不以怒，使臣下盡其武。是故，去智而有明，去賢而有功，去勇而有強。群臣守職，百官有常，因能而使之，使智者盡其慮，而君因以斷事，故君不窮於智；賢者敕其材，君因而任之，故君不窮於能；有功則君有其賢，有過則臣任其罪，故君不窮於名。故不賢而爲賢者師，不智而爲智者正。臣有其勞，君有其功，此之謂賢主之經。（〈主道〉）[129]

不自操作而知拙與巧，不自計慮而知福與咎，是以不言而善應，不慮而善增。（〈主道〉）[130]

總之，人君當做的是：把握重點，調整好自己的姿態，居高臨下的去管理，判是非，定功過，給予必要的獎懲與賞罰，「不親細民……不躬小事」，[131]才能輕鬆有效地應對多方。〈揚權（搉）〉說：「事在四方，要在中央；聖人執要，四方來效。」[132]人君居高臨下，一呼百應，這才是高效成功的領導統御，是韓非之術的第三要義。

### 4. 刑名參同，循名責實

身處在名、實淆亂的戰國時代，名、實問題的討論是各家共同的課題。各家站在自己的角度，述說自己的名實論，名家有名辯，墨家有墨辯，儒家孔、荀也談「正名」，其一致的觀點都是要求名、實相符，端肅嚴謹的法家尤然。〈揚權（搉）〉說：

用一之道，以名為首。名正物定，名倚物徙。故聖人執一以靜，使名自命，令事自定。不見其采，下故素正。因而任之，使自事之。因而予之，彼將自舉之。正與處之，使皆自定之。上以名舉之，不知其名，復脩其形。形名參同，用其所生。133

就事論事，不必有額外的花樣，是法家重要的堅持，用人任官也一樣。人君治官，需先妥善

129 王先慎《韓非子集解》，頁一八一一九。
130 王先慎《韓非子集解》，頁二〇。
131 王先慎《韓非子集解》，頁三〇。
132 王先慎《韓非子集解》，頁三〇。
133 王先慎《韓非子集解》，頁三〇。

安排「名」（位）問題。暗裡的守愚、潛隱，虛靜無爲，窺覷臣下實情，洞悉姦欺，都是人君私下自我的能力要求；明的，仍須對臣下的職責名位有一套公平公開、具體適切的安排原則與考核方案。讓臣下在一定的機制下，擁有各自的名分與定位，去自我要求與管理。爲此，申不害提出了「因任而授官，循名而責實」的刑名術，韓非承襲之，〈二柄〉說：「人主將欲禁姦，則審合刑名。」[134]〈姦劫弒臣〉說，聖人之術「循名實而定是非，因參驗而審言辭。」[135]何謂「審合刑名」、「循名實而定是非」？〈揚權（搉）〉說：

夫物者有所宜，材者有所施，各處其宜，故上下無爲。使雞司夜，令狸執鼠，皆用其能，上乃無事。[136]

簡單地說，每個人的才能各異，人君治官，首先須準確判斷臣下的才能，分別授予適當的官位，不張冠李戴，使「有言者自爲名，有事者自爲形」，[137]恰當擁有各自的名位與職分，治政才能精簡省力而高效。

具體地說，〈二柄〉說：

> 爲人臣者陳而言，君以其言授之事，專以其事責其功。功當其事，事當其言，則賞；功不當其事，事不當其言，則罰。故群臣其言大而功小者則罰；非罰小功也，罰功不當名也。群臣其言小而功大者亦罰；非不說於大功也，以爲不當名也，害甚於有大功，故罰。[138]

人君從臣下言行中判斷其才能，依臣下才能，授予適當官位，使每人所分職位與其才幹相符，且一人一官，一官一職，「一人不兼官，一官不兼事」（〈難一〉），[139]這叫「因任授官」。因爲「人不兼官」，所以職務單一分明，容易嫻熟；因爲「官不兼事」，所以「官不爭」，無爭功搶勞、推

134 王先慎《韓非子集解》，頁二一七。
135 王先慎《韓非子集解》，頁七〇。
136 王先慎《韓非子集解》，頁三〇。
137 詳〈主道〉，王先慎《韓非子集解》，頁一八。
138 王先慎《韓非子集解》，頁二一七—二一八。
139 王先慎《韓非子集解》，頁二六七。

諉塞責的情況發生。〈用人〉說：

明君使事不相干，故莫訟；使士不兼官，故技長；使人不同功，故莫爭。[140]

〈定法〉引申子之言說：「治不逾官，雖知弗言。」[141]〈二柄〉舉韓昭侯因典冠爲昭侯披衣防寒而一併處罰典冠與典衣的事件，論證各有其職「治不逾官」的絕對嚴肅性。〈揚權（搉）〉也說要「審名以定分，名分以辯類。」[142]

其次是業績考核。名位職分確定後，人君再依臣下所居處的名位，要求他交出實際的政績，以爲賞罰的依據，這叫「循名實而定是非」、「循名責實」。

依申、韓之意，任官用人好比排座位，先依高矮排座，依次入座，再對座點名，清楚明爽，輕鬆容易，一點也不會有點錯名，或誤判勤惰的事情發生，這就是韓非承自申不害的刑名考核術。這樣的任官制，比起商鞅一律以軍功爲任官封爵的依據，更能精確地適才適任，任合其能，可以修正商鞅以軍功爲爵祿依據所可能產生的驢頭不對馬嘴之弊。這樣的人才安置與管理，〈揚權（搉）〉說「君操其名，臣效其形，形名參同，上下和調。」[143]才是眞正的名（職位）、實（政績）相符。這是韓非之術的又一要項。

### 5. 知八姦，明五壅

韓非種種應對臣下的「術」，主要就是防範臣下姦欺、蒙蔽和架空自己。因此，重臣和姦欺、蒙蔽是韓非最為在意的問題。他在許多篇章中，都一再提醒人君「重臣」之可怕與嚴重，再三防戒「重臣」。韓非說：

> 大臣甚貴，偏黨眾強，壅塞主斷，而重擅國。（〈亡徵〉）[144]

> 重人也者，無令而擅為，虧法以利私，耗國以便家，力能得其君，此所謂重人也。（〈孤憤〉）[145]

---

140 王先慎《韓非子集解》，頁一五二。
141 王先慎《韓非子集解》，頁三〇五。
142 王先慎《韓非子集解》，頁三二。
143 王先慎《韓非子集解》，頁三二。
144 王先慎《韓非子集解》，頁八〇。
145 王先慎《韓非子集解》，頁五五。

舉凡朋黨比周、蒙蔽其君、違法擅權之臣，都是「重臣」，都是「姦」。在〈八姦〉和〈主道〉中，韓非具體明確地指出人臣姦欺人主的各種可能狀況與管道，而有所謂「八姦」、「五壅」，提醒人主嚴加防範；更在〈亡徵〉、〈八經〉、〈說疑〉、〈難三〉、〈內儲說下〉、〈愛臣〉等各篇中，一再重複著類似的叮嚀，而有所謂「五姦」、「三難」、四「擬」、「六姦」、六「亂」。韓非說：

> 愛臣太親，必危其身；人臣太貴，必易主位；……千乘之君無備，必有百乘之臣在其側，以徙其民而傾其國；萬乘之君無備，必有千乘之家在其側，以徙其威而傾其國。是以姦臣蕃息，主道衰亡。是故諸侯之博大，天子之害也；群臣之太富，君主之敗也。（〈愛臣〉）[146]

所謂「八姦」，[147]韓非說，第一姦是「同床」的貴婦，亦即人主之后妃、姬妾。她們朝夕處於人君之側，在燕處飽醉的情況之下，人君完全放鬆防備，她們的一言一語，一顰一笑即可能傾國傾城，人臣利用他們作姦干政很方便。

第二姦是「在旁」的優笑侏儒，包括近侍太監、倡優侏儒等弄臣。這些人「觀察顏色以先人主之心」，經常圍繞在人君身旁，博寵悅心，早就練成一身察言觀色的特殊本領，也有較多較好的機會，可以看到人主卸下武裝後的另一個眞實面貌，進讒作姦的機會比一般人多得多，也方便許多。

第三姦是「父兄」，這是指「側室公子，大臣廷吏」。「側室」指庶子；他們往往是人君的宗室親屬，是人主所愛所親。人臣透過他們，可以取得較方便的管道去關說，而遂其所願。

第四姦是「養殃」，韓非說：

> 人主樂宮室臺池，好飾子女狗馬，以娛其心，此主之殃。

人君居深宮之中，養尊處優，不免嗜好逸樂玩好。人臣於是加重賦稅，收斂民財，無所不用其極去滿足人主的私慾。終至民怨四起，亡國滅種。

第五姦是「民萌」，韓非說：

146 王先慎《韓非子集解》，頁一六。

147 以下所引「八姦」之說，悉見〈八姦〉，王先慎《韓非子集解》，頁三六－三九。

> 爲人臣者，散公財以樂人民，行小惠以取百姓，使朝廷市井皆勸譽己，以塞其主，而成其所欲。

人臣慷公家之慨，散發公共資源，巴結百姓，以博取好感，來爲自己宣傳造勢，這是假公濟私，收買人心，去達到自己的目的。甚至不只在國內想盡辦法，威脅利誘，搞碼頭；還假借國外力量，自抬身價，來爲自己造勢，唬騙人君，以博取爵位利祿，〈說疑〉說：

> 爲人臣者，破家殘賥，內構黨與，外接巷族以爲譽，從陰約結以相固也，虛相與爵祿以相勸也。曰：「與我者將利之，不與我者將害之。」眾貪其利，劫其威。彼誠喜，則能利己；忌怒，則能害己。眾歸而民留之，以譽盈於國，發聞於主，主不能理其情，因以爲賢。[148]

這是先在國內經營，造聲譽、搞碼頭；然後擴大規模，搞國際版：

使譎詐之士，外假為諸侯之寵使，假之以輿馬，信之以瑞節，鎮之以辭令，資之以幣帛，使諸侯淫說其主，微挾私而公議。所為使者，異國之主也，所為談者，左右之人也。主說其言而辯其辭，以此人者天下之賢士也。內外之於左右，其諷一而語同，大者不難卑身尊位以下之，小者高爵重祿以利之。[149]

總之，是利用國君輕信不察的弱點，大耍心機，搞權謀，以掌握權勢。這些都將嚴重威脅、損害人君的威望與權勢。

第六姦是「流行」，韓非說：

人主者固壅其言談，希於聽論議，易移以辯說。為人臣者，求諸侯之辯士，養國中之能說者，使之以語其私，為巧言之文，流行之辭，示之以利勢，懼之以患害，施屬虛辭，

148 王先慎《韓非子集解》，頁三一〇。
149 王先慎《韓非子集解》，頁三一一。

以害其主。

人主剛愎自用，不聽論諫之言，卻信服辯士的巧言遊說。人臣於是投其所好，專養能言巧說的辯士，讓他們爲自己說話，或讓人四處散佈謠言，造成強大的輿論力量，作自己的後盾，以左右人君。他們或展現有利情勢，或借用禍害威脅人君，或以不實言論傷害人主。較之「民萌」，更過分了。

第七姦是「威強」，韓非說：

爲人臣者聚帶劍之客，養必死之士，以恐嚇其群臣百姓而行其私。

這類人臣更強勢、囂張。私蓄武力，排除異己，要脅人君，甚至在朝中公然展示威勢，搞碼頭，進行搶權之實。

第八姦是「四方」，這類人臣

重賦斂，盡府庫，虛其國以事大國而用其威，求誘其君。甚者舉兵以聚邊境，而聚斂於內；薄者數內大臣，以震其君，使之恐懼。

這類人臣，傾盡國家財力，勾結強國諸侯，讓他們作自己的後盾，來威脅人君。這已不只是姦欺，簡直是賣國的亂臣賊子了。

以上這八姦，或暗或明，或小或大，防不勝防，韓非提醒人君要步步爲營，小心觀測，以免養癰遺患，萬劫不復。

「八姦」之外，太子嗣君的繼立問題，牽涉到「在旁」的姬妾爭寵，嫡庶之爭，更可能是動搖國本的大問題，韓非尤其再三殷切誡囑。〈愛臣〉說：「主妾無等，必危嫡子；兄弟不服，必危社稷」。[150]〈亡徵〉在所提到的四十七種「可亡」之徵中，就有五徵，涉及嗣君繼立，與父兄宗室強勢爭權兩類；〈說疑〉的四「擬」，〈難三〉的二、三兩「難」，也都是「八姦」第一姦「在旁」與第三姦「父兄」問題的輻射與衍生；韓非說：

150 王先慎《韓非子集解》，頁一六。

物之所謂難者，藉人成勢，不使侵害己，可謂一難也；貴妾不使二后，二難也。愛孽不使危正適，專聽一臣而不敢隅君，此則可謂三難也。（〈難三〉）[151]

輕其適正，庶子稱衡，太子未定而主即世者，……太子已置，而娶於強敵以爲后妻，則太子危……出君在外而國更置，質太子未反而君易子……大臣兩重，父兄眾強，內黨外援以爭事勢者，……婢妾之言聽，愛玩之智用，外內悲惋而數行不法。（〈亡徵〉）[152]

孽有擬適之子，配有擬妻之妾，廷有擬相之臣，臣有擬主之寵，此四者國之所危也。故曰：內寵並后，外寵貳政，枝子配適，大臣擬主，亂之道也。（〈說疑〉）[153]

不只如上的「同床」、「父兄」，連第六、七、八姦的「流行」、「威強」、「四方」也一樣所在多有，韓非說：

人臣有五姦，而主不知也。爲人臣者，有侈用財貨賂以取譽者，有務慶賞賜予以移眾者，有務朋黨徇智尊士以擅逞者，有務解免赦罪獄以事威者，有務奉下直曲、怪言偉服瑰稱、以眩民耳目者。（〈說疑〉）[154]

內以黨與劫弒其君，外以諸侯之權矯易其國，隱正道，持私曲，上禁君，下撓治。

（〈說疑〉）[155]

姦臣者，召敵兵以內除，舉外事以眩主，苟成其私利，不顧國患。（〈內儲說下〉）[156]

這些就是〈八姦〉所說的「流行」、「威強」、「四方」。繼〈八姦〉之後，〈八經〉更把焦點集中在其中六姦，[157]說：

姦之所生六也：主母，后姬，子姓，弟兄，大臣，顯賢。

---

151 王先慎《韓非子集解》，頁二八四。

152 王先慎《韓非子集解》，頁七九。

153 王先慎《韓非子集解》，頁三一三。

154 王先慎《韓非子集解》，頁三一三。

155 王先慎《韓非子集解》，頁三一二。

156 王先慎《韓非子集解》，頁一七九。

157 以下所引「六姦」，悉見〈八經〉，王先慎《韓非子集解》，頁三三一。

推究其衍生根源，不外一個「因」——夤緣攀附，韓非說：

臣有二因，謂外內也。外曰畏，內曰愛。所畏之，求得；所愛之，言聽。此亂臣之所因也。（〈八經〉）

如何防範？韓非說：

無尊妾而卑妻，無孽適子而尊小枝，無尊嬖臣而匹上卿，無尊大臣以擬其主也。（〈八經〉）

任吏責臣，主母不放；禮施異等，后姬不疑；分勢不貳，庶適不爭；權籍不失，兄弟不侵；下不一門，大臣不擁；禁賞必行，顯賢不亂；外國之置諸吏者，結誅親暱重帑，則外不籍矣；爵祿循功，請者俱罪，則內不因矣。外不籍，內不因，則姦宄塞矣。（〈八經〉）

總之，是一切依循法制，無私、無親、無愛，沒有暗盤與例外，關閉一切可能的側徑與便道，才能不橫生意外的枝節。

除了八姦之外，韓非還叮囑人君，五種極可能使臣下越權侵位，造成下情不上達的情況，叫作「五壅」。〈主道〉說：人君施政極可能興生五種阻礙，導致大權旁落而不自知。[158]

**第一壅是「臣蔽其主，則主失爲」**

身爲人君，對領導統御的相關事務，須有通盤了解，不可有陰暗死角疏漏不及，以免留給臣下私自運作的空間。終至星火燎原，大權流失旁落而不自知，甚至篡逆興生，權奪位失。

**第二壅是「臣制財利，則主失德」**

人君若輕易把財政大權交給臣下，讓臣下掌握龐大的公共資源，即可能導致公器私用，假公濟私。上則結黨營私，下則收買人心，仍有不足，則聚斂百姓，弄得民心怨恨、背離，讓人主去概括承受。

**第三壅是「臣擅行令，則主失制」**

人主發號施令的生殺大權，所謂的「勢」，要牢牢固守，不可輕易放失，聽任臣下代行職

158 以下所引「五壅」之說，悉見〈主道〉，王先慎《韓非子集解》，頁一九—二〇。

事。否則大權旁落，情況失控，覆水難收。

**第四壅是「臣擅行義，則主失明」**

人臣旁對同僚，下對百姓，超越職權地行義做好人，自我標榜其德，以贏得同僚百姓的稱讚頌揚，不但遮掩人君的光芒，無形中還可能奪取人君的尊威，久而久之，亦可能取代其尊位，這也是站在尊君立場，擁護君權、君威的法家所忌諱。

**第五壅是「臣得樹人，則主失黨」**

這類人臣，大概大權在握，公然在朝中組班底、搞碼頭，弄得人君孤助寡與，竄逆之事也應是指日可待了。

以上不論「八姦」還是「五壅」，基本上都是圍繞在人君四周，天天都可能上演的戲碼，人君應該知所警惕，隨時防微杜漸，以免長久被姦欺、蒙蔽、侵犯而不自知。大患臨至，後悔不及。

### 6. 申子未盡於術

韓非儘管以「刑名」修正商鞅之「法」依軍功授爵位之病，以「人所得設之勢」增強慎到「自然之勢」，又因承、推崇申不害「因任授官」、「循名責實」的刑名術，卻也同樣批判且深化申子之「術」。韓非基本上當然贊同申不害「人不兼伎」、「人不兼官」的大原則；但對其人各一職，了不干涉，澈底實踐後的「治不踰官，雖知弗言」卻是有意見的。他在〈定法〉裡左批商君之法的同時，也右批申子之術的「雖知弗言」。因為按照申子的暗裡虛靜操作之「術」，人君虛靜之餘，更重要的是，必須旁觀周聽，利用各種非正面管道，去取得多方訊息，以窺探臣下陰暗面的實情。若人臣各個「治不踰官，雖知弗言」，則人主側面、背面的多方資訊，將何從而來？韓非在〈八經〉中說：「伍官連縣而鄰，謁過賞，失過誅。」[159]鼓勵臣下以同僚過失向上告謁。若依申子之言，人人「雖知弗言」，這會讓人主亡失察姦的管道。前述〈說疑〉、〈八姦〉、〈亡徵〉、〈八經〉、〈主道〉、〈愛臣〉各篇中那些細密的周聽參驗、察姦通壅網，正是韓非修矯申子刑名術「雖知弗言」的集大成之見。

(七)反儒、墨，非俠、辯

在先秦諸子的論著中，往往有綜合批論當代各家學術的篇章，《孟子．滕文公下》有洪水猛獸段，闢楊、墨；《荀子》有〈非十二子〉；《莊子》有〈天下〉篇，它們或述、或斥、或批他家

159 王先慎《韓非子集解》，頁三三五。

之說。及至漢代，都還承襲這種風氣：太史公《史記．自紀》引述其父司馬談之〈論六家要旨〉全文；《淮南鴻烈》末篇〈要略〉後半亦追述先秦各家之學的淵源與大要；班固《漢志》不但上承襲劉向、劉歆，將諸子分爲九流十家，還以古王官之學爲其源頭，站在漢代儒學一尊的基點，批判各家優劣。其中除《莊子．天下》站在齊是非的基本立場，對各家之說多論述，無批斥外，其餘各家對他家之學皆有偏頗之譏。韓非子亦然，卻和班固及各家相反，他的關切焦點在政治實務，不在學術。在〈五蠹〉、〈顯學〉等篇中，他譏刺當代所推崇的各家、各族群：儒、道、墨、名、俠、縱橫、工商，乃至聖賢、烈士，只要不合兵、法兩家集權農戰、富國強兵需求，不在國家法令規範之下的行爲或言論，皆所詆斥。爲的是摧毀封建舊體制，建立新時代的政治價值與秩序。儒家所代表的傳統禮教、道德思維，時代最久遠，基盤最廣大，當然成爲焦點目標。

他站在法家富國強兵、崇功尚實、應時求變、堅持客觀價值標準——法的立場，對流行於戰國當時的特殊社會現象與新興士民族群，提出了嚴峻的批判。認爲他們或虛浮不實、或落伍過時、或標新立異，阻礙國家社會的發展，卻總是獲得人君讚賞，在社會上形成不當的風氣。這些族群，包括了儒、墨、游俠、辯士、不仕的隱者、工商謀利之徒、逃避兵役者，甚至烈士。他們都在法令之外，自己另有一套價值標準，嚴重混淆是非。韓非在〈五蠹〉篇裡統稱他們爲「蠹」，譏刺他們說得動聽，行爲撼人，卻虛浮不實。不事生產報國，卻侵蝕國家社會公共資源，撼動法令尊嚴，還阻礙正向族群法術之士的晉身機會。稱之爲「蠹」，其憤懟可知。尤其是已蔚爲當代「顯學」的儒、墨，所謂的文學道德之士。在〈孤憤〉、〈顯學〉、〈五蠹〉、〈八說〉、〈六反〉、〈飾邪〉、〈忠孝〉等各篇中，對他們的主張和作爲，抨擊尤爲嚴厲。

〈五蠹〉說：

儒以文亂法，俠以武犯禁，而人主兼禮之，此所以亂也。其談言者務爲辯而不周於用，行身者競於爲高而不合於功，智士退處巖穴、歸祿不受，……其學者則稱先王之道，以籍仁義，盛容服而飾辯說，……。其言古者，爲設詐稱，借於外力，以成其私而遺社稷之利。其帶劍者，聚徒屬，立節操，以顯其名而犯五官之禁。其患御者，積於私門，盡貨賂而用重人之謁，退汗馬之勞。其商工之民，修治苦窳之器，聚弗靡之財，蓄積待時而侔農夫之利。此五者，邦之蠹也。160

160 以上所引〈五蠹〉，分見王先慎《韓非子集解》，頁三四四、三四六、三五〇。

今修文學、習言談，則無耕之勞而有富之實；無戰之危、而有貴之尊。[161]

所謂「習言談」、「務爲辯」者不僅指名家，主要還是指談「從橫」的說客。韓非子不但在開宗明義〈初見秦〉與〈存韓〉兩篇中，舉戰國實例批判「從橫」之誤國，〈忠孝〉也說：

世人多不言國法而言從橫。諸侯言從者曰：「從成必霸」，而言橫者曰「橫成必王」，……虛言非所以成治也。王者獨行謂之王，是以三王不務離合而正，五霸不待從橫而察，治內以裁外而已矣。[162]

這些族群有一個共同的特點：都是不力農務本、不耕戰殺敵；既無助於富國強兵，又不費力氣，卻可以享有優厚的待遇和資源。他們或憑藉逞口舌之能，講些不切世用的大論；或不合時代尚「力氣」的需求，務要推尊「上古」尚「德」時代的先王之道，標榜不切實際的道德大論；或公然聚眾耍狠，挑戰法令；或製作不牢靠的不急器物，謀取不當財富，買官賣爵，贏取富貴；或貪生怕死，想盡辦法逃兵役。行徑不一，結果都一樣：既無益於國，無助於治，完全顛覆法家所設定的功名利祿獲取軌則，卻往往能打動人君的心，或博得社會的認可。相較於辛勤的農民和出生入死的戰士，他們是不勞而獲者。壞了公共規矩，帶壞風氣，只會給國家帶來貧亂。〈五蠹〉說：

> 今境內之民皆言治，藏商、管之法者家有之，而國愈貧，言耕者眾，執耒者寡也；境內皆言兵，藏孫、吳之書者家有之，而兵愈弱，言戰者多，被甲者少也。故明主用其力，不聽其言；賞其功，必禁無用；故民盡死力以從其上。夫耕之用力也勞，而民爲之者，曰：可得以富也；戰之爲事也危，而民爲之者，曰：可得以貴也。[163]

其中，對於儒、墨及其所標榜尚賢崇德的價值觀，身爲大儒荀卿的弟子，韓非抨擊卻特別強

---

161 「三王……五霸……」兩句，本作「三王不務離合而止，五霸不待從橫無察」，意不可解。陳奇猷引劉文典，以為當作「三王不務離合而正，五霸不待從橫而察」，意始順達。說見陳奇猷《韓非子新校注》，頁一一六一。因從校改。

162 王先慎《韓非子集解》，頁三六一。

163 王先慎《韓非子集解》，頁三四七。

烈。因爲這兩類族群自春秋戰國以來，已經發展成爲當時政治社會上聲勢最浩大的士民族群，形成所謂「顯學」。儒家擁護周代封建禮教，則古稱先，推仁義，尚賢智、講道德；墨家除了在涉及公共資源的分配與儒家分歧外，其餘則古稱先，推仁義，尚賢智，表面上看，與儒家有相當的共識。但韓非說，實際上，他們各自所側重的內容焦點並不相同。即使他們族群各自的主張，弟子以下，也有相當分歧，並不一致、確定，如何作爲普遍奉守的行爲準則？〈顯學〉說：

世之顯學，儒、墨也。儒之所至，孔丘也；墨之所至，墨翟也。……孔、墨之後，儒分爲八，墨離爲三，取舍相反，[164]而皆自謂眞孔、墨，孔、墨不可復生，將誰使定世之學乎？孔子、墨子俱道堯、舜，而取舍不同，皆自謂眞堯、舜，堯、舜不復生，將誰使定儒、墨之誠乎？[165]

此其一。其次，儒、墨所謂的賢智、仁義本身也是很有問題的；〈難一〉說：

夫仁義者，憂天下之害，趨一國之患，不避卑辱，謂之仁義。……仁義者，不失人臣之禮，不敗君臣之位者也。[166]

這是法家的「仁義」，以尊君、護國，不辭其死爲前提；和儒者的仁義，大不相同。〈姦劫弑臣〉說，儒者的「仁義」道德，不外「施與貧困」、「哀憐百姓，不忍誅罰」；〈問辯〉說：

亂世之聽言也，以難知爲察，以博文爲辯；其觀行也，以離群爲賢，以犯上爲抗。[167]

這樣的賢智、仁義、惠愛，是小仁小義，情感用事，既愚昧，自以爲是，又往往「在民萌之

---

164 此句本作「取舍相反不同」，王先慎以為，「相反」與「不同」，義相重複，因刪去「不同」。說見《韓非子集解》，頁三五一。

165 王先慎《韓非子集解》，頁三五一。

166 王先慎《韓非子集解》，頁二七〇。

167 王先慎《韓非子集解》，頁三〇二。

衆，而逆君上之欲」，特立獨行，以下犯上，觸犯法治政令的規範，與韓非心目中法家的賢智、仁義、惠愛，相差太遠。〈姦劫弒臣〉說：

> 世之愚學，皆不知治亂之情，讘詼多誦先古之書，以亂當世之治。智慮不足以避穽井之陷，又妄非有術之士。聽其言者危，用其計者亂，此亦愚之至大，而患之至甚者也。俱與有術之士，有談說之名，而實相去千萬也。[168]

不僅仁義、賢智，舉凡儒墨所標榜的道德內容，韓非都認爲不切世用。儒墨所推崇的典範聖王堯舜，乃至忠臣烈士的孝悌、忠烈事蹟，韓非也一概加以否定。〈忠孝〉說：天下人都肯定孝悌忠順，也都肯定效法堯、舜之道的孝悌忠順，事實上，「堯爲人君而君其臣，舜爲人臣而臣其君，湯、武爲人臣而弒其主、刑其尸」，完全悖逆君臣之道，他們不是禪讓，而是篡奪；推崇堯、舜、禹都是「廢常上賢」、「舍法任智」，只會致亂。韓非心目中：

> 所謂明君者，能畜其臣者也；所謂賢臣者，能明法辟、治官職以戴其君也。[169]

父有賢子，君有賢臣，只有壞處，沒有好處。

其次，對於世俗所稱譽的烈士，韓非也是不以爲然的。認爲他們特立獨行，甚麼都不在乎；既不顧家庭，斷絕後嗣，也遺棄社會，只會標新立異，說些空虛模糊的話，做些無用的事，根本無益於治。[170]

韓非心目中的法家「賢智」，是有遠見、能察姦的「智術之士」，與強毅勁直、能矯姦的「能法之士」，不是那些眼中無法、無君、無社會、無國家的特立獨行之士；〈孤憤〉說：

> 智術之士，必遠見而明察……；能法之士，必強毅而勁直，……智術之士，明察聽用，且燭重人之陰情；能法之士，勁直聽用，且矯重人之行。[171]

---

168 王先慎《韓非子集解》，頁七二。

169 王先慎《韓非子集解》，頁三五八。

170 王先慎《韓非子集解》，頁三五九—三六〇。

171 王先慎《韓非子集解》，頁五五。

他們一無依憑，只靠篤篤實實，奉法無私、知術明察的眞本事去說服人君，當然敵不過那些能言善道，朝中有人，依附權勢（「重人」與「當塗之人」）者，更能獲得人君的信任與器重。結果不是被壟斷仕進機會，就是下場凄慘。在〈孤憤〉裡，韓非對此有很沉痛的抨擊，他說那些法術之士與國君既不親愛，也無故澤，光憑法術之言，單槍匹馬，就要去矯正「人主阿辟之心」，不論就好惡、就關係、就時間、就地位、就人數，五樣條件沒有一樣有勝算。更何況人君周遭還圍繞著一群利益既得者，法術之士哪來的晉身機會？其結果是：

其可以罪過誣者，以公法而誅之；其不可被以罪過者，以私劍而窮之。是明法術而逆主上者，不僇於吏誅，必死於私劍矣。172

這就是法家先賢摧枯拉朽的結果，不是頭破血流，就是車裂、腰斬，下場都很凄慘的原因，而那還是被重用過的。總之，正人摒棄，瓦釜雷鳴，這不是少數個案問題，它造成整個社會是非黑白顚倒、政治風氣與社會價值的扭曲翻轉，韓非對此萬分怨懟，〈六反〉說：

畏死遠難，降北之民也，而世尊之曰貴生之士；學道立方，離法之民也，而世尊之曰文學之士；遊居厚養，牟食之民也，而世尊之曰有能之士；語曲牟知，僞詐之民也，而世尊之曰辯智之士；行劍攻殺，暴憿之民也，而世尊之曰磏勇之士；活賊匿姦，當死之民也，而世尊之曰任譽之士；此六民者，世之所譽也。赴險殉誠，死節之民，而世少之曰失計之民也；寡聞從令，全法之民也，而世少之曰樸陋之民也；力作而食，生利之民也，而世少之曰寡能之民也；嘉厚純粹，整穀之民也，而世少之曰愚戇之民也；重命畏事，尊上之民也，而世少之曰怯懾之民也；挫賊遏姦，明上之民也，而世少之曰諂讒之民也；此六者，世之所毀也。姦僞無益之民六，而世譽之如彼；耕戰有益之民六，而世毀之如此，此之謂六反。[173]

原因就在：政府一方面標舉法治，約定國家利益與政治資源的公平分配準則；但與此同時，偏又聽信這些法外族群的邪說怪招。法令訂的是一套，實際執行偏又橫出許多便道，自相矛盾牴觸，嚴重

172 王先慎《韓非子集解》，頁五六—五七。
173 王先慎《韓非子集解》，頁三一八—三一九。

挑釁法令尊嚴，顛覆政府威信，績效當然不彰；韓非說：

凡所治者刑罰也，今有私行義者尊。社稷之所以立者安靜也，而譟險讒諛者任。四封之內所以聽從者信與德也，而陂知傾覆者使。令之所以行、威之所以立者恭儉聽上，而巖居非世者顯。倉廩之所以實者耕農之本務也，而綦組錦繡刻劃爲末作者富。名之所以成、城池之所以廣者戰士也，今死士之孤飢餓乞於道，而優笑酒徒之屬乘車衣絲。賞祿所以盡民力易下死也，今戰勝攻取之士勞而賞不霑，而卜筮視手理狐蠱[174]爲順辭於前者日賜。上握度量所以擅生殺之柄也，今守度奉量之士欲以忠嬰上而不得見，巧言利辭行姦軌以倖偷世者數御。據法直言、名刑相當、循繩墨、誅姦人所以爲上治也，而愈疏遠，諂施順意從欲以危世者近。習悉租稅、專民力所以備難充倉府也，而士卒之逃事狀匿附託有威之門以避傜賦，而上不得者萬數。夫陳善田利宅所以厲戰士也，而斷頭裂腹播骨乎原野[175]者，無宅容身，身死田奪；而女妹有色、大臣左右無功者，擇宅而受，擇田而食。賞利一從上出，所以擅剬下也，而戰介之士不得職，而閒居之士尊顯。

弄出一群人假「聖智」之名，造作非法言詞之人「顯名而居，……賴賞而富。」[176]

類似的矛盾錯亂現象，罄竹難書。應該如何處理？韓非勸誡人君，不要聽信那些專唱高調，卻無實效的各家之言，或異世出俗的族群行爲，讓一切回歸簡易明瞭、立竿見影的法治規範與耕戰本業，他說：

> 明王治國之政，使其商工游食之民少而名卑，以寡舍本務而趨末作者。[177]
>
> 明主之國，無書簡之文，以法爲教；無先王之語，以吏爲師；無私劍之捍，以斬首爲

---

174 「蠱」字本作「蟲」，《集解》引俞樾曰：「蟲乃蠱之誤。」今從校改，說見王先慎《韓非子集解》，頁三一六下註。

175 此處本作「平原野」，《集解》引顧廣圻，以為：「平字當衍，涉乎字形近耳。」

176 以上詳《詭使》，王先慎《韓非子集解》，頁三一五—三一七。

177 此句本作「以寡趣本務而趨末作」，義不可通。陳奇猷以為「趣」當作「舍」，蓋「趣」、「舍」多連文，故易誤。「作」下當有「者」字，作「以寡舍本務而趨末作者」。今從校改。說見陳奇猷《韓非子新校注》，頁一一二一。

勇。是境內之民，其言談者必軌於法，動作者歸之於功，爲勇者盡之於軍。是故無事則國富，有事則兵強，此之謂王資。（〈五蠹〉）[178]
明主之吏，宰相必起於州部，猛將必發於卒伍。夫有功者必賞，則爵祿厚而愈勸；遷官襲級，則官職大而愈治。夫爵祿大而官職治，王之道也。……明主舉實事，去無用，不道仁義，故不聽學者之言。（〈顯學〉）[179]

總之，除了修正補強法家諸前賢的理論外，似乎只有力圖兵戰致強的兵家不在他的批判、否定之列。對於道家的老子，韓非雖無正面推崇，卻以實際的思想提煉與理論轉化，甚至篇章解證，來肯定其價值。

## ㈧因道全法，歸本黃老

司馬遷說韓非：「喜刑名法術之學，而其歸本於黃老」，[180]就是洞澈韓非思想雖是站在法家基地的大營內，卻是以《老子》思想爲其最終理想，《韓非子．大體》中所呈現的至治情境，正是這樣的狀況，印證了司馬遷所言不虛。

司馬遷在法家三賢申、愼、韓的列傳中，分別總結其學術傾向與歸趨，都說他們的思想有濃厚的「黃老」成分。黃老之學原本源起於田齊政權崇功尚用的霸業企圖，它是老子之學的外王經世之用，以道法結合、因道全法爲主體思維，「兼儒、墨，合名、法」，綜採各家之說，形成一種新的學術思潮。[181]馮友蘭說，黃老之學是道家哲學的法家化，是道家和法家思想的統一。[182]他們把道家全生保眞的道理推廣到治國之上，終於改造了道家思想，使之向法家轉化。愼到和韓非都說，這叫「因道全法」。余明光說，老子之學是哲學性的，重在爲人處事之道、貴己重生之理；黃老之學卻是政治性的，重在治國安民之術；[183]法家三賢的政治思想和黃老有密切的關係是很必然的。

178 王先愼《韓非子集解》，頁三四七。
179 王先愼《韓非子集解》，頁三五四。
180 漢·司馬遷撰，劉宋·裴駰集解，唐·司馬貞索引，張守節正義《史記集解》，頁八六〇。
181 有關黃老思想主要思想議題與詳細的相關理論，個人已於《戰國時期的黃老思想》（臺北：聯經出版社，一九九一年）、《秦漢時期的黃老思想》（臺北：五南圖書出版股份有限公司，二〇二〇年一月），以及《老子異文與黃老要論》（臺北：五南圖書出版股份有限公司，二〇二〇年六月）中，詳細論述過，茲不贅述。
182 參見馮友蘭《中國哲學史新編》（北京：北京人民出版社，一九八四年十月），頁一九五。
183 參見余明光《黃帝四經與黃老思想》（黑龍江：黑龍江人民出版社，一九八九年八月），頁一五三。

即以韓非而論，除了如前述，權謀化《老子》的「無爲而無不爲」、「虛靜無爲」，架構其無限陰鷙而不欲見的周聽參驗察姦「術」，與因循用眾的政「術」外，另有兩篇專篇詮解《老子》之言：〈解老〉解釋《老子》共十一章的部分內容；〈喻老〉則例證《老子》共十二章十三處的多則內容。[184]其詮釋方向與空間，對老子思想既有繼承、發揮，亦有轉化。〈解老〉詮釋《老子》，只論述而無例證。〈喻老〉則過半以事例印證《老子》之言，且大部分一例證一則，少數兩例證一則。更有論、例並陳，或論、例交雜的。〈喻老〉絕大部分以「例」喻《老》，〈解老〉則以「論」解《老》。從其解《老》、證《老》的思想理論中，我們可以清楚窺見其「因道全法」的黃老理論。

### 1.〈解老〉、〈喻老〉的黃老解證

黃老之學有幾個基本的思想議題：

a.推天道以言政道——《老子》崇自然，推天道，黃老則天道、政道一理相通，要因天道以爲政道。天道虛靜無爲，故天長地久；政道如虛靜無爲，必能久視長生。

b.治身、治國一理相通——《老子》貴身重生，黃老則以治身爲治國之本，治國亦治身。治身，以心統九竅，使各司其能；治國則分官分職，使不相代越，因而推衍出「刑名」之術。

C.《老子》處事清靜無爲，黃老政道也求精簡省力，重「因循」，要因眾智、用眾能，以一統眾，無爲而無不爲。愼子早呼籲於前，《愼子．因循》說：

> 天道因則大，化則細。因也者，因人之情也。人莫不自爲也，化而使之爲我，則莫可得而用矣。[185]

這就是最典型因天道而爲政道的思維。天道自然而久長，政道因順人情之自然，必能如天道之圓滿久長。道家的自然無爲與法家的法令管理銜接了起來。這是用道家的無爲而治，去爲法家

---

184〈解老〉所詮釋的《老子》各章，依次是：第三十八、五十八、五十九、六十、四十六、十四、一、五十、六十七、五十三、五十四章等共十一章；〈喻老〉所例證的《老子》各章，依次是：第四十六、五十四、二十六、三十六、六十三、六十四（二處）、五十二、七十一、四十七、四十一、二十三、二十七章等共十二章十三處。

185 周．愼到《愼子》，卷二，頁一。

的法令賞罰護航，同時也用法家的法令賞罰去支撐道家無爲而治的內容，這叫「因道全法」。

d.《老子》以「道」爲化生天地萬物之「玄牝」與「天地根」，卻多述「道」之本體而少論創生。同時，「道」玄虛不可聞見，站在崇功尚用的基點，黃老因此常以事物之「理」或帶著物質性的「氣」來介稱或代說、烘托「道」，推闡出氣化宇宙論與精氣養生說。「氣化論」是稷下學術與黃老思想的重要創造。

這些議題，在黃老源生地稷下學宮集體著作的《管子》四篇，以及馬王堆黃老帛書，乃至漢代集黃老思想理論大成的《淮南子》中，都清楚可見，《韓非子》亦然。

## ⑴由虛靜無爲到權謀君術

法家中不害、韓非之君術提煉《老子》哲學的基本模式是，汲取《老子》思想中「虛靜無爲」、「無爲而無不爲」之旨，將之作了權謀的理解與轉化，使成爲暗裡觀察、密切注意，表面卻紋風不動的察姦之術，已如前述。〈解老〉、〈喻老〉亦然。比如：〈喻老〉證第二十七章「不貴其師，不愛其資，雖知大迷，是謂要妙」，從惡敵賢、養敵姦的角度，舉文王應允姦人費仲之求，不應允賢臣膠鬲之求爲例，以證「不貴其師，不愛其資」。作了轉向法家權謀意旨的解證。

## ⑵以實說虛，援「理」說「道」

《老子》論「道」，重在恢廓其玄虛的本體。〈解老〉、〈喻老〉論「道」，卻在「道」之下，拈出一個介於「道」、「法」之間的「理」來申說引介，以映襯、烘托「道」永恆不變的「常」性。比如：〈解老〉在詮解第一「道可道，非常道」章與第十四「視之不見……惚恍」章，有關「道」的體貌質性時，說：

> 凡理者，方圓、短長、麤靡、堅脆之分也。故理定而後可得道也。故定理有存亡、有死生、有盛衰。夫物之一存一亡，乍死乍生，初盛而後衰者，不可謂常。唯夫與天地之剖判也俱生，至天地之消散也不死不衰者謂常。而常者，無攸易，無定理，無定理非在於常，是以不可道也。（第一章）[186]
>
> 道者，萬物之所然也，萬理之所稽也。理者，成物之文也；道者，萬物之所以成也。故

186 王先慎《韓非子集解》，頁一〇八—一〇九。

曰：「道，理之者也。」物有理不可以相薄，物有理不可以相薄，故理之爲物，制萬物各異理，[187]萬物各異理而道盡稽萬物之理，故不得不化；不得不化，故無常操；無常操，是以死生氣稟焉，萬智斟酌焉，萬事廢興焉。（第十四章）[188]

都提出了一個有「分」有「定」，卻無「常」、會「變」的事物之「理」，來對比、映襯，由「理」說「道」，由「理」察「道」、體「道」。而事物之「理」雖不如「道」之玄虛靈妙，亦不全然具體，卻有質性可察可知，正是「道」與「物」之間兩面連通的便捷媒介。「道」「盡稽萬物之理」，是總「理」；「理」是萬物各自的質性，是分「道」。這樣的詮解所反映的，正是外王尙用的黃老好以實論虛、由實顯虛、條分縷析的解《老》常態。

### (3)由體道、修德到氣化治身

治身、治國之道一體通貫是黃老思想的基本形態，其論治身，又一本氣化觀，循著《管子・內業》一系的氣化形神觀，作了精氣盈虛的詮釋。〈解老〉詮釋第三十八「上德不德，是以有德」章，與第五十九「重積德」章，正是這樣，都把「氣」注入「德」中，唯物地以「氣」的充虛狀況去詮釋「德」與不「德」問題，說：

德者，內也。得者，外也。上德不德，言其神不淫於外也。神不淫於外則身全，身全之謂德。德者，得身也。凡德者，以無為集，以無欲成，以不思安，以不用固。為之欲之，則德無舍，德無舍則不全；用之思之則不固，不固則無功，無功則生於德。德則無德，不德則在有德。故曰「上德不德，是以有德」。（第三十八章）[189]

〈解老〉將「德」、「不德」的問題往治身的方向解釋，說心不陷溺、牽擾於外物，才能保全生命的眞純，叫作「有德」；反之，心神外淫便是「無德」。其詮釋第五十九「重積德」章說：

知治人者其思慮靜，知事天者其孔竅虛。思慮靜，故德不去；孔竅虛，則和氣日入。

187 王先謙曰：「『制』上『之』字衍」，陳奇猷曰：「《說郛》引，無『為』上『之』字，誤。此謂理為物之制裁者。」王說見《韓非子集解》頁一〇七引王先謙說；陳說見《韓非子新校注》，頁四一二。

188 王先愼《韓非子集解》，頁一〇七—一〇八。

189 王先愼《韓非子集解》，頁九五—九六。

> 故曰「重積德」。夫能令故德不去，新和氣日至者，蚤服者也，故曰「蚤服是謂重積德」。積德而後神靜，神靜而後和多，和多而後計得，計得而後能御萬物，能御萬物則戰易勝敵，戰易勝敵而論必蓋世，論必蓋世，故曰「無不克」。[190]

「治人」之道先治己身，治己身之道在寧靜思慮，寧靜思慮之道在充積「和氣」，這叫「重積德」。「和氣」重積，精神寧靜則能勝治一切。至於爲什麼寧神、治身、治國都須從積和氣、處理嗜慾入手？〈喻老〉詮釋第四十七章「不出戶，知天下；不闚牖，見天道」時說：

> 空竅者，神明之戶牖也。耳目竭於聲色，精神竭於外貌，故中無主。中無主，則禍福雖如丘山，無從識之。此言神明之不離其實也。[191]

因爲生理官能是精神出入的門戶，而精神託於形骸之上。所以大至治國，小至治身、寧神，都需根源性地從生理官能的妥善處理做起。

〈解老〉、〈喻老〉把《老子》玄妙高深的體道、修德之論，與重戒儉嗇、節制原則，顯實地歸結爲精神「外誘於物」的根由，將《老子》的玄理轉化爲以治慾、恬神爲關鍵的治身之理，然後推衍到「治人」之上。《老子》原本固亦呼籲人清靜寡慾，但將《老子》許多體道玄言，悉從慾淫、外誘一路去結證說明，大大轉化了《老子》的思想方向，使成如《管子‧內業》、〈心術〉一路的黃老治身、治國一體、精氣養生說。〈內業〉說：

精存自生，其外安榮，內藏以爲泉原，浩然和平，以爲氣淵。淵之不涸，四體乃固；泉之不竭，九竅遂通。乃能窮天地，被四海，中無惑意，外無邪菑。……人能正靜，皮膚裕寬，耳目聰明，筋信而骨強。乃能戴大圜而履大方，鑒於大清，視於大明，敬愼無忒，日新其德，徧知天下，窮於四極。[192]

190 王先愼《韓非子集解》，頁一〇二。
191 王先愼《韓非子集解》，頁一二二。
192 〔日〕安井衡《管子纂詁》（臺北：河洛圖書出版社，一九七六年三月初版），卷第十六，〈內業〉第四十九，頁四—六。

正是以精氣爲人身、心健全的根由，血氣與身、心一體相牽。恆保血氣暢旺，才能身心健全，從而頂天立地，成大功、立大業。這是黃老心、物合一，治身、治國一體並重的基本要論。太史公曾引論其父司馬談〈論六家要旨〉說，黃老道家在治國的同時，還注意到：

> 神者，身之本也；形者，身之制也。不先定其神，而曰「我有以治天下」，何由哉？[193]

形、神兼治並重，正是黃老道家轉化《老子》養神遺形、重神輕形的外王尚用思維。〈解老〉在詮釋第三十八「上德不德」章，與第五十九「重積德」章，思維模式一致。

此外，〈解老〉在解證《老子》第五十章「出生入死，生之徒十有三，……以其無死地」時，也由治身、重生的觀點發論，把「十有三」解釋爲「四肢九竅」，與三百六十節同爲人「生之大具」，而歸結於「聖人愛精神而貴靜」，與《老子》大有區別，卻很明顯地顯示其唯物論證的黃老觀點。較精彩的是，它對「陸行不遇兕虎，入軍不備甲兵」、「兕無所投其角，虎無所錯其爪，兵無所容其刃」等「無死地」、「善攝生」的解釋與說明；〈解老〉說：

> 夫兕虎有域，動靜有時，避其域，省其時，則免其兕虎之害矣。……時雨降集，曠野閒

靜，而以昏晨犯山川，則風露之爪角害之。事上不忠，輕犯禁令，則刑法之爪角害之。處鄉不節，憎愛無度，則爭鬥之爪角害之。嗜慾無限，動靜不節，則痤疽之爪角害之。好用其私智而棄道理，則網羅之爪角害之。兕虎有域，而萬害有原，避其域，塞其原，則免於諸害矣。凡兵革者，所以備害也。重生者雖入軍無忿爭之心，無忿爭之心則無所用救害之備。[194]

善養生不是走在陸地上遇不遇到兕虎，在軍陣中擋不擋得了甲兵，也不是兕虎的角爪、敵軍的兵刃傷不傷害得了自己的問題；而是，你如何知所防範地不讓自己陷入那樣的情境中，遭遇那樣狀況的機會問題，這叫「避其域」、「塞其原」、「無死地」。《老子》此章所舉示的兕虎、兵刃，都只是象徵性的禍害代稱，天地宇宙間類似的各種形態外患太多了，自然界的風霜雨露，社會上的刑法制度，人間的鬥爭相殘，乃至自身生活無度所引致的疾病，在在都似角爪、兵刃，足以造成生生

193 見《史記．自紀》，〈司馬談論六家要旨〉，《史記集解》頁一三五〇。

194 王先慎《韓非子集解》，頁一一〇—一一一。

之害。但「萬害有原」，每一種禍患，都可以找到根由，能掌握根由，知所趨避，才可以免害避禍，這正是《老子》所要叮囑的道理，〈解老〉作者剴切無誤地掌握到了，並且作了相當具體明爽的詮解。

## 2. 因道全法：道術與法術的圓融統一

儘管談了那麼多嚴峻的法令、權勢與陰鷙君術，在重視高等政治績效的韓非理想中，道家的精簡省力、寧靜安詳仍是他所推崇的政治至境。〈大體〉說：

> 古之全大體者，望天地，觀江海，因山谷，日月所照，四時所行，雲布風動；不以智累心，不以私累己；寄治亂於法術，託是非於賞罰，屬輕重於權衡；不逆天理，不傷情性；不吹毛而求小疵，不洗垢而察難知；不引繩之外，不推繩之內；不急法之外，不緩法之內；守成理，因自然；禍福生乎道法而不出乎愛惡，榮辱之責在乎己，而不在乎人。故至安之世，法如朝露，純樸不散；心無結怨，口無煩言。故車馬不疲弊於遠路，旌旗不亂於大澤，萬民不失命於寇戎，雄駿不創壽於旗幢，豪傑不著名於圖書，不錄功於盤盂，記年之牒空虛。故曰：利莫長於簡，福莫久於安。……因道全法，君子樂而大

姦止；澹然閒靜，因天命，持大體。故使人無離法之罪，魚無失水之禍。上不天則下不遍覆，心不地則物不畢載。太山不立好惡，故能成其高；江海不擇小助，故能成其富。故大人寄形於天地而萬物備，歷心於山海而國家富。上無忿怒之毒，下無伏怨之患，上下交樸，以道爲舍。故長利積，大功立，名成於前，德垂於後，治之至也。[195]

這是韓非心目中最高的政治至境，也是他所憧憬的理想國。陳奇猷說，所謂「大體」，是指做事能著眼於事情的整體，看見事情的全面，自然能把握要領。[196]治政能大智若愚把握要領，精當順成，便是識「大體」。這樣的理想國，顯示了幾個重點：

⑴最高層次的理想政治，應該是雲淡風輕，輕鬆閒適，不傷心力而自然順成。

⑵其推動，卻須靠法術、是非、賞罰來完成。要求既不傷心智，也沒有枝節，一切只依法，只有法，卻沒有違犯者。

195 王先慎《韓非子集解》，頁一五六。
196 參見陳奇猷《韓非子新校注》，頁五五六。

(3)既沒有違犯者，自然沒有紛爭，沒有戰爭，不需要記戰功的圖錄名冊。

(4)人心清楚明白，依著法，一切榮辱、利害全在一己；社會安詳穩定、平和寧靜，人人自足幸福。

(5)執政者心境天寬地闊，閎大無私，輕鬆自在，才能豐功偉業，永世經營。這樣的政治境界，看來似老子的理想國，充滿道家情調；然其經營方法與成效，卻是要靠法術的推動與賞罰的執行來達成。可見韓非雖然設計了許多嚴密緊實、滴水不漏的治政藍圖與方案，其終極目的仍是相信，也希望澈底達到以刑去刑、以刑止刑的效果。這原是黃老硬軟妥適兼糅，剛柔互濟的治政風格，卻同時也是韓非法論的最高理想，希望藉由「道」的安靜管理，去推動「法治」的澈底圓滿。也相信，只有「法」的澈底執行成功，一種無需傷筋動骨的美好管理成效才能圓滿呈現，這叫「因道全法」。

## 肆、結論

韓非上承法家先賢，在先秦為法家建立了完整的理論體系，也為中國上古的領導統御提出了較為明確周密的規則，開出了具體而寬廣可循行的道路。自此之後，中國不論是太平之治的儒教盛世，還是清淨寧和的黃老治世，其背後所運作的，基本上都離不開法家這一套方案。因為，在中國上古的各家思想中，只有法家能在理念之外，具體提供一整套較爲明確可採用的具體操作方案。可以說，它爲中國兩千年來的政治，規劃了一幅較爲完備的藍圖，成爲中國傳統政術的典範模式，也爲後世的領導統御，乃至近代管理學，提供了高妙的指導原則。

# 序／清·王先謙

韓非處弱韓危極之時，以宗屬疏遠，不得進用。目擊游說縱橫之徒，顚倒人主以取利，而奸猾賊民，恣爲暴亂，莫可救止，因痛嫉夫操國柄者，不能伸其自有之權力，斬割禁斷，肅朝野而謀治安。其身與國爲體，又燭弊深切，無繇見之行事，爲書以著明之。故其情迫，其言覈，不與戰國文學諸子等。迄今覽其遺文，推跡當日國勢，苟不先以非之言，殆亦無可爲治者。仁惠者，臨民之要道，然非以待奸暴也。孟子導時王以仁義，而惡言利，今非之言曰：「世之學術者說人主，不曰乘威嚴以困姦衺，而皆曰仁義惠愛。世主亦美仁義之名，而不察其實。」蓋世主所美，非孟子所謂仁義；說士所言，非仁義即利耳。至勸人主用威，唯非宗屬乃敢言之。非論說固有偏激，然其云明法嚴刑，救群生之亂，去天下之禍，使強不陵弱，眾不暴寡，耆老得遂，幼孤得長，此則重典之用而張弛之宜，與孟子所稱及閒暇明政刑，用意豈異也？既不能行之於韓，而秦法闇與之同，遂以鉏群雄，有天下。而董子迺曰「秦行韓非之說」。攷非奉使時，秦政立勢成，非往即見殺，何謂行其說哉？書都二十卷，舊注罕所揮發，從弟先愼爲之集解，訂補闕譌，推究義蘊，然後是書釐然可誦。〈主道〉以下，蓋非平日所爲書；〈初見秦〉諸篇，則後來附入者。非勸秦不舉韓，爲宗社圖存，盡至無俚，君子於此，尤悲其志焉！光緒二十二年冬十二月葵園老人王先謙序。

# 韓非子（上）

（以清・王先慎集解之《韓非子集解》為依據版本）

# 題解

國立臺灣師範大學國文學系教授　陳麗桂

王先愼集解本《韓非子》五十五篇，雖分爲二十卷，事實上，由於資料豐富，體系龐大，同一議題往往兼跨數篇，分散在許多角落，每卷中各篇的內容又未必有密切的關聯與呼應性。梳理《韓非子》的思想，還是應該以議題爲經緯，才能提挈其龐大深入的思想體系，與豐富多樣的面貌風姿。

## 一、《韓非子》的體例特徵與組織架構

《韓非子》全書的論證模式與體例架構在先秦諸子中是很特殊的，它大量徵引古人古事，先秦諸子中無人能出其右。既有全篇專門解證前賢《老子》經文的篇章，各篇也有各自的篇題，內容與議題卻不限於篇題，尤其至少超過七成的篇章中，隨處羅列數量龐大的史事、史例，和當代人物事蹟的載述、引證和批判，洋洋灑灑，琳琅滿目，令人嘆爲觀止。

## ㈠數量龐大的史例與史證

儘管徵引歷史人物、史事或批判當代人物，以論證自己的思想理論，是先秦諸子常有的現象，《孟子》批楊、墨、告子，《荀子》有〈非十二子〉與〈正名〉批判各家與名辯，皆然。但《韓非子》所徵引，數量之龐大，例證人物之多，規模氣勢之盛，堪稱先秦諸子之冠。它近乎地毯式地匯集三代以來，經、子、史所載，乃至當代人物的事蹟，跨越幅度超過七成以上的篇章，這在先秦是空前的。這些龐大而普遍充斥的史事、史例，成了《韓非子》全書相當凸顯而醒目的特徵。

根據陳惠娟《韓非子哲學新探》的考證，《韓非子》徵引史事八百多近九百例，所提到的歷史人物也有五、六百人，[1]只有極少數約十二篇全篇議論，沒有例證。其中當然不免重複，卻仍可見其隨處可得之史例盛況。就以全篇均皆例證的〈說林上、下〉與〈喻老〉，以及徵引最多的〈說疑〉而言，前者上、下篇分別匯集了三十八與三十三則，兩篇合約七十一則史事；後者述及古、近代君、臣亦八十餘人。其餘六篇內、外〈儲說〉更不在話下。五十五篇所引述的這些史人、史事，大致可以分爲幾類：

1. 有全篇匯集史事、史例或近、當代人事以成篇的：如〈喻老〉與〈說林〉上、下。〈喻老〉專篇例證《老子》之言十三章，共引論了二十五則史例，〈說林上〉羅列了三十八則，〈說林下〉羅列史例三十二則、物例五則。

2.有全篇以史事、史例爲檢討對象，逐一進行正、反批判的：如〈難一〉、〈難二〉、〈難三〉、〈難四〉各篇，共引證二十七則，每一則中牽涉到的人物，多則十一～十二人，少則一～二人。

3.有以一句或一節提綱，下舉十數則史例或人物加以印證的：如二篇〈內儲說〉、四篇〈外儲說〉與〈十過〉。二篇〈內儲說〉「經」文稱引史證一百三十則，「說」文稱引史證一百一十八則；四篇〈外儲說〉「經」文共稱引史證一百二十八則，「說」文則徵引了一百五十九例；〈十過〉在所列舉的人主十大過失下，引述的歷史人物至少多達六十六人。

4.亦有夾議夾例，論、例交雜穿插，一如先秦他家的情況。然而，這類篇章，在先秦他家是多論只舉一例以爲證，《韓非子》卻往往舉數例以證一論。

這些史例、史證一方面用以印證或加強其法家思想論點；更重要的是，從這些史事與歷史人物的行事活動中，提煉出其曲折的法家權謀思維。這種廣引史事以印證其思想理論的論證模式，

1 參見陳惠娟《韓非子哲學新探：自序》（臺北：文史哲出版社，二〇〇四年），頁七九－八一。

秦漢以下爲《呂氏春秋》、《淮南子》所承繼與仿效。而其近乎堆疊地細數、羅列歷史人物的表述，我們在漢代賈誼的《新書・淵騫》篇中看到了承繼與效法。孔子說：「如有所譽者，其有所試矣。」從《韓非子》幾近地毯式的蒐羅、匯集古史古證看來，天地之間，古往今來，似乎有千千萬萬數不盡、舉不完的人物與事蹟，可以印證其法家理論之堅確不移。

㈡多元多類的體例架構

除了廣引史證史事之外，《韓非子》全書的組織架構也很特殊，其多元多類也是前此諸子所未見。

1. **就論、例分配情況言**

⑴**純粹議論，無史證：**

有十二篇，約占全書百分之二十二，依次是〈主道〉、〈揚權（搉）〉、〈八姦〉、〈亡徵〉、〈三守〉、〈功名〉、〈大體〉、〈詭使〉、〈八經〉、〈飭令〉、〈心度〉、〈制分〉。

⑵**議論爲主，略引史證，論主證輔：**

有二十七篇，約占全書百分之四十九，依次是〈初見秦〉、〈存韓〉、〈愛臣〉、〈有度〉、〈二炳〉、〈孤憤〉、〈說難〉、〈和氏〉、〈姦刼弒臣〉、〈備內〉、〈南面〉、〈飾邪〉、〈解老〉、〈觀行〉、〈安危〉、〈守道〉、〈用人〉、〈難勢〉、〈問辯〉、〈定法〉、〈問田〉、〈六反〉、〈八說〉、〈五蠹〉、〈顯學〉、〈忠孝〉、〈人主〉等篇。

(3)**論、證各半，或以論爲提綱，大量引證：**

有十三篇，約占全書百分之二十四，依次是〈難言〉、〈十過〉、〈說疑〉、六篇〈內、外儲說〉、四〈難〉篇。

(4)**只證無論：**

即〈喻老〉與〈說林〉上、下三篇。

2. **就篇章體例言**

先秦諸子之作，如儒家的《論》、《孟》、《荀》、《禮記》，或論、述兼有，也引經據典，但全書各篇體例大抵一致，墨家早期著作《墨子》亦然。《韓非子》則不然，除了因承前賢模式外，尚有許多開創。

〈喻老〉所證多愼始謹微、正言若反之理，〈說林〉上、下所舉各三十近四十餘證，要皆權謀、詭詐之道，〈說林下〉亦及防姦之術。

**(1)前「經」後「說」的論證，是連珠體的首創：**

墨家早期著作《墨子》雖和儒家論述形態一樣，然至後期墨辯則有「經」、「說」的體例出現。《管子》亦然，前九篇「經言」部分有〈牧民〉、〈明法〉、〈版法〉、〈形勢〉、〈立政〉各篇，後「解」部分則有〈牧民解〉、〈明法解〉、〈版法解〉、〈形勢解〉、〈立政九敗解〉等篇。〈心術上〉雖未標「經」、「解」或「經」、「說」，然前文的提要似「經」，後文逐節說解，似「解」；〈心術下〉則經解夾雜，可能原本亦如〈心術上〉，前有「經」文，後有說解文字，後來散佚。

《韓非子》六篇內、外〈儲說〉也以前「經」後「解」的形式論證其法家思想，漢、魏人稱爲「連珠體」。它有「經」有「說」（解），「經」、「說」一體，互相發明，借助事例以說明道理。「儲」是儲存，「說」是史傳。有人認爲，六篇〈儲說〉在初成之時，只有似〈外儲說〉的形式，無提綱。後來，重新整理，在部分內容前加入提綱，因有內、外之分，有提綱的是「內」，無提綱的是「外」。至於上、下之別，則因篇幅過長而分。

**(2)專篇解證前此典籍文獻：如〈解老〉、〈喻老〉**

司馬遷說韓非「其學歸本於黃老」，《韓非子》眞有兩篇專門解證老子《道德經》經文的篇章。〈解老〉以說理詮釋老子《道德經》經文十一章，〈喻老〉則以十三則史事例證老子《道德經》經文十二章，共十三處。這以後到了西漢，標榜「考驗乎老莊之術」的《淮南子》承之，亦有〈道應〉一篇，全篇引史事、史例驗證《老子》經文五十六則（另《莊子》之言一則，《管子》之言一則，《慎子》之言一則）。

**(3)開「論難體」的先河：**

〈難勢〉、〈難一〉、〈難二〉、〈難三〉、〈難四〉五篇論證形態與它篇不同，是論辯體的篇章。〈難一〉～〈難三〉前引古史、古事，續以「或曰」論難，申述其法家思想。〈難四〉，先似〈難一〉～〈難三〉，分兩層次論難古事，再次論難前難，學者或稱其爲後人仿作。[2]〈難勢〉不同於四〈難〉篇，更爲縝密嚴謹，有明確的論證宗旨——勢。圍繞宗旨，分三段論述，體例曲折許多：先述慎到「勢」論，再以儒家論點否定，續以法家觀點補強肯定。

這種辯難式的篇章體例在先秦是首創，此後西漢東方朔的〈答客難〉、司馬相如的〈難蜀父老文〉、揚雄的〈解嘲〉，東漢班固的〈答賓戲〉，乃至王充《論衡》的〈問孔〉、〈刺孟〉，都有

2 參見張素真《韓非子難篇研究》（臺北：學生書局，一九九七年七月增訂再版），頁二七六。

所承襲。

### 3. 篇名不盡涵蓋內容：同一議題，理論散跨多篇

先秦以前的典籍文獻，或以首句名篇，或以內容宗旨名篇。其以內容宗旨名篇者，理論所涉，大致不出篇題之外。如《墨子．兼愛》、〈非攻〉，專論兼愛、非攻；《莊子．齊物論》，所論盡在齊一物論；《荀子．勸學》，專論「學習」；《禮記．經解》專論五經之功能價值；《禮記．儒行》所論不外儒者之形象、風範與特質。篇名〈禮論〉，所論盡禮；篇名〈樂論〉，所論盡樂。容或有同一議題內容分見它篇者，總集中在三兩篇之內。

《韓非子》則不然，各篇篇題未必能盡攏其內容，而與他篇清楚切割。固然有〈初見秦〉與〈存韓〉大論六國縱橫情勢，〈主道〉、〈南面〉、〈大體〉，明確統論君道；〈八姦〉主論察姦；〈難勢〉專論「勢」；〈解老〉、〈喻老〉，專篇解證《老子》之言；〈難言〉、〈說難〉專論言說、辯說之曲折、權謀外，絕大多數篇章，都是各類議題參雜交論。既非以首句爲題，篇題也不盡能提挈全篇的內容。每一議題內容往往隨論述需要，散跨多篇，甚至十數篇，反覆叮嚀強調。比如〈定法〉，不只論「法」，也綜述並兼批勢、術、法。即使專輯史事、史例的〈說林〉與六篇〈儲說〉中，也是在例證、事蹟中深藏權謀、曲說的「術」論，或以事、以例代論、代說，而

不直接論說。其重要思想議題，往往散入各篇之中，造成同一議題，於多篇中再三重複叮囑。若非逐一細閱各篇內容，很難洞悉死角，細緻統理其思想體系。

## 二、思想議題與篇章分布

整體看來，全書的思想內容，大約包括了幾大議題：㈠論六國從橫；㈡人性趨利避害；㈢法治與德治；㈣反儒、墨、游俠、辯士；㈤法與賞罰；㈥勢與權位；㈦術不欲見：虛靜察姦、循名責實；㈧君臣之道；㈨因道全法，歸本黃老；㈩專論言諫之難。上述各議題中，法、術、勢三者尤爲思想核心。

### ㈠論六國從、橫

《韓非子》在開宗明義的〈初見秦〉與〈存韓〉兩篇，便大致綜論六國形勢，並對當時流行的合從、連橫，進行嚴峻的批判。在〈初見秦〉中，韓非指秦國和荊、魏、趙，用兵太甚，士民疲弊，是四次失去成霸機會的關鍵，並歸其原因爲「謀臣太拙」，同時提出正確策略，當舉魏，絕荊、趙，弱燕、齊，凌三晉，才是上策。在〈存韓〉中，除了論六國情勢之外，韓非建議始皇滅趙存韓。至後篇，觀點完全相反，提議破合從，行連橫，大談如何誘韓以離間趙、韓，建議始皇，重幣使荊，賄賂其臣，伐趙，並自薦願使韓。學者認爲，這部分是李斯上書，非韓非之說。〈存韓〉與〈初見秦〉之外，有關從橫的批判，亦見於〈五蠹〉與〈忠孝〉。

㈡思想基點——人性趨利避害

法家不論商鞅、申不害、愼到或韓非，基本上都是性惡論者。其一切理論，不論「勢」、「術」或「法」，都是站在性惡的觀點設計的。韓非是荀子的學生，他的老師荀子也主性惡，但荀子的性惡並不是認爲人性本質爲惡，而是認爲，人性天生有慾望的生理本能，如不能妥善處理，一味循性發展，便容易出問題。法家卻認爲，人性本質是趨利避害，因此需要以賞罰去獎勵和管理。反之，只有認定人性的本質是趨利避害，賞罰的執行與落實才有絕對的保證。因此，在《韓非子》的理論中，一切政治工具、政治設施和統御手法，幾乎都是針對這樣的觀點來設定。賞罰的設計、執行與管理，權勢的保固，一切姦欺的防範、刑名的運作，都是就人性對自身利害的可能反應作預設的處理，這就使得法家的思想充滿著嚴苛陰鷙的權謀設想。《韓非子》中對這一議題的論證，分見於〈六反〉、〈姦劫弒臣〉、〈備內〉、〈外儲說左上〉、〈外儲說左下〉、〈八經〉等篇。

### ㈢法治與德治、賢治

法家以尊法、重法名家，當然推崇法治，抵斥德治。他們認爲，德不德欠具體，牽涉到人爲的判準問題，不夠客觀；「法」卻是既具體又客觀的存在依據，一旦設定公布，上下一體共遵，沒有例外，可以達到公平、公正的效果。執行起來，即使平庸之人君亦可以有可期的效果。「德」治卻須仰賴品質優良的統御者才能做到。在周代宗法制度下，繼位的統御者未必各個具有優越的才德，其管理成效因此難能具有普遍的保證。《韓非子》中對這一議題的論證，主要見於〈五蠹〉、〈顯學〉、〈內儲說上〉、〈外儲說左上〉、〈外儲說左下〉、〈姦劫弒臣〉、〈飾邪〉等篇。

### ㈣反儒、墨，非俠、辯

韓非雖然是儒家荀子的學生，卻與他的老師走出不同的路向。儒家站在推挺人的尊嚴與價值的基點上，試圖喚醒、強調人身上潛在的自覺本能。因此重道德，講仁義，崇禮儀，推尊聖賢，鼓勵人心人性自動與自覺地向善。墨家由儒學入手，因此也崇道德，推聖賢。法家則不然，他們既認定人心人性趨利避害、好逸惡勞，自然認爲外在法令的約束與管理成效，高於內在人心的主動自覺。畢竟天下凡人多，聖賢少。主動自覺學好，難度遠高於被動地被規定、提醒與約束。更何況儒、墨乃至遊俠，在法令之外，推崇一種自制、自詡的價值觀。韓非認爲，這會大大牴觸、阻礙法令的推行，《韓非子》的篇章中不少對這類觀點的強烈批判。這些論證，往往是衝著儒、墨與遊俠、文學、遊辯之士而來，認爲他們浮誇不實，徒以悅樂人君，博取聲名富貴而已，無益於治。除了儒墨與遊俠辯士之外，舉凡流行於戰國時代的新興族群，言行舉止與法家尊君明法、富國強兵宗旨不合者，如隱者、烈士、工商、逃兵役者，都在批判之列。這類理論以〈孤憤〉、〈五蠹〉、〈顯學〉、〈六反〉、〈姦劫弑臣〉爲核心，亦分見於〈飾邪〉、〈難一〉、〈詭使〉、〈八說〉、〈問辯〉、〈忠孝〉等篇。

㈤法與賞罰

作爲法家思想集大成之作，《韓非子》以勢、術、法三者爲治政三寶，三者之中，「法」尤爲基本要項，也是《韓非子》全書各篇遍在的思想內容。有關「法」的強調和論述，在全書五十五篇中，不論篇幅大小，遍及四十五篇，占全書的八成多。可以說，除了綜論六國從衡情勢的〈初見秦〉、〈存韓〉，專論防姦、察姦之術的〈八姦〉，專篇解證、例證《老子》之言的〈解老〉、〈喻老〉，專篇解釋人主易患之過的〈十過〉，專論言說、辯說之難的〈難言〉、〈說難〉，專論人主失勢、敗術、遭劫的〈三守〉，專論人臣偏借權勢的〈難勢〉，乃至全篇彙集史例的〈說林下〉等十篇外，其餘四十五篇，論述的內容或有詳略，篇幅或有大小，即使片言支語，亦莫不有對明法、賞罰的強調和提點。

在這些普遍而龐大的四十五篇涉及「法」與賞罰的內容中，以〈制分〉、〈飭令〉、〈二柄〉、〈定法〉、〈心度〉數篇爲主，亦見於〈愛臣〉、〈有度〉、〈主道〉、〈守道〉、〈安危〉、〈六反〉等篇章中。〈飭令〉全襲《商君書‧靳令》之文，闡論「以刑去刑，以刑制刑」之旨。〈二柄〉與〈定法〉篇名看似以「賞罰」與「法」爲論說焦點；實則，前者以論述「刑德」的賞罰開篇，卻以「勢」與虛靜、刑名之「術」三分其內容；後者亦法、術、勢兼述綜批，具體而微地顯現其集大成的狀態。綜觀其涉及法與賞罰的四十五篇，論述的重點，不外乎幾項：

1. 賞罰的設定，源於人性趨利避害的特質：主要見於〈制分〉、〈外儲說左下〉、〈用人〉、〈二柄〉、〈守道〉等篇。
2. 法治優於人治、賢治：主要見於〈五蠹〉、〈顯學〉、〈內儲說上〉、〈姦劫弒臣〉、〈難一〉、〈制分〉等篇。
3. 明法審令、信賞必罰：遍在四十五篇的內容中。
4. 賞罰公平、公開、公正，去私立公：主要見於〈定法〉、〈制分〉、〈八經〉、〈有度〉、〈飾邪〉、〈五蠹〉、〈內儲說上〉、〈難三〉、〈六反〉等篇。
5. 嚴刑峻法，重刑少賞，不赦不宥：主要見於〈難三〉、〈姦劫弒臣〉、〈內儲說上〉、〈主道〉、〈六反〉等篇。

6. 法與時變：主要見於〈亡徵〉、〈心度〉、〈五蠹〉、〈八說〉等篇。

㈥ 勢與權位

在韓非等法家看來，「法」雖然是治政的基本工具與依據，「勢」卻是推行「法」的先決條件。領導者必須先有了「勢」，掌握了「勢」，才能推行「法」，進行領導統御，「勢」是領導統御的先決條件。在周代封建宗法的架構下，一旦依宗法制度承繼了領導統御地位，具有統御資格、統御身分，便同時擁有一切統御權力，包括了附著在統御地位上的一切賞罰生殺與公共資源分配權。《韓非子》中有〈難勢〉專論「勢」，其餘亦散見於〈備內〉、〈功名〉、〈外儲說左下〉、〈外儲說右上〉、〈外儲說右下〉、〈難一〉、〈難三〉、〈八經〉、〈五蠹〉各篇。

〈難勢〉論「勢」的價值與功能，及其在領導統御上的絕對優越性。「勢」之所以優越，就在它掌握「法」，擁有對「法」的一切訂定、支配、操控權。〈有度〉大篇幅鋪衍「法」之外，也不忘提點「勢」能令法之運作正當得宜，公正平穩，人主必須妥善任「勢」。〈備內〉詳細分析人主可能失「勢」，讓大臣借「勢」，比周蒙蔽其上的各種狀況。〈功名〉篇以勢位為人君立功成名的四大要項之一，論述人主居名位、處重「勢」之重要。

「勢」雖爲人主領導統御的先天優越條件，卻非絕對而足恃，〈外儲說左下〉「二」叮囑恃「勢」不如恃「信」。所謂「信」，是指對「勢」的倚恃與操作有絕對而必然的把握，這牽涉到「術」的操作與「法」的執行。〈外儲說右上〉申述如何處「勢」持「術」以執「法」、以及執法禁誅的重要。善持「勢」，可以早絕姦萌。並再次強調：國爲君車，「勢」爲君馬，有位卻不知用「術」執「法」，仍是枉然。批齊景公不知用「勢」。〈外儲說右下〉再三舉例叮囑權勢不可與臣下共分，強調倚「勢」用民，不用德、愛治民之重要。所有強調賞罰重要之論述，其實等同於強調權勢有效掌握之重要。〈難一〉以處「勢」御下爲庸主之所易，〈難三〉說：明君當自恃其「勢」之穩固不可害，不倚仗臣下與鄰國之弱。〈八經〉說：人君當執柄處「勢」，才能令行禁止，「勢」是「眾勝之資」。〈五蠹〉以「勢」、「義」對舉，強調乘「勢」治人之便易，反對仁義足以懷民。在在叮囑領導統御先天優越條件的權勢不宜輕忽、丟失。

㈦術不欲見：察姦與考核

「法」與「勢」雖是《韓非子》念茲在茲，再三強調叮囑的基本統御配備與工具；但這些配備與工具的運用跟操作，成敗卻仍決定在「術」，「術」才是領導統御的靈魂與核心。「術」的操作出了問題，所有的政治工程都將崩解。「術」的掌握與運作是人君治政的最高修爲。《韓非子》五十五篇中，對「術」的提點與論述，僅次於「法」，分見於三十一篇中，約占五、六成的篇章。其內容含括了暗的虛靜因任、周聽察姦、通壅，與公開的刑名考核方案。可以說，扣除上述的〈初見秦〉、〈存韓〉、〈解老〉、〈喻老〉、〈十過〉、〈難言〉、〈說難〉與綜匯史料的〈說林〉上、下外，其餘各篇幾乎都有對「術」或多或少的推演和討論。即使是專匯史料、史例的〈說林〉上、下，也有對察姦的例證與叮囑。這些「術」，基本上是由老子的「虛靜無為」轉化而來的權謀、察姦、通壅之方。因為「法」雖然是治政的基本工具，是統御的基本條件與憑藉，但眞正能令整個領導統御的政治工程生意盎然地有效運作，終厎於成，關鍵仍在「術」。

韓非論「術」，要「因道全法」，轉化《老子》虛靜無為之道為沉穩淡定、靜觀其變的權謀察姦之術，還要周聽參驗、因循用眾，多方多面廣納資訊與資源，更要透過「形名」，去考核業績。整體而言，全書論「術」，較為明確的議題焦點，約有幾項，大抵集中在下列各篇中：

1. 虛靜無為、術不欲見：主要見於〈主道〉、〈二柄〉、〈揚權（搉）〉、〈內儲說〉上、下、〈外儲說右上〉、〈八經〉各篇。
2. 周聽參驗的參伍之道：主要見於〈亡徵〉、〈備內〉、〈內儲說〉上、下、〈孤憤〉、〈有度〉、〈揚權（搉）〉、〈姦劫弒臣〉、〈八說〉、〈八經〉各篇。
3. 辨姦通壅：主要見於〈愛臣〉、〈八姦〉、〈主道〉、〈亡徵〉、〈備內〉、〈說疑〉、〈內儲說〉下、〈孤憤〉、〈有度〉、〈難三〉、〈姦劫弒臣〉、〈八經〉各篇。

4.刑名考核：主要見於〈主道〉、〈二柄〉、〈揚權（搉）〉、〈用人〉、〈難一〉、〈難三〉、〈姦劫弒臣〉各篇。

5.因循用眾：主要見於〈八經〉、〈主道〉、〈有度〉、〈觀行〉各篇。

〈主道〉全面鋪衍君「術」大論，要虛靜無為、靜退為寶、君靜臣動地去因循用眾；還要竄端匿跡、以闇見疵地去察知臣姦、通「五壅」；同時因能任使，循名責實，考核臣功。在以〈大體〉、〈八姦〉、〈飾邪〉、〈內儲說〉上、下、〈八經〉、〈亡徵〉、〈備內〉、〈愛臣〉、〈有度〉數篇為核心的約三十篇相關於「術」的討論篇章中，這幾個議題被一再地叮囑和強調。〈大體〉提出道法結合、因道全法，黃老的靜因與刑名結合的理想治術；〈內儲說上〉繼〈主道〉之後，總理了人主當知、當為的統御、防姦、考核之方，而有所謂「七術」、「六微」；〈外儲說右上〉除強調「勢」之外，更引申子之說，論述人君獨聽、獨視、獨斷的虛隱「不欲見」之術。〈八姦〉則全面揭示人君周遭遍在的各類姦欺形態，提示人君防姦之術；〈亡徵〉全篇列舉了近五十個例證，卻至少有二十個例證指向了重臣、父兄（貴戚）操控，后妃爭寵，尤其是太子問題上。〈備內〉亦把焦點集中在「太子」的確立、尊顯上。〈八經〉、〈難三〉重複〈八姦〉的叮囑，將重臣、后姬、孽子、貴戚視為亂源。〈揚權（搉）〉諄諄叮囑君靜臣動、術不欲見，虛靜無為之術，與形名參同的考核術、伐眾離黨的破姦術，還不忘叮囑要早立太子，以防爭端。

除這十餘篇之外，其餘另約二十篇中，亦有相關「術」論之零星記載。

## (八) 君臣之道

《韓非子》不論論「勢」、論「術」，談的都是君臣問題，一切「勢」的保固與「術」的防姦、考評、管理、運作，都是依據人臣的心態、情操作可能的觀察、預測與防範。其正面而直接述及「明君」之道與君臣關係的有〈愛臣〉、〈有度〉、〈安危〉、〈姦劫弒臣〉、〈揚權（搉）〉、〈說難〉、〈二柄〉、〈備內〉、〈南面〉、〈飾邪〉、〈外儲說右下〉、〈難一〉、〈難三〉、〈六反〉等篇。其正反面論列各色臣態、臣操的則有〈難言〉、〈有度〉、〈孤憤〉、〈說難〉、〈姦劫弒臣〉、〈說疑〉、〈詭使〉、〈八經〉、〈忠孝〉等篇。

## (九) 歸本黃老

除了申論法家所主張的重要議題之外，《韓非子》還有〈解老〉、〈喻老〉兩篇專門解證《老子》理論的篇章。大史學家司馬遷不但把法家的申不害、韓非和道家的老子、莊子合傳，還說「申子之學本於黃老而主刑名」、韓非「喜刑名法術之學，而其歸本於黃老」。連重「勢」的愼到，司馬遷都說他「學黃老道德之術」，[3]原因就在，慎到、申不害、韓非等法家之說，尤其是最厲害的虛隱無形察姦之術，基本上就是從老子「虛靜無為」、「無為而無不為」的道理中提煉轉化出來的。〈解老〉以理論詮釋老子《道德經》之文十一章，〈喻老〉則以史事例證《道德經》之文十二章，共十三則，清楚印證了司馬遷的獨見。

3 分見漢．司馬遷撰，劉宋．裴駰集解，唐．司馬貞索引，張守節正義《史記集解》，頁八六〇、九四〇。

# 韓非子二十卷

## 卷第一

### 思想議題

〈初見秦〉：論六國縱橫。

〈存韓〉：論六國縱橫。

〈難言〉：論言辯之難／君臣之道。

〈愛臣〉：術不欲見：察姦與考核／君臣之道。

〈主道〉：論法與賞罰／術不欲見：察姦與考核。

# 初見秦第一[1]

1 注 顧廣圻曰：《戰國策》作張儀說。高誘注：「秦惠王也。」吳師道《補注》云：「『張儀』，誤，當作『韓非』。非以韓王安五年使秦，始皇十三年也。今案：吳依此，是也。

▲先慎曰：《史記．秦本紀》、〈六國表〉並以韓非使秦在始皇十四年，〈韓世家〉屬之王安五年。案：秦攻韓，〈紀〉、〈表〉未書。始皇十三年用兵於趙，十四年定平陽、武城、宜安，而後從事於韓，則非之使秦，當在韓王安六年。〈紀〉、〈表〉為是。吳師道以非為韓王安五年使秦，據〈世家〉言之，不知作五年者，史駮文也。又案：趙本篇目頂格，下同，不復出。

**雖然，臣願悉言所聞，唯大王裁其罪[3]。**

**「臣聞不知而言，不智；知而不言[1]，不忠。爲人臣不忠，當死，言而不當[2]，亦當死。**

1 注 先慎曰：〈秦策〉「言」下並有「為」字。

2 注 盧文弨曰：「言而不當」，《策》作「言不審」。

3 注 先慎曰：《爾雅》：「裁，度也。」罪，即指上「言而不當亦當死」而言。《國策》高誘注訓「裁」為

「制」，失其義。

「臣聞天下陰燕陽魏[1]，連荊固齊，收韓而成從[2]，將西面以與秦強爲難[3]，臣竊笑之。世有三亡，而天下得之[4]，其此之謂乎！臣聞之曰：『以亂攻治者亡，以邪攻正者亡，以逆攻順者亡[5]。』今天下之府庫不盈，囷倉空虛，悉其士民，張軍數十百萬[6]。其頓首戴羽爲將軍，斷死於前，不至千人，皆以言死[7]。白刃在前，斧鑕在後，而卻走不能死也[8]。非其士民不能死也，上不能故也[9]。言賞則不與，言罰則不行，賞罰不信，故士民不死也。今秦出號令而行賞罰，有功無功相事也[10]。出其父母懷衽之中，生未嘗見寇耳[11]，聞戰，頓足徒裼[12]，犯白刃，蹈鑪炭，斷死於前者皆是也。夫斷死與斷生者不同[13]，而民爲之者，是貴奮死也[14]。夫一人奮死可以對十，十可以對百，百可以對千，千可以對萬[15]，萬可以剋天下矣！今秦地折長補短，方數千里，名師數十百萬。秦之號令賞罰、地形利害，天下莫若也。以此與天下，天下不足兼而有也。是故秦戰未嘗不剋，攻未嘗不取，所當未嘗不破，開地數千里，此其大功也[16]。然而兵甲頓，士民病，蓄積索，田疇荒，囷倉虛，四鄰諸侯不服，霸王之名不成，此無異故[17]，其謀臣皆不盡其忠也[18]。

1 **注** 燕北，故曰「陰」；魏南，故曰「陽」。

▲先慎曰：高注：「陰小陽大」。案：舊注是，高注非也。此不過舉關東地形而言，燕在陰，魏在陽耳。《周禮·柞氏》疏引《爾雅》：「山南曰陽，山北曰陰。」陰陽隨山水所指，無庸取大小為說。

2 **注** 盧文弨曰：《策》作「收餘韓成從」。

3 **注** 盧文弨曰：《策》無「強」字，此倒，當作「強秦」。

▲先慎曰：盧說非，「強」音「其兩切」。

4 **注** 知三亡者得天下。盧文弨曰：天下得亡之形也，舊注謬甚。宋本「三亡」作「二亡」，注同。吳師道《國策補注》亦云《韓子》作「二」。顧廣圻曰：《策》作「三」，末多「以逆攻順者亡」一句，或此脫。張文虎曰：「三亡」，即下所云「以亂攻治者亡，以邪攻正者亡，以逆攻順者亡」（今本脫，依〈秦策〉）三端也。「天下」二字，承上「臣聞天下」來，謂天下之攻秦者，犯此三亡也。

▲先慎曰：吳據誤本引作「二」，盧說「宋本」即指吳所引而言，乾道本作「三」，張榜本、趙本並同，不當作「二」，顧、張說是。

5 **注** 先慎曰：乾道本無「以逆攻順者亡」句，張榜本有，與《策》合，是也。上言「三亡」，此不當少一句。《御覽》三百十八引有「以逆攻順者亡」六字，是宋人所見本不脫。今據補。

6 **注** 先慎曰：《策》作「張軍數千百萬」。姚本云：曾作「張軍聲」。案：有「聲」字者是也。此奪「十」

字，當從《策》作「千」，虛張其軍號稱數千百萬耳。下云「秦師數十百萬」，則天下之士民應不止此，況自張其聲乎？「十」字涉下而誤。

7 注 盧文弨曰：《策》無此上二十字。「頓」，《國策補注》引作「頡」。《說文》：「頡，直項也」，「頓」字無理。孫詒讓曰：「頓首」疑作「頓足」，下文「頓足徒裼，犯白刃，蹈鑪炭，斷死於前者，皆是也」，正與此文相應，是其證。王先謙曰：《文選．羽獵賦》：「賁、育之倫，蒙盾負羽。」《後漢．賈復傳》：「被羽先登」，謂繫鳥羽為標識也。「戴」與「負」、「被」，其義一耳。「千」當為「干」，形近致誤。干，犯也。「不至干人，皆以言死」，謂未至犯敵人時，皆言必死。

▲先慎曰：「頓首」，當依《策》注作「頡首」，猶言「抗首」也。「頓足」亦通，然與「戴羽」文義不貫。

8 注 先慎曰：「也」與「者」同義，說見王氏《經傳釋詞》。《策》無「也」字及下「非」字，有「罪」字，是合「也」、「非」二字而誤，當依此訂正。

9 注 先慎曰：「不能故」，《策》作「不能殺」。案：「殺」乃「故」字形近而誤。士民之不死，其故由上之不能。賞罰無信，正不能之實也。若作「殺」，則文氣不屬。

10 注 俞樾曰：「事」者，治也。高注《呂氏春秋》、《淮南．內篇》屢見。《詩．卷耳》毛《傳》：「采采，事采之也。」《正義》引鄭《志》答張逸云：「事，謂事事一一用意之事。」蓋「事」訓「治」，故一一用意謂之「事」也。此言「有功無功相事」，正一一用意之義，謂分別其有功無功，不混淆也。〈秦策〉作「不攻耳無相攻事也」，與上下文義不屬，蓋後人不達「事」字之義而臆改。其「功」與「攻」，則古字通用。

11 注 盧文弨曰：當句。《策》作「也」。

12 注 先慎曰：「裼」，趙本及《策》均作「楊」，誤。《爾雅．釋訓》：「襢裼，肉袒也。」郭注：「脫衣而見體。」《史記．張儀傳》：「秦人捐甲徒裼以趨敵。」《索隱》：「裼，袒也，謂袒而見肉也。」

13 注 先慎曰：《拾補》「者」作「也」。盧文弨云：今從《藏》本、張本，《策》同。

14 注 先慎曰：《策》無「死」字。高注：「奮，勇也。」

15 注 先慎曰：四「對」字，《策》作「勝」。

16 注 先慎曰：《策》「其」作「甚」，是也。先言秦之功極大，為下「霸王之名不成」作反勢，若作「其」，則文氣平實。「其」當為「甚」之殘字。

17 注 先慎曰：「異故」猶「它故」。

18 注 盧文弨曰：「謀」上「其」字可省，《策》無。

▲先慎曰：不省亦可，盧說非。

「臣敢言之：往者齊南破荊，東破宋[1]，西服秦，北破燕，中使韓、魏，土地廣而兵強[2]，戰剋攻取，詔令天下。齊之清濟濁河[3]，足以爲限；長城巨防[4]，足以爲塞。齊五戰之國也[5]，一戰不剋而無齊[6]。由此觀之，夫戰者，萬乘之存亡也。且聞之曰[7]：『削跡無遺根，無與禍鄰，禍乃不存[8]。』秦與荊人戰，大破荊，襲郢，取洞庭、五湖、江南[9]，荊王君臣亡走，東服於陳[10]。當此時也，隨荊以兵則荊可舉，荊可舉則民足貪也，地足利也，東以弱齊、燕[11]，中以淩三晉[12]，然則是一舉而霸王之名可成也，四鄰諸侯可朝也[13]。而謀臣不爲，引軍而退，復與荊人爲和，令荊人得收亡國，聚散民，立社稷主，置宗廟，令率天下西面以與秦爲難[14]——此固以失霸王之道一矣[15]。天下又比周而軍華下[16]，大王以詔破之，兵至梁郭下[17]，圍梁數旬則梁可拔，拔梁則魏可舉，舉魏則荊、趙之意絕，荊、趙之意絕則趙危，趙危而荊狐疑[18]，東以弱齊、燕，中以淩三晉，然則是一舉而霸王之名可成也，四鄰諸侯可朝也。而謀臣不爲，引軍而退，復與魏氏爲和[19]，令魏氏反收亡國，聚散民，立社稷主，置宗廟，令[20]——此固以失霸王之道二矣。前者穰侯之治秦也，用一國之兵而欲以成兩國之功[21]。是故兵終身暴露於外，士民疲病於內[22]，霸王之名不成——此固以失霸王之道三矣。

1 **注** 先慎曰：「東」，《策》作「中」，誤。當依此訂。下云「中使韓、魏」，五戰之事備矣。

2 **注** 先慎曰：《策》無「土」字。

3 注 先慎曰：《策》作「濟清河濁」，誤。《史記．蘇秦傳》與此同。

4 注 王先謙曰：《水經．濟水注》：「平陰城南有長城，東至海，西至濟，河道所由，名『防門』，去平陰三里。齊侯塹防門，即此也。其水引濟，故瀆尚存。」《續漢．郡國志．濟北國盧縣》下劉昭注引《史記》蘇代說燕王曰：「齊有長城巨防。」巨防，即「防門」。

▲先慎曰：《策》作「鉅坊」。案：「鉅」、「巨」字通。「坊」誤，當作「防」。《史記》亦作「防」。

5 注 謂五破國也。

6 注 為樂毅破齊於濟西。

▲先慎曰：見〈齊世家〉。「無」字，張榜本、趙本作「不」。盧文弨云：《藏》本、張本作「無」，《策》同。

7 注 先慎曰：「且」下脫「臣」字，《策》有。

8 注 言禍敗之迹，削去本根，則無禍敗。言秦宜以齊為戒。盧文弨曰：《策》作「削株掘根」。顧廣圻曰：當從《策》。

9 注 盧文弨曰：「湖」，《策》作「都」，一作「渚」。顧廣圻曰：吳師道云：「『都』，當從《韓》作『湖』。」今按：吳說非也。〈燕策〉云：「四日而至五渚。」〈蘇秦列傳〉同。《集解》引《戰國策》：「取洞庭五渚。」「渚」、「都」同字，「湖」是「渚」之譌。王先謙曰：《史記．秦紀》：「昭王二十年，取江南為黔中郡。」《正義》引《括地志》云：「黔中故城，在辰州沅陵縣西二十里」，又「三十一年，楚人反我江南」。〈六國表〉云：「秦所拔我江旁反秦。」〈楚世家〉所謂江旁十五邑也。

▲先慎曰：〈蘇秦傳〉集解引《戰國策》云：「秦與荊人戰，大破荊，襲郢，取洞庭、五渚。」然則五渚在洞庭。案：裴說誤讀《策》文耳。高注：「郢，楚都也。洞庭、五渚、江南，皆楚邑也。」《索隱》：「五渚，五處洲也。劉氏以為五渚，宛、鄧之間，臨漢水，不得在洞庭。」「湖」乃「渚」之誤，顧說是。

10 **注** 張文虎曰：「服」，當依《策》作「伏」。《史記．楚世家》：「頃襄王二十一年，秦將白起遂拔我郢，燒先王墓，夷陵。楚襄王兵散，遂不復戰，東北保於陳城（〈六國表〉作「王亡走陳」，白起列傳作「東走徙陳」）。故云「伏」，謂竄伏也。又曰：此秦昭襄王二十九年事，〈秦策〉以此篇為張儀說秦王文。案：儀以秦武王元年去秦入梁，在前三十三年矣。又下文稱秦攻魏，軍大梁，白起擊魏華陽軍，及長平之事，更在其後，足以明《國策》之誤矣。

11 **注** 顧廣圻曰：「弱」，《策》作「強」，高注：「言以強於燕、齊也。」下文同。

▲先慎曰：「弱齊、燕」與「淩三晉」對文。齊、燕遠於秦，非兵力所能驟及，我滅敵勢強，則齊、燕自畏而親附，故但言「弱」也。下文兩言「弱齊、燕」，尤其明證，《策》誤。高順文為說，亦未合。

12 **注** 盧文弨曰：張本「淩」作「陵」，下同，《策》同。

13 **注** 王先謙曰：《史記．秦紀》：「昭王二十九年，取郢為南郡，王與楚王會襄陵。」此所謂軍退復和也。〈楚世家〉：「襄王二十三年（〈六國表〉昭王三十一年），襄王收東地兵，得十餘萬，復西取秦所拔江旁十五邑以為郡距秦。」下文所謂「與秦為難」也。

14 注 顧廣圻曰：《策》無「稷」字，以「廟」字句絕，「令」字屬下。俞樾曰：《策》是也。「收亡國，聚散民，立社主，置宗廟」，皆三字為句，後人誤以「令」字上屬，成四字句，遂於上句加「稷」字配之耳。「置宗廟令」，義不可通，此言荊人「置宗廟」，非言其置令也，古宗廟亦未聞有令，足知其非矣。下文云「令魏氏反收亡國，聚散民，立社稷主，置宗廟令，此固以失霸王之道二矣」，「稷」字亦衍文，「令」下亦當有「率天下西面以與秦為難」十字。〈秦策〉闕此句，後人據以刪《韓子》，而「令」字誤屬上讀，故得僅存耳。夫「率天下以與秦為難」，故失霸王之道。若惟是「收亡國、聚散民、立社主、置宗廟」，則是魏之得猶未足以見秦之失也。然則此句不可闕，因一字之幸存，而全句轉可據補。

▲先慎曰：「令」字下屬，是也。「立社稷主」四字不誤。《白虎通．社稷篇》云：「土地廣博，不可徧敬，五穀眾多，不可一一祭，立社稷而祭之，故謂之社稷主。」《策》無「稷」字，自是脫文，必欲以四句為對文，亦太泥矣。

15 注 先慎曰：「以失」，《策》無，下同。

16 注 顧廣圻曰：「周」當作「意」。下文云「天下皆比意甚固」，《策》兩「意」字皆作「志」。王先謙曰：高注：「華下，華山之下也。」案：據《史記》紀、表、世家參之，秦昭王九年，魏、齊、韓共敗秦軍函谷，十一年，齊、韓、魏、趙、宋、中山共攻秦，文蓋指此。〈天官書〉：「中國山川東北流，首在隴、蜀，尾沒勃、碣。」張守節所謂「自南山、華山渡河，東北盡碣石」者，是函、崤諸山皆華嶽支麓，故函谷亦得稱為「華下」。戰國之兵，始終未踰秦關一步，華山之下，固非天下所能軍也。「比意」，猶言「合謀」。

17 **注** 先慎曰：《策》無「下」字。

18 **注** 盧文弨曰：《策》作「荊孤」，是。顧廣圻曰：「狐」當從《策》作「孤」，衍「疑」字，《策》無。俞樾曰：〈存韓篇〉云「趙氏破膽，荊人狐疑」，則「狐疑」字不誤，盧、顧說非。

▲先慎曰：彼趙云「破膽」，則楚云「狐疑」，既趙云「危」，則楚不得僅云「狐疑」也。「孤」、「危」之與「破膽」、「狐疑」，語言輕重大相逕庭。從《策》作「孤」為是。

19 **注** 王先謙曰：據《史記·六國表》、〈魏世家〉「秦昭王三十二年，魏安釐王二年也，秦軍大梁下，韓來救，予秦溫以和」，又〈穰侯傳〉「穰侯圍大梁，納梁大夫須賈之說而罷梁圍。明年，魏背秦，與齊從親」，即其事也。

20 **注** 先慎曰：「令」下脫「率天下西面以與秦為難」句，說詳上。

21 **注** 穰侯嘗私邑，謀秦，故非諷云「兩國」。王先謙曰：高注：「穰侯，魏人。治，猶相也。穰侯相秦，欲興秦而安魏，故曰『欲成兩國之功』。」案：舊注非，高注尤謬。穰侯得罪憂死，下文明斥其非，不須諷也。《史》傳云：「宣太后異父弟，姓魏氏，其先楚人」，則非魏人明矣，又屢用兵於魏，何云「安魏」乎？蓋穰侯志在併國拓地，故云「欲成兩國之功」耳。

**22 注** 先慎曰：《策》「露」作「靈」，「疲」作「潞」。黃丕烈《札記》云：此當各依本書。《策》文下句言潞病，「潞」、「露」同字，此句不得更言「暴露」。「靈」者，「零」之假借。「暴」謂日，「靈」謂雨也。其《策》文作「潞病」，不與作「疲病」同，高注可證。

▲先慎案：此及《策》並當作「暴靈」於外，「潞病」於內。「靈」乃「霝」之借字。《說文》：「霝，雨零也。」《詩．定之方中》傳：「零，落也。『零』當作『霝』。」亦假「靈」為之。〈鄭風〉「零露漙兮」，《正義》本作「靈」，《箋》云：「靈，落也。」是「靈落」即「霝落」矣。「暴靈」二字之義，當如黃說。「潞病」，高注云：「潞，羸。」《呂覽．不屈篇》「士民罷潞」，「罷潞」與「潞病」義同。淺人多見「暴露」、「疲病」，少見「暴靈」、「潞病」，故改「靈」為「露」，改「潞」為「疲」，而古義俱湮矣。

「趙氏，中央之國也，雜民所居也[1]，其民輕而難用也。號令不治，賞罰不信，地形不便[2]，下不能盡其民力[3]。彼固亡國之形也，而不憂民萌[4]，悉其士民，軍於長平之下，以爭韓上黨。大王以詔破之，拔武安[5]。當是時也，趙氏上下不相親也，貴賤不相信也，然則邯鄲不守[6]。拔邯鄲，筦山東河閒[7]，引軍而去，西攻脩武，踰華[8]，絳上黨[9]。代四十六縣[10]，上黨七十縣[11]，不用一領甲，不苦一士民，此皆秦有也。代、上黨不戰而畢爲秦矣[12]，東陽、河外不戰而畢反爲齊矣，中山、呼沲以北不戰而畢爲燕矣[13]。然則是趙舉，趙舉則韓亡[14]，韓亡則荊、魏不能獨立，荊、魏不能獨立則是一舉而壞韓、蠹魏、拔荊，東以弱齊、燕[15]，決白馬之口以沃魏氏[16]，是一舉而三晉亡，從者敗也[17]。大王垂拱以須之[18]，天下編隨而服矣[19]，霸王之名可成。而謀臣不爲，引軍而退，復與趙氏爲和。夫以大王之明，秦兵之強，棄霸王之業，地曾不可得[20]，乃取欺於亡國，是謀臣之拙也。且夫趙當亡而不亡，秦當霸而不霸，天下固以量秦之謀臣一矣。乃復悉士卒以攻邯鄲，不能拔也，棄甲負弩，戰竦而卻[21]，天下固已量秦力二矣。軍乃引而退，并於李下[22]，大王又并軍而至[23]，與戰不能剋之也[24]，又不能反運，罷而去[25]，天下固量秦力三矣[26]。內者量吾謀臣，外者極吾兵力。由是觀之[27]，臣以爲天下之從，幾不難矣[28]。內者，吾甲兵頓，士民病，蓄積索，田疇荒，囷倉虛；外者、天下皆比意甚固[29]——願大王有以慮之也[30]。

1 **注** 趙居邯鄲，燕之南，齊之西，魏之北，韓之東，故曰「中央」。兼四國之人，故曰「雜」。

▲先慎曰：乾道本注，「中」上衍「東」字，依趙本刪。

2 **注** 先慎曰：高注：「趙王都邯鄲，無險固，故曰『不便』。」

3 注 俞樾曰：「下」，當從〈秦策〉作「上」。惟以「上」言，故曰「其民」，若以「下」言，則但曰「不能盡其力」足矣。上文曰：「號令不治，賞罰不信」，此正上之所以不能盡民力。民力之不盡，其故在上，不在下。當言「上不能」，不當言「下不能」也。

4 注 顧廣圻曰：「萌」，《策》作「氓」，本書例用「萌」字。

▲先慎曰：《說文》：「民，衆萌也。」後人於經傳中「萌」字皆改作「氓」，如《周禮·遂人》「以興耡利萌」，《說文》引作「萌」，而今本皆作「氓」。又《說文》「衆萌」字，毛本作「氓」之類，是也。幸本書尚存其真。

5 注 先慎曰：高注：「趙括封於武安，武安君將趙四十萬拒秦，秦將白起坑括四十萬衆於長平下，故曰『拔武安』。」

6 注 先慎曰：「則」下當有「是」字，此與下文「然則是趙舉」文法一律。《策》有「是」字。

7 注 顧廣圻曰：乾道本「河間」作「可聞」，《藏》本亦作「可」，皆譌。盧文弨曰：《策》作「完河間」，無「山東」二字。

▲先慎曰：「完」，即「筦」字殘闕，當依此訂正。〈樂記〉鄭注：「筦，猶包也。」謂秦軍包舉其地。「可聞」乃「河間」之譌，改從張榜本、趙本。

8 注 顧廣圻曰：當從《策》作「踰羊腸」。高注：「羊腸，塞名也。」

9 **注** 顧廣圻曰：當從《策》作「降、代、上黨」。

10 **注** 盧文弨曰：「四」，《策》作「三」，疑是。

11 **注** 顧廣圻曰：「七十」《策》作「十七」。王渭云：即〈趙策〉「今有城市之邑七十」。今按：《史記・趙世家》，彼亦作「十七」。

12 **注** 先慎曰：乾道本「代」上有「以」字。盧文弨云：凌本無「以」字，《策》同。張文虎云：「以」字，疑即上句「也」字譌衍。

▲先慎案：張榜本亦無。今據刪。

13 **注** 先慎曰：秦兵力所不及，則齊、燕將分取之。此皆趙地，故下云「趙舉」。

14 **注** 先慎曰：《策》作「然則是舉趙則韓必亡」。

15 **注** 先慎曰：乾道本「燕」上有「強」字。盧文弨云：衍「強」字，凌本無。

▲先慎案：《策》無「強」字，今據刪。上兩言「弱齊、燕」，即其證。

16 **注** 盧文弨曰：「沃」，《策》作「流」。王先謙曰：《水經・河水注》：「黎陽縣東岸有故城，險帶長河，謂之鹿鳴城。濟取名鹿鳴津，亦曰白馬濟，津之東南有白馬城，河水舊於白馬縣南泆，通濮、濟、黃溝。故蘇代說燕曰：決白馬之口，魏無黃、濟陽。」〈魏世家〉無忌說魏王曰：「決熒澤水，灌大梁，大梁必亡。」後王賁攻魏，卒引河溝灌大梁而取之。

▲先慎曰：「沃」、「流」二字義同。《說文》「沃」作「涘」，溉灌也。高注：「流，灌也。」

17 注 先慎曰：高注：「從者，山東六國。敗，從不成也。」

18 注 俞樾曰：《策》作「大王拱手以須」，吳師道《補》云：「韓作『須之』。」然則《韓非》異於《國策》者，但句末多「之」字，其「拱手」字必與《策》同。若作「垂拱以須之」，則吳師道何以不及乎？此必後人所改，當依《國策》訂正。

19 注 先慎曰：拾補「編」作「偏」，「服」作「伏」。盧文弨云：「偏」字高誘注《國策》本同。吳師道《補注》作「編」，云：「以繩次物曰編」，張本、凌本此亦作「編」字。顧廣圻云：《藏》本同，今本「編」作「偏」，誤。

▲先慎案：吳說是。

20 注 盧文弨曰：「曾」，《策》作「尊」。先慎曰：「尊」字誤，當依此訂正。

21 注 先慎曰：乾道本無「卻」字。顧廣圻云：今本「兵」作「負」，誤。「而」下有「卻」字，《策》有，高注：「卻，退也。」吳師道引此無。「詧」，《策》作「怒」，吳引作「拏」，不合。

▲先慎案：「而」下當有「卻」字，依今本增。「棄甲兵詧」四字不成文，「兵」當作「與」。《說文》「與」古文作[illegible]，「兵」作[illegible]，二字篆形相近而誤。

22 注 先慎曰：乾道本「退」作「復」，「孛」作「孚」。盧文弨云：「復」乃「復」之譌。「孛」，吳注引

《韓》作「孚」。

▲先慎案：「孚」乃「李」之誤，《策》作「李」，高注：「李下，邑名，在河內。」張榜本、趙本「復」作「退」、「孚」作「李」是，今據改。

23 **注** 盧文弨曰：「至」，《策》作「致」。

▲先慎曰：張榜本作「致」，誤。

24 **注** 顧廣圻曰：七字為一句。

25 **注** 盧文弨云：「運」，或改作「軍」，顧廣圻曰：「又不能反運」句絕，「反」當作「及」，「運」讀為「餫」。「罷而去」為一句，「罷」讀為「疲」。《策》作「又交罷卻」。按：無「不能運而」四字不同也。俞樾曰：「運」乃「軍」之誤，上云「大王又并軍而至」，此云「軍罷而去」，文義正相應。蓋不能勝則宜退，既不能剋又不能反，故其軍至於罷病而後去也。

▲先慎曰：顧說較長，「不能及運」，言饋運不繼也，文義甚順，當從之。張榜本「運」作「交」，依《策》改，非。

26 **注** 先慎曰：「固」下當有「以」字，與上文一律，此脫。

27 **注** 先慎曰：張榜本「觀」作「親」，誤。

28 **注** 言諸侯知秦兵頓民疲，則從益堅，固曰「不難矣」。

▲先慎曰：乾道本「難」作「能」。盧文弨云：案：注是「難」字。《策》作「豈其難矣」。注曰：上當有「故」字。王渭云：「能」當作「難」。

▲先慎按：張榜本作「難」，今據改。「幾」，猶殆也。

29 注 俞樾曰：「皆」字衍文，蓋即「比」字之誤而複者，〈秦策〉無「皆」字。

30 注 先慎曰：高注：「慮，謀也。」

「且臣聞之曰：『戰戰栗栗，日愼一日。』苟愼其道，天下可有。何以知其然也？昔者紂爲天子，將率天下甲兵百萬，左飲於淇溪[1]，右飲於洹谿[2]，淇水竭而洹水不流[3]，以與周武王爲難。武王將素甲三千，戰一日[4]而破紂之國，禽其身，據其地而有其民，天下莫傷[5]。知伯率三國之衆以攻趙襄主於晉陽，決水而灌之三月[6]，城且拔矣。襄主鑽龜筮占兆[7]以視利害，何國可降？乃使其臣張孟談於是乃潛於行而出[8]，反知伯之約[9]，得兩國之衆以攻知伯，禽其身以復襄主之初[10]。今秦地折長補短，方數千里，名師數十百萬，秦國之號令賞罰，地形利害，天下莫如也，以此與天下，天下可兼而有也[11]。臣昧死願望見大王[12]，言所以破天下之從，舉趙，亡韓，臣荊、魏，親齊、燕，以成霸王之名，朝四鄰諸侯之道。大王誠聽其說[13]，一舉而天下之從不破，趙不舉，韓不亡，荊、魏不臣，齊、燕不親[14]，霸王之名不成，四鄰諸侯不朝，大王斬臣以徇國，以爲王謀不忠者也[15]。」

1 **注** 先慎曰：趙本「溪」作「谿」。盧文弨云：「谿」，《策》作「谷」。

▲先慎按：《御覽》六十四、八百九十六，《事類賦》二十一引「飲」下並有「馬」字，無「谿」字，下同。

2 **注** 盧文弨曰：《策》作「水」。

3 **注** 先慎曰：《御覽》、《事類賦》並引「洹水竭，淇水不流」。

4 **注** 先慎曰：《策》「千」下有「領」字。張榜本、趙本「日」作「夜」，非。高注：「一日，甲子之日也。太公望為號到牧野便剋紂，故曰一日」。

5 **注** 先慎曰：高注：「傷，愍也。」《策》「傷」上有「不」字，誤。

6 **注** 盧文弨曰：〈秦策〉、〈趙策〉俱作「三年」。

▲先慎曰：此誤，下〈十過篇〉正作「三年」。

7 **注** 盧文弨曰：《策》作「錯龜數筴」，此「筮」上疑脫一字。顧廣圻曰：「筮」，當從《策》作「數筴」二字。案：〈飾邪篇〉「鑿龜數筴，兆曰大吉」，凡三見，可證此為脫誤。

▲先慎曰：吳師道《補》云：「錯，《韓》作『鑽』。」是《韓》之異於《國策》止一「鑽」字。其「數筴」必與《策》同，當依以訂正。

8 注 先慎曰：乾道本「潛」下有「於」字。張文虎云：〈秦策〉、《呂氏春秋》、《淮南子》皆無「於」字。案：「於」疑「游」字之譌，蓋《韓子》作「游」，他本作「行」，讀者旁注異文，轉寫並存，又以形近譌為「於」耳。游者，泅水也。此時城為水灌，不沒者三版，故泅水而出。孫詒讓云：〈十過篇〉云：「趙孟談曰：『臣請試潛行而出，見韓、魏之君。』」「潛」下亦無「於」字。

▲先慎案：趙本正無「於」字。今據刪。

9 注 先慎曰：乾道本無「反」字。顧廣圻云：今本「知」上有「反」字，《策》同。

▲先慎案：有「反」字是，今據補。高注：「知伯與韓、魏攻襄子，張孟談辭於韓、魏，韓、魏與趙同，故曰『反知伯之約』也。」

10 注 盧文弨曰：《策》作「以成襄子之功」。

▲先慎曰：張榜本「初」作「功」。

11 注 先慎曰：乾道本無「以」字，「天下」二字不重，「可」作「何」，無「而」字。盧文弨云：「一本『此』上有『以』字，《藏》本『兼』下有『而』字，『何』作『可』，《策》同。」顧廣圻云：「今本重『天下』，《策》有。」今據補改。

12 注 先慎曰：《策》無「願」字，姚校：「劉作『願望』。」

13 注 盧文弨曰：「誠」，《策》作「試」。

14 注 張文虎曰：依上文「親」當作「弱」。

▲先慎曰：此即承上「舉趙，亡韓，臣荊、魏，親齊、燕」而言，不當作「弱」，張說誤。

15 注 先慎曰：《拾補》重「為」字。盧文弨云：舊少一「為」字，今據吳注引增，上「為」如字，下去聲。「者」下張本有「戒」字，《策》作「以主不忠於國者」。顧廣圻云：當從《策》作「以主為謀不忠者」，「主」謂為主首也。「為謀」，造謀也。此文例言「大王」，不言「王」，「王」字必誤。吳師道引此無「也」字，是。重「為」字，非。

▲先慎案：姚本《國策》與盧引同，鮑本與顧同，故所引各異。又《策》「國」上有「於」字。今案：「王」當作「主」，顧說是也。「為」上「以」字當衍，「以徇國為主謀不忠者也」作一句讀，文氣自順。

# 存韓第二

「韓事秦三十餘年，出則為扞蔽，入則為蓆薦[1]，秦特出銳師取韓地而隨之[2]，怨懸於天下，功歸於強秦[3]。且夫韓入貢職，與郡縣無異也。今臣竊聞貴臣之計[4]，舉兵將伐韓。夫趙氏聚士卒，養從徒[5]，欲贅天下之兵[6]，明秦不弱，則諸侯必滅宗廟[7]，欲西面行其意，非一日之計也。今釋趙之患，而攘內臣之韓，則天下明趙氏之計矣[8]。夫韓，小國也，而以應天下四擊，主辱臣苦，上下相與同憂久矣，修守備，戒強敵，有蓄積，築城池以守固。今伐韓未可一年而滅，拔一城而退，則權輕於天下，天下摧我兵矣[9]。韓叛則魏應之，趙據齊以爲原[10]，如此，則以韓、魏資趙假齊以固其從，而以與爭強[11]，趙之福而秦之禍也。夫進而擊趙不能取，退而攻韓弗能拔，則陷銳之卒，懃於野戰[12]，負任之旅，罷於內攻[13]，則合群苦弱以敵而共二萬乘[14]，非所以亡趙之心也[15]。均如貴臣之計[16]，則秦必爲天下兵質矣[17]。陛下雖以金石相弊[18]，則兼天下之日未也。

1 **注** 出貢以供，若蓆薦居人下。

▲先慎曰：乾道本注「人下」二字作「久」字，今從趙本。

2 **注** 先慎曰：「韓」字當在「而」下。「取地」，略地也。下文「韓與秦兄弟共苦天下」。

3 **注** 王渭曰：「秦」，當作「趙」。

▲先慎曰：「秦」字不誤。謂韓則受其怨，秦則得其功也。

4 **注** 先慎曰：乾道本「今」下有「日」字，盧文弨云：「『日』字衍，張本無。」今據刪。

5 **注** 先慎曰：乾道本無「徒」字，顧廣圻云：「《藏》本、今本『從』下有『徒』字。」今據補。

6 注「贅」，綴連也。

7 注 先慎曰：諸侯宗廟，必為秦滅。

8 注 韓為內臣，秦猶滅之，則天下從趙攻秦，計為得矣。

9 注 先慎曰：《說文》：「摧，折也。」

10 注 若山原然。顧廣圻曰：「原」，當作「厚」，舊注誤。

11 注 先慎曰：與秦爭強也。

12 注 盧文弨曰：「懃」，張本作「勤」。

13 注 勞餉者。

14 注 王渭曰：當衍「而共」二字。

15 注 顧廣圻曰：「趙」，當作「韓」。亡韓，貴人之計也。

16 注「均」，同也，謂同其計而用之。盧文弨曰：張本「人」作「臣」。

17 注 既進退不能，則同於為質者。顧廣圻曰：「質」如字，射的也。舊注誤。

18 注「弊」，盡也，盡以召士。盧文弨曰：馮氏云：「言其時之久也。注解謬，石何可以召士？」王渭曰：《文選》二十九卷注引「以」作「與」，「以」即「與」也。顧廣圻曰：〈七發〉注亦引作「與」。王先謙曰：「與金石相弊」，謂與金石齊壽也，雖永壽而無兼天下之日，極言其非計。

「今賤臣之愚計[1]：使人使荊，重弊用事之臣[2]，明趙之所以欺秦者，與魏質以安其心，從韓而伐趙，趙雖與齊爲一，不足患也。二國[3]事畢，則韓可以移書定也[4]。是我一舉，二國有亡形[5]，則荊、魏又必自服矣。故曰：『兵者，凶器也』，不可不審用也。以秦與趙敵，衡加以齊，今又背韓，而未有以堅荊、魏之心，夫一戰而不勝，則禍搆矣。計者，所以定事也，不可不察也。韓、秦強弱[6]，在今年耳。且趙與諸侯陰謀久矣。夫一動而弱於諸侯，危事也；爲計而使諸侯有意伐之心[7]，至殆也；見二疏[8]，非所以強於諸侯也。臣竊願陛下之幸熟圖之，夫攻伐而使從者閒焉，不可悔也[9]。」

1 **注** 先慎曰：乾道本「愚」上有「遇」字。顧廣圻云：《藏》本無「遇」字，是也。今本「遇」作「進」，誤。

▲先慎案：「遇」即「愚」之誤而衍者，今從《藏》本。

2 **注** 先慎曰：重幣，猶言「厚賂」。

3 **注** 齊、趙。

4 **注** 先慎曰：「韓」，乾道本作「轉」。盧文弨云：《藏》本亦作「轉」，是。上已云「從韓而伐趙」，則不待再收韓明矣。顧廣圻云：今本「轉」作「韓」，誤。此言定荊、魏。俞樾云：「轉」字無義，趙本作「韓」，是也。此篇名〈存韓〉，本因秦貴臣之計，舉兵將伐韓，故為是說勸之釋韓而伐趙，趙、齊事畢而韓可移書定，正見韓之不必伐也。乃乾道本、《道藏》本皆作「轉」，則字之誤久矣。趙本改「轉」為「韓」，是也。盧、顧以上文已云「從韓伐趙」，此不必更言定韓。今案：韓未聞其將伐趙，秦何得從韓以伐趙？且秦之伐趙，亦何必從韓？疑「韓」字是衍文。蓋既使人使荊，又與魏質，則荊、魏不與我為難矣，於是「從而伐趙」。「從而」者，繼事之詞，明其事次第當如此，非從他國之謂也。後人不達其義，妄補「韓」字以實之，盧、顧不知上「韓」字之衍，而疑下「韓」字之非，誤矣。

▲先慎案：俞說是。張榜本「轉」亦作「韓」，今據改。

5 注 先慎曰：二國，指齊、趙。

6 注 顧廣圻曰：「韓」，當作「轉」。俞樾曰：「韓、秦強弱」，各本皆同。顧氏謂當作「轉」，誤。

▲先慎曰：顧說是。如貴臣之計，秦為天下兵質，則秦必弱；如非之計，齊、趙可亡，荊、魏必服，則秦強矣。秦計一定，強弱隨之。若韓之強弱，豈非所敢言乎？

7 注 盧文弨曰：「伐」，張本、凌本作「我」，趙敬夫云：「意秦之伐之也，不必作『我』。」

8 注 先慎曰：乾道本「疏」作「疎」，盧文弨云：「從《藏》本作『疏』。」今依改。

9 注 先慎曰：乾道本「攻」上無「夫」字，「間」作「聞」。盧文弨云：「夫」字脫，張、凌本有「夫」字。「聞」一作「間」。顧廣圻云：「聞」當作「間」，「間」，反間也。

▲先慎案：盧校是，今據改。〈存韓〉文止此，下乃附見其事。

「詔以韓客之所上書，書言『韓之未可舉』，下臣斯[1]甚以爲不然[2]：秦之有韓，若人之有腹心之病也[3]，虛處則㤥然[4]，若居濕地，著而不去，以極走則發矣[5]。夫韓雖臣於秦，未嘗不爲秦病，今若有卒報之事[6]，韓不可信也。秦與趙爲難，荊蘇使齊，未知何如？以臣觀之，則齊、趙之交未必以荊蘇絕也，若不絕，是悉趙而應二萬乘也[7]。夫韓不服秦之義而服於強也。今專於齊、趙，則韓必爲腹心之病而發矣。韓與荊有謀，諸侯應之，則秦必復見崤塞之患[8]。非之來也，未必不以其能存韓也[9]，爲重於韓也。辯說屬辭，飾非詐謀，以釣利於秦，而以韓利闚陛下[10]。夫秦、韓之交親，則非重矣[11]，此自便之計也。

1 注 先愼曰：乾道本「言韓」下有「子」字。俞樾云：「『子』字衍文。韓非因聞貴臣之計，舉兵將伐韓，故上此書，言韓之未可舉。誤衍『子』字，義不可通。趙本無『子』字，亦當從之。

▲先愼案：張榜本亦無「子」字。今據刪。

2 注 先愼曰：《拾補》「甚」上有「臣斯」二字。盧文弨云：「舊本不重，一本有。」

▲先愼案：「臣斯」二字誤複。以下皆李斯言。

3 注 盧文弨曰：「腹心」，舊本倒，今從《藏》本、張本，與下同。

4 **注** 「恔」，妨心腹虛也。而病為妨，喻秦虛心待韓，韓終為妨。「恔」，音「艾」。盧文弨曰：注「恔，音艾」，凌本音「改」。案：《說文》：「苦也，胡槩切。」《玉篇》：「恨苦也。」

5 **注** 謂疾得冷，卒然而走必發矣。喻秦雖加恩於韓，有急，韓之不臣之心必見矣。顧廣圻曰：「虛處」逗，平居也，與「極」對文。「則恔然若居溼地著而不去」十一字為一句，恔，《說文》「苦也」，《廣韻》云「患苦，胡槩切」，舊注皆誤。「以極」逗，「走」字衍。俞樾曰：顧氏視舊讀為長，然「平居」不得謂之「虛處」，且「走」與「處」對文，則「走」字非衍也。按：此當以「虛處則恔然若居濕地」為句，「虛」乃衍字也，蓋即「處」字之誤而複者。「著而不去」為句，「以極走則發矣」為句。「極」，猶「亟」也，古字通用。《荀子．賦篇》「出入甚極，又曰「反覆甚極」，楊注並云：「極，讀為『亟』。」是其證。此言腹心之病附著不去，平居猶可，「亟走則發矣」。「亟走」，喻急也。舊注「卒然而走」，是正讀「極」為「亟」也。下文「今若有卒報之事，韓不可信也」，「若有卒報之事」與「亟走」之喻相應。顧訓「極」為「困」，而刪「走」字，未得其旨。

▲先慎曰：俞說是。乾道本注「冷」作「令」，今依趙本。

6 **注** 俞樾曰：「報」，讀為「赴疾」之「赴」。《禮記．少儀篇》「毋報往」，〈喪服小記篇〉「報葬者報虞」，鄭注並云：「報，讀為『赴疾』之『赴』。」是也。

7 **注** 王渭曰：「趙」，當作「秦」。

8 注 先慎曰：謂諸國兵將復至函谷。

9 注 先慎曰：非之來秦，為存韓也。則說雖為奉，心必為韓，故云「為重於韓也」。

10 注 「闚陛下」之意，因隙而入說，以求韓利。

11 注 見重於二國。

「臣視非之言，文其淫說，靡辯才甚。臣恐陛下淫非之辯而聽其盜心[1]，因不詳察事情。今以臣愚議：秦發兵而未名所伐，則韓之用事者以事秦爲計矣[2]。臣斯請往見韓王，使來入見，大王見，因內其身而勿遣[3]，稍召其社稷之臣，以與韓人爲市，則韓可深割也[4]。因令象武[5]發東郡之卒，闚兵於境上而未名所之，則齊人懼而從蘇之計[6]，是我兵未出而勁韓以威擒，強齊以義從矣。聞於諸侯也，趙氏破膽，荊人狐疑，必有忠計[7]。荊人不動，魏不足患也，則諸侯可蠶食而盡，趙氏可得與敵矣。願陛下幸察愚臣之計，無忽。」秦遂遣斯使韓也。

1 注 王先謙曰：浸淫而聽納之。

2 注 疑伐己也。

3 注 盧文弨曰：凌本「大王」二字重。張本不重，是。

4 注 王先謙曰：韓遣韓非入秦，在王安六年。其時滎陽、上黨悉已入秦，存者獨潁川一郡地耳。非存韓之說不得已而為宗社計。李斯所云「深割」者，即盡入其地之謂也。

5 注 王渭曰：「象」，當作「蒙」。「蒙武」見〈始皇本紀〉、〈蒙恬列傳〉。

6 注 先慎曰：「蘇」即荊蘇，秦使之齊，絕趙交也。

7 注 先慎曰：荊疑四國，必不欺秦。

李斯往詔韓王，未得見，因上書曰：「昔秦、韓戮力一意以不相侵，天下莫敢犯，如此者數世矣。前時五諸侯嘗相與共伐韓，秦發兵以救之[1]。韓居中國，地不能滿千里，而所以得與諸侯班位於天下、君臣相保者，以世世相教事秦之力也[2]。先時五諸侯共伐秦，韓反與諸侯先爲鴈行以嚮秦軍於關下矣[3]。諸侯兵困力極，無奈何，諸侯兵罷[4]。杜倉相秦，起兵發將以報天下之怨而先攻荊[5]，荊令尹患之曰：『夫韓以秦爲不義，而與秦兄弟共苦天下[6]。已又背秦，先爲鴈行以攻關。韓則居中國，展轉不可知[7]。』天下共割韓上地十城以謝秦，解其兵[8]。夫韓嘗一背秦而國迫地侵，兵弱至今，所以然者，聽姦臣之浮說9，不權事實，故雖殺戮姦臣不能使韓復強。

1 注 先慎曰：〈韓世家〉：「釐王二十三年，趙、魏共伐韓，韓使陳筮告急於秦，秦昭王遣白起救韓，八日而至，大破趙、魏之師。」據〈六國表〉，事在昭王三十一年。

2 注 王先謙曰：韓自懿侯後事見〈世家〉者，如昭侯十一年如秦，宣惠王十九年以太子倉質秦，襄王十年太子嬰朝秦，釐王時兩會秦王，非不世世事秦，而無世不被秦兵，常出兵佐秦伐諸侯，其得秦救，惟釐王二十三年一役而已。所謂「戮力一意以不相侵」，特《策》士之游談，初無關於事實也。

3 注 王先謙曰：秦昭王九年，齊、魏、韓共擊秦於函谷，十一年齊、韓、趙、魏、宋、中山五國共攻秦，韓襄王十四、十六年事也。

▲先慎曰：乾道本「關」作「闕」。盧文弨云：《藏》本作「關」，下云：「先為鴈行以攻關。」

▲先慎案：「闕」乃「闈」字形近而譌，即函谷關。今據《藏》本改。

4 注 王先謙曰：秦割地以和，見〈表〉及〈秦紀〉，此飾言之。

5 注 王先謙曰：據〈表〉、〈紀〉、〈世家〉，秦昭王二十七年，楚頃襄王十九年，韓釐王十六年也。自是連三年秦擊楚，破之，遂拔郢。

▲先慎曰：乾道本「先」作「失」，非也。顧廣圻云：「今本『失』作『先』。」今據改。

6 注 先慎曰：謂與秦為兄弟也。

7 注 先慎曰：「展轉」，猶「反覆」也。

8 注 王先謙曰：據〈秦紀〉及〈表〉，昭王四十五年攻韓，取十城，未知即此事否？四十七年，秦即攻上黨，亦未嘗解兵。

9 注 先慎曰：乾道本「臣」作「人」。盧文弨云：張本「人」作「臣」。

▲先慎案：下文亦作「臣」，作「臣」者是。今據改。

「今趙欲聚兵士卒[1]，以秦爲事，使人來借道，言欲伐秦，欲伐秦[2]，其勢必先韓而後秦。且臣聞之：『脣亡則齒寒』，夫秦、韓不得無同憂，其形可見。魏欲發兵以攻韓，秦使人將使者於韓[3]。今秦王使臣斯來而不得見，恐左右襲曩姦臣之計，使韓復有亡地之患。臣斯不得見[4]，請歸報，秦、韓之交必絕矣。斯之來使，以奉秦王之歡心，願效便計，豈陛下所以逆賤臣者邪？臣斯願得一見，前進道愚計，退就葅戮，願陛下有意焉。今殺臣於韓，則大王不足以強，若不聽臣之計，則禍必搆矣。秦發兵不留行，而韓之社稷憂矣。臣斯暴身於韓之市，則雖欲察賤臣愚忠之計，不可得已。邊鄙殘，國固守，鼓鐸之聲於耳[5]，而乃用臣斯之計，晚矣。且夫韓之兵於天下可知也，今又背強秦，夫棄城而敗軍[6]，則反掩之寇[7]必襲城矣，城盡則聚散，聚散則無軍矣[8]。城固守[9]，則秦必興兵而圍王一都[10]，道不通則難必謀[11]，其勢不救，左右計之者不用[12]，願陛下熟圖之。若臣斯之所言有不應事實者，願大王幸使得畢辭於前，乃就吏誅不晚也。秦王飲食不甘，遊觀不樂，意專在圖趙，使臣斯來言，願得身見[13]，因急與陛下有計也。今使臣不通，則韓之信未可知也，夫秦必釋趙之患而移兵於韓。願陛下幸復察圖之，而賜臣報決[14]。」

1 注 先慎曰：「兵」字疑衍，上文「夫趙氏聚士卒」，無「兵」字，即其證。

2 注 先慎曰：乾道本不重「欲伐秦」三字。盧文弨云：「舊不重，今依張、凌本補。」顧廣圻云：《藏》本重「欲伐秦」三字，非也。

▲先慎案：重三字文義較足，未必乾道本獨是，而眾本皆非也。顧說太泥，今據補。

3 注 王先謙曰：此言魏遣使於秦，約共攻韓，秦欲送其使於韓，所以誑恐之。

4 注 先慎曰：乾道本無「得」字，顧廣圻云：「《藏》本、今本『不』下有『得』字。」今據補。

5 注 先慎曰：「邊鄙殘」句，「國固守」句。「於」上脫「盈」字。

6 注 顧廣圻曰：「敗軍」當作「軍敗」，「軍」句絕，「敗」下屬。王先謙曰：言割城而又敗其軍，於義自順，無庸倒文。

7 注 「反掖」者，謂麾下反以禽君掖也。盧文弨曰：「反於掖下，言內變將作也，注迂晦。」王先謙曰：謂韓本國之寇，與下「秦興兵」對文。

8 注 先慎曰：乾道本不重「聚散」二字。顧廣圻曰：《藏》本、今本重「聚散」。

▲先慎案：城盡則聚者散，聚者散則國無軍。重「聚散」二字，語乃明顯。今據補。

9 注 顧廣圻曰：《藏》本、今本「城」上有「使」字。

▲先慎曰：「城固守」與上「城盡」對文，無「使」字是。

10 注 王先謙曰：或云「一」字當在「道」字下，非也。古城邑大者，皆謂之「都」，不必王所居方為都。《孟子》云「王之為都者，臣知五人」，是也，〈韓世家〉「公仲請王賂秦以一名都，楚陳軫言秦得韓之名都一」，正與此文「一都」相類。

11 注 王先謙曰：《說文》：「慮難曰謀。」

12 注 顧廣圻曰：「用」當作「周」。周，密也。

13 注 先慎曰：乾道本無「見」字。顧廣圻云：「《藏》本、今本有『見』字。」今據補。

14 注 趙用賢曰：此當時記載之文，故并敘李斯語。

# 難言第三

「臣非非難言也，所以難言者：言順比滑澤，洋洋纚纚然，則見以爲華而不實[1]；敦厚恭祗[2]，鯁固慎完，則見以爲拙而不倫[3]；多言繁稱，連類比物，則見以爲虛而無用；揔微說約，徑省而不飾，則見以爲劌而不辯[4]。激急親近，探知人情，則見以爲僭而不讓[5]；閎大廣博，妙遠不測[6]，則見以爲夸而無用；家計小談[7]，以具數言，則見以爲陋；言而近世，辭不悖逆[8]，則見以爲貪生而諛上；言而遠俗，詭躁人間[9]，則見以爲誕；捷敏辯給，繁於文采，則見以爲史[10]；殊釋文學[11]，以質性言[12]，則見以爲鄙；時稱《詩》《書》，道法往古，則見以爲誦[13]——此臣非之所以難言而重患也。

1 注 言順於慎，比於班。「洋洋」，美；「纚纚」，有編次也。盧文弨曰：「順比」，不拂逆也。注「言順於慎，比於班」，轉難解。凌本「澤」作「瀉」，誤。

▲先慎曰：《意林》引「見」下有「者」字。「為」作「謂」，下同。

2 注 先慎曰：乾道本作「敦祗恭厚」，《意林》引作「敦厚恭祗」，是也。今據改。

3 注 先慎曰：乾道本「拙」作「掘」。顧廣圻云：《藏》本、今本「掘」作「拙」。

▲先慎案：《意林》亦作「拙」，今據改。

4 **注** 先慎曰：《意林》「劌」作「訥」。

5 **注** 先慎曰：乾道本「僭」作「譖」，《拾補》「急」下旁注「意」字。盧文弨云：張本「意」作「急」，「探」一作「深」，凌本「譖」作「僭」。顧廣圻云：今本「急」作「意」，誤。

▲先慎案：「譖」，凌本作「僭」，是，今據改。《意林》「急」亦誤作「意」。〈釋名〉：「急，及也，操切之使相逮及也。」《說文》：「探，遠取之也。」疏遠之臣，慮事廣肆，並及人主之親近，以刺取其向背，即〈說難〉所謂「非間己即賣重」也，故見者以為「僭而不讓」。

6 **注** 先慎曰：《意林》「妙遠」作「深而」。

7 **注** 顧廣圻曰：《藏》本同，今本「家」作「纖」，誤。盧文弨曰：張本作「家」。

▲先慎曰：此即〈說難篇〉所謂「米鹽博辯」也，作「家」字是。

8 **注** 顧廣圻曰：「逆」當作「遻」。《詩》「巧言如流」，《箋》云：「故不悖逆。」《釋文》云：「遻，五故反，本亦作『逆』。」按：〈說難篇〉云：「大意無所拂悟。」「拂」、「悖」同字，「遻」、「悟」同字。作「逆」者，形近之誤也。又鄭〈檀弓注〉：「噫，弗寤之聲。」「弗寤」即「拂悟」。《正義》讀「弗」如字者，非。今本因之改「弗」作「不」，尤誤。《列女傳》「不拂不寤」，亦用「寤」字。

9 **注** 先慎曰：〈釋名〉：「燥，燥也，物燥，乃動而飛揚也。」則「躁」有華而不實之意。《易．繫辭》：

「躁人之辭多。」

10 注 先慎曰：《儀禮・聘記》云：「辭多則史。」鄭注：「史，謂《策》祝。」亦言史官辭多文也。

11 注 王先謙曰：「殊釋」，猶言「絶棄」。

12 注 先慎曰：乾道本「性」作「信」。盧文弨云：「信，張、凌本皆作『性』。」顧廣圻云：「《藏》本『信』作『性』，是也。」今據改。

13 注 誦說舊事。

「故度量雖正，未必聽也；義理雖全，未必用也。大王若以此不信，則小者以爲毀訾誹謗，大者患禍災害死亡及其身。故子胥善謀而吳戮之，仲尼善說而匡圍之，管夷吾實賢而魯囚之——故此三大夫豈不賢哉？而三君不明也。上古有湯至聖也，伊尹至智也，夫至智說至聖，然且七十說而不受，身執鼎俎爲庖宰，昵近習親，而湯乃僅知其賢而用之。故曰：以至智說至聖，未必至而見受，伊尹說湯是也；以智說愚必不聽，文王說紂是也。故文王說紂而紂囚之1；翼侯炙2；鬼侯腊3；比干剖心；梅伯醢4；夷吾束縛；而曹羈奔陳；伯里子道乞5；傅說轉鬻6；孫子臏腳於魏；吳起收泣於岸門7，痛西河之爲秦，卒枝解於楚[8]；公叔痤言國器，反爲悖；公孫鞅奔秦；關龍逢斬；萇宏分胣[9]；尹子穽於棘[10]；司馬子期死而浮於江；田明辜射[11]；宓子賤、西門豹不鬬而死人手；董安于死而陳於市[12]；宰予不免於田常；范雎折脅於魏……此十數人者，皆世之仁賢忠良有道術之士也，不幸而遇悖亂闇惑之主而死。然則雖賢聖不能逃死亡、避戮辱者，何也？則愚者難說也，故君子難言也[13]。且至言忤於耳而倒於心，非賢聖莫能聽，願大王熟察之也。」

1 **注** 先慎曰：乾道本無「而紂」二字。顧廣圻云：「《藏》本、今本『紂』下有『而紂』二字。」今據補。

2 **注** 顧廣圻曰：《戰國策》、《史記》皆作「鄂侯」。

▲先慎曰：《左．隱五年》：「邢人伐翼，翼侯奔隨。」六年：「納諸鄂謂之鄂侯。」翼、鄂地近，故相通稱。《史記．楚世家》「熊渠中子紅為鄂王」，《吳越春秋．句踐陰謀外傳》「號翼侯」，可借證「翼」、「鄂」通稱。

3 **注** 先慎曰：《史記》作「九侯」，徐廣注：「九侯，一作『鬼侯』，鄴縣有九侯城。」「九」、「鬼」聲近通用。

4 **注** 先慎曰：見《晏子》。《楚辭》云：「數諫至醢。」

5 **注** 盧文弨曰：即百里奚亡秦走宛事。顧廣圻曰：「伯」讀為「百」。

6 注 轉次而傭，故曰「鬻」。

7 注 盧文弨曰：「收」，疑是「扱」字，見《呂氏春秋．長見篇》。顧廣圻曰：〈仲冬紀〉云「抿泣」，〈恃君覽〉云「雪泣」。

▲先慎曰：「收」，當作「扱」，形近而誤。

8 注 先慎曰：說詳〈姦劫弒臣篇〉。

9 注 磔裂也，音「敕氏反」。

▲先慎曰：趙本無注六字。《莊子．胠篋篇》釋文引司馬云：「萇弘，周靈王賢臣也。」案：周景王、敬王之大夫，魯哀公三年六月，周人殺萇弘。一云刳腸曰「胣」。〈六微〉篇以為叔向之讒。

10 注 投之於穽棘中。顧廣圻曰：未詳。

▲先慎曰：趙本無注。盧文弨云：張本有注。

11 注 非罪為「辜」，射而殺之。顧廣圻曰：未詳。俞樾曰：舊注曲說，「辜射」即「辜磔」。「磔」從「石」聲，與「射」聲相近，故得通用。「辜」、「磔」本疊韻字，《荀子．正論篇》「斬斷枯磔」，以「枯」為「辜」，此云「辜射」，又以「射」為「磔」。古書每無定字，學者當以聲求之。《周禮．掌戮》「殺王之親者辜之」，注曰：「謂磔之」，「田明辜射」，即此刑也。字又作「矺」，《史記．李斯傳》「十公主矺死於杜」，《索隱》曰：「『矺』與『磔』同，古今字異耳」。

12 注 先慎曰：「安于」，〈十過〉、〈七術篇〉作「闕于」，〈觀行篇〉作「安」，與此同。案：「安」、「闕」古通，《左．定十三年傳》作「安」，《淮南．道應訓》作「闕」，是也。惟〈趙策〉「安」、「闕」兩有為誤。

13 注 先慎曰：乾道本「難言」作「不少」。顧廣圻云：「今本『不少』作『難言』，誤。案：此句下有脫文。」

▲先慎案：「君子難言」，文甚明白易曉，今從之。

## 愛臣第四

愛臣太親，必危其身[1]；人臣太貴，必易主位[2]；主妾無等[3]，必危嫡子；兄弟不服[4]，必危社稷。臣聞千乘之君無備，必有百乘之臣在其側，以徙其民而傾其國[5]；萬乘之君無備，必有千乘之家在其側，以徙其威而傾其國。是以姦臣蕃息，主道衰亡。是故諸侯之博大，天子之害也；群臣之太富，君主之敗也。將相之管主而隆國家[6]，此君人者所外也[7]。萬物莫如身之至貴也，位之至尊也，主威之重，主勢之隆也[8]——此四美者不求諸外，不請於人，議之而得之矣[9]。故曰：人主不能用其富，則終於外也[10]。此君人者之所識也。

1 注 威權上逼，故「危其身」。

2 注 盧文弨曰：一作「人臣太擅，必易主命」，與韻不叶，非也。

3 注 「主」，謂室主。

4 注 君之兄弟不相從服。

5 注 王渭曰：「民」當作「威」。

6 注 孫詒讓曰：日本蒲阪圓本作「後主而隆家」，云：「物茂卿本『後』作『管』，『隆』下有『國』字。凌本同，非。〈八經篇〉：『家隆劫殺之難。』」詒讓案：「管主」、「後主」並無義，「管」當作「營」，形近而誤，「營主」謂營惑其主也。《淮南子．原道訓》高注：「營，惑也。」「隆國家」，當依蒲阪圓本刪「國」字，「隆家」言構諸大家使爭鬨，詳後〈八經篇〉。

7 注 君當疎外斥遠之。

8 注 先慎曰：乾道本無「位之至尊也」下三句。顧廣圻云：今本「也」下衍十四字。

▲先慎案：下「四美」即指此「身」、「位」、「威」、「勢」而言，少三句則下「四美」無著，今據補。

9 注 先慎曰：「議」當作「義」。義者，事之宜也。人君合其宜則得之矣。

10 注 既不能用富，臣則竊之。

▲先慎曰：「富」之言備也。四美不備，則國非其有矣。

昔者紂之亡，周之卑，皆從諸侯之博大也[1]；晉之分也[2]，齊之奪也[3]，皆以群臣之太富也。夫燕、宋之所以弒其君者[4]，皆以類也[5]。故上比之殷、周，中比之燕、宋，莫不從此術也。是故明君之蓄其臣也，盡之以法[6]，質之以備[7]。故不赦死，不宥刑。赦死宥刑，是謂威淫[8]，社稷將危，國家偏威[9]。是故大臣之祿雖大，不得藉威城市[10]，黨與雖眾，不得臣士卒。故人臣處國無私朝[11]，居軍無私交，其府庫不得私貸於家[12]——此明君之所以禁其邪。是故不得四從[13]，不載奇兵[14]，非傳非遽，載奇兵革，罪死不赦——此明君之所以備不虞者也。

1 **注** 殷諸侯文王，周諸侯秦襄王。

▲先慎曰：「從」當作「以」。「以」與古文「从」相似，因誤為「从」，校者不審，又改為「從」。下文「皆以羣臣之太富也」，與此文正一律，明此「從」為「以」之誤。

2 **注** 趙、魏、韓也。

3 **注** 陳恒弒簡公也。

4 **注** 先慎曰：子罕劫宋，子之奪燕。

5 **注** 孫詒讓曰：「以類」當作「此類」。

6 **注** 臣雖有貴賤，同以法也。

7 **注** 謂薄其賞賜也，臣貧則易制。王先謙曰：《廣雅．釋詁》：「質，正也。」「備」者，未至而設之，所以逆杜其邪心也。舊注誤。

8 **注** 「淫」，散也。

9 **注** 君威散，臣威成，故曰「偏威」。

▲先慎曰：乾道本注無「成」字，今從趙本。

10 **注** 市，衆所聚，恐其乘衆而生心也。俞樾曰：「威」字衍文，「藉」當讀為「籍」。《詩．韓奕篇》「實畝實籍」，唐石經作「實畝實藉」，是其例矣。《漢．武帝紀》「籍吏民馬」，師古注：「籍者，總入籍錄而取之。」即此「籍」字之義。《管子．輕重甲篇》：「桓公欲藉於室屋，欲藉於萬民，欲藉於六蓄，欲藉於樹木。」與此正同。言大臣之祿雖大，而城市之地不得藉而取之也。下云「黨與雖衆，不得臣士卒」，「臣士卒」與「藉城市」相對成文。今涉上文「是謂威淫」及「國家偏威」而誤衍「威」字。舊注不解「威」字，是舊本猶未衍也。

11 **注** 謂臣自私朝。

12 注 不欲令其樹福也。

13 注 四鄰之國為私交。孫詒讓曰：注說非也。此「四從」，「四」與「駟」通，謂駟乘也（《左．文十一年傳》注：「駟乘，四人共車。」）「從」謂從車。皆論貴臣隨從車乘之事，下云「不載奇兵」，即蒙上「四從」而言。《史記．商君傳》：「趙良曰：五羖大夫之相秦也，行於國中，不從車乘，不操干戈。」又曰：「君之出也，後車十數，從車載甲，多力而駢脅者為驂乘。」參乘為「驂乘」，四乘為「駟乘」，二者略同。商君正以從車載兵甲，故為趙良所責，可證此文之義。

▲先慎曰：「四從」，孫說是。舊注當在「居軍無私交」下，傳寫誤置於此耳。

14 注 王先謙曰：《淮南．墬形訓》高注：「奇，隻也。」「奇兵」，佩刀劍之屬，與上「四從」對文。「不載」，謂不載以從。《戰國策》「秦羣臣侍殿上者，不得持尺寸之兵」，即此義也。惟傳遽以備非常，乃得載兵甲，故下又申言之。秦御臣民至嚴峻，此法制已然者，非之言此，特以中其意。

# 主道第五

道者，萬物之始[1]，是非之紀也[2]。是以明君守始以知萬物之源[3]，治紀以知善敗之端[4]。故虛靜以待令，令名自命也，令事自定也。虛則知實之情，靜則知動者正[5]。有言者自爲名，有事者自爲形，形名參同，君乃無事焉，歸之其情。故曰：君無見其所欲，君見其所欲，臣自將雕琢[6]；君無見其意，君見其意，臣將自表異[7]。故曰：去好去惡，臣乃見素，去舊去智，臣乃自備[8]。故有智而不以慮，使萬物知其處；有行而不以賢，觀臣下之所因；有勇而不以怒，使群臣盡其武[9]。是故去智而有明[10]，去賢而有功[11]，去勇而有強[12]。群臣守職，百官有常，因能而使之，是謂習常。故曰：寂乎其無位而處，漻乎莫得其所[13]。明君無爲於上，群臣竦懼乎下[14]。明君之道，使智者盡其慮，而君因以斷事，故君不窮於智[15]；賢者敕其材[16]，君因而任之，故君不窮於能；有功則君有其賢，有過則臣任其罪，故君不窮於名[17]。是故不賢而爲賢者師[18]，不智而爲智者正[19]。臣有其勞，君有其成功[20]，此之謂賢主之經也[21]。

1 **注** 物從道生，故曰「始」。

2 **注** 是非因道彰，故曰「紀」。

3 **注** 得其始，其源可知也。

▲先愼曰：乾道本注「可」作「亦」，今據張榜本、趙本改。

4 注 得其紀，其端可知也。

5 注 俞樾曰：下「知」字當作「為」。「靜則為動者正」，猶下文云「不智而為智者正」也。涉上句而誤作「知」，於義不可通。

6 注 臣因欲雕琢以稱之。盧文弨曰：「自將」二字疑倒，當與下文一例。

▲先慎曰：俞說是。下「者」字，張榜本作「之」。

7 注 君見其意，臣因其意以稱之。

8 注 好惡不形，臣無所效，則戒而自備。王念孫曰：「去舊去智」，本作「去智去舊」，「惡」、「素」為韻，「舊」、「備」為韻。「舊」，古讀若「忌」，〈大雅．蕩篇〉「殷不用舊」，與「時」為韻，〈召閔篇〉「不尚有舊」，與「里」為韻，《管子．牧民篇》「不恭祖舊」，與「備」為韻，皆其證也。後人讀「舊」為「巨救反」，則與「備」字不協，故改為「去舊去智」。不知古音「智」屬「支部」，「備」屬「之部」，兩部絕不相通，自唐以後始溷為一類——此非精於三代兩漢之音者，不能辨也。

9 注 先慎曰：當作「有賢而不以行」，與「有智而不以慮」、「有勇而不以怒」文法一律。下文「去智」、「去賢」、「去勇」，不作「去行」，是其證。

10 注 去君智，則臣智自明也。

11 注 去君賢，則臣事自功。

12 注 去君勇，則臣武自強。

13 注 顧廣圻曰：「謬」，讀為「寥」，正字作「廫」。《說文》云：「空虛也。」

14 注 盧文弨曰：「乎」，《藏》本作「於」。

15 注 用臣智，故智不窮。

16 注 盧文弨曰：「敕」，一作「效」。

17 注 先慎曰：乾道本「君」下有「子」字。盧文弨云：「『子』字衍。」顧廣圻云：《藏》本無「子」字，是也。

▲先慎案：張榜本亦無，今據刪。

18 注 君雖不賢，為賢臣之師。

19 注 為臣之正。先慎曰：乾道本「為」下有「上」字。盧文弨云：為下衍「上」字，張、凌本俱無。顧廣圻云：《藏》本無「上」字，是也。

20 注 君取臣勞以為己功。王先謙曰：依文義文勢讀之，無「功」字為是。「正」、「成」、「經」又相均也。

▲先慎案：張榜本亦無，今據刪。

據舊注則所見本已衍「功」字。

21 注 「經」，常法也。

道在不可見[1]，用在不可知。虛靜無事，以闇見疵[2]。見而不見，聞而不聞，知而不知。知其言以往，勿變勿更，以參合閱焉。官有一人[3]，勿令通言，則萬物皆盡[4]。函掩其跡[5]，匿其端，下不能原[6]；去其智，絕其能，下不能意。保吾所以往而稽同之，謹執其柄而固握之。絕其能望[7]，破其意，毋使人欲之。不謹其閉，不固其門，虎乃將存[8]。不愼其事，不掩其情，賊乃將生。弑其主，代其所，人莫不與，故謂之虎。處其主之側[9]，爲姦臣[10]，聞其主之忒[11]，故謂之賊。散其黨，收其餘[12]，閉其門，奪其輔，國乃無虎。大不可量，深不可測，同合刑名[13]，審驗法式，擅爲者誅，國乃無賊。是故人主有五壅：臣閉其主曰壅，臣制財利曰壅，臣擅行令曰壅，臣得行義曰壅，臣得樹人曰壅。臣閉其主則主失位，臣制財利則主失德[14]，臣擅行令則主失制，臣得行義則主失明[15]，臣得樹人則主失黨——此人主之所以獨擅也，非人臣之所以得操也。

1 注 君道必使臣不可見也。盧文弨曰：張本不提行。

2 注 先愼曰：人不知虛靜之道，反以其闇而疵之。

3 注 顧廣圻曰：〈揚搉篇〉「有」作「置」。

4 注 各令守職，勿使相通，情既相猜，則自盡矣。

▲先慎曰：乾道本注「盡」作「靜」，據趙本改。

5 **注** 盧文弨曰：「掩」字疑是注，凌本無。顧廣圻曰：「『則萬物皆盡函』句絕，舊注讀『函』屬下，誤。」孫詒讓曰：「函」當為「亟」，「函」俗作「亟」，形近而誤。《爾雅．釋詁》云：「亟，疾也。」此當以「亟掩其跡」為句，顧讀非，盧校尤誤。

6 **注** 先慎曰：「原」當作「緣」，緣，因也。掩跡匿端則下無所因以侵其主。「不能緣」與下「不能意」同義，「原」、「緣」聲近而誤。〈二柄篇〉曰：「人主不掩其情，不匿其端，而使人臣有緣以侵其主。」作「緣」字，是其證。

7 **注** 執柄固，則人意望絕也。

▲先慎曰：各本「望」上有「能」字，《拾補》刪。盧文弨云：注「則人意望絕」，張本作「絕其能望」，亦衍「能」字。顧廣圻云：《藏》本同，今本無「望」字，誤。此當衍「能」字。

▲先慎案：無「望」字者，因上有「絕其能」而妄刪之，不知此「能」字正涉上文而誤衍，注「則人意望絕」不釋「能」字，明舊本亦無「能」字，依盧校刪。

8 **注** 權柄不固，則篡國之虎因而存矣。

9 **注** 顧廣圻曰：句絕。與下文「忒」、「賊」為韻。

10 **注** 王念孫曰：「臣」當為「匿」字之誤。「匿」，讀為「慝」，謂居君側而為姦慝也。《逸周書．大戒篇》：「克禁淫謀，衆匿乃雍。」「衆匿」即「衆慝」。《管子・七法篇》「百匿傷上威」，「百匿」即「百慝」。〈明法篇〉「比周以相為匿」，〈明法解〉「匿」作「慝」。《漢書・五行志》「朔而月克東方謂之仄慝」，《書大傳》作「側匿」。是「匿」與「慝」古字通。「主」、「所」、「與」、「虎」為韻，「側」、「匿」、「忒」、「賊」為韻，若作「臣」則失其韻矣。顧廣圻曰：「臣」當作「以」。「以」，正字作「㠯」，形相近。

▲先慎曰：王說是。

11 **注** 王念孫曰：「聞」蓋「閒」之譌。「閒」，伺也。

12 **注** 顧廣圻曰：「餘」當作「與」。下文「輔」、「虎」其韻也。

13 **注** 顧廣圻曰：「刑」，讀為「形」，〈揚搉篇〉同。

14 **注** 王先謙曰：「德」當作「得」，與上「財利」相應，此緣聲同而誤。

15 **注** 先慎曰：乾道本「名」作「明」，顧廣圻云：「《藏》本、今本『明』作『名』。」今據改。

人主之道，靜退以爲寶[1]。不自操事而知拙與巧，不自計慮而知福與咎。是以不言而善應[2]，不約而善增。言已應則執其契，事已增則操其符[3]。符契之所合，賞罰之所生也。故群臣陳其言，君以其言授其事，事以責其功[4]。功當其事，事當其言則賞；功不當其事，事不當其言則誅。明君之道，臣不得陳言而不當[5]。是故明君之行賞也，曖乎如時雨[6]，百姓利其澤；其行罰也，畏乎如雷霆，神聖不能解也。故明君無偷賞，無赦罰。賞偷則功臣墮其業，赦罰則姦臣易爲非[7]，是故誠有功則雖疏賤必賞，誠有過則雖近愛必誅[8]。近愛必誅，則疏賤者不怠，而近愛者不驕也。

1 **注** 先慎曰：「靜退」當作「虛靜」。此承上「虛靜以待令」而言，下「不操事」、「不計慮」而知巧拙、福咎，即申「虛則知實之情，靜則為動之正」之義。今譌作「靜退」，則文之前後不相照應矣。

2 **注** 先慎曰：乾道本無「而」字，顧廣圻云：「《藏》本、今本『言』下有『而』字。」今據補。

3 **注** 俞樾曰：「增」字義不可通，兩「增」字疑皆「會」字之誤。「不言而善應」，語本《老子》「不約而善會」，亦即《老子》所謂「善結無繩，約而不可解」也，「善會」猶「善結」也。「會」誤作「曾」，又誤為「增」耳。

▲先慎曰：「約」當作「事」，「言已應」、「事已增」正承上言之。「增」，讀如「簪」，與上「應」為韻。俞改「增」為「會」，迂曲不可從。

4 **注** 顧廣圻曰：《藏》本、今本「事以」作「以事」。按：當作「以其事」。

▲先慎曰：〈二柄篇〉作「專以其事責其功」。

5 注 先慎曰：乾道本無「得」字。盧文弨云：「得」字脫，《藏》本有。
▲先慎案：〈二柄篇〉亦有「得」字，今據補。顧廣圻云：此句下有脫文。

6 注 顧廣圻曰：「曖」，讀為「愛」。

7 注 盧文弨曰：「臣」，張本作「人」。

8 注 顧廣圻曰：此句下有脫文。
▲先慎曰：此下當有「疏賤必賞」四字。

# 卷第二

**思想議題**

〈有度〉：論法與賞罰／術不欲見：察姦與考核／君臣之道。
〈二柄〉：論法與賞罰／術不欲見：察姦與考核／君臣之道。
〈揚權〉：術不欲見：察姦與考核／君臣之道。
〈八姦〉：術不欲見：察姦與考核。

## 有度第六[1]

1 **注** 先慎曰：乾道本「六」作「七」，據趙本改。

國無常強，無常弱。奉法者強則國強[1]，奉法者弱則國弱。荊莊王并國二十六，開地三千里，莊王之氓社稷也，而荊以亡[2]。齊桓公并國三十，啓地三千里，桓公之氓社稷也，而齊以亡。燕襄王[3]以河爲境，以薊爲國，襲涿、方城[4]，殘齊，平中山[5]，有燕者重，無燕者輕[6]，襄王之氓社稷也，而燕以亡。魏安釐王攻趙救燕[7]，取地河東[8]；攻盡陶、魏之地[9]；加兵於齊，私平陸之都[10]，攻韓拔管[11]，勝於淇下；睢陽之事，荊軍老而走[12]；蔡、召陵之事，荊軍破；兵四布於天下[13]，威行於冠帶之國；安釐王死而魏以亡[14]。故有荊莊、齊桓則荊、齊可以霸[15]，有燕襄、魏安釐則燕、魏可以強。今皆亡國者，其群臣官吏皆務所以亂，而不務所以治也。其國亂弱矣，又皆釋國法而私其外[16]，則是負薪而救火也，亂弱甚矣。

1 **注** 「強」，為不曲法從私。盧文弨曰：注「為」字當作「謂」。

▲先慎曰：「為」、「謂」字同。

2 **注** 荊全之時與荊亡之時，民及社稷未改易，而全、亡遂殊者，則由奉法有強弱故也。顧廣圻曰：「氓」當作「民」，下二句同，舊注未譌。

3 **注** 顧廣圻曰：「襄」當作「昭」，下同。《史記·年表》、〈世家〉，燕無「襄王」。下文云「殘齊」，在昭王二十八年，或一謚「襄」也。

4 **注** 方城，涿之邑也。顧廣圻曰：「句有誤。」王先謙曰：「襲」，謂重繞在外。謂燕都在薊，涿、方城在外，猶《左傳》言「表裏」也。涿與方城二地，注誤。方城，見〈燕世家〉，《漢志》涿屬涿郡，薊、方城屬廣陽國，方城詳見《水經．聖水》、〈巨馬水注〉中，今直隸固安縣西南有方城村，即其地也。

5 **注** 中山，國名。

6 **注** 謂鄰國得燕為黨者則重，反是者則輕也。

7 **注** 顧廣圻曰：當云「攻燕救趙」。〈年表〉：「五年擊燕，二十年救邯鄲，二十一年救趙。」又〈世家〉二十年云：「趙得全也。」

8 **注** 河東，故南燕國所在，時魏救燕，燕人得之，故以河東故國與魏也。盧文弨曰：注「河東，故南燕國所在」，凌、張本作「故南燕之地」，無下「河東」二字。「德之」誤作「得之」。

▲先慎曰：此蓋五年擊燕所得，注謂燕人與魏，非也。

9 **注** 陶，定陶也。顧廣圻曰：「魏」，當作「衛」，見本書〈飾邪篇〉。

10 **注** 言魏加兵於齊平陸，以為私都也。

11 **注** 管，故管叔所都。

12 **注** 魏與楚相持於睢陽，而楚師遁。師久為老。

▲先慎曰：注趙本「為老」作「而老」，誤。

13 **注** 「兵」，魏之兵也。

**14 注** 先愼曰：乾道本無「王」字。盧文弨云：「脫，《藏》本有。」今據補。

**15 注** 先愼曰：乾道本「桓」下有「公」字。盧文弨云：「『公』字衍。」顧廣圻云：「《藏》本無，是也。」今據刪。

**16 注** 「外」，謂臣之事也。

故當今之時，能去私曲就公法者，民安而國治；能去私行行公法者，則兵強而敵弱。故審得失有法度之制者加以群臣之上，則主不可欺以詐僞[1]；審得失有權衡之稱者以聽遠事，則主不可欺以天下之輕重[2]。今若以譽進能，則臣離上而下比周[3]；若以黨舉官，則民務交而不求用於法[4]。故官之失能者其國亂。以譽爲賞，以毀爲罰也，則好賞惡罰之人，釋公行、行私術[5]、比周以相爲也。忘主外交，以進其與[6]，則其下所以爲上者薄矣。交衆與多，外內朋黨，雖有大過，其蔽多矣[7]。故忠臣危死於非罪，姦邪之臣安利於無功[8]。忠臣危死而不以其罪，則良臣伏矣[9]；姦邪之臣安利不以功，則姦臣進矣[10]——此亡之本也。若是，則群臣廢法而行私重[11]、輕公法矣[12]。數至能人之門[13]，不壹至主之廷[14]；百慮私家之便，不壹圖主之國。屬數雖多，非所以尊君也[15]；百官雖具，非所以任國也[16]。然則主有人主之名，而實託於群臣之家也[17]。故臣曰：「亡國之廷無人焉[18]。」廷無人者，非朝廷之衰也。家務相益[19]，不務厚國；大臣務相尊，而不務尊君；小臣奉祿養交[20]，不以官爲事——此其所以然者，由主之不上斷於法，而信下爲之也。故明主使法擇人，不自舉也；使法量功，不自度也[21]。能者不可弊，敗者不可飾，譽者不能進，非者弗能退[22]，則君臣之間明辨而易治[23]，故主讐法則可也[24]。

1 **注** 謂得守法度之臣，授之以政，位加群臣之上，故不可欺以詐僞。顧廣圻曰：「失」當作「夫」，下文「審得失有權衡之稱者」，「失」亦當作「夫」。「加以」當作「以加」，舊注未譌。

▲先慎曰：顧說是。《拾補》「加以」作「加於」，是。注趙本「授」誤作「受」。

2 **注** 權衡所以稱輕重也，臣既妙於輕重，使之聽遠，故不可欺以輕重也。

3 **注** 能由譽進，所以比周於下，求其虛譽。

4 **注** 官由黨舉，所以務交，求其親援。

5 **注** 先慎曰：上「行」字當作「法」。「好賞惡罰之人，釋公法行私術」，與上「去私曲就公法，去私行行公法」、下「行私重輕公法，奉公法廢私術」相應，四處皆作「法」字，此「行」字涉下文而誤。

6 **注** 「與」，謂「黨與」也。

7 注 朋黨既多，遞相隱蔽，雖有大過，無從而知也。

8 注 邪臣朋黨，則忠臣橫以非罪而見陷，邪臣輒以無功而獲利也。

9 注 臣傷其類，故良臣伏也。

▲先慎曰：乾道本「危」上有「之所以」三字，「良」下無「臣」字。盧文弨云：「『之所以』三字衍，一本無。」顧廣圻云：《藏》本、今本「良」下有「臣」字。

▲先慎案：注云「則良臣伏」，是注所見本亦有「臣」字。「之所以」三字不當有，此與下句文法一律，今從盧、顧校改。「伏」，謂隱也。

10 注 同氣相求，故姦臣進也。

11 注 王渭曰：句絕。

12 注 「私重」，謂朋黨私相重也。

13 注 此其所以私重也。顧廣圻曰：「能」當作「態」。「態人」，即《荀子》之「態臣」，見〈臣道篇〉。

▲先慎曰：「能人」，即私人也，見《管子．明法篇》，本書作「能」字不誤。〈三守篇〉「不敢不下適近習能人之心」即其證。乾道本注「此」作「比」，依張榜本、趙本改。

14 注 先慎曰：趙本「壹」作「一」，下同。

15 注 君之徒屬之數雖多，皆行私重，故非尊君。

▲先慎曰：乾道本無「以」字。顧廣圻云：今本「所」下有「以」字。

▲先慎案：依下文當有，今據補。

16 **注** 百官雖備，皆慮私家之便，故非任國。「任」，謂當其事也。

17 **注** 威權不移故也。盧文弨曰：注「下移」誤「不移」。

18 **注** 無憂國之人也。「臣」，韓非自謂也。

▲先慎曰：此篇多本《管子・明法篇》。

19 **注** 先慎曰：張榜本「相益」作「之益」。案：「家務相益」，謂務相益其家，與「大臣務相尊」同。「相益」、「相尊」對「厚國」、「尊君」而言。張榜本「相」作「之」，誤。

20 **注** 顧廣圻曰：「奉」當作「持」，見本書〈三守篇〉。《晏子春秋・問下》云：「士者持祿，游者養交。」《荀子・臣道篇》云：「以之持祿養交而已耳，國賊也。」又見《韓詩外傳》。

21 **注** 擇人量功能之法，布在方冊，謂成國之舊制。

22 **注** 以法量功能，故能不可弊，敗不可飾也；以法飾人，故譽不能進，非不能退也。

▲先慎曰：張榜本作「蔽」，《管子》亦作「蔽」。「非」作「誹」，字竝通用。

23 **注** 「明辯」，謂善惡不相掩。

24 **注** 「譬」，謂校定可否。

賢者之爲人臣，北面委質，無有二心，朝廷不敢辭賤，軍旅不敢辭難[1]，順上之爲，從主之法，虛心以待令而無是非也。故有口不以私言[2]，目不以私視[3]而上盡制之。爲人臣者，譬之若手，上以脩頭，下以脩足，清暖寒熱，不得不救入[4]，鏌鋣傅體，不敢弗搏[5]。無私賢哲之臣，無私事能之士[6]。故民不越鄉而交，無百里之慼[7]。貴賤不相踰，愚智提衡而立[8]，治之至也。今夫輕爵祿、易去亡以擇其主，臣不謂廉[9]。詐說逆法，倍主強諫，臣不謂忠[10]。行惠施利，收下爲名，臣不謂仁[11]。離俗隱居，而以非上，臣不謂義[12]。外使諸侯，內耗其國，伺其危嶮之陂以恐其主[13]曰：「交非我不親，怨非我不解」，而主乃信之，以國聽之，卑主之名以顯其身，毀國之厚以利其家，臣不謂智[14]。此數物者，險世之說也，而先王之法所簡也[15]。先王之法曰[16]：「臣毋或作威[17]，毋或作利，從王之指。毋或作惡[18]，從王之路。」古者世治之民，奉公法，廢私術，專意一行，具以待任[19]。

1 **注** 朝廷辭賤則下有缺上之心，軍旅辭難則士有偷存之志。

▲先愼曰：「乾道本注『士』作『事』，今依張榜本、趙本改。」盧文弨云：注「缺」譌作「缺」。「士」，《藏》本作「事」。

2 注 為君言也。

3 注 為君視也。

4 注 寒則救之以暖，熱則救之以清，凡此皆用手入，故曰「不得不救入」也。

▲先慎曰：「入」字衍文。下「不敢弗搏」與「不得不救」相對成文，明此不當有「入」字。舊注不審，而曲為之說，非。張榜本刪「入」字，是也。又案：「清暖寒熱」，據注文當作「寒暖熱清」。

5 注 利刃近體，手必搏之。盧文弨曰：「弗」，《藏》本作「不」。

6 注 「賢哲之臣」、「事能之士」，皆以公用之。

7 注 既任臣以公，則政平國理，人無異望、無外心，故不越鄉而交，所以無百里之慼。顧廣圻曰：「慼」，讀為「戚」。

8 注 愚智各得其所，故提衡而立。

9 注 易亡、擇主，心貪者耳，如此之臣，不可謂廉也。

10 注 逆法、強諫，凌主者耳，如此之臣，不可謂忠。

11 注 行惠收下，作福者耳，如此之臣，不可謂仁。

12 注 隱居非上，揚主之惡，如此之臣，不可謂義。

▲先慎曰：乾道本「以」下有「作」字，顧廣圻云：「《藏》本、今本無『作』字。」今據刪。

13 注 先慎曰：「陂」字無義，當作「際」。篆文「[illegible]」上形與「[illegible]」相近，轉寫殘缺以為「陂」耳。

14 注 伺危以怨主，毀國以利家，姦雄者耳，如此之臣，不可謂智也。盧文弨曰：注「伺危以恐主」，「恐」誤作「怨」。

15 注 險世所說，邀取一時之利，先王所簡，必令百代常行。盧文弨曰：「簡」，棄也，注非。俞樾曰：「險世之說」本作「險世所說」，「說」，讀為「悅」，注所據本尚未誤。

16 注 顧廣圻曰：此下五句文與〈洪範〉有異，或別有所出，非引彼也。

17 注 先慎曰：張榜本更有「毋或作福」句。

18 注 先慎曰：乾道本下「毋」字作「無」。顧廣圻云：今本「無」作「毋」。

▲先慎案：作「毋」字是，今據改。〈洪範〉正作「毋」，「或」作「有」，《呂氏春秋．貴公篇》引亦作「或」，與此同。注：「或，有也。」

19 注 治世之人，所具意行，不用之於私，惟以待君之任耳。

夫爲人主而身察百官，則日不足，力不給[1]。且上用目則下飾觀[2]，上用耳則下飾聲[3]，上用慮則下繁辭[4]。先王以三者爲不足，故舍己能而因法數，審賞罰。先王之所守要[5]，故法省而不侵。獨制四海之內，聰智不得用其詐，險躁不得關其佞[6]，姦邪無所依。遠在千里外，不敢易其辭；勢在郎中[7]，不敢蔽善飾非；朝廷群下，直湊單微，不敢相踰越[8]。故治不足而日有餘，上之任勢使然也[9]。

1 **注** 言當用法而察之。

▲先慎曰：乾道本「為」下有「之」字，據張榜本刪。

2 **注** 飾觀，則目視不得其真也。

3 **注** 飾聲，則耳聽不知其偽也。

4 **注** 繁辭，則慮惑於說也。

5 **注** 因法數，審賞罰，用此察之，則百官不得混其真偽。斯術也，先王所守之要。

▲先慎曰：「先王之所守要」，即〈揚權篇〉「聖人執要」之義，注說非。

6 **注** 顧廣圻曰：《藏》本同，今本「險」作「陰」，誤。

7 **注** 「郎」，近侍之官也。俞樾曰：「勢」當作「埶」。《國語．楚語》曰：「居寢有埶御之箴。」注曰：「埶，近也。」「埶在郎中」與「遠在千里外」正相對成義。「埶」、「勢」形近而誤，或古字通也。

8 **注** 雖單微直湊，亦令得其職分，而豪強不敢踰。

▲先慎曰：注說非。《說文》：「湊，水上人所會也。」故「湊」有會合之義。此言親近重臣合之疏遠卑賤之人，皆用法數以審賞罰，毋有相違。下文「刑過不避大臣，賞善不遺匹夫」是也。

9 注 立治之功，日尚有餘，而功教既已平，群臣既已穆，則上之任用之勢不違，法教使之然也。

夫人臣之侵其主也[1]，如地形焉，即漸以往[2]，使人主失端、東西易面而不自知[3]。故先王立司南以端朝夕[4]。故明主使其群臣不遊意於法之外，不爲惠於法之內[5]，動無非法。法所以凌過遊外私也[6]，嚴刑所以遂令懲下也[7]。威不貸錯，制不共門[8]。威制共則衆邪彰矣[9]，法不信則君行危矣[10]，刑不斷則邪不勝矣。故曰：巧匠目意中繩，然必先以規矩爲度[11]；上智捷舉中事，必以先王之法爲比[12]。故繩直而枉木斲，準夷而高科削[13]，權衡縣而重益輕[14]，斗石設而多益少[15]。故以法治國，舉措而已矣[16]。法不阿貴，繩不撓曲。法之所加，智者弗能辭，勇者弗敢爭。刑過不避大臣，賞善不遺匹夫。故矯上之失，詰下之邪，治亂決繆，絀羨齊非[17]，一民之軌，莫如法；屬官威民[18]，退淫殆，止詐僞，莫如刑。刑重則不敢以貴易賤[19]，法審則上尊而不侵，上尊而不侵則主強而守要，故先王貴之而傳之[20]。人主釋法用私，則上下不別矣。

1 注 先慎曰：《御覽》六百三十八引「人臣」作「大臣」。

2 注 先慎曰：「即」當作「積」，聲之誤也。此謂人之行路，積漸不覺而已易其方，在始末必不知，移步換形，遂不能見，故必立司南以定其方。喻人主為臣侵其權勢，使人主不自知者，非一朝一夕之故，在人主時以法度自持也。喻意言行路，非言耕者，注非。《御覽》引作「既」，亦誤。

3 **注** 既以漸來，故雖至於失端易面，而主尚不能自知。

4 **注** 「司南」，即指南車也，以喻國之正法。

▲先慎曰：《御覽》引「立」下有「教」字。

5 **注** 不令遊意法外，為惠法內，皆所以防其侵也。

▲先慎曰：《御覽》引「惠」作「慧」，誤。

6 **注** 既使群臣動皆以法，其或「凌過遊外」，即皆私也。盧文弨曰：「『遊外』二字，一本作『滅』。」顧廣圻曰：「凌」字未詳，「過」當作「遏」，衍「遊」字，舊注誤。

▲先慎曰：「過」為「遏」之誤，顧說是也。一本脫「外」字，「遊」作「滅」，是。「凌」為「峻」字，形近而譌，當在「法」上，傳寫誤倒耳。「峻法所以遏滅外私也」，與下「嚴刑所以遂令懲下也」句正相對，今本譌誤，遂不可讀。

7 **注** 所以嚴刑者，欲以遂令且懲下也。「遂」，通也。王先謙曰：「遂」，竟也。刑以輔令而行，使必下竟。

8 **注** 威當主錯，故不貸臣令錯，制當主裁，故不共臣同門。「錯」，置也。

9 **注** 威制共臣，則制邪顯用矣。

▲先慎曰：注「制邪」當作「衆邪」。

10 **注** 法不信，則後不可行，故君危也。俞樾曰：「危」，讀為「詭」。《呂氏春秋·淫辭篇》「所言非所行也，所行非所言也，言行相詭，不祥莫大焉」，與此意相近。蓋法不信則君之所行前後違反，故曰「詭」也。作「危」者，古字通耳。《漢書·天文志》「司詭星出正西」，《史記·天官書》「詭」作「危」。《淮南子·說林篇》「尺寸雖齊必有詭」，《文子·上德篇》「詭」作「危」，並其證也。舊注未達叚借之旨。「危」當以君位言，不當以君行言，足知舊說之非矣。

11 **注** 匠之目意雖復中繩，而不可用，當其規矩為其度。

▲先慎曰：注上「其」字當為「以」字之譌。

12 **注** 君知雖敏而中事，不可用，當以先王之法為其比制也。盧文弨曰：注「君知」，《藏》本作「君智」。

▲先慎曰：「上智」謂極智之人，與「巧匠」同意，非謂君也。「捷」，疾也。「中事」，合於事也，「中」音「竹仲反」，舊注誤。

13 **注** 「科」，等也，削高等令就下也。

14 **注** 減重益輕，權衡乃平。

15 **注** 減多益少，斗石乃滿。

16 **注** 舉法而措之，治自平。

▲先慎曰：「措」，當為《論語》「錯諸枉」之「錯」，以法數治國家，不外「舉錯」二者。上文「因法數，審賞罰，先王之所守要」，即其義。注說非。

17 注 絀其健羨，齊其為非。「絀」，音「黜」。王先謙曰：「羨」，有餘也，即上削高、輕重之意。

18 注 「屬官」，欲令官之屬己。王念孫曰：舊注甚謬。「屬」當為「厲」字之誤也。「厲官」、「威民」義正相近。〈詭使篇〉「上之所以立廉恥者，所以屬下也」，「屬」亦「厲」字之誤。俗書「屬」字作「厲」，形與「厲」相近，故「厲」誤作「屬」（《荀子．富國篇》「誅而不賞，則勤厲之民不勸」，今本「厲」誤作「厲」）。

19 注 不敢以貴勢慢易於賤也。

20 注 傳之於後。

# 二柄第七

明主之所導制其臣者[1]，二柄而已矣。二柄者，刑、德也。何謂刑、德？曰：殺戮之謂刑，慶賞之謂德。為人臣者畏誅罰而利慶賞，故人主自用其刑、德，則群臣畏其威而歸其利矣。故世之姦臣則不然，所惡則能得之其主而罪之[2]，所愛則能得之其主而賞之[3]。今人主非使賞罰之威利出於己也，聽其臣而行其賞罰，則一國之人皆畏其臣而易其君[4]，歸其臣而去其君矣[5]，此人主失刑、德之患也。夫虎之所以能服狗者，爪牙也，使虎釋其爪牙而使狗用之，則虎反服於狗矣[6]。人主者，以刑、德制臣者也，今君人者釋其刑、德而使臣用之，則君反制於臣矣[7]。故田常上請爵祿而行之群臣[8]，下大斗斛而施於百姓[9]，此簡公失德而田常用之也，故簡公見弒。子罕謂宋君[10]曰：「夫慶賞賜予者，民之所喜也，君自行之；殺戮刑罰者，民之所惡也，臣請當之。」於是宋君失刑而子罕用之，故宋君見劫。田常徒用德[11]而簡公弒，子罕徒用刑[12]而宋君劫。故今世爲人臣者兼刑、德而用之，則是世主之危甚於簡公、宋君也。故劫殺擁蔽之主[13]，非失刑、德而使臣用之而不危亡者[14]，則未嘗有也。

1 **注** 「導」，引也，言道所以引喻其臣而制斷之也。俞樾曰：注訓「導」為「引」，此未達古語也。「導」當為「道」，「道」者，由也。「明主所道制其臣者」，猶言「明主所由制其臣者」。古語每以「道」為「由」：本書〈孤憤篇〉「法術之士奚道得進」，猶言「奚由得進」也；《呂氏春秋．貴因篇》「孔子道彌子瑕見釐夫人」，猶言「由彌子瑕見釐夫人」也；《晏子春秋．諫上篇》曰「楚巫微導裔款以見景公」，亦言由裔款以見景公，而其字作「導」。可證此文「所導」之即「所由」矣。〈八姦篇〉云「凡人臣之所道成姦者有八術」，義與此同。

▲先慎曰：張榜本「導」作「道」，云：「由也。」俞說與之合。《藝文類聚》十一引「主」作「王」，無「之所導」三字，「臣」下有「下」字。

2 **注** 姦臣所惡，則巧詐媚惑其主，得其威而罪也。盧文弨曰：注「罪之」誤「罪也」。

3 **注** 姦臣所愛，亦以巧詐媚惑其主，得之恩而賞之。盧文弨曰：注「其恩」誤「之恩」。

4 **注** 臣用罰，則民畏臣而輕君。

5 **注** 臣用賞，則民歸臣而去其君。盧文弨曰：注「去其君」，各本俱無「其」字。

6 **注** 先慎曰：乾道本無「於」字。案：以下文例之，當有「於」字，據《意林》、《御覽》六百三十八、八百九十一、《事類賦》二十引補。

7 **注** 反為臣所制也。

8 **注** 請君爵祿而與群臣，所以樹私德於衆官。

▲先慎曰：《外儲說．右上篇》作「行諸大臣」。

9 **注** 於下而用大斗斛以施百姓，所以樹私恩於衆庶也。

10 **注** 盧文弨曰：此別一人，非春秋之樂喜。

11 注 謂不兼刑也。

12 注 謂不兼德也。

13 注 顧廣圻曰：「擁」當作「擁」。

14 注 俞樾曰：失刑、德而使臣用之，不當有「非」字，「非」字衍文。

人主將欲禁姦，則審合刑、名者，言與事也[1]。爲人臣者陳而言[2]，君以其言授之事，專以其事責其功[3]。功當其事，事當其言，則賞；功不當其事，事不當其言，則罰。故群臣其言大而功小者則罰，非罰小功也，罰功不當名也。群臣其言小而功大者亦罰，非不說於大功也，以爲不當名也害甚於有大功，故罰[4]。昔者韓昭侯醉而寢[5]，典冠者見君之寒也，故加衣於君之上，覺寢而說[6]，問左右曰：「誰加衣者？」左右對曰：「典冠。」君因兼罪典衣與典冠[7]。其罪典衣，以爲失其事也；其罪典冠，以爲越其職也。非不惡寒也，以爲侵官之害甚於寒。故明主之畜臣，臣不得越官而有功，不得陳言而不當。越官則死，不當則罪，守業其官，所言者貞也[8]，則群臣不得朋黨相爲矣。

1 注 「言」，名也；「事」，則也。言事則相考則合不可知也。

▲先慎曰：乾道本「與」作「異」，《拾補》作「與」。盧文弨云：「『言』下衍『不』字，《藏》本無『異』字，譌。」顧廣圻曰：今本「言」下有「不」字，誤。「異」當作「與」。

▲先慎案：張榜云：「『刑』當作『形』。」案：「刑」、「形」二字本書通用，「與」字依盧、顧校改。

2 **注** 顧廣圻曰：《藏》本同，今本「陳」下有「事」字，誤。案：「而」當作「其」，見本書〈主道篇〉。

3 **注** 顧廣圻曰：當衍「專」字。

▲先慎曰：顧說非，謂因其所言之事以求其效，不外使也。

4 **注** 不當名之害甚於大功。功大震主，亦所以為罰。

▲先慎曰：「不當名也害」當作「不當名之害」，下「以為侵官之害甚於寒」句法正同，注所見本尚不誤。此言因功失法則國無所守，故不當名之害甚於有大功。注謂「功大震主」，非也。

5 **注** 先慎曰：《意林》「醉」下有「甚」字。

6 **注** 寢寤而覺。

7 **注** 先慎曰：乾道本「殺」作「與」。《意林》「與」作「殺」，是也，今據改。下文「越官則死，不當則罪」，是其證。

8 **注** 守業以當官，守官以當言，如此者貞也。

人主有二患：任賢，則臣將乘於賢以劫其君[1]；妄舉，則事沮不勝[2]。故人主好賢，則群臣飾行以要君欲，則是群臣之情不效[3]，群臣之情不效，則人主無以異其臣矣[4]。故越王好勇，而民多輕死；楚靈王好細腰，而國中多餓人；齊桓公妬而好內[5]，故豎刁自宮以治內[6]；桓公好味[7]，易牙蒸其子首而進之[8]；燕子噲好賢，故子之明不受國[9]。故君見惡則群臣匿端[10]，君見好則群臣誣能[11]——人主欲見，則群臣之情態得其資矣[12]。故子之託於賢以奪其君者也，豎刁、易牙因君之欲以侵其君者也，其卒子噲以亂死[13]，桓公蟲流出戶而不葬[14]。此其故何也？人君以情借臣之患也[15]。人臣之情非必能愛其君也，爲重利之故也。今人主不掩其情，不匿其端，而使人臣有緣以侵其主[16]，則群臣爲子之、田常不難矣。故曰：去好去惡，群臣見素[17]。群臣見素，則大君不蔽矣。

1 注 賢者必多才術，故能乘賢以劫君也。

2 注 「妄舉」，謂不擇賢，則其事必沮而不勝。「沮」，毀敗也。

3 注 飾行則偽外，故其內情不效。「效」，顯也。

4 注 莫不飾行，故真偽不分也。

5 注 先愼曰：乾道本「妬」下有「外」字，顧廣圻云：「《藏》本無『外』字，是也，本書〈十過篇〉、〈難一篇〉並無。」今據刪。

6 注 先慎曰：「刁」當作「刀」。《左傳》寺人貂，《管子》、《大戴禮》、《公羊》、《墨子》作「刀」，「刀」有「貂」音，故通用。

7 注 顧廣圻曰：當衍「桓公」二字，此與上相承。

8 注 顧廣圻曰：《藏》本、今本「子首」作「首子」。案：作「首子」為是，《漢書·元后傳》有「首子」可證。〈十過篇〉及〈難一篇〉同。

▲先慎曰：本書作「子首」，無作「首子」者，〈十過篇〉及〈難一篇〉兩見，可證。彼惟趙用賢本作「首子」，明「首子」為後人所改，古本自作「子首」也。

9 注 子之，燕之臣也。以噲好賢，故陳禪讓之事，令噲不受國以讓己，因以篡之。

▲先慎曰：即〈外儲說右下篇〉潘壽謂燕王事，注非。

10 注 匿其端，避所惡也。

▲先慎曰：乾道本「君」下有「子」字。顧廣圻云：「《藏》本、今本無。」

▲先慎案：此不當有，今據刪。

11 注 誣其能，欲見用。

12 注 群臣之情態，皆欲求利，君見其好惡，則知利其所存，故得以為資。俞樾曰：「欲見」當作「見欲」，與上文「見好」、「見惡」一例。「見好」、「見惡」即自見其所欲矣。下文云「豎刁、易牙因君之欲以侵其君者也」，正承此而言。〈主道篇〉云「君無見其所欲」，可證此文「見欲」之義。

▲先慎曰：注「利其所存」，「其」當作「之」。

13 **注** 子噲，燕王名也。

14 **注** 先慎曰：乾道本「戶」作「尸」。盧文弨云：《藏》本「尸」作「戶」。

▲先慎案：作「戶」是，今據改。〈十過篇〉正作「戶」。

15 **注** 謂見好惡之情，則臣得以為利，此以情借臣求利者也，患所以生。

16 **注** 緣其好惡之情，得以侵主。

17 **注** 君無好惡，則臣無因為偽，其誠素自見。

▲先慎曰：乾道本「惡」上無「去」字。顧廣圻云：「《藏》本、今本有。」

▲先慎案：當有「去」字，〈主道篇〉云「去好去惡，臣乃見素」，可證，今據補。

# 揚搉第八[1]

1 注 「揚」，謂舉之使明也。「權」，謂量事設謀也。

▲先慎曰：乾道本注「揚」下有「權」字，據趙本刪。孫詒穀云：「《文選・蜀都賦》劉逵注：『韓非有〈揚搉篇〉。』今「搉」作「權」，誤。注說非。」顧廣圻云：《廣雅》：「揚搉，都凡也。」

天有大命，人有大命[1]。夫香美脆味，厚酒肥肉，甘口而病形；曼理皓齒，說情而捐精[2]。故去甚去泰[3]，身乃無害。權不欲見，素無爲也[4]。事在四方，要在中央[5]。聖人執要，四方來效。虛而待之，彼自以之[6]。四海既藏，道陰見陽[7]。左右既立，開門而當[8]。勿變勿易，與二俱行[9]，行之不已[10]，是謂履理也[11]。夫物者有所宜，材者有所施，各處其宜，故上下無爲。使雞司夜，令狸執鼠，皆用其能[12]，上乃無事。上有所長，事乃不方[13]。矜而好能，下之所欺[14]。辯惠好生，下因其材[15]。上下易用，國故不治[16]。

1 注 晝夜四時之候，天之大命；君臣上下之節，人之大命也。

2 注 香肥所以甘口也，用之失中則病形；皓曼所以說情也，耽之過度則損精；賢才所以助理也，用之失宜則危君也。

▲先慎曰：乾道本「病」作「疾」，「損」作「捐」，注亦作「捐」。《拾補》「疾」作「病」。盧文弨云：「說」，注中作「悅」。「捐」，孫貽穀云：「《意林》及《文選·七發注》皆作『損』。」注同。顧廣圻云：《藏》本「疾」作「病」，是也。李善〈七發注〉引此作「病」。「捐」，亦當從〈七發注〉引作「損」。

▲先慎案：注作「病」未誤，《意林》正作「病」，今據改。「說」，讀為「悅」，非舊本作「悅」也。

3 **注** 先慎曰：乾道本「甚」上有「泰」字。顧廣圻云：《藏》本、今本無上「泰」字。

▲先慎案：「甚」上不當有「泰」字，《意林》無，今據刪。

4 **注** 顧廣圻曰：句有誤，未詳。

▲先慎曰：用人之權，不使人見，虛以應物，不必自為，執要以觀其效，虛心而用其長，即權不見素無為之理。《廣雅·釋詁》：「素，空也。」

5 **注** 「四方」，謂臣民；「中央」，謂主君。

▲先慎曰：乾道本注「君」作「居」，改從今本。

6 **注** 「以」，用也。君但虛心以待之，彼則各自用其能也。

7 **注** 「四海」，則四方也。「藏」，謂不見也。其能如此，則君當導臣之陰以見君之陽，陰陽接則君臣通也。

王先謙曰：「道」，由也。詳見前。「由陰見陽」，謂由一己之虛靜以見四海之動。注非。

▲先慎曰：乾道本注作「以見君子之陽」，今從趙本。

8 **注** 「左右」，謂左輔右弼也。君臣既通，輔弼之臣斯立，如此則同類相從，同聲相應，四方賢才畢來矣。君但開門而當之，無所遮擁也。「當」，受也。

▲先慎曰：乾道本注「類」上無「同」字，「從」作「後」，據趙本增改。

9 **注** 賢才既來，莫敢變易，但令輔弼二臣，俱行職事。

10 **注** 既行職事，有功而可，此皆俱賢臣之助，不須有所除去，無不隨化而成。盧文弨曰：注「俱」字衍。

11 **注** 君能履理，故有成功。

12 **注** 先慎曰：《御覽》九百一十八引「用」作「因」，《事類賦》十八引仍作「用」。

13 **注** 「所長」，謂任材用物皆得其宜，故事不一方而成。俞樾曰：注失其旨。上文云「使雞司夜，令狸執鼠，皆用其能，上乃無事」，然則上固不必有所長矣。「上有所長」，是失其為上之道。「事乃不方」，猶言「無方」也，謂不得其方也。下文云「矜而好能，下之所欺。辯惠好生，下因其材。上下易用，國故不治」，皆承此而言。

14 **注** 居上者矜好其能，則下各飾其能以欺之。

15 **注** 居上好生辯惠，則下因其材以入其諛佞。「材」，則辯惠也。

16 注 上代下任，下操上權，則國不治。

用一之道，以名爲首[1]。名正物定，名倚物徙。故聖人執一以靜，使名自命，令事自定[2]。不見其采，下故素正[3]。因而任之，使自事之[4]。因而予之，彼將自舉之[5]。正與處之，使皆自定之。上以名舉之[6]，不知其名，復脩其形[7]，形、名參同，用其所生[8]。二者誠信，下乃貢情[9]。謹脩所事，待命於天[10]。毋失其要，乃爲聖人。聖人之道，去智與巧，智巧不去，難以爲常[11]。民人用之，其身多殃；主上用之，其國危亡。因天之道，反形之理，督參鞠之，終則有始[12]。虛以靜後，未嘗用己[13]。凡上之患，必同其端[14]。信而勿同，萬民一從[15]。

1 注 「一」，謂道。可以常行、古今莫二者，唯其正名乎？故曰「以名為首」。

▲先慎曰：乾道本無「之」字。顧廣圻云：「《藏》本、今本『一』下有『之』字。」今據補。盧文弨云：注「其唯」誤倒。

2 注 既使名命事，故事自定也。

▲先慎曰：《群書治要》引《尸子．分事篇》「執一以靜，令名自正，令事自定」，即韓非所本，「使」字作

「令」，疑此「使」字涉注文而誤。注以「使」釋上「令」字，以「命」釋下「令」字，非上「令」字本作「使」字也。

3 注 「采」、「故」，皆事也，上不見事，則下事既素且正。盧文弨曰：注訓「采」、「故」皆為事，非也。趙氏云：「『不見其采』，是聖人靜以自居，韜匿光采，臣下以故守素而趨於正。」此說是也。

4 注 因其事而任之，彼則自舉其事。顧廣圻曰：句失韻，有誤。

▲先慎曰：「事」，當作「定」，下文「使皆自定之」承此而言。若作「事之」，則「使皆自定」句為無著矣。

5 注 因其事以與之，彼則自舉之。

6 注 凡事皆使彼自定，在上者從而以名舉之，則刑、名審矣。

▲先慎曰：乾道本注「在上」誤作「任上」，改從趙本。

7 注 「形」，事也。循事以求名，則其名可知也。顧廣圻曰：「脩」，當作「循」，注未譌。

8 注 「所生」，為形、名所從而出者。形、名既以參同，故有此人而用之。

9 注 「二者」，謂形、名也。參同則用其人，是謂「誠信」也。「貢」，謂陳見也。

10 注 君人者能謹修其事，天必有符應之命以命之。

11 注 夫智巧在，必背道而行詐，故須去之。

12 注 既去智巧，上因天之道，下則反形之理，二者督考參驗鞠盡之，其事既終，還從其始也。

▲先慎曰：乾道本注「督」下有「巧」字，據趙本刪。顧廣圻疑「督參鞠之」句有誤，未審注本之誤耳。

13 注 常當虛靜以後人，未嘗用己而先唱。

14 注 「端」，謂所陳事之首也。臣之陳事，不擇可否，每皆同之，則是偏聽而致患也。

▲先慎曰：趙本「上」作「人」。盧文弨云：「人」，張本作「上」。

15 注 其陳事者，且當信之，無遂與同，然後擇其善者以之施教，則萬民齊一而隨從。

夫道者，弘大而無形；德者，覈理而普至。至於群生，斟酌用之，萬物皆盛而不與其寧[1]。道者，下周於事，因稽而命，與時生死[2]，參名異事，通一同情[3]。故曰：道不同於萬物[4]，德不同於陰陽[5]，衡不同於輕重[6]，繩不同於出入[7]，和不同於燥溼[8]，君不同於群臣[9]——凡此六者，道之出也[10]。道無雙，故曰「一」。是故明君貴獨道之容[11]。君臣不同道，下以名禱[12]，君操其名，臣效其形，形、名參同，上下和調也[13]。

1 注 道德不與物寧而物自寧。

2 注 言當因道以考汝報。「而」，汝也。「死生」，猶「廢興」也，謂其教、命時可廢則廢，時可興則興也。

顧廣圻曰：「生死」，當作「死生」，「生」與下文「情」韻，舊注未譌。

▲先慎曰：注趙本「報」下有「命」字。

3 注 參考異事之名，必令通一而又同情。

4 注 故能生於萬物。

5 注 故能成於陰陽。

▲先慎曰：乾道本無「於」字。顧廣圻云：《藏》本、今本有。

▲先慎案：依上下文當有，今據補。

6 注 故能知其輕重。

7 注 故能正於出入。

8 注 故能均於燥溼。

9 注 故能制於群臣。

▲先慎曰：乾道本「君」下有「子」字，「於群」作「群於」。顧廣圻云：「君」下《藏》本、今本無「子」字，「群於」今本作「於群」。

▲先慎案：「子」字衍，「群於」二字倒，注不誤，今據刪改。

10 注 此六者皆自道生，故曰「道之出也」。

11 注 道以獨為容。

12 注 下當陳其名言以禱於君。

13 注 盧文弨曰：一無「也」字，是。顧廣圻曰：「同」、「調」韻，與《詩·車攻》五章合。

凡聽之道，以其所出，反以爲之入[1]，故審名以定位，明分以辯類[2]。聽言之道，溶若甚醉[3]。脣乎齒乎，吾不爲始乎；齒乎脣乎，愈惛惛乎[4]。彼自離之，吾因以知之，是非輻湊，上不與構[5]。虛靜無爲，道之情也；參伍比物，事之形也。參之以比物，伍之以合虛，根幹不革，則動泄不失矣[6]。動之溶之，無爲而改之[7]。喜之則多事，惡之則生怨[8]。故去喜去惡，虛心以爲道舍[9]。上不與共之，民乃寵之[10]；上不與義之[11]，使獨爲之。上固閉內扃，從室視庭，參咫尺已具，皆之其處，以賞者賞，以刑者刑[12]。因其所爲，各以自成。善惡必及，孰敢不信[13]！規矩既設，三隅乃列[14]。

1 注 凡聽言之道，或有未審，必出言以難之，彼必反求其理以入於此也。

2 注 審察其名，則事位自定；明識其分，則物類自辯。

3 注 「溶」，閒漫之貌。凡聽言者，欲闇以招明，愚以求智，故閒然若甚醉者，則言者自盡而敷泰也。顧廣圻曰：「溶」字未詳，下同，舊注皆訓為「閒」，不見所出。俞樾曰：「溶若甚醉」，此「溶」字當為「容」，言其容有似乎醉也。下文「動之溶之」，此「溶」字當為「搈」，《說文·手部》：「搈，動搈也。」「動之溶之」即「動之搈之」也。「動搈」亦作「動容」，《孟子·盡心篇》「動容周旋中禮者」是也。疑古本兩「溶」字皆止作「容」，一為「容貌」之容，一為「動容」之容，傳寫增「水」旁，因失其義矣。

▲先慎曰：俞說是。注「泰」，趙本作「奉」。

4 **注** 脣、齒可以發言語也，吾不為始，則彼自為始，吾愈惛惛，彼愈昭昭。

5 **注** 「離」，謂分析其所言。彼既分析，吾遂知之，所陳之言，或是或非，如輻之湊，皆發自下情，上不與之為構也。「構」，結也。

▲先慎曰：「構」、「講」古通，謂解釋也。臣下是非，君並聽之，不為調解。注訓「構」為「結」，似非。

6 **注** 「參」，三也；「伍」，五也。謂所陳之事或三之以比物之情，或五之以合虛之數。常令根幹堅植，不有移革，如此則動之散，皆無所失泄也。

▲先慎曰：「動泄不失」，當作「動不失泄」，「泄」有「世」音，與「革」字古合韻。注云「無所失泄」，是注所見本尚不誤。

7 **注** 凡所舉動，溶然閒暇，雖有所改，無為而為也。

▲先慎曰：「溶」當作「搈」，說見上。

8 **注** 謂臣所陳言，君若喜之，彼必自媚益為其事；若乃惡之，彼必生怨而遂止。顧廣圻曰：以上皆失韻，未詳何句有誤。

▲先慎曰：「喜之」、「惡之」並句。「喜」與「事」，「惡」與「怨」為韻。〈外儲說右上篇〉「謳乎，其已乎！苞乎，其往歸田成子乎」，「謳」、「苞」為韻，並句首字，雖用韻不同，而以句首字為韻則可借證，顧說非是。

9 **注** 去喜惡以虛其心，則道來止，故為「道舍」。

10 **注** 謂下之為事，上不與共得，則臣得自事，其事必成，故得受其榮寵也。

11 **注** 先慎曰：「義」，讀為「議」。

12 **注** 「閉內扃」，謂閉心以察臣也。由內以觀外，若從室而視庭也。八尺曰「咫」。尺寸者，所以度長短。既閉心以參驗之，咫尺以度量之，二者以具，則大小長短皆之其所，不相犯錯，如此則可賞則賞，可刑則刑，無乖謬矣。顧廣圻曰：「上固閉內扃」，「上」字下當有脫文，「尺」字當衍，舊注以「尺寸」釋「咫」，因誤入正文也。

▲先慎曰：案：「固」疑「因」字之誤。「上不與共」，「不與議」，因閉心以察之，如從室視庭，尺寸不失也。「因」與「固」形近而誤，似無脫文。注「謂」字，乾道本作「講」，誤，據《拾補》改。「以具」當作「已具」。

13 **注** 所為善惡，既各自成，善必及賞，惡必及刑，刑賞不差，誰敢不信。

14 注 賞罰規矩，既已說於一事、二事，則人知他事皆然，故曰「三隅乃列」也。

主上不神，下將有因[1]，其事不當，下考其常[2]。若天若地，是謂累解[3]。若地若天，孰疏孰親[4]？能象天地，是謂聖人[5]。欲治其內，置而勿親[6]；欲治其外，官置一人——不使自恣，安得移并[7]？大臣之門，唯恐多人[8]。凡治之極，下不能得[9]。周合刑名，民乃守職，去此更求，是謂大惑[10]。猾民愈衆，姦邪滿側[11]。故曰：毋富人而貸焉，毋貴人而逼焉[12]，毋專信一人而失其都國焉[13]。腓大於股，難以趣走[14]，主失其神，虎隨其後[15]。主上不知，虎將爲狗[16]，主不蚤止，狗益無已[17]，虎成其群，以弒其母[18]。爲主而無臣，奚國之有[19]！主施其法，大虎將怯；主施其刑，大虎自寧[20]。法刑苟信，虎化爲人，復反其眞[21]。

1 注 神者，隱而莫測其所由者也。既不神，故可測，則可因，故曰「下將有因」也。

2 注 主事不當，則下以常理考之，所以較其非。

3 注 天地高厚，不可測者也。君用意如天地，則上因下考之，累可解也。俞樾曰：「累解」乃疊韻字，古人常語也。〈荀子．富國篇〉「則和調累解」，「累解」與「和調」並言，可知其義，楊注以為「嬰累解釋」，非也。〈儒效篇〉「解果其冠」，楊注引《說苑》「蟹螺者宜禾」為證，然則「累解」猶「蟹螺」矣。古語雖不盡可通，而「累解」二字平列，則塙然無疑。舊注之失，與楊注同。

4 **注** 天無私覆，地無私載，故無疏無親也。

5 **注** 象天地之高厚而無私也。

6 **注** 「內」，謂君之機密也。欲令機事不失，所置之臣勿私親之。

▲先慎曰：乾道本注「欲」作「故」，今從趙本。

7 **注** 「外」，謂百官之政也。欲令官政不失，則每官置一人焉。夫兩雄必爭，官有二人，適足以增其猜競，故一人則專而不恣，豈有移易并兼之事？

8 **注** 臣門多人，威權在之故也。

9 **注** 神隱不惻，故下不能得之，治道無踰此者，故曰「治之極」也。

▲先慎曰：注「惻」當作「測」。

10 **注** 刑名不差則民守職，此治之至要者也。去至要而不用，非惑而何也？顧廣圻曰：「周」，當依本書〈主道篇〉作「同」。

▲先慎曰：乾道本注「民」作「其」，今從趙本。

11 **注** 亦既大惑，故姦衆而邪滿。

▲先慎曰：「姦邪」，指臣言。謂狡猾之民則益多，而姦邪之臣盈於左右矣。注說非。

12 注 君之富臣，更從臣貸；君之貴臣，更令臣逼。此倒置之徒，不識理道者也。

13 注 專信一人，則形勢聚焉，故失其都。

▲先慎曰：乾道本注「勢」上脫「形」字，盧文弨云：「張本有。」今據補。又云：「『都』下當有『國』字。」

14 注 臣重於君，難以為理。盧文弨曰：「趣」疑「趨」。

15 注 「失神」，謂君可測知，如臣能為虎，隨後以伺其隙。

▲先慎曰：注「如」字當作「則」。

16 注 主既不知臣之為虎，則臣匿威藏用，外若狗然，所以陰謀其事。

17 注 臣既以虎為狗，君不知而止之，如此則同事相求，皆為狗，益其朋黨，無有已時也。

18 注 「母」，則君也。既朋黨相益，即是虎成群也。虎既成群，母必見弒。

19 注 臣皆為虎，故曰「無臣」也。臣無則國亡，故曰「奚國之有」。

▲先慎曰：此謂有國必有臣，不能畏臣為虎而不用，惟在主施其刑法以制之，故下云「主施其法，大虎將怯；主施其刑，大虎自寧」是也。舊注誤。趙本無注末十一字，因其不合而刪之也。盧文弨曰：張本注末有此二句。

20 注 主既施刑，虎則懼而履道，故得安寧也。

21 注 謂君君臣臣也。

▲先慎曰：乾道本「苟」作「狗」，據《拾補》改。盧文弨云：「苟」，誤作「狗」。顧廣圻曰：「信」，讀為「申」，「申」與下文「人」、「真」韻，言申法刑於狗也。上文云「虎將為狗」，又云「狗益無已」，與此相承。

▲先慎案：顧讀「信」為「申」，是也。「狗」當從《拾補》改作「苟」，「狗」字涉上文而誤，不得反以為證。此謂君苟申其刑法，則臣昔之為虎者，皆反其真而為人矣。「反其真」，指臣而言。舊注「謂君君臣臣」亦誤。

欲爲其國，必伐其聚[1]，不伐其聚，彼將聚衆。欲爲其地，必適其賜[2]，不適其賜，亂人求益。彼求我予，假仇人斧[3]，假之不可，彼將用之以伐我[4]。黃帝有言曰：「上下一日百戰[5]。下匿其私，用試其上；上操度量，以割其下[6]。」故度量之立，主之寶也[7]；黨與之具，臣之寶也[8]。臣之所不弒其君者，黨與不具也。故上失扶寸，下得尋常[9]。有國之君，不大其都[10]；有道之臣，不貴其家[11]；有道之君，不貴其臣[12]。貴之富之，備將代之[13]。備危恐殆，急置太子，禍乃無從起[14]。內索出圉，必身自執其度量[15]。厚者虧之，薄者靡之[16]。虧、靡有量，毋使民比周，同欺其上。虧之若月[17]，靡之若熱[18]。簡令謹誅，必盡其罰[19]。毋弛而弓，一棲兩雄[20]。一棲兩雄，其鬬㘖㘖[21]。豺狼在牢[22]，其羊不繁。一家二貴，事乃無功[23]。夫妻持政，子無適從[24]。為人君者，數披其木[25]，毋使木枝扶疏，木枝扶疏，將塞公閭[26]，私門將實，公庭將虛，主將壅圍[27]。數披其木，無使木枝外拒[28]，木枝外拒，將逼主處。數披其木，毋使枝大本小，枝大本小，將不勝春風，不勝春風，枝將害心[29]。公子既衆，宗室憂吟[30]。止之之道，數披其木，毋使枝茂。木數披[31]，黨與乃離。掘其根本，木乃不神[32]。填其洶淵，毋使水清[33]。探其懷，奪之威[34]。主上用之，若電若雷。

1 **注** 「聚」，謂朋黨交結；伐之者，所以離散其朋黨也。顧廣圻曰：「聚」，讀為「藂」，下句同。「藂」與下文「衆」韻。

2 **注** 「地」，亦國也。欲治其國，必令賜與適宜。俞樾曰：《呂氏春秋．重己篇》「故聖人必先適欲」，高注：「適，猶節也。」《管子．禁藏篇》：「故聖人之制事也，能節宮室適車輿以實藏。」是「適」與「節」同義。「必適其賜」者，必節其賜也。舊注失其義。

3 **注** 亂人求益而與之，則是以斧假仇人也。盧文弨曰：「仇」，一本作「讎」。

4 **注** 以斧與仇，則是假與不可，仇既得斧，我之見伐，不亦宜哉！

5 **注** 夫上位可寶，上利可貪，居下者常有羡欲之心，欲靜則不能，欲取則不得，二者交戰，一日有百也。

6 注 下既有羨之心，常匿私以試上，故上必當操度量以割斷其下也。

▲先慎曰：乾道本「上操」作「下操」。俞樾云：此當作「上操」，舊注未誤。

▲先慎案：張榜本、趙本均作「上操」，今據改。

7 注 度量可以割斷下，故為主之寶也。

8 注 黨與具可以奪君位，故為臣寶。

9 注 四指為「扶」。上於度量少有所失，下之得利已數倍多矣。盧文弨曰：「扶」字誤從「牛」旁，注同。「得」，《意林》作「失」，下有「君不可不慎」句，不可從。

▲先慎曰：趙本「扶」誤作「牫」，《意林》作「膚」。

10 注 大其都，臣將據以叛國。

11 注 大夫稱「家」。貴其家，臣將淩己。

12 注 貴其臣，臣將貴勢過己。

13 注 臣既貴富備，必將代君也。顧廣圻曰：「備」當作「彼」，舊注誤。

14 注 「太子」者，君之副貳，國之重鎮，今欲備其危殆，必速置之，則禍端自息矣。

15 注 臣人四面謀君，常在圍。今自內欲求出圍，但身執度量則可矣。

16 注 「厚」，謂臣黨與衆勢位高也。位如此，必虧之使薄也。盧文弨曰：「靡之」，當與《易》「我有好爵，吾與爾靡之」之「靡」同義。

17 **注** 若明之漸虧也。亦取其既盛必衰，天之道也。

▲先慎曰：「虧之若月」，謂漸移其權勢，不使臣自知，猶〈有度篇〉云「人臣之侵其主，如地形焉，積漸以往」之義。舊注失其旨矣。

18 **注** 若鑽火之取熱，不得中息。

▲先慎曰：「靡」與「糜」通，取「糜爛」之義。物之糜爛於熱，不見其消，有時而盡，故云「靡之若熱」。此與上「虧之若月」同意。注「息」，乾道本作「急」，今從趙本。

19 **注** 盡刑罰之理也。

20 **注** 弓以射不當棲之雄，喻刑法罰不當立人官也。

▲先慎曰：注「立」趙本作「位」，二字古通。「人」當作「之」。言刑法所以罰不當位之官也。

21 **注** 爭鬬貌。

22 **注** 「豺狼」，喻吏之貪殘者。

23 **注** 二貴爭出命，服役者不知誰從，故事無功也。

24 **注** 夫唱婦隨者，禮之正也，今夫妻爭持其政，故子不知所從也。

25 **注** 「木」，喻臣也。「披」，為落其枝也。數落木枝者，喻數削黜臣之威勢也。

26 注 謂臣威權覆主，充塞公閭。

▲先慎曰：乾道本「主」作「土」，今從趙本。

27 注 「圍」，圉也。顧廣圻曰：「圍」當作「圉」，「圉」與下文「拒」、「處」韻。王先謙曰：詳文義上屬，顧說非。

28 注 「拒」，謂枝之旁生者也。

29 注 「春風」，所以發生萬物者也，喻君恩賞所以榮益於下者也。枝本大矣，春風又發其榮以增其重，則披枝而害心。喻臣本實矣，君又加之恩賞以增其威重，則臣將二而危君矣。

▲先慎曰：注趙本「威」下無「重」字。盧文弨云：「張本有。」

30 注 「宗室」，謂太宗適子家也。庶子既衆，勢淩適子，故憂吟也。盧文弨曰：注「大宗」，「大」誤「太」。

▲先慎曰：「吟」，趙本作「唫」，下同。

31 注 顧廣圻曰：《藏》本同，今本「木」下衍「枝」字。案：三字句，上文「數披其木」凡四見。「披」、「離」韻。

32 注 盧文弨曰：「或云『根本』二字當倒，與韻合。」顧廣圻曰：「掘其根」，三字句，與上文同，「本」字衍，「根」、「神」韻。

33 注 「淵」者，水之停積。水清，鑒之者必衆，喻雖族和附之者必多也。顧廣圻曰：「淵」、「清」失韻，有誤。不，即有缺文也。俞樾曰：顧氏以上句「本」字為衍文，是也。此句「洶」字蓋亦衍文。舊注不釋「洶」字，是舊本未衍也。上云「木數披，黨與乃離」，此云「掘其根，木乃不神。填其淵，毋使水清」，皆上句三字，下句四字。今衍「本」字、「洶」字，非其舊也。至趙本作「木枝數披」，則更失之矣。

▲先慎曰：俞說衍「洶」字，是也。〈定之方中〉「淵」與「人」協，《楚詞》「清」與「人」協，〈風賦〉「清」亦與「人」協，《詩．燕燕》「淵」與「身」、「人」協，《楚詞．卜居》「清」與「身」、「人」協，《詩．猗嗟》「清」與「成」、「正」協，《易．訟》「淵」與「成」、「正」協，則「淵」、「清」古自為韻。顧疑有誤，非也。盧文弨云：注「雖」字，非誤即衍。

34 注 探其懷，謂淵其心知其所欲焉。

▲先慎曰：注「淵」字當作「測」。威不下分，則君命神而可畏，故若雷電也。

## 八姦第九

凡人臣之所道成姦者有八術[1]：一曰在同床。何謂「同床」？曰：貴夫人，愛孺子，便僻[2]、好色，此人主之所惑也。託於燕處之虞，乘醉飽之時而求其所欲，此必聽之術也[3]。爲人臣者，內事之以金玉，使惑其主[4]，此之謂「同床」。二曰在旁。何謂「在旁」？曰：優笑、侏儒，左右近習[5]，此人主未命而唯唯，未使而諾諾，先意承旨、觀貌察色以先主心者也。此皆俱進俱退，皆應皆對[6]，一辭同軌以移主心者也。爲人臣者，內事之以金玉玩好[7]，外爲之行不法，使之化其主[8]，此之謂「在旁」。三曰父兄。何謂「父兄」？曰：側室公子，人主之所親愛也；大臣廷吏，人主之所與度計也，此皆盡力畢議，人主之所必聽也。爲人臣者，事公子側室以音聲子女[9]，收大臣廷吏以辭言，處約言事，事成則進爵益祿，以勸其心，使犯其主[10]，此之謂「父兄」。四曰養殃。何謂「養殃」？曰：人主樂美宮室臺池、好飾子女狗馬以娛其心，此人主之殃也。爲人臣者，盡民力以美宮室臺池，重賦斂以飾子女狗馬，以娛其主而亂其心、從其所欲，而樹私利其間，此謂「養殃」。五曰民萌。何謂「民萌」？曰：爲人臣者，散公財以說民人，行小惠以取百姓，使朝廷市井皆勸譽己，以塞其主[11]而成其所欲，此之謂「民萌」。六曰流行。何謂「流行」？曰：人主者，固壅其言談，希於聽論議，易移以辯說[12]。爲人臣者，求諸侯之辯士、養國中之能說者，使之以語其私，爲巧文之言，流行之辭[13]，示之以利勢，懼之以患害，施屬虛辭以壞其主[14]，此之謂「流行」。七曰威強。何謂「威強」？曰：君人者，以群臣百姓爲威強者也。群臣百姓之所善，則君善之；非群臣百姓之所善，則君不善之。爲人臣者，聚帶劍之客、養必死之士以彰其威，明爲己者必利，不爲己者必死，以恐其群臣百姓而行其私，此之謂「威強」。八曰四方。何謂「四方」？曰：君人者[15]，國小則事大國，兵弱則畏強兵，大國之所索，小國必聽；強兵之所加，弱兵必服。爲人臣者，重賦歛、盡府庫，虛其國以事大國，而用其威求誘其君，甚者舉兵以聚邊境而制歛於內[16]，薄者數內大使以震其君，使之恐懼[17]，此之謂「四方」——凡此八者，人臣之所以道成姦，世主所以壅劫、失其所有也[18]。不可不察焉。

1 **注** 「道」，引也。言姦臣或誘引君之左右，或誘引君之百姓以成其姦邪，其術有八也。
▲先慎曰：「道」，由也。注誤，說詳上。

2 **注** 「便僻」，得嬖美好之色。

3 **注** 「乘」，因也。夫人、孺子等由因君醉飽之時，進以燕娛之具以求其所欲，事無不聽。盧文弨曰：注「由」字衍。

4 **注** 以金玉之寶內事貴夫人、愛孺子等，使之惑主，主惑則姦謀可成也。

5 注 「優笑」者，謂俳優能啁笑者。「侏儒」，短人也。

6 注 謂君所欲進，則左右近習俱共進之；所欲退，則俱共退之。命之則皆應，問之則皆對。

▲先慎曰：乾道本注無「應」字，今從趙本。

7 注 先慎曰：乾道本「之」作「比」，顧廣圻云：「今本『比』作『之』。」今據改。

8 注 姦臣既以金玉內事近習之臣，外又為行非法漸化其主，主既習非，則其位可得而奪也。

▲先慎曰：乾道本注「姦」上有「主」字，今從趙本。

9 注 先慎曰：乾道本「事」下有「畢」字，顧廣圻云：「《藏》本、今本無『畢』字。」今據刪。

10 注 「收」，謂收攝其心也。謂臣欲收大臣之心，辭言為作聲譽，又更處置，邀共言事於君。其事既成，大臣必益爵祿，用此以勸其心，使之犯忤其主。主犯則君臣有隙，姦臣可以施謀也。

▲先慎曰：乾道本注「必」作「心」，依趙本改。「處約言事」，謂平居約之言事也。注謂「又更處置」，非也。

11 注 臣行其惠則主澤不下流，故曰「塞其主」。

12 注 君門隔於九重，賢俊希得與振，故言談論議希也。

▲先慎曰：平日未聞言談論議，偶有所說，自然易動。注「振」字誤，趙作「攝」，亦非。

13 注 謂其言巧便，聽者似若流通而可行。

14 **注** 設施綴屬浮虛之辭。

15 **注** 先慎曰：乾道本「人」作「臣」，顧廣圻云：「《藏》本、今本『臣』作『人』。」今據改。

16 **注** 顧廣圻曰：「歛」字未詳。

▲先慎曰：《詩·桑扈》孔《疏》：「歛者，收攝之名。」為臣者，當強兵壓境則在內制攝其君，以便己私。

下文「使之恐懼」正承上「震攝」而言。

17 **注** 先慎曰：〈六微篇〉公叔因內齊軍於鄭以劫其君，以固其位，即此義。

18 **注** 俞樾曰：「道」字，衍文也。「所以成姦」、「所以壅劫」兩文相對，讀者見篇首云「凡人臣之所道成姦者有八術」，誤以「道成姦」三字連讀，故妄增入之。不知「所道成姦」即「所由成姦」也，義與「所以」同。此既云「所以」，即不得復有「道」字矣。

明君之於內也，娛其色而不行其謁，不使私請[1]。其於左右也，使其身必責其言，不使益辭[2]。其於父兄、大臣也，聽其言也必使以罰任於後[3]，不令妄舉[4]。其於觀樂玩好也，必令之有所出[5]，不使擅進，不使擅退，群臣虞其意[6]。其於德施也，縱禁財、發墳倉[7]，利於民者必出於君，不使人臣私其德[8]。其於說議也，稱譽者所善，毀疵者所惡，必實其能、察其過[9]，不使群臣相為語[10]。其於勇力之士也[11]，軍旅之功無踰賞，邑鬭之勇無赦罪[12]，不使群臣行私財[13]。其於諸侯之求索也，法則聽之，不法則距之[14]。

1 **注** 所以防初姦之「同牀」也。

2 **注** 所以防二姦之「在旁」也。

3 **注** 當則任之，不當則罰之。盧文弨曰：「『任』，謂『保任』，舊注非。」

▲先慎曰：盧說亦非，「使」字衍文。《廣雅・釋詁》：「任，使也。」聽父兄大臣之言，恐其妄舉，故以罰使於後也。此多一「使」字。

4 **注** 防三姦之「父兄」。

5 **注** 謂知其所從來。

▲先慎曰：「之」，當作「知」，注不誤。

6 **注** 防四姦之「養殃」也。「虞」，度也。必不令度君意擅有所進退也。王渭曰：「擅退」二字當衍。七字為一句，舊注誤。

▲先慎曰：案：當作「不使擅進、擅退群臣虞其意」，今重「不使」二字，注所據本不重「不使」二字，故云「不令度君意擅有所進退」，明以「不使」貫下三項也。張榜本無「擅進不使擅退」六字，是求其說而不得，從而刪之，不可從。

7 注 積粟於倉若墳然。

8 注 防五姦之「民萌」也。

9 注 察詳其過。

10 注 防六姦之「流行」。

11 注 先愼曰：乾道本無「於」字。顧廣圻云：《藏》本、今本有「於」字。

▲先愼案：有「於」字是也。此與上下文法一律，皆有「於」字。明此脫，今據補。

12 注 邑鬭勇者，謂恃力與邑人私鬬。

13 注 防七姦之「威強」也，不使行私財於勇士。

▲先愼曰：「財」字衍文。「不使群臣行私」即上文「人臣彰威以恐其群臣百姓而行其私」也。注依誤文釋之，亦非。

14 注 防八姦之「四方」。

所謂亡君者[1]，非莫有其國也，而有之者皆非己有也[2]。令臣以外爲制於內，則是君人者亡也[3]。聽大國爲救亡也，而亡亟於不聽[4]，故不聽[5]。群臣知不聽[6]則不外諸侯[7]，諸侯之不聽則不受臣之誣其君矣[8]。

1 注 先慎曰：乾道本提行。顧廣圻云：當連前，誤提行。自此至卷末同。

▲先慎案：張榜本不提行，今從之。

2 注 亡君雖有國，非己有之，令臣執制而有之。

3 注 臣自外制內，而君不擅舉手，如此者君必亡也。盧文弨曰：「為」，張本作「而」。

4 注 聽大國則誅求無厭，每事皆聽，其傾國猶不足，有所不從，則有辭而見伐。故聽從之，亡急於不聽也。盧文弨曰：注「傾國猶不足」上，張本有「其」字。案：「其」當作「則」。

5 注 顧廣圻曰：句絕。

6 注 顧廣圻曰：《藏》本、今本重「群臣」，誤。凡此言「不聽」，皆是不聽大國，與上文云「大國之所索，小國必聽」相對，舊注全誤。

7 注 臣之外交，以君之聽己，欲有所搆結，今君既不聽，則交之外心息矣。

▲先慎曰：《拾補》「外」下有「市」字。盧文弨云：「脫，一本有。」

▲先慎案：「外」下脫「交」字，注云「臣之外交」，是注所據本有「交」字。

8 注 諸侯知我不聽用其臣，不受彼臣之浮言以罔誣其君也。王渭曰：「『之不聽』當作『知不聽』。」

▲先慎曰：王說是，注未譌。「臣之」，乾道本作「之臣」。顧廣圻云：「今本『之臣』作『臣之』。」今據乙。

明主之爲官職爵祿也[1]，所以進賢材、勸有功也。故曰：賢材者，處厚祿、任大官；功大者，有尊爵、受重賞。官賢者量其能，賦祿者稱其功。是以賢者不誣能以事其主，有功者樂進其業，故事成功立。今則不然，不課賢、不肖，論有功勞[2]，用諸侯之重[3]，聽左右之謁[4]，父兄、大臣上請爵祿於上，而下賣之以收財利及以樹私黨。故財利多者買官以爲貴，有左右之交者請謁以成重。功勞之臣不論[5]，官職之遷失謬。是以吏偷官而外交，棄事而財親。是以賢者懈怠而不勸，有功者隳而簡其業，此亡國之風也[6]。

1 注 先慎曰：舊提行，今連上。

2 注 先慎曰：「論」上當有「不」字。

3 注 諸侯以勢位之重也，有所委屬而君用之。

▲先慎曰：諸侯所重，君遂用之，舊注非。

4 注 顧廣圻曰：「乾道本誤提行。」

▲先慎曰：趙本不提行，是也，今從之。

5 注 先慎曰：謂不考其功勞也。

6 注 「隳」，毀也。或本為「墮」也。

▲先慎曰：注末「也」字，趙本無。

思想議題

〈十過〉：君臣之道。

# 十過第十

十過：一曰行小忠，則大忠之賊也。二曰顧小利，則大利之殘也。三曰行僻自用，無禮諸侯，則亡身之至也。四曰不務聽治而好五音[1]，則窮身之事也。五曰貪愎喜利[2]，則滅國殺身之本也。六曰耽於女樂，不顧國政，則亡國之禍也。七曰離內遠遊而忽於諫士[3]，則危身之道也。八曰過而不聽於忠臣，而獨行其意，則滅高名、爲人笑之始也。九曰內不量力，外恃諸侯，則削國之患也[4]。十曰國小無禮，不用諫臣，則絕世之勢也。

1 注 先慎曰：「音」下下文有「不已」二字。

2 注 先愼曰：「喜」，下文作「好」。

3 注 先愼曰：《群書治要》引無「而」字。

4 注 先愼曰：「削國」，下文作「國削」。

奚謂小忠？昔者楚共王與晉厲公戰於鄢陵，楚師敗，而共王傷其目。酣戰之時，司馬子反渴而求飲，豎穀陽操觴酒而進之[1]。子反曰：「嘻，退！酒也。」穀陽曰：「非酒也[2]。」子反受而飲之。子反之爲人也，嗜酒，而甘之，弗能絕於口，而醉。戰既罷，共王欲復戰[3]，令人召司馬子反，司馬子反辭以心疾。共王駕而自往，入其幄中，聞酒臭而還，曰：「今日之戰，不穀親傷，所恃者司馬也。而司馬又醉如此，是亡楚國之社稷而不恤吾衆也[4]，不穀無復戰矣[5]。」於是還師而去，斬司馬子反以爲大戮。故豎穀陽之進酒，不以讎子反也，其心忠愛之而適足以殺之。故曰「行小忠，則大忠之賊也」。

1 注 盧文弨曰：「穀陽」，《呂氏·權勳篇》、《淮南·人閒訓》俱作「陽穀」。顧廣圻曰：《左傳》作「穀陽」。

▲先愼曰：《北堂書鈔》一百四十四、《御覽》三百八十九、四百九十七引作「穀陽豎」。

2 注 先慎曰：乾道本無「穀陽曰非酒也」六字。顧廣圻云：《藏》本有，今本「穀」上又有「豎」字。按：本書〈飾邪篇〉有此句而無「酒」字。

▲先慎案：《呂氏春秋》有「豎穀陽曰非酒也」七字，此脫，今據《藏》本增。《御覽》三百八十九引作「豎曰非也」四字。《說苑．敬慎篇》「子反曰退酒也穀陽曰非酒也」，下有「子反又曰退酒也穀陽又曰非酒也」二句。

3 注 先慎曰：〈飾邪篇〉有「而謀事」三字，此脫。

4 注 先慎曰：乾道本「恤」作「言」。顧廣圻云：「亡」，當作「忘」，〈飾邪篇〉同。《藏》本無「言」字，今本作「恤」。

▲先慎案：作「恤」是，今據改。《說苑》作「是亡吾國而不恤吾衆也」。

5 注 先慎曰：乾道本無「與」字。盧文弨云：「脫，《藏》本有，《呂氏》、《淮南》皆有，後〈飾邪篇〉亦有。」

▲先慎案：上文「共王欲復戰，召子反而謀」，是欲與子反謀復戰也，不當少「與」字，今據《藏》本補。《說苑》「與」作「以」，義同。

奚謂顧小利？昔者晉獻公欲假道於虞以伐虢。荀息曰：「君其以垂棘之璧與屈產之乘賂虞公，求假道焉，必假我道。」君曰：「垂棘之璧，吾先君之寶也；屈產之乘，寡人之駿馬也。若受吾幣，不假之道，將奈何？」荀息曰：「彼不假我道，必不敢受我幣。若受我幣而假我道，則是寶猶取之內府而藏之外府也，馬猶取之內廄而著之外廄也。君勿憂。」君曰：「諾。」乃使荀息以垂棘之璧與屈產之乘賂虞公而求假道焉。虞公貪利其璧與馬而欲許之。宮之奇諫曰：「不可許！夫虞之有虢也，如車之有輔，輔依車，車亦依輔，虞、虢之勢正是也。若假之道，則虢朝亡而虞夕從之矣。不可！願勿許。」虞公弗聽，遂假之道。荀息伐虢之，還反處三年，興兵伐虞，又剋之[1]。荀息牽馬操璧而報獻公，獻公說曰：「璧則猶是也。雖然，馬齒亦益長矣[2]。」故虞公之兵殆而地削者何也？愛小利而不慮其害[3]。故曰「顧小利，則大利之殘也」。

1 **注** 顧廣圻曰：《藏》本同。今本「之還」作「而還」，誤。「反」字當在「興」字上，讀下屬。《公羊傳》云「還四年，反取虞」，何休注：「還，復往，故言反。」此出於彼也。「四年」者，并伐虢之年數之。《穀梁傳》云「五年」，不合。本書〈喻老篇〉云「還反滅虞」，亦可證。俞樾曰：「伐虢」下脫「克」字。下云「又克之」，正承此而言。《呂氏春秋·權勳篇》「荀息伐虢克之，還反伐虞又克之」，是其證。

▲先慎曰：《淮南·人間訓》與《呂》同。此「之」上脫「克」字。趙用賢本改「之」為「而」，屬下為句，

非是。「反」字當依顧移「興」字上，與《呂覽》、《淮南》合。

2 注 王先謙曰：《穀梁傳》作荀息語。

3 注 盧文弨曰：「慮」，《藏》本作「虞」。

奚謂行僻？昔者楚靈王爲申之會[1]，宋太子後至，執而囚之，狎徐君[2]，拘齊慶封。中射士[3]諫曰：「合諸侯不可無禮，此存亡之機也。昔者桀爲有戎之會，而有緡叛之；紂爲黎丘之蒐，而戎、狄叛之[4]，由無禮也。君其圖之。」君不聽[5]，遂行其意。居未期年[6]，靈王南遊，群臣從而劫之，靈王餓而死乾溪之上。故曰「行僻自用，無禮諸侯，則亡身之至也」。

1 注 先慎曰：乾道本「會」作「命」，《拾補》「命」作「會」。盧文弨云：「命」字譌。今依《拾補》。

2 注 輕侮之也。

3 注 「中射士」，官有上、中、下。顧廣圻曰：本書〈說林上、下〉篇皆有「中射之士」，「射」，他書又作「謝」。《呂氏春秋．去宥篇》云「中謝，細人也」，《史記．張儀列傳》索隱云「蓋侍御之官」，此與《左．昭四年傳》言「椒舉」不同。孫詒讓曰：《呂覽》高注云：「中謝，官名也。」「謝」與「射」通，字當以「射」為正，蓋即《周禮·夏官》之「射人」也。《楚策》亦有「中射之士」，鮑彪注云：「射人之在中者。」鮑不引《周禮》，則似謂能射之人在中者，與余說不同。「中射」者，射人之給事宮內者，猶涓人之在內者謂之「中涓」，庶子之在內者謂之「中庶子」矣。《周禮》射人與大僕並掌朝位，又大喪與僕人遷尸，《禮記·檀弓》云「扶君，卜人師扶右，射人師扶左」，鄭注云：「卜，當為『僕』，聲之誤也。」僕人、射人皆平生時贊正君服位者，是射人與僕人為官聯，故後世合二官以為侍御近臣之名曰「僕射」。《史記·韓信傳》「連敖」，《集解》如淳云「楚有連尹、莫敖，其後合為一官」，亦合二官為名之證。《漢書·百官公卿表》云：「僕射，秦官，古者重武，官有主射以督課之。」此義尚與古合。李涪《刊誤》引孔衍則云：「僕射，小官，扶掖左右者也。」此因後世「僕射」字音「夜」而為之說，不足據也。

▲先慎曰：孫說是，舊注謂「官有上中下」，誤。

4 **注** 有戎、有緡，皆國名。盧文弨曰：「戎」，《左·昭四年傳》作「仍」。「黎丘」，《史記·楚世家》作「黎山」，《左》但云「黎」。「戎」、「狄」，《左傳》、《史記》俱作「東夷」。顧廣圻曰：「蒐」下當依《左傳》、《史記》補「而東夷叛之，幽王為太室之盟」二句，此上下兩事各脫其半也。

5 **注** 先慎曰：下「君」字涉上文而誤衍。

6 **注** 盧文弨曰：靈王死乾谿，在昭十三年。顧廣圻曰：句有誤，《左傳》云：「不過十年。」

奚謂好音？昔者衛靈公將之晉，至濮水之上，稅車而放馬，設舍以宿。夜分，而聞鼓新聲者而說之，使人問左右，盡報弗聞。乃召師涓而告之，曰：「有鼓新聲者，使人問左右，盡報弗聞，其狀似鬼神，子爲我聽而寫之[1]。」師涓曰：「諾。」因靜坐撫琴而寫之[2]。師涓明日報曰：「臣得之矣，而未習也，請復一宿習之。」靈公曰：「諾。」因復留宿，明日而習之，遂去之晉。晉平公觴之於施夷之臺[3]，酒酣，靈公起曰[4]：「有新聲，願請以示。」平公曰：「善。」乃召師涓，令坐師曠之旁，援琴鼓之[5]。未終，師曠撫止之[6]，曰：「此亡國之聲，不可遂也[7]。」平公曰：「此道奚出[8]？」師曠曰：「此師延之所作，與紂爲靡靡之樂也，及武王伐紂，師延東走，至於濮水而自投，故聞此聲者必於濮水之上。先聞此聲者其國必削，不可遂。」平公曰：「寡人所好者音也[9]，子其使遂之。」師涓鼓究之。平公問師曠曰[10]：「此所謂何聲也？」師曠曰：「此所謂清商也。」公曰：「清商固最悲乎？」師曠曰：「不如清徵。」公曰：「清徵可得而聞乎？」師曠曰：「不可，古之聽清徵者皆有德義之君也[11]，今吾君德薄，不足以聽。」平公曰：「寡人之所好者音也，願試聽之[12]。」師曠不得已，援琴而鼓。一奏之，有玄鶴二八[13]，道[14]南方來，集於郎門之垝[15]，再奏之而列[16]，三奏之，延頸而鳴，舒翼而舞。音中宮商之聲，聲聞於天。平公大說，坐者皆喜。平公提觴而起，爲師曠壽，反坐而問曰[17]：「音莫悲於清徵乎？」師曠曰：「不如清角。」平公曰：「清角可得而聞乎？」師曠曰：「不可。昔者黃帝合鬼神於泰山之上[18]，駕象車而六蛟龍[19]，畢方[20]竝鎋[21]，蚩尤居前，風伯進掃[22]，雨師灑道，虎狼在前，鬼神在後，騰蛇伏地[23]，鳳皇覆上[24]，大合鬼神，作爲清角。今主君德薄[25]，不足聽之[26]，聽之將恐有敗。」平公曰：「寡人老矣，所好者音也，願遂聽之。」師曠不得已而鼓之。一奏，而有玄雲從西北方起[27]，再奏之，大風至，大雨隨之，裂帷幕，破俎豆，隳廊瓦[28]。坐者散走，平公恐懼，伏于廊室之間[29]。晉國大旱，赤地三年[30]。平公之身遂癃病[31]。故曰「不務聽治，而好五音不已，則窮身之事也」。

1 注 先慎曰：各本無「我」字。《史記．樂書》、《論衡．紀妖篇》、《御覽》五百七十九引有「我」字，今據補。

2 注 先慎曰：《初學記》十五引「琴」作「瑟」。

3 注 盧文弨曰：似即《左傳》所云「虒祁之宮」。顧廣圻曰：《史記》「叀」作「惠」。《正義》曰：「一本『虒祁之堂』。」

▲先慎曰：《御覽》引此作「虒祁之臺」，《事類賦》十一引「虒祈」二字倒。

4 注 王念孫曰：舊本「曰」上衍「公」字，今據《論衡》刪。顧廣圻曰：「『起』下有脫字。」

▲先慎曰：《史記》無「起公」二字，彼刪「起」字，此衍「公」字，惟《論衡》不誤。顧氏不知「公」字衍文，故疑有脫字，今依王刪。

5 注 先慎曰：《拾補》「鼓」下旁注「撫」字。盧文弨云：「撫」，《藏》本作「鼓」。

▲先慎案：趙本「鼓」作「撫」。案「撫」字涉下而誤，《史記》、《論衡》均作「鼓」，《御覽》、《藝文類聚》四十一引此亦作「鼓」。

6 注 先慎曰：《史記》、《論衡》「止」上有「而」字。

7 注 王先謙曰：「遂」，竟也。謂終曲。

8 注 王念孫曰：「此道奚出」，本作「此奚道出」。「道」者，由也。言此聲何由出也。《史記》作「是何道出」（舊本脫「是」字，今據《御覽．地部》所引補）。《論衡》作「此何道出」，皆其明證矣。〈孤憤篇〉「法術之士奚道得進」，《晏子春秋．雜篇》「景公問魯昭公曰：『君何年之少而棄國之蚤，奚道至於此乎』」，《呂氏春秋．有度篇》「客問季子曰：『若雖知之，奚道知其不為私』」，《史記．趙世家》「簡子曰：此其母賤翟婢也，奚道貴哉」，義竝與此同。今作「此道奚出」者，後人不知「道」字之義而妄改之耳。

9 注 盧文弨曰：「也」字，《藏》本無。

10 注 先慎曰：乾道本「曠」作「涓」。顧廣圻曰：今本「涓」作「曠」。

▲先慎案：上下文均作「曠」，《藝文類聚》九十引正作「曠」，今據改。

11 注 先慎曰：《藝文類聚》引「聽」上有「得」字。

12 注 盧文弨曰：「試」，黃本作「示」。

▲先慎曰：《藝文類聚》、《御覽》引並同黃本「試」作「示」，誤。又《藝文類聚》九十、《御覽》九百一十六引作「得試之乎」，亦非原文。

13 注 先慎曰：《事類賦》十一引脫「八」字，《藝文類聚》與此同。

14 注 「道」，從也。

15 注 棟端也。盧文弨曰：「郎」、「廊」同。「垝」，與《禮記・喪大記》「中屋履危」之「危」同。顧廣圻曰：「垝」，他書又作「危」。

▲先慎曰：《藝文類聚》九十作「道南方來，集於郭門之扈」，《事類賦》引「道」作「自」，「郎」作「郭」，「垝」作「邑」；《御覽》五百七十九引「垝」作「邑」，又九百一十六引作「廟門之扈」，《論衡》作「郭門之上危」。案：「郭」為「郎」之誤，「廟」為「廊」之誤，「邑」、「扈」並「危」之誤。本書作「垝」，疑本是「上危」二字，校者誤改，併為一字。《史記・魏世家》：「痤因上屋騎危。」「危」在上，故曰「上危」，即後世所謂「屋山」，俗稱「屋脊」。

16 注 盧文弨曰：「而」下《風俗通・聲音篇》有「成」字。

▲先慎曰：《御覽》九百十六引作「再奏成行而列」。五百七十九引作「成列」，無「而」字。《藝文類聚》引作「再奏而列」。

17 **注** 先慎曰：乾道本無「坐」字。盧文弨云：「坐」字脫，《藏》本、凌本皆有。顧廣圻云：有「坐」字是也，《史記》有。

▲先慎案：《論衡》亦有，今從《藏》、凌本增。

18 **注** 盧文弨曰：「『黃』，《藏》本、張本作『皇』，《文選・赭白馬賦》注引亦作『皇』，古通用。」

▲先慎曰：舊本無「西」字。《論衡》、《藝文類聚》、《御覽》七十九、又九百一十五、又九百三十三引「泰山」上有「西」字，今據補。又《御覽》五百七十九及《事類賦》引作「西山」，無「泰」字，脫也。有小泰山稱「東泰山」，故泰山為「西泰山」，淺人妄刪「西」字耳。

19 **注** 先慎曰：《論衡》、《事類賦》並無「而」字。

20 **注** 神名也。

21 **注** 音「蒲末切」。

▲先慎曰：《論衡》「鎋」作「轄」。

22 **注** 顧廣圻曰：「進」當作「迅」。

▲先慎曰：《論衡》、《御覽》引並作「進」，無作「迅」者，顧說非。《事類賦》引作「清途」，疑後人改

之，非《韓子》原文也。

23 注 盧文弨曰：「騰」，《藏》本作「螣」。▲先慎曰：《事類賦》「騰」作「蟲」。

24 注 先慎曰：《論衡》「鳳皇」作「白雲」。

25 注 顧廣圻曰：「主」當作「吾」。▲先慎曰：《論衡》、《御覽》五百七十九引作「主」。

26 注 先慎曰：《藝文類聚》一百、《事類賦》引「足」下並有「以」字。

27 注 盧文弨曰：「而」，《藏》本作「之」。▲先慎曰：「玄雲」，《樂書》作「白雲」，《論衡》、《藝文類聚》四十一、又一百、《事類賦》、《御覽》一百八十五又五百七十九、八百七十九引無「玄」字，《北堂書鈔》一百九引有。

28 注 先慎曰：「隳」，《樂書》作「飛」。

29 注 先慎曰：「室」，《樂書》作「屋」。

30 注 先慎曰：《事類賦》「三年」作「千里」。

31 注 先慎曰：乾道本「癃」作「瘙」。盧文弨云：「瘙」，「𤸇」字之譌，宋本作「癃」。顧廣圻曰：「𤸇」，正字作「癃」，《說文》：「罷病也。」

▲先慎案：《論衡》、《藝文類聚》一百引作「癃」，今據改。

奚謂貪愎？昔者智伯瑤[1]率趙、韓、魏而伐范、中行，滅之，反歸，休兵數年，因令人請地於韓，韓康子欲勿與。段規諫曰：「不可不與也。夫知伯之爲人也，好利而驁愎[2]，彼來請地而弗與，則移兵於韓必矣。君其與之。與之，彼狃[3]，又將請地他國，他國且有不聽，不聽，則知伯必加之兵。如是，韓可以免於患而待其事之變。」康子曰：「諾。」因令使者致萬家之縣一於知伯。知伯說，又令人請地於魏。宣子欲勿與[4]，趙葭諫曰：「彼請地於韓，韓與之，今請地於魏，魏弗與，則是魏內自強而外怒知伯也。如弗予，其措兵於魏必矣[5]。」宣子[6]：「諾。」因令人致萬家之縣一於知伯。知伯又令人之趙請蔡、皐狼之地[7]，趙襄子弗與，知伯因陰約韓、魏將以伐趙。襄子召張孟談而告之曰：「夫知伯之爲人也，陽規而陰疏[8]，三使韓、魏而寡人不與焉[9]，其措兵於寡人必矣，今吾安居而可？」張孟談曰：「夫董閼于[10]，簡主之才臣也，其治晉陽，而尹鐸循之[11]，其餘教猶存。君其定居晉陽而已矣。」君曰：「諾。」乃召延陵生[12]，令將軍車騎先至晉陽[13]，君因從之。君至[14]，而行其城郭及五官之藏，城郭不治，倉無積粟，府無儲錢，庫無甲兵，邑無守具。襄子懼，乃召張孟談曰：「寡人行城郭及五官之藏，皆不備具，吾將何以應敵？」張孟談曰：「臣聞聖人之治，藏於臣[15]，不藏於府庫，務修其教，不治城郭。君其出令，令民自遺三年之食，有餘粟者入之倉；遺三年之用，有餘錢者入之府；遺，有奇人者使治城郭之繕[16]。」君夕出令，明日，倉不容粟，府無積錢[17]，庫不受甲兵，居五日而城郭已治，守備已具。君召張孟談而問之曰：「吾城郭已治，守備已具，錢粟已足，甲兵有餘，吾奈無箭何？」張孟談曰：「臣聞董子之治晉陽也，公宮之垣皆以荻蒿楛楚牆之[18]，其高至於丈[19]，君發而用之，有餘箭矣[20]。」於是發而試之，其堅則雖菌幹之勁弗能過也[21]。君曰：「吾箭已足矣，奈無金何？」張孟談曰：「臣聞董子之治晉陽也[22]，公宮公舍之堂[23]，皆以鍊銅爲柱、質，君發而用之。」於是發而用之，有餘金矣。號令已定，守備已具，三國之兵果至，至則乘晉陽之城，遂戰，三月弗能拔。因舒軍而圍之[24]，決晉陽之水以灌之，圍晉陽三年。城中巢居而處[25]，懸釜而炊[26]，財食將盡，士大夫羸病。襄子謂張孟談曰：「糧食匱，財力盡，士大夫羸病，吾恐不能守矣。欲以城下，何國之可下？」張孟談曰：「臣聞之，亡弗能存，危弗能安，則無爲貴智矣，君失此計者[27]。臣請試潛行而出，見韓、魏之君。」張孟談見韓、魏之君曰：「臣聞『脣亡齒寒』。今知伯率二君而伐趙，趙將亡矣。趙亡，則二君爲之次。」二君曰：「我知其然也。雖然，知伯之爲人也麤中而少親[28]，我謀而覺，則其禍必至矣。爲之奈何？」張孟談曰：「謀出二君之口而入臣之耳，人莫之知也[29]。」二君因與張孟談約三軍之反，與之期日[30]。夜遣孟談入晉陽以報二君之反[31]。襄子迎孟談而再拜之，且恐且喜。二君以約遣張孟談[32]，因朝知伯而出，遇智過[33]於轅門之外，智過怪其色，因入見知伯曰：「二君貌將有變。」君曰：「何如？」曰：「其行矜而意高[34]，非他時之節也。君不如先之。」君曰：「吾與二主約謹矣，破趙而三分其地，寡人所以親之，必不侵欺[35]。兵之著於晉陽三年，今旦暮將拔之而嚮其利[36]，何乃將有他心？必不然。子釋勿憂，勿出於口。」明旦，二主又朝而出，復見智過於轅門。智過入見曰：「君以臣之言告二主乎？」君曰：「何以知之？」曰：「今日二主朝而出，見臣而其色動，而視屬臣，此必有變。君不如殺之。」君曰：「子置勿復言。」智過曰：「不可，必殺之。若不能殺，遂親之。」君曰：「親之奈何？」智過曰：「魏宣子之謀臣曰趙葭、韓康子之謀臣曰段規[37]，此皆能移其君之計，君與其二君約[38]：破趙國，因封二子者各萬家之縣一——如是，則二主之心可以無變矣。」知伯曰：「破趙而三分其地，又封二子者各萬家之縣一，則吾所得者少。不可。」

智過見其言之不聽也，出，因更其族為輔氏。至於期日之夜，趙氏殺其守隄之吏而決其水灌知伯軍，知伯軍救水而亂，韓、魏翼而擊之，襄子將卒犯其前，大敗知伯之軍而擒知伯[39]。知伯身死軍破，國分為三，為天下笑。故曰「貪愎好利，則滅國殺身之本也」。

1 注 知伯名。

2 注 顧廣圻曰：《藏》本同，今本「驁」作「鶩」，誤。《戰國策》作「鷙」，吳師道引此亦作「鷙」。

3 注 「狃」，習也。得地於韓將生心他求也。

4 注 顧廣圻曰：「宣」上當從《策》更有「魏」字。

5 注 先慎曰：「必矣」下趙本有「不如予之」四字，是也，《策》有。

6 注 先慎曰：「宣子」下當有「曰」字，上「康子曰諾」文法正同，此脫，《策》有「曰」字。

7 注 邑名。

8 注 顧廣圻曰：「規」，當從《策》作「親」。

9 注 三使陰以相約，知有異志也。

10 注 先慎曰：《難言篇》「閼」作「安」，說詳彼。

11 注 尹鐸，安于之屬大夫。

▲先慎曰：「循」，遵也。謂尹鐸治晉陽仍遵董安于之治也。《國語》「趙簡子使尹鐸為晉陽」，則安于死，尹鐸繼之，非尹鐸為安于屬大夫也。《策》「鐸」作「澤」，誤。《國語》作「鐸」。

12 注 顧廣圻曰：「生」，《策》誤作「王」。

13 注 盧文弨曰：「軍」字衍。顧廣圻曰：《策》無。

14 注 先慎曰：「至」上疑衍「君」字，《策》無。

15 注 顧廣圻曰：「臣」當作「民」。

16 注 「奇」，餘也，謂閒人。「奇」音「羈」。盧文弨曰：「有」上《藏》本無「遺」字。顧廣圻曰：「遺」下有脫文，《藏》本刪「遺」字，非也。

17 注 先慎曰：「無積」，當作「不容」。

18 注 顧廣圻曰：句絕。「蒿」，讀為「槁」。「荻」，《策》作「狄」；「楛」，《策》作「苦」，皆同字。

▲先慎曰：「牆」，《事類賦》十三、《御覽》三百五十引並作「廧」，並注云：「音『牆』。」

19 注 先慎曰：各本「其」作「有楛」二字。顧廣圻云：「『有楛』二字當衍，《策》無。今俗本《策》反依此增入，誤甚。」

▲先慎案：顧說是，《御覽》引「有楛」二字作「其」，今據改。

20 注 先慎曰：乾道本無此四字，《策》同。案：下文「有餘金矣」文法正同，疑此後人據《策》文刪之。《事類賦》、《御覽》引有「有餘箭矣」四字，今據補。

21 注 先慎曰：各本「幹」作「餘」。《拾補》「菌」作「箘」，「餘」作「幹」，旁注「簵」字。盧文弨云：「菌」字譌。「簵」，《藏》本、凌本俱作「幹」。顧廣圻云：「餘」作「幹」，是也，今本作「簵」者，誤以《策》作「簬」而改耳。「菌」，《策》作「箘」，同字。

▲先慎案：《藝文類聚》六十、《御覽》引並作「幹」，今據改。

22 注 先慎曰：乾道本脫「之」字，依上文當有，據《藝文類聚》、《御覽》引增。

23 注 先慎曰：乾道本「公舍」作「令舍」。案：「令」當為「公」之誤，《御覽》引正作「公」，今據改。

24 注 先慎曰：乾道本無「舒」字，顧廣圻曰：「《藏》本、今本有，《策》有。」今據補。

25 注 先慎曰：《御覽》三百二十、又七百五十七引無「居而」二字。

26 注 先慎曰：《御覽》三百二十有「易子食，析骨炊」，是也，此脫。《史記・趙世家》：「趙襄子保晉陽，三國攻晉陽歲餘，引汾水灌其城，不沒者三板。城中懸釜而炊，易子而食。」是趙襄子守晉陽固有其事。

27 注 盧文弨曰：「失」，《策》作「釋」。

▲先慎曰：「失」當為「釋」之誤。「者」字衍，《策》作「君釋此計，勿復言也」。

28 注 顧廣圻曰：「麤」，《策》作「麄」，按：當讀為「怚」。《史記・王翦傳》「夫秦王怚而不信人」，徐廣曰：「怚，一作『粗』」，即此字。

29 注 盧文弨曰：「臣」下《藏》本、張本皆無「之」字。顧廣圻曰：「莫之知」，《藏》本作「莫知之」，《策》同。

30 注 先慎曰：「三」，當作「二」。「軍」，指韓、魏之軍。趙既被圍，不待約也。

31 注 盧文弨曰：「二君」，三本俱作「三軍」。

▲先慎曰：趙本此下有「於襄子」三字。

32 注 顧廣圻曰：「以」，讀為「已」。《策》脫去「二君以約遣」五字，遂誤屬「張孟談」於下句，當依此訂。

33 注 先慎曰：《說苑·貴德篇》作「智果」，〈古今人表〉作「智過」，顏注：「即智果」。

34 注 先慎曰：「意」、「行」二字互誤，《策》作「其志矜其行高」，是也，本書「志」多作「意」。張榜本、趙本「其」上無「曰」字。

35 注 盧文弨曰：「侵」當作「我」。

▲先慎曰：《策》作「必不欺也」。

36 注 盧文弨曰：「嚮」、「饗」通。

37 注 先慎曰：「宣」字、「康」字皆後人所加，智過言時不應有也。

38 注 先慎曰：「與其」二字誤倒，《策》作「君其與二子約」，是也。

39 注 盧文弨曰：「知伯之軍」，《藏》本作「知氏之軍」。

奚謂耽於女樂？昔者戎王使由余聘於秦[1]，穆公問之曰：「寡人嘗聞道而未得目見之也，願聞古之明主得國失國何常以[2]？」由余對曰：「臣嘗得聞之矣，常以儉得之，以奢失之。」穆公曰：「寡人不辱而問道於子，子以儉對寡人，何也？」由余對曰：「臣聞昔者堯有天下，飯於土簋，飲於土鉶，其地南至交趾、北至幽都，東西至日月之所出入者，莫不賓服。堯禪天下[3]，虞舜受之，作爲食器，斬山木而財之[4]，削鋸脩其迹[5]，流漆墨其上[6]，輸之於宮以爲食器，諸侯以爲益侈，國之不服者十三。舜禪天下而傳之於禹，禹作爲祭器，墨漆其外而朱畫其內[7]，縵帛爲茵[8]，蔣席[9]頗緣[10]，觴酌有采而樽俎有飾，此彌侈矣，而國之不服者三十三[11]。夏后氏沒，殷人受之，作爲大路而建九旒[12]，食器雕琢，觴酌刻鏤，四壁堊墀[13]，茵席雕文，此彌侈矣，而國之不服者五十三[14]。君子皆知文章矣，而欲服者彌少，臣故曰儉其道也。」由余出，公乃召內史廖而告之[15]，曰：「寡人聞鄰國有聖人，敵國之憂也。今由余，聖人也，寡人患之，吾將奈何？」內史廖曰：「臣聞戎王之居，僻陋而道遠[16]，未聞中國之聲。君其遺之女樂以亂其政，而後爲由余請期[17]，以疏其諫[18]，彼君臣有間，而後可圖也。」君曰：「諾。」乃使史廖以女樂二八遺戎王[19]，因爲由余請期[20]，戎王許諾。見其女樂而說之，設酒張飲，日以聽樂，終歲不遷，牛馬半死。由余歸，因諫戎王，戎王弗聽，由余遂去之秦。秦穆公迎而拜之上卿，問其兵勢與其地形。既以得之，舉兵而伐之，兼國十二，開地千里。故曰「耽於女樂，不顧國政，亡國之禍也[21]」。

1 **注** 盧文弨曰：「王」，宋本作「主」，下同。

▲先慎曰：〈秦本紀〉作「王」。

2 **注** 顧廣圻曰：《說苑·反質篇》作「當何以也」，下文「常以儉得之」，「常」亦作「當」。

3 **注** 顧廣圻曰：《說苑》「禪」作「釋」，下文亦云「舜釋天下」。

4 **注** 顧廣圻曰：《說苑》「財」作「裁」，同字。

▲先慎曰：《御覽》七百五十六引作「材」，「財」、「裁」、「材」三字並同。

5 **注** 磨其斧迹。顧廣圻曰：《說苑》作「消銅鐵脩其刃猶漆墨之」。按：此文「削鋸」是也。《淮南子·本經訓》云：「無所錯其剞削鋸」，高注：「削，兩刃句刀也，讀『綃頭』之『綃』。」其下未詳，《說苑》即出於此，而傳寫互有誤，仍各依本書。

▲先慎曰：各本「其」作「之」。案：「之」當作「其」，注云「磨其斧迹」，是注所據本尚未誤，《御覽》七百五十六引正作「其」，今據改。

6 注 「流」，布也。

7 注 先慎曰：各本「漆」作「染」。王念孫云：「染」當為「漆」，謂黑漆其外也。俗書「漆」字作「柒」，因譌而為「染」。《御覽》四百九十三引此正作「漆」，《說苑》亦作「漆」。

▲先慎按：王說是，《御覽》又七百五十六引同，今據改。

8 注 顧廣圻曰：《說苑》「縵」作「繒」。

9 注 「蔣」，草名。

10 注 顧廣圻曰：《藏》本同，今本「頗」作「額」，誤。「頗緣」，謂其緣邪裂之。《說苑》無此一句，有「褥」字，連「茵」字讀，當有誤，仍各依本書。

11 注 顧廣圻曰：《說苑》作「三十有二」，下文亦作「五十有二」。

▲先慎曰：《御覽》四百九十三引作「三十二」，與《說苑》合。

12 注 先慎曰：《御覽》引「路」作「輅」，字通。

13 注 顧廣圻曰：「四」當作「白」，「白壁」與「堊墀」對文也。《說苑》作「四壁四帷」。

14 注 先慎曰：趙本「服」作「亡」，誤。

15 注 顧廣圻曰：他書皆同。《韓詩外傳》作「內史王繆」，「繆」、「廖」同字，「王」，蓋姓也。

▲先慎曰：顧說是，《說苑·尊賢篇》作「王子廖」。

16 注 顧廣圻曰：「道」，當依《說苑》作「遼」。

17 注 先慎曰：乾道本「期」作「其」。顧廣圻云：「後」，當依《說苑》作「厚」。乾道本、《藏》本「期」作「其」，譌，《說苑》作「期」。

▲先慎案：趙本作「期」不誤，今據改。

18 注 顧廣圻曰：「諫」，《說苑》作「閒」，《史記．秦本紀》亦作「閒」，皆當讀「閒」為「諫」。

19 注 顧廣圻曰：「史」上當有「內」字。「二八」，《說苑》作「三九」，《韓詩外傳》作「二列」，《史記》與此同。

▲先慎曰：《藝文類聚》五十九引作「三人」，誤。

20 注 先慎曰：「請」，告也。「期」，歸期也。既告之期，又留由余不遣以失其期，使君臣有閒，此秦先告以歸期之計也。

21 注 先慎曰：「亡」上當有「則」字，上文有。

奚謂離內遠遊？昔者田成子遊於海而樂之[1]，號令諸大夫曰：「言歸者死。」顏涿聚曰[2]：「君遊海而樂之，奈臣有圖國者何[3]？君雖樂之，將安得？」田成子曰：「寡人布令曰『言歸者死』，今子犯寡人之令。」援戈將擊之。顏涿聚曰：「昔桀殺關龍逢而紂殺王子比干，今君雖殺臣之身以三之可也。臣言爲國，非爲身也。」延頸而前曰：「君擊之矣！」君乃釋戈趣駕而歸。至三日，而聞國人有謀不內田成子者矣[4]。田成子所以遂有齊國者，顏涿聚之力也。故曰「離內遠遊，則危身之道也[5]」。

1 注 先慎曰：《說苑·正諫篇》作「齊景公」。案：〈說林上篇〉有「鴟夷子皮事田成子，田成子去齊走而之燕」，事當即此。

2 注 先慎曰：「涿聚」，《說苑》作「燭趨」，《晏子春秋·外篇》作「燭鄒」，〈古今人表〉作「燭雛」（本或作「濁鄒」）。《集韻》、《類篇》：「雛，音『聚』。」案：「涿」與「燭」、「濁」，「聚」與「鄒」、「趨」、「雛」，形聲相近，古本通用。《左·哀二十三年傳》又作「顏庚」。

3 注 盧文弨曰：《藏》本「臣」作「人」。

4 注 先慎曰：趙本「成子」作「子成」，下同，皆誤。

5 注 先慎曰：上文「則」上有「而忽於諫士」句，此脫。

奚謂過而不聽於忠臣？昔者齊桓公九合諸侯，一匡天下，爲五伯長，管仲佐之。管仲老，不能用事，休居於家，桓公從而問之曰：「仲父家居有病，即不幸而不起[1]，政安遷之？」管仲曰：「臣老矣，不可問也。雖然，臣聞之，知臣莫若君，知子莫若父，君其試以心決之。」君曰：「鮑叔牙何如？」管仲曰：「不可。鮑叔牙為人剛愎而上悍[2]。剛則犯民以暴，愎則不得民心，悍則下不為用，其心不懼[3]，非霸者之佐也。」公曰：「然則豎刁何如？」管仲曰：「不可。夫人之情莫不愛其身，公妬而好內，豎刁自獖[4]以為治內[5]，其身不愛，又安能愛君？」公曰：「然則衛公子開方何如[6]？」管仲曰：「不可。齊、衛之間不過十日之行，開方為事君，欲適君之故[7]，十五年不歸見其父母，此非人情也，其父母之不親也，又能親君乎[8]？」公曰：「然則易牙何如？」管仲曰：「不可。夫易牙為君主味，君之所未嘗食唯人肉耳，易牙蒸其子首而進之[9]，君所知也。人之情莫不愛其子，今蒸其子以為膳於君，其子弗愛，又安能愛君乎？」公曰：「然則孰可？」管仲曰：「隰朋可。其為人也，堅中而廉外，少欲而多信。夫堅中則足以為表，廉外則可以大任，少欲則能臨其衆，多信則能親鄰國，此霸者之佐也，君其用之。」君曰：「諾。」居一年餘，管仲死，君遂不用隰朋而與豎刁。刁涖事三年，桓公南遊堂阜，豎刁率易牙、衛公子開方及大臣為亂，桓公渴餒而死南門之寢、公守之室，身死三月不收，蟲出于戶[10]。故桓公之兵橫行天下，為五伯長，卒見弒於其臣而滅高名、為天下笑者，何也？不用管仲之過也。故曰「過而不聽於忠臣，獨行其意，則滅其高名、爲人笑之始也」。

1 **注** 先慎曰：乾道本「起」下有「此病」二字，盧文弨云：「凌本無。」今據刪。

2 **注** 盧文弨曰：「鮑」上脫「夫」字，各本皆有。「悍」，《藏》本作「捍」，下同。

▲先慎曰：《蒼頡篇》：「悍，桀也。」《荀子．大略篇》注：「悍，兇戾也。」「捍」為「捍禦」之字，非此義，《藏》本誤。

3 **注** 盧文弨曰：「懼」，《藏》本、張本作「具」。

▲先慎曰：「懼」字是，言下不為用而不畏也。

4 **注** 虧勢也。

5 **注** 先慎曰：「為」字衍，〈二柄篇〉、〈難一篇〉並無。

6 **注** 先慎曰：乾道本「則」下無「衛」字，「如」下有「曰」字。盧文弨云：「『衛』字脫，各本有。」顧廣圻云：《藏》本有「衛」字，是也。乾道本「如」下衍「曰」字。

▲先慎案：盧、顧說是，今據補「衛」字，刪「曰」字。

7 **注** 先慎曰：「故」字疑衍，「欲」字當在「之」字下，〈難一篇〉作「適君之欲」是其證。此因「欲」字誤倒在上，後人遂於「之」下加「故」字耳。

8 **注** 先慎曰：以上下文例之，「又」字下當有「安」字。

9 注 先慎曰：「子首」，趙本作「首子」誤，說見前〈二柄篇〉。

10 注 先慎曰：〈二柄篇〉、〈難一篇〉「戶」作「尸」，誤。

奚謂內不量力？昔者秦之攻宜陽[1]，韓氏急。公仲朋謂韓君曰[2]：「與國不可恃也，豈如因張儀爲和於秦哉？因賂以名都而南與伐楚，是患解於秦而害交於楚也[3]。」公曰：「善。」乃警[4]公仲之行[5]，將西和秦。楚王聞之，懼，召陳軫而告之曰：「韓朋將西和秦，今將奈何？」陳軫曰：「秦得韓之都一[6]，驅其練甲[7]，秦、韓爲一以南鄉楚，此秦王之所以廟祠而求也，其爲楚害必矣。王其趣發信臣，多其車、重其幣以奉韓曰：『不穀之國雖小，卒已悉起，願大國之信意於秦也[8]。因願大國令使者入境視楚之起卒也。』」韓使人之楚，楚王因發車騎陳之下路，謂韓使者曰：「報韓君，言弊邑之兵今將入境矣。」使者還報韓君，韓君大悅，止公仲。公仲曰：「不可。夫以實告我者[9]，秦也；以名救我者，楚也。聽楚之虛言而輕誣強秦之實禍，則危國之本也[10]。」韓君弗聽，公仲怒而歸，十日不朝。宜陽益急，韓君令使者趣卒於楚，冠蓋相望而卒無至者，宜陽果拔[11]，爲諸侯笑。故曰「內不量力，外恃諸侯者，則國削之患也」。

1 注 顧廣圻曰：《國策》作「秦、韓戰於濁澤」。《史記・韓世家》同，在宣惠王十六年。

2 注 顧廣圻曰：「朋」，《策》誤作「明」，當依此訂。他書又作「馮」。

3 注 秦害交於楚也。

4 注 「警」，飭戒也。

▲先慎曰：「警」，《策》作「儆」，字同。

5 注 先慎曰：連上為一句。

6 注 顧廣圻曰：《藏》本同。今本「一」作「而」，屬下，誤，當句絕。《策》作「今又得韓之名都一」，《史記》同。上文皆作「以一名都」。

7 注 先慎曰：《史記》、《國策》作「而具甲」。

8 注 信，申也。

9 注 顧廣圻曰：《策》同。姚校云：「告，一作『困』。」今案：「告」當作「苦」，形近之誤。《史記》作「伐」。

10 注 王引之曰：此言韓王聽虛言而輕實禍，則「輕」下不得有「誣」字，「誣」即「輕」之譌，〈韓策〉及《史記・韓世家》俱無「誣」字，是其證也。今作「輕誣強秦之實禍」者，一本作「輕」，一本作「誣」，而後人誤合之耳。凡從「巠」從「巫」之字，傳寫往往譌溷，說見《經義述聞・大戴禮》「喜之而觀其不誣」下。

11 注 顧廣圻曰：《策》作「秦果大怒，興師與韓氏戰於岸門」，在十九年，其拔宜陽在襄王之五年，後此凡七年也，不同。

奚謂國小無禮？昔者晉公子重耳出亡，過於曹，曹君袒裼而觀之。釐負羈與叔瞻侍於前[1]，叔瞻謂曹君曰：「臣觀晉公子非常人也，君遇之無禮，彼若有時反國而起兵，即恐為曹傷。君不如殺之。」曹君弗聽。釐負羈歸而不樂，其妻問之曰：「公從外來而有不樂之色，何也？」負羈曰：「吾聞之：有福不及，禍來連我[2]——今日吾君召晉公子，其遇之無禮，我與在前，吾是以不樂。」其妻曰：「吾觀晉公子，萬乘之主也，其左右從者，萬乘之相也。今窮而出亡，過於曹，曹遇之無禮，此若反國，必誅無禮，則曹其首也。子奚不先自貳焉？」負羈曰：「諾。」乃盛黃金於壺，充之以餐[3]，加璧其上，夜令人遺公子。公子見使者，再拜受其餐而辭其璧，公子自曹入楚，自楚入秦。入秦三年，秦穆公召群臣而謀曰：「昔者晉獻公與寡人交，諸侯莫弗聞。獻公不幸離群臣，出入十年矣。嗣子不善[4]，吾恐此將令其宗廟不祓除而社稷不血食也，如是弗定，則非與人交之道。吾欲輔重耳而入之晉，何如？」群臣皆曰：「善。」公因起卒，革車五百乘，疇騎二千[5]，步卒五萬，輔重耳入之于晉，立爲晉君。重耳即位三年，舉兵而伐曹矣，因令人告曹君曰：「懸叔瞻而出之，我且殺而以爲大戮。」又令人告釐負羈曰：「軍旅薄城[6]，吾知子不違也[7]。其表子之閭，寡人將以爲令，令軍勿敢犯。」曹人聞之，率其親戚而保釐負羈之閭者七百餘家——此禮之所用也。故曹小國也，而迫於晉、楚之間，其君之危猶累卵也，而以無禮涖之，此所以絕世也。故曰「國小無禮，不用諫臣，則絕世之勢也」。

1 **注** 顧廣圻曰：「叔瞻」與《左傳》及本書〈喻老篇〉皆不合。

2 **注** 君有福未必及己，其禍之至當連我也。

3 **注** 先慎曰：乾道本無「乃」字，《拾補》有，盧文弨云：「『乃』字脫，『餐』當作『飧』，下同。」今依《拾補》增。

4 **注** 顧廣圻曰：《藏》本、今本「嗣」上有「其」字。

5 **注** 「疇」，等也。言馬齊等皆精妙也。

6 **注** 先慎曰：「薄」，迫也。

7 **注** 知不敢違君言，非本心也。

▲先慎曰：謂知不背吾也，注說非。

# 卷第四

**思想議題**

〈孤憤〉：反儒、墨，非俠、辯／術不欲見：察姦與考核／君臣之道。

〈說難〉：言辯之難／君臣之道。

〈和氏〉：法與賞罰。

〈姦劫弒臣〉：人性趨利避害／法治與德治、賢治／反儒、墨，非俠、辯／法與賞罰／術不欲見：察姦與考核／君臣之道。

## 孤憤第十一[1]

1 **注** 言法術之士，既無黨與，孤獨而已，故其材用，終不見明。卞生既以抱玉而長號，韓公由之寢謀而內憤。

**智術之士，必遠見而明察，不明察不能燭私；能法之士，必強毅而勁直，不勁直不能**

矯姦[1]。人臣循令而從事，案法而治官，非所謂重人也[2]。重人也者，無令而擅爲，虧法以利私，耗國以便家，力能得其君，此所爲重人也[3]。智術之士明察，聽用，且燭重人之陰情[4]；能法之士勁直，聽用，且矯重人之姦行。故知術、能法之士用，則貴重之臣必在繩之外矣[5]。是智、法之士與當塗之人不可兩存之仇也[6]。

1 注 先慎曰：《廣雅．釋詁》：「矯，直也。」《莊子．天下篇》「以繩墨自矯」，《荀子．性惡篇》「以矯飾人之性情而正之」，其義並同。

2 注 先慎曰：「重人」，非此之謂。

3 注 擅為虧法，逆理而動，其力尚能得君從己，況其餘乎？此為重人也。言其貴賤國人所共重之也。王渭云：「為」當作「謂」，舊注未諦。

▲先慎曰：「為」、「謂」古通，不必改作。

4 注 智術之士既明且察，今見聽用，能燭見重人之陰情。

5 注 言必見削除也。

6 注 既不可兩存，所存以相仇也。盧文弨曰：注「所」下衍「存」字。

當塗之人擅事要，則外內爲之用矣[1]。是以諸侯不因則事不應，故敵國爲之訟[2]；百官不因則業不進，故群臣爲之用；郎中不因則不得近主，故左右爲之匿[3]；學士不因則祿薄禮卑，故學士爲之談也[4]——此四助者，邪臣之所以自飾也。重人不能忠主而進其仇[5]，人主不能越四助而燭察其臣[6]，故人主愈弊而大臣愈重[7]。凡當塗者之於人主也，希不信愛也，又且習故[8]。若夫即主心同乎好惡，固其所自進也[9]。官爵貴重，朋黨又衆，而一國爲之訟[10]。則法術之士欲干上者，非有所信愛之親、習故之澤也，又將以法術之言矯人主阿辟之心，是與人主相反也。處勢卑賤[11]，無黨孤特。夫以疏遠與近愛信爭[12]，其數不勝也[13]；以新旅與習故爭，其數不勝也；以反主意與同好爭[14]，其數不勝也；以輕賤與貴重爭，其數不勝也；以一口與一國爭[15]，其數不勝也——法術之士，操五不勝之勢，以歲數而又不得見[16]；當塗之人，乘五勝之資，而旦暮獨說於前[17]——故法術之士奚道得進，而人主奚時得悟乎[18]？故資必不勝而勢不兩存，法術之士焉得不危[19]？其可以罪過誣者，以公法而誅之[20]；其不可被以罪過者，以私劍而窮之[21]。是明法術而逆主上者，不僇於吏誅[22]，必死於私劍矣。

1 注 「外」，謂百官也；「內」，謂君之左右也。皆與當塗之人為用也。

▲先愼曰：「外」，指敵國，下文「諸侯不因」是也。百官、左右、學士皆屬「內」。注誤。

2 注 鄰國諸侯或來求事，不因當塗者其求必不見應，故重人有事，敵國為之訟冤。

▲先愼曰：「訟」，說也。說見下。此謂敵國之人稱譽其重人，如燕噲為秦使燕，而為子之之類。注謂「重人有事，敵國為訟冤」，非。

3 注 「郎中」，為郎居中，則君之左右之人也。既因重人而得近主，故為之匿非也。

4 注 「談」者，謂為重人延譽。

▲先愼曰：「養」、「祿」二字當衍其一。

5 注 重人所仇者，法術之士也。

6 注 「臣」，亦謂法術之臣也。

7 注 顧廣圻曰：「弊」，讀為「蔽」，下文「比周以弊主」，又「是以弊主上」，皆同。

▲先愼曰：本書「蔽」多作「弊」，〈姦劫弒臣篇〉云「為姦利之弊主」，又云「非不弊之術也」，〈難一篇〉云「賞罰不弊於後」是也。

8 注 重人得主信愛者多，又用事既久，乃慣習故舊也。

9 注 顧廣圻曰：《藏》本同，今本無「乎」字，誤。

▲先愼曰：「即」，就也。就主心之好惡者而好惡之也。「自進」，謂己之進身也。其所以自進，則與主信

愛、習故、同好惡三者而已。注訓「自進」為「己自進舉之人」，誤。

10 注 「訟」，即說也。重人舉措常就主心而同其好惡，己自進舉之人，官爵重之，朋黨衆，及其有事，一國為之訟冤，則君無德而誅之。

▲先慎曰：注「訟，即說」，是也。又以「訟冤」釋之，非。「衆」上脫「又」字，「無德」當作「無得」。

11 注 先慎曰：乾道本「勢」作「世」。顧廣圻云：《藏》本、今本「世」作「勢」。

▲先慎案：作「勢」是。此對官爵貴重言，不當作「世」，今據改。

12 注 「近愛信」，謂重人是也。

▲先慎曰：「近」字衍文，「愛信」當作「信愛」。「疏遠」、「信愛」相對成文，不當有「近」字，上文「希不信愛」、「非有所信愛之親」，皆作「信愛」，此承上言，明「愛信」二字誤倒。注亦作「近愛信」，則其譌舊矣。

13 注 「數」，理也。

14 注 重人與君同好。王渭曰：「好」下當有「惡」字。

15 注 重人與一國為朋黨。

16 注 所經時歲已至於數，猶不得見君。顧廣圻曰：「又」當作「猶」，舊注未譌。

17 注 法術之士既不得見，故當塗之人獨訟而稱冤。

▲先慎曰：案：依注所據本「說」作「訟」，故云「獨訟而稱冤」，此解非也。「訟」，古通「誦」，「誦」，猶說也。《史記．呂后紀》「未敢訟言攻之」，《漢書》作「誦言」，《索隱》云：「誦，說也。」此謂當塗之人獨常常與君言說，而法術之士見且猶不得亟，況得與言乎？此「旦暮獨訟於前」，反對法術之士言。舊注誤。

18 注 法術之士既不得進，則人主何從而悟乎？

▲先慎曰：王氏念孫、俞氏樾並訓此「道」字為「由」。案：「奚道得進」猶言「何時得進」也。士無時得進，則人主無時得悟，語正相當。「奚道得進」即蒙上「以歲數而又不得見」言，則「道」為「時」字變文，尤其明證。不得以他處「道」有「由」義，以例此也。〈人主篇〉正作「奚時得進」。

19 注 法術之士既資必不可勝之數，而又與重人勢不兩存，則法術之士必危而見陷。

▲先慎曰：乾道本注「又」下無「與」字，今據趙本增。

20 注 法術之士有過失可誣罔者，重人則舉以為罪而誅之。

▲先慎曰：乾道本「公」上無「以」字，依下文當有，今據張榜本增。

21 注 若無過失可誣者，則使俠客以劒刺之，以窮其命也。

22 注 先慎曰：乾道本「僇」作「憀」。顧廣圻云：今本「憀」作「僇」。

▲先慎案：「僇」與「戮」通，「憀」字誤，改從今本。

朋黨比周以弊主、言曲以便私者，必信於重人矣。故其可以功伐借者，以官爵貴之[1]；其不可借以美名者，以外權重之[2]。是以弊主上而趨於私門者[3]，不顯於官爵，必重於外權矣。今人主不合參驗而行誅[4]，不待見功而爵祿[5]，故法術之士安能蒙死亡而進其說，姦邪之臣安肯棄利而退其身？故主上愈卑，私門益尊。夫越雖國富兵彊，中國之主皆知無益於己也，曰：「非吾所得制也[6]。」今有國者雖地廣人衆，然而人主壅蔽，大臣專權，是國爲越也[7]。智不類越，而不智不類其國，不察其類者也[8]。人主所以謂「齊亡」者[9]，非地與城亡也，呂氏弗制而田氏用之也；所以謂「晉亡」者，亦非地與城亡也，姬氏不制而六卿專之也。今大臣執政獨斷而上弗知收，是人主不明也[10]。與死人同病者，不可生也；與亡國同事者，不可存也。今襲迹於齊、晉[11]，欲國安存，不可得也。

1 **注** 彼有功伐重人借為己用者，則官爵貴其人也。

2 **注** 彼雖無功伐可使近權令者。威重之。

▲先慎曰：顧廣圻於「其」下添「不」字，云：「《藏》本同，今本無『不』字，誤。乾道本『名』作『明』，譌。」

▲先慎案：「名」字是，今據改。「借」字當在「名」字下，「其可以美名借者」與「其可以功伐借者」句法

一律，上不當有「不」字。「借」、「藉」古通，《莊子．應帝王篇》釋文引崔注：「藉，繫也。」其人可以功伐維繫者，則責以官爵；可以美名維繫者，則重以外權。二事平說，舊注誤。

3 **注** 「趨」，向也。

4 **注** 謂於法術之士，不參驗以知其真偽，即行誅罰。

5 **注** 重人所進，雖未見功，先與之爵祿也。

6 **注** 越國為異國，即敵國也。顧廣圻曰：「《藏》本、今本『雖』下有『國』字。」

▲先慎曰：注以「越國」連文，是所見本「雖」字即「國」之誤。「夫越」微逗，「國富兵彊」句絕。中國視越國最遠，故取以為況。〈說林上〉「越人雖善遊」，亦借越為喻，是其證。注訓「異國」，非。

7 **注** 大臣專國，常有謀君之心，即己國還為越國，故曰「是國為越也」。

8 **注** 縱臣專權，國變成越，是不自知己國即與越國不異，所以然者，良以不察知己國類於越國故也。

▲先慎曰：《拾補》「不智」作「不知」。盧文弨云：「知」，各本俱作「智」。案：「智」與「知」通，此上「智」字義亦當為「知」。顧廣圻云：兩「類」字當作「賴」。「賴」，利也，涉下「不察其類者也」句而誤。今本「智」作「知」，誤。二「智」字皆讀為「知」，本書屢見。

▲先慎案：既讀為「知」，則今本之作「知」，不得為誤。「類」，似也。知己之國不似越之不得制，究不能自制其國，是不知國之不似己之國也。顧改「類」為「賴」，非。

9 注 孫詒讓曰：「主」字衍。

10 注 不知收取其柄而自執之，令臣於上獨斷，此主之不明也。「今」，謂秦也。

▲先慎曰：此書作於韓，秦王見之，始伐韓得非，非在秦時作也。「今」字泛言當時諸侯，注誤。

11 注 「襲」，重也。

凡法術之難行也，不獨萬乘，千乘亦然。人主之左右不必智也，人主於人有所智而聽之，因與左右論其言[1]，是與愚人論智也。人主之左右不必賢也，人主於人有所賢而禮之，因與左右論其行，是與不肖論賢也。智者決策於愚人，賢士程行於不肖[2]，則賢、智之士羞而人主之論悖矣。人臣之欲得官者，其修士且以精絜固身[3]，其智士且以治辯進業[4]，其修士不能以貨賂事人[5]，恃其精潔，而更不能以枉法為治[6]，則修智之士不事左右、不聽請謁矣[7]。人主之左右，行非伯夷也，求索不得，貨賂不至，則精辯之功息而毀誣之言起矣[8]。治亂之功制於近習[9]，精潔之行決於毀譽，則修智之吏廢而人主之明塞矣[10]。不以功伐決智行[11]，不以參伍審罪過[12]，而聽左右近習之言，則無能之士在廷而愚污之吏處官矣[13]。

1 注 先慎曰：〈人主篇〉「因」上有「入」字，下同。

2 注 先慎曰：智者之策決於愚人，賢士之行程於不肖。

3 注 「修士」，謂修身之士，但精潔自固其身。

▲先慎曰：《拾補》「絜」下旁注「潔」字。盧文弨云：「潔」，《藏》本、張本俱作「絜」，下同。

▲先慎案：乾道本此作「絜」，下二「絜」字皆作「潔」，「潔」、「絜」字通用。

4 注 「智」者，謂智謀之士也。

5 注 既修身，故不以貨事人也。

6 注 既精潔，故不能枉法為治。智士不重說，似闕文也。顧廣圻曰：「其修士」，「修」下當脫「智之」二字。「精潔」當作「精辨」。下文云「則修智之士不事左右」即謂貨賂，「不聽請謁」即謂枉法，文相承也。下文又云「則精辨之功息」，并言「精辨」與并言「修潔」同例。舊注「智士不重說，似有脫文」，誤。俞樾曰：「其修士」三字，衍文也。上文云「其修士且以精絜固身，其智士且以治辯進業」，此云「不能以貨賂事人」，則總蒙修士、智士為文，言其皆不能也。「恃其精潔」當作「恃其精潔治辨」，因衍「其修士」三字，則此文專屬修士，遂刪去「治辯」二字耳。舊注謂不重知士似有闕文，是其所據本已誤。

▲先慎曰：俞說是。

7 注 「左右」，謂財貨修智之士，不肯聽從也。

▲先慎曰：謂不以財貨賂左右，不能枉法從請謁，注說非。

8 注 「精」，謂修士精潔也。「辯」，謂智士辭辯也。

9 注 「治亂」，謂智士材辯能治於亂也。顧廣圻曰：「亂」當作「辯」，舊注誤。

▲先慎曰：張榜本「亂」作「辨」。

10 注 修智之士，能發人主之聰明，今既廢而不用，則主明自塞矣。

▲先慎曰：乾道本「而」作「則」，顧廣圻云：「今本『則』作『而』。」今據改。

11 注 「決智行」當以功伐。積功曰「伐」也。

12 注 「審罪過」當參伍之。「參」，比驗也；「伍」，偶會也。

13 注 近習之人既皆小人，同氣相求，同聲相應，故所親者無能之人，所愛者愚污之人，亦既親愛，必用之在廷，舉之處官矣。

萬乘之患，大臣太重；千乘之患，左右太信——此人主之所公患也[1]。且人臣有大罪，人主有大失，臣主之利與相異者也[2]。何以明之哉？曰：主利在有能而任官，臣利在無能而得事；主利在有勞而爵祿，臣利在無功而富貴；主利在豪傑使能[3]，臣利在朋黨用私。是以國地削而私家富，主上卑而大臣重。故主失勢而臣得國，主更稱蕃臣[4]，而相室剖符[5]，此人臣之所以譎主便私也[6]。故當世之重臣，主變勢而得固寵者，十無二三[7]。是其故何也？人臣之罪大也。臣有大罪者，其行欺主也，其罪當死亡也。智士者遠見而畏於死亡，必不從重人矣[8]；賢士者修廉而羞與姦臣欺其主，必不從重人矣。是當塗者之徒屬，非愚而不知患者，必污而不避姦者也[9]。大臣挾愚污之人，上與之欺主，下與之收利，侵漁朋黨[10]，比周相與[11]，一口惑主敗法以亂士民[12]，使國家危削，主上勞辱，此大罪也。臣有大罪而主弗禁，此大失也。使其主有大失於上，臣有大罪於下，索國之不亡者，不可得也。

1 **注** 「公」，正也。正當以此當患也。

▲先慎曰：注說非。「公」訓為「共」，《荀子·解蔽篇》「此心術之公患也」語句正同，楊注：「公，共也。」是其證。又案：注「當患」應作「為患」。

2 **注** 顧廣圻曰：「與」當在「相」字下。

3 **注** 豪傑之人有材能，然後使之矣。

4 **注** 君臣易位，故主稱蕃臣於其臣。

5 注「相室」，家臣也。「剖符」，言得專授人官與之剖符也。

▲先慎曰：趙本注「授」誤「投」。

6 注「譎」，誑也。設詐謀以誑誤於主也。

▲先慎曰：乾道本注「誑」作「誰」，誤，改從趙本。

7 注「變」，謂行譎誑以移主意，十中但有二三，故曰「十無二三」也。王先謙曰：「主勢變」，謂國君相嬗之時也，注誤。

▲先慎曰：注「有二三」當作「有一二」，涉正文而誤。

8 注 先慎曰：《拾補》「人」下旁注「臣」字。盧文弨云：「臣」，《藏》本、張本俱作「人」。

9 注 重人所為必不軌，故智士恐與同之，廉士羞與之欺主，莫有從之遊者。同惡相濟，故與之為徒屬者，必污愚之人也。

▲先慎曰：乾道本注「與」字上有「上」字，「污愚」作「惡愚」，并誤，改從趙本。

10 注 言侵奪百姓，若漁者之取魚也。

▲先慎曰：「侵漁朋黨」當作「朋黨侵漁」，與下「比周相與」對文。

11 注 阿黨為「比」，忠信為「周」也。「比周」者，言以阿黨之人為忠信與親也。

▲先慎曰：注乾道本「忠」作「心」，改從趙本。

12 注 雷同是非，故曰「一口」。

# 說難第十二[1]

1 注 夫說者有逆順之機，順以招福，逆而制禍。失之毫氂，差之千里，以此說之，所以難也。顧廣圻曰：《史記》列傳有。《索隱》云：「然此篇亦與《韓子》微異，煩省小不同。」今按：各依本書者，不悉著。

凡說之難：非吾知之有以說之之難也[1]；又非吾辯之能明吾意之難也[2]；又非吾敢橫失而能盡之難也[3]。凡說之難，在知所說之心，可以吾說當之[4]。所說出於爲名高者也，而說之以厚利，則見下節而遇卑賤，必棄遠矣[5]。所說出於厚利者也，而說之以名高，則見無心而遠事情，必不收矣[6]。所說陰爲厚利而顯爲名高者也，而說之以名高，則陽收其身而實疏之，說之以厚利，則陰用其言、顯棄其身矣[7]——此不可不察也。

1 注 不知而說，雖忠見疑，故曰「非吾知之說之難也」。顧廣圻曰：當依《史記》不重「之」字。按：此文首三句三「吾」字，皆吾說者也，與下文所說相對。言在吾者之非難，所以起下文在所說者之難也。在吾者，必先知之有以說，然後辯之能明吾意，又然後敢橫佚而能盡，三者相承。舊注全誤。《史記正義》所解亦未諦，今正之。此句之義與下文云「則非知之難也」同。

▲先慎曰：舊注固失，顧說亦未為得也。「凡說之難」四字總挈一篇，「非吾」三句又別說難本意，再以「凡說之難」引起正文，此言知其事理則能說其是非，此非吾所難也。又案：注「吾知之」，「之」當作「其」。

2 **注** 吾雖不自辯數，則能明吾所說之意，如此者萬不失一，有所以則為難也。盧文弨曰：「辯之」下《史記·韓非傳》有「難」字，衍。注「所以則為難也」，「則」當作「明」。

▲先慎曰：此言辯論能令吾意明晰，又非所難也。舊注非，趙本注脫「失」字。

3 **注** 吾之所說，其不可循理，非敢橫失。能盡此意亦復難有。盧文弨曰：《史記索隱》云「《韓子》『橫失』作『橫佚』」，此作「橫失」，疑後人依《史記》改之。顧廣圻曰：「失」，當依《索隱》引此作「佚」，《史記》作「失」。案：「佚」、「失」同字，故《史記》以「失」為「佚」。劉伯莊說及《正義》讀「失」如字，又於「橫失」斷句者，非，當十二字為一句。下文云「然後極騁智辯焉」，即此句之義也，舊注亦誤。

▲先慎曰：張榜本「橫失」作「橫佚」，據《索隱》改也。「橫失」二字，顧謂「極騁智辯」，是。《索隱》云：「陳辭發策，能盡說情，此雖是難，尚非難也。」

4 **注** 既知所說之心，則能隨心而發唱，故所說能當。盧文弨曰：注「唱」字誤從「口」旁。

▲先慎曰：張榜本「知」誤「之」。

5 **注** 所說之人意在名高，今以厚利說之，彼則為己志節凡下，而以卑賤相遇，亦既賤之，必棄遺而疏遠矣。盧文弨曰：注「為己」當作「謂己」。

▲先慎曰：「為」、「謂」字同。此如李克治中山，苦陘令上計而入多之類。

6 **注** 所說之人意在厚利，今以名高說之，此則為己無相時之心而闊遠事情矣，如此，則必見棄而不收矣。盧文弨曰：注「為己」當作「謂己」。

▲先慎曰：此商鞅說秦孝公以帝王故怒而不用，是也。

7 **注** 所說之人，內陰為厚利，外陽為名高。今見其外說以名高，彼雖陽收其身，內實疏遠；若察知其內，說以厚利，私用其言，外明棄其身，以飾其名高也。盧文弨曰：注「私用其言」上有「則」字，脫。

▲先慎曰：「陽收其身而實疏之」，如齊宣王欲中國而授孟子室之類；「陰用其言顯棄其身」，如晉文公行爵先雍季而後舅犯之類。

夫事以密成，語以泄敗[1]，未必其身泄之也，而語及所匿之事，如此者身危[2]。彼顯有所出事，而乃以成他故，說者不徒知所出而已矣，又知其所以爲，如此者身危[3]。規異事而當，知者揣之外而得之，事泄於外，必以爲己也，如此者身危[4]。周澤未渥也，而語極知[5]，說行而有功則德忘[6]，說不行而有敗則見疑，如此者身危[7]。貴人有過端，而說者明言禮義以挑其惡，如此者身危[8]。貴人或得計而欲自以爲功，說者與知焉，如此者身危[9]。彊以其所不能爲，止以其所不能已，如此者身危。故與之論大人，則以爲閒己矣[10]；與之論細人，則以爲賣重[11]。論其所愛，則以爲藉資[12]；論其所憎，則以爲嘗己也[13]。徑省其說，則以爲不智而拙之[14]；米鹽博辯，則以爲多而交之[15]。略事陳意，則曰怯懦而不盡[16]；慮事廣肆，則曰草野而倨侮[17]——此說之難，不可不知也。

1 **注** 盧文弨曰：「語」，《史》作「而」。

▲先慎曰：《御覽》四百六十二引「語」作「亦」，「敗」作「禍」。

2 **注** 所說之人其所謀事，身雖不泄謀，說者泛語言及所匿，似若說者先知其事，今以發動之，既懷此疑，其身必危矣。

▲先慎曰：注誤。此謂有其心而未發，說者及之，故其身危。即下鄭大夫關其思對武公言「胡可伐」之類。

3 **注** 所說之人，顯出其事有所避諱，乃託以他故，而說者深知其事，既所出入知所為，所說既知情露，必有危己之心。盧文弨曰：「彼顯有所出事」下，《史》作「迺自以為也，故說者與知焉，則身危」。此注「既所出入知所為」，當作「既知所出又知所為」。

▲先慎曰：盧說是。隰斯彌使人伐樹，數創而止之，曰：「知人之所不言，其罪大矣」即其意。

4 **注** 說者為君規謀異事，而智謀之士當知此者，自外揣之，遂得其謀，因泄於外，君則疑己漏之，便以為不密而加誅也。

▲先慎曰：「規異事而當」句，「知者揣之外而得之」句。「當」，謂當其主之心也。「知」，讀為「智」。「當」音「丹浪反」。注以「當知」連文，誤。此如《漢·夏侯勝傳》云「霍光與張安世謀廢昌邑王。夏侯勝諫王，謂有臣下謀上者。吏白光，光讓安世，以為泄語，安世實不泄」之類。

5 **注** 先慎曰：「語極知」，謂說已盡其智能也。《史記正義》謂「說事當理」，非。

6 **注** 盧文弨曰：「忘」，《史》作「亡」，《索隱》引此作「見忘」，并云：「勝於德亡。」

▲先慎曰：據「《索隱》云云」，則唐人所見之本作「見忘」，不作「德忘」。此作「德忘」者，後人依《史記》而改也。注云「猶忘其德」，則宋時已改矣。「亡」、「忘」古字通。

7 **注** 君之於己，周給之澤未有渥厚，遂以知之極妙而以語之，行說有功，猶忘其德，若不行有敗，則羞始生焉。此正危身之道也。盧文弨曰：注「羞始生」，「羞」疑「妒」之誤，若袁紹之於田豐是也。

▲先慎曰：盧說非，此即下「鄰父以牆壞有盜，因疑鄰父」之類。注「羞」字即「疑」字之誤。又案：注「行說」當作「說行」。

8 **注** 挑，謂發揚也。

▲先慎曰：乾道本「此」下脫「者」字。盧文弨云：凌本有。

▲先慎按：依上下文當有，《史記》亦有「者」字，今據補。

9 **注** 不能而強，不已而止，必以不許而興怒，故危也。

▲先慎曰：乾道本「已」作「以」，據趙本改。「強其所不能為」，若項羽欲東歸而說者言關中之類。「止其所不能已」，若景帝決廢栗太子而周亞夫彊欲止之之類。注「不許」一本作「不討」。盧文弨云：「不討」或是「不忖」之誤，有謂當是「不計」，猶言失計也。此皆未見作「不許」之本耳。

10 **注** 「間」，代也。論大人必談以道德宏曠，彼則以為薦大人以代之也。

▲先慎曰：此篇皆對人君而言，斷無薦大人代君之理。蓋人君行事，大臣與焉，論其臣而即疑其論己。《史記正義》云「說彼大人之短，以為竊己之事情，乃為刺譏間之」是也。此「大人」指位言，注以「間己」為「代己」，誤。「間」，讀為「諫」。

11 **注** 論細人必談以器斗筲，彼則以為短人而賣重也。

▲先慎曰：「賣重」，《史記》作「鬻權」。案：「賣」、「鬻」義同，〈和氏篇〉「大臣貪重」，又云「近習不敢賣重」，「重」即「權」也。《索隱》云「薦彼細微之人，言堪大用，則疑其挾詐而賣我之權」是也。注謂「斗筲」之人，誤。

12 **注** 謂為藉君之所愛以為己資。

13 注 「嘗」，試也。論君所憎則謂為試己也含怒之深淺。

▲先慎曰：乾道本「憎」作「增」，注同。顧廣圻云：「今本『增』作『憎』，《史記》作『憎』。」今據改。盧文弨云：注「試己」下衍「也」字。

14 注 「徑」，直。盧文弨曰：《史》作「則不知而屈之」，「智」本與「知」通，此加「以為」二字，疑非。

15 注 米鹽之為物，積群萃以成斛，謂博明細雜之物，則謂己多合而猥交之也。盧文弨曰：《史》作「汎濫博文，則多而久之」。顧廣圻曰：《正義》云：「時乃永久，人主疲倦。」今按：「交」、「久」二文皆誤，當作「史」，本書〈難言篇〉：「捷敏辯給，繁於文采，則見以為史。」

▲先慎曰：顧說是。張榜本「交」作「久」，依《史記》改也。

16 注 略言其事，粗陳其意，則謂己怯懦而有所畏懼，不敢具言。盧文弨曰：「略」，《史》作「順」。

▲先慎曰：注「所」字，趙本脫。

17 注 「肆」，陳也。所說之事廣有陳說，不為忌諱，則謂草野凡鄙俗直而侮慢也。

凡說之務，在知飾所說之所矜而滅其所恥[1]。彼有私急也，必以公義示而強之。其意有下也，然而不能已，說者因爲之飾其美，而少其不爲也[2]。其心有高也，而實不能及，說者爲之舉其過，而見其惡而多其不行也[3]。有欲矜以智能，則爲之舉異事之同類者，多爲之地，使之資說於我，而佯不知也，以資其智[4]。欲內相存之言，則必以美名明之，而微見其合於私利也[5]。欲陳危害之事，則顯其毀誹，而微見其合於私患也[6]。譽異人與同行者，規異事與同計者。有與同汙者，則必以大飾其無傷也；有與同敗者，則必以明飾其無失也[7]。彼自多其力，則毋以其難概之也[8]；自勇其斷，則無以其謫怒之[9]；自智其計，則毋以其敗窮之[10]。大意無所拂悟，辭言無所繫縻，然後極騁智辯焉[11]，此道所得親近不疑而得盡辭也[12]。伊尹爲宰，百里奚爲虜，皆所以干其上也[13]，此二人者，皆聖人也，然猶不能無役身以進，如此其汙也[14]。今以吾言爲宰虜，而可以聽用而振世[15]，此非能仕之所恥也[16]。夫曠日彌久而周澤既渥[17]，深計而不疑，引爭而不罪，則明割[18]利害以致其功，直指是非以飾其身[19]，以此相持，此說之成也[20]。

1 **注** 凡欲說彼，要在知其所矜，則隨而光飾之；知其所恥，則隨而掩滅之。如此，則順旨而不忤。盧文弨曰：注「順旨」，張本作「順指」。

2 **注** 所說而成者，或有私事，將欲急為，則示以公義而勉強之。彼雖下意從己而不能止其私，此則為之飾其背私之義，而以不能順公為少，有以激彼存公也。

3 **注** 若所說心以公義高而其材實不能及，如此者則舉簡私之過，見背公之惡，以不行私急為多，所以成其高。

俞樾曰：此兩文相對。言其意雖甚卑下，而有所不能已，則說者必為之飾其美，反若以其不行而少之，如此，乃見不能已之不足為病矣。其意雖甚高尚，而有所不能及，則說者必為之舉其過而見其惡，反若以其不行而多之，如此，乃見不能及之不足為恥矣。「不能已」者，若犬馬聲色之好是也；「為之飾其美」，若管子以是數者為不害霸是也；「不能及」者，若堯、舜之道仁義之說是也；「為之舉其過而見其惡」，若陳賈謂仁知周公未能盡是也。舊注所說皆未了。且此與上文「彼有私急也，必以公義示而強之」本不相蒙，舊注必牽合為說，宜其不可通矣。

4 **注** 所說或矜以廣智，則多與舉彼同類之異事，以寬所取之地，令其取說於我而我佯若不知，如此者所以助其智也。顧廣圻曰：《藏》本同，今本「有欲」作「有所」，誤。

5 **注** 欲彼內有存恤之言，則為陳顯義之名，明其人能為此，又微言成此美名，於私有則利其人必得而相存者也。顧廣圻曰：「內」，讀為「納」，舊注誤。

6 **注** 欲為陳危之事，其有毀誹之者，則為之顯言，又微毀誹當為私患，其人必以誠而可試之。

7 **注** 說者或延譽異人與彼同行，或規謀異事與彼同計。其異人之行若與彼同汙，則大文飾之，言此汙何所傷；其異事之計若與彼同敗者，則明為文飾，言此敗何所失。如此必以己為善補過而崇重之也。

▲先慎曰：《史記》脫「有與同汙者則必以大」九字。乾道本注「其異人之行」，「行」上有「計」字，據趙本刪。

8 注 彼或自多矜其力，當就譽之，無得以其所難滯礙之。概，礙也。

9 注 彼或自以斷為勇，則無得以其先所罪謫而動怒之也。

▲先慎曰：乾道本「其斷」作「之斷」，《拾補》作「其斷」。盧文弨云：「無」，《藏》本作「毋」；「謫」，《史》作「敵」。顧廣圻云：「之斷」當依《史記》作「其斷」。

▲先慎案：張榜本作「其斷」，與上下文合，今據改。「謫」、「敵」古通，注云「罪謫」，非。

10 注 彼或自以計謀為智，則無得以其先所因敗而窮屈之。凡此皆所以護其短而養其銳者，說可以無傷也。

▲先慎曰：趙本注「因」作「困」，誤。

11 注 意無拂忤，辭無繫縻，其智辯得以極騁。盧文弨曰：「意」，《史》作「忠」。《史》「拂」、「辭」互易。案：「悟」與「忤」通，《索隱》、《正義》所見《史記》尚不倒。「繫縻」，各本作「擊摩」，注同，《史》作「擊排」。顧廣圻曰：「忠」字非。「悟」，《藏》本、今本作「忤」。《正義》云：「『拂悟』當作『咈忤』，古字假借耳。」「繫縻」，《藏》本作「擊摩」，是也，《索隱》引正作「擊摩」。

▲先慎曰：《御覽》四百六十二引「意」作「怒」，「悟」作「忤」，「繫縻」作「擊排」。案：「大怒」謂盛怒也，「意」、「忠」並誤。《說文》：「悟，屰也。」「悟」為正字，「悟」、「忤」並通叚字。大怒之時，說尤為難。「無所佛悟」者，若觸讋之諫齊太后是也。「繫縻」、「擊摩」古字相通，《說文》「繫，縛也；縻，牛轡也」，引申為「羈束」字。《易·蒙》釋文：「擊，本作『繫』。」〈中孚〉釋文：

「靡，本又作『縻』，陸作『䌕』，京作『劘』。」《禮記．學記》釋文：「摩，又作『靡』。」《一切經音義．十》：「摩，古文『劘』、『攠』二形同。」本書作「繫縻」者，謂無縛束也。《史記》作「擊排」，《索隱》謂：「說諫之詞本無別，有所擊射排擯也。」案：辭言恐有所擊排，即多瞻顧縛束而不敢言，則必如「梁子之告季子，語必可與商太宰三坐」是也。

12 **注** 說者因道此術，則得親近於君，終不見疑，其辭又得自盡也。顧廣圻曰：「此道所得親近不疑」句有誤，「盡」下當依《索隱》引此有「之」字，《史記》作「知盡之難也」，徐廣曰：「知」，一作「得」；「難」，一作「辭」。俞樾曰：上「得」字，衍文也。「道所」當作「所道」。「此所道親近不疑」，猶曰「此所由親近不疑」，古書每以「道」為「由」，說已見前矣。《史記》作「此所以親近不疑」，「所道」即「所以」也。讀者不解「道」字而誤倒之，又妄增入「得」字，遂至不可通矣。

13 **注** 二人自託於宰虜者，所以干其上也。

14 **注** 先慎曰：乾道本「如」上有「加」字。盧文弨云：「『加』字各本無。」顧廣圻云：《藏》本無「加」字，「以進加」，《史記》作「而涉世」。

▲先慎按：「加」即「如」字誤而複衍，今據刪。

15 **注** 先慎曰：《說文》：「振，舉救也。」

16 **注** 盧文弨曰：「仕」與「士」通，《索隱》云：「《韓子》作『士』。」

▲先慎曰：今作「仕」者，後人依《史記》改之也。

17 注 「彌」，猶「經」也，謂所經久遠也。

▲先慎曰：乾道本「彌」作「離」，注同。「既」作「未」，據張榜本改，《史記》同。《索隱》謂：「君臣道合，曠日已久，誠著於君也，君之渥澤周浹於臣，魚水相須，梅鹽相和也。」

18 注 斷割。顧廣圻曰：「割」，《史記》作「計」。

19 注 「直指」，言無所迴避也。「飾身」，謂以寵榮光飾相持其身也。

20 注 君則以不疑不罪以固臣，臣則以致功飾身以輸忠，故曰「相持」。如此者，說之成也。

昔者鄭武公欲伐胡[1]，故先以其女妻胡君以娛其意。因問於群臣：「吾欲用兵，誰可伐者？」大夫關其思對曰：「胡可伐。」武公怒而戮之，曰：「胡，兄弟之國也，子言伐之何也？」胡君聞之，以鄭爲親己，遂不備鄭。鄭人襲胡，取之。宋有富人[2]，天雨，牆壞。其子曰：「不築，必將有盜。」其鄰人之父亦云。暮而果大亡其財[3]，其家甚智其子，而疑鄰人之父。此二人說者皆當矣[4]，厚者爲戮，薄者見疑[5]，則非知之難也，處之則難也[6]。故繞朝之言當矣，其爲聖人於晉而爲戮於秦也[7]。此不可不察。

1 **注** 先慎曰：《正義》引《世本》云：「胡，歸姓也。《括地志》：『胡城，在豫州郾城縣界。』」

2 **注** 先慎曰：〈外儲說下篇〉「宋」作「鄭」。

3 **注** 此夕盜至，故大亡也。

4 **注** 先慎曰：「當」，音「當浪反」，下同。

5 **注** 「二人」，謂關其思、鄰人之父。鄭武公所以戮其所厚，欲令胡不疑也。富人所以疑其薄者，不當為己同憂也。

6 **注** 其思、鄰父非不知也，但處用其知不得其宜，故或見疑，或見戮，故曰「處之難也」。

▲先慎曰：乾道本「處之」作「處知」，據張榜本改。注云「處之難也」，亦作「之」，未誤。其作「知」者，依《史記》改也。

7 **注** 晉人譎取士會於秦，繞朝贈之以策曰：「吾謀適不用。」其言非不當也，晉人雖以為聖，後秦竟以言戮之，是亦處知失宜也。盧文弨曰：繞朝贈士會以策曰：「子無謂秦無人，吾謀適不用也。」則朝當已言於秦君，留士會不遣，而秦君不用其謀，故云然。注乃云「後秦竟以言戮之」，此不知出何書，殆因非之言傳會耳。

**昔者彌子瑕有寵於衛君。衛國之法，竊駕君車者罪刖[1]。彌子瑕母病，人聞，有夜告彌子[2]，彌子矯駕君車以出[3]。君聞而賢之曰：「孝哉！爲母之故，忘其犯刖罪[4]。」**

異日，與君遊於果園，食桃而甘，不盡，以其半啗君[5]。君曰：「愛我哉！忘其口味，以啗寡人[6]。」及彌子色衰愛弛，得罪於君。君曰：「是固嘗矯駕吾車，又嘗啗我以餘桃[7]。」故彌子之行未變於初也[8]，而以前之所以見賢而後獲罪者[9]，愛憎之變也[10]。故有愛於主，則智當而加親；有憎於主，則智不當見罪而加疏[11]。故諫說談論之士，不可不察愛憎之主而後說焉。夫龍之為虫也，柔可狎而騎也，然其喉下有逆鱗徑尺[12]，若人有嬰之者則必殺人[13]。人主亦有逆鱗，說者能無嬰人主之逆鱗則幾矣[14]。

1 **注** 先慎曰：《治要》「刖」作「跀」，下同。

2 **注** 先慎曰：乾道本「聞有」作「聞往」。盧文弨云：李善注《文選》陸韓卿〈中山王孺子妾歌〉引作「人聞」，無「往」字。《史》作「人聞往」。

▲先慎按：「往」，《治要》作「有」，是唐人所見本自作「有」，李注無「有」字，脫也。此謂人聞其母病，有夜來告者，形彌子得傳聞之言而歸，已顯衛君之稱為孝，文相照應，今據二唐本改。《藝文類聚》三十三引「人聞有」作「其人有」。

3 **注** 先慎曰：《治要》「出」作「歸」，《藝文類聚》亦作「出」。

4 **注** 先慎曰：各本無「犯」字。盧文弨云：《選注》引作「犯跀罪」，「跀」，古「刖」字。案：此書〈外儲說左下〉「跀危生子皋」，作「跀」字，此與上文「罪刖」亦當本作「跀」，後人改之。《史》作「而犯刖罪」。

▲先慎按：《治要》、《藝文類聚》引作「犯刖罪」，是唐人所見皆有「犯」字，今據補。

5 **注** 先慎曰：張榜本「不盡」作「而盡」，屬下為句，《治要》、《藝文類聚》八十六、《白孔六帖》九十九、《御覽》八百二十四、九百六十七、《事類賦》二十六、《意林》引「啗」並作「啖」，下同。按《說文》：「啖，焦啖也；啗，食也，讀與『含』同。」自食為「啖」，食人為「啗」，二字義別。此作「啗」，是也。

6 **注** 先慎曰：《治要》、《藝文類聚》、《白孔六帖》引「以」作「而」。

7 **注** 先慎曰：《史記》「啗我」作「食我」。

8 **注** 先慎曰：《治要》「變」作「移」。

9 **注** 盧文弨曰：《史》作「前見賢而後獲罪者」，此多賸字。

▲先慎曰：《治要》無上「以」字、「之」字及下「而」字。

10 **注** 先慎曰：《治要》「愛」上有「人主」二字。

11 **注** 先慎曰：《治要》無「見罪」二字。

12 **注** 盧文弨曰：《文選》袁彥伯〈三國名臣序贊〉注引「柔」上有「擾」字。《史》無「柔」字，有「擾」

字，在下句「可」字之下。「徑尺」，《選注》作「徑寸之處」，非。顧廣圻曰：「『柔』、『擾』同字。」
▲先愼曰：《史記》「虫」作「蟲」，《正義》：「龍，蟲類也，故言龍之為蟲。」《御覽》九百二十九引「虫」作「蟲」，無「柔」字、「其」字，《事類賦》二十八引亦無「柔」字、「其」字。

13 **注** 「嬰」，觸。

14 **注** 先愼曰：《索隱》：「幾，庶也，謂庶幾於善諫說也。」

# 和氏第十三

楚人和氏得玉璞楚山中[1]，奉而獻之厲王[2]。厲王使玉人相之，玉人曰：「石也。」王以和爲誑而刖其左足[3]。及厲王薨，武王即位，和又奉其璞而獻之武王。武王使玉人相之，又曰「石也」，王又以和爲誑，而刖其右足。武王薨，文王即位，和乃抱其璞而哭於楚山之下[4]，三日三夜，泣盡而繼之以血[5]。王聞之，使人問其故，曰：「天下之刖者多矣，子奚哭之悲也？」和曰：「吾非悲刖也，悲夫寶玉而題之以石，貞士而名之以誑，此吾所以悲也。」王乃使玉人理其璞而得寶焉[6]，遂命曰「和氏之璧」。

1 注 先愼曰：《藝文類聚》七、《白孔六帖》五、《事類賦》九引「和氏」作「卞和」，「楚」上有「於」字。《藝文類聚》、《白孔六帖》無「璞」字。

2 注 盧文弨曰：孫貽穀云：「〈楚世家〉無厲王，《後漢書．孔融傳注》引作『武王、文王、成王』，是也。疑今本誤。」顧廣圻曰：《新序》云「荊厲王、武王、共王」，亦不同。

▲先愼曰：《後漢書注》引是，《御覽》三百七十二、六百四十八引作「武王、文王、成王」，是其證。

3 注 盧文弨曰：《後漢注》引「誑而」作「謾己」。

▲先愼曰：《御覽》六百四十八、八百五、《事類賦》引並作「謾」，無「而」字。

4 注 先愼曰：「楚山」當作「荊山」，涉上文「得玉於楚山」而誤。《藝文類聚》荊山下引正作「荊山」，《白孔六帖》同。

5 注 先愼曰：乾道本「泣」作「泪」，今本作「淚」。盧文弨云：「淚」，《藏》本作「泣」，《後漢注》引同。

▲先愼案：《藝文類聚》、《事類賦》注、《御覽》並引作「泣」，今據改。

6 注 先愼曰：《事類賦》「寶」下有「玉」字。

夫珠玉，人主之所急也，和雖獻璞而未美，未爲主之害也[1]，然猶兩足斬而寶乃論，論寶若此其難也。今人主之於法術也，未必和璧之急也，而禁群臣士民之私邪[2]，然則有道者之不僇也，特帝王之璞未獻耳[3]。主用術則大臣不得擅斷，近習不敢賣重，官行法則浮萌趨於耕農[4]，而游士危於戰陳[5]。則法術者乃群臣士民之所禍也。人主非能倍大臣之議，越民萌之誹，獨周乎道言也[6]。則法術之士雖至死亡，道必不論矣[7]。

1 注 所獻之寶，設令未美，亦無害於王也。

▲先慎曰：乾道本「王」作「主」，盧文弨云：「《藏》本『主』作『王』。」王先謙云：「依注當作『王』。」今據改。顧廣圻云：「害」字起，《藏》本脫。

2 注 人主之於法術，未必如和璧之急，乃更禁其臣人為卞和之忠，苟無卞和之忠，誰肯犯禁而論其法術亂也？

▲先慎曰：此下當有脫文。注「急」、「忠」二字，乾道本互譌，今據趙本改。「亂」字亦誤，未詳所當作。

3 注 「帝王之璞」即法術也。有道之士所以不見僇者，則以未獻法術也。

▲先慎曰：乾道本「特」作「持」。顧廣圻云：今本「持」作「特」。《新序》云：「直白玉之璞未獻耳。」

▲先慎案：「特」即「直」也，「持」當為「特」殘缺字，改從今本。

4 注 先慎曰：無執業者有禁，故流民急於耕農。

5 注 先慎曰：故游說之士以其言責其功，不敢言戰陳。

6 注 先慎曰：「周」當為「用」之誤。「道言」，謂法術之言也，下同。

7 注 先慎曰：珠玉，人主之所急，然兩足刖而始論，法術不如和璧之急，故至死亡而不論。

昔者吳起教楚悼王以楚國之俗曰：「大臣太重，封君太眾，若此，則上偪主而下虐民，此貧國弱兵之道也[1]。不如使封君之子孫三世而收爵祿[2]，絕滅百吏之祿秩[3]，損不急之枝官[4]，以奉選練之士。」悼王行之期年而薨矣[5]，吳起枝解於楚。商君教秦孝公以連什伍，設告坐之過[6]，燔詩書而明法令[7]，塞私門之請而遂公家之勞[8]，禁游宦之民[9]而顯耕戰之士。孝公行之，主以尊安，國以富強，八年而薨[10]，商君車裂於秦。楚不用吳起而削亂，秦行商君法而富強，二子之言也已當矣，然而枝解吳起而車裂商君者，何也？大臣苦法而細民惡治也。當今之世，大臣貪重[11]，細民安亂[12]，甚於秦、楚之俗[13]，而人主無悼王、孝公之聽，則法術之士，安能蒙二子之危也而明己之法術哉[14]？此世所亂無霸王也[15]。

1 注 先慎曰：乾道本「貧」作「貪」，按：「貪」即「貧」字形近而誤，《拾補》改作「貧」，今從之。

2 注 先慎曰：〈喻老篇〉「楚邦之法，祿臣再世而收地」，則「三世而收爵祿」，不起於吳起。蓋楚法廢弛，故吳起云然。

3 注 盧文弨曰：「絕滅」二字，疑當作「滅」。顧廣圻曰：「絕滅」當作「纔滅」，「纔」、「𢦏」同字。

▲先慎曰：顧說是。「纔」、「絕」偏旁同，故誤。

4 注 「枝官」，謂非要急者，若樹之枝也。然養樹者必披落其枝，為政者亦損其閑冗。

5 注 先慎曰：「矣」字，依下文不當有。

6 注 使什家、伍家相拘連，中有犯罪，或有告者，則并坐其什、伍，故曰「告坐」。

7 注 先慎曰：《困學紀聞》云：「《史記·商君傳》不言『燔詩書』，蓋《詩》、《書》之道廢，與李斯之焚無異也。」

8 注 於公有勞者，不滯其功賞。

9 注 不守本業，游散求官者，設法以禁之也。

10 注 先慎曰：《國策》「孝公行商君法十八年而死」，《史記》「商君相秦十年」，《索隱》云：「《國策》蓋連其未作相之年說也。」案：此作「八年」，與《史記》、《國策》皆不合，疑「八」上奪「十」字。

11 注 臣虧公法而行私惠，所以成其重也。

12 注 先慎曰：游宦之民因請謁而得祿。

13 注 此篇非未入秦時為韓著之，故得引秦以為喻。

14 注 先慎曰：「也」字衍文。

15 注 顧廣圻曰：今本「所」下有「以」字。

# 姦劫弒臣第十四

凡姦臣，皆欲順人主之心以取信幸之勢者也[1]。是以主有所善，臣從而譽之；主有所憎，臣因而毀之。凡人之大體，取舍同者則相是也，取舍異者則相非也。今人臣之所譽者，人主之所是也，此之謂同取；人臣之所毀者，人主之所非也，此之謂同舍。夫取舍合而相與逆者[2]，未嘗聞也，此人臣之所以取信幸之道也[3]。夫姦臣得乘信幸之勢以毀譽、進退群臣者，人主非有術數以御之也[4]，非參驗以審之也[5]，必將以曩之合己信今之言，此幸臣之所以得欺主成私者也。故主必蔽於上[6]，而臣必重於下矣，此之謂擅主之臣。國有擅主之臣，則群下不得盡其智力以陳其忠，百官之吏不得奉法以致其功矣[7]。何以明之？夫安利者就之，危害者去之，此人之情也。今爲臣盡力以致功、竭智以陳忠者，其身困而家貧，父子罹其害；爲姦利以弊人主[8]，行財貨以事貴重之臣者，身尊家富，父子被其澤——人焉能去安利之道而就危害之處哉？治國若此其過也，而上欲下之無姦，吏之奉法，其不可得亦明矣。故左右知貞信之不可以得安利也[9]，必曰：「我以忠信事上，積功勞而求安，是猶盲而欲知黑白之情[10]，必不幾矣。若以道化行正理，不趨富貴事上而求安[11]，是猶聾而欲審清濁之聲也，愈不幾矣。二者不可以得安[12]，我安能無相比周、蔽主上、爲姦私以適重人哉？」此必不顧人主之義矣。其百官之吏，亦知方正之不可以得安也[13]，必曰：「我以清廉事上而求安，若無規矩而欲爲方圓也，必不幾矣[14]。若以守法不朋黨治官而求安，是猶以足搔頂也，愈不幾也。二者不可以得安，能無廢法行私以適重人哉[15]？」此必不顧君上之法矣。故以私爲重人者衆[16]，而以法事君者少矣。是以主孤於上，而臣成黨於下，此田成之所以弒簡公者也。

1 注 先愼曰：各本「信」作「親」，今據《治要》改，下正作「信」。

2 注 先愼曰：《治要》「合」下有「同」字，疑「合」即「舍」字之誤而衍者，「合」當作「同」，蒙上「此之謂同取」、「此之謂同舍」而言。

3 注 先愼曰：各本無「取」字，依下文當有，據《治要》增。

4 注 先愼曰：各本「非」作「所」，今據《治要》改，下文正作「非」。

5 注 先慎曰：依上文，「非」下脫「有」字。

6 注 先慎曰：各本「蔽」作「欺」。〈孤憤篇〉云「故人主愈蔽，而大臣愈重」，語意正同，是「欺」當為「蔽」之誤，今據《治要》改。

7 注 先慎曰：《治要》「法」作「令」，「功」作「力」。

8 注 先慎曰：「弊」，讀為「蔽」。

9 注 先慎曰：「利」字涉上文而衍，下「知方正之不可以得安也」，「知詐偽之不可以得安也」，並無「利」字，即其證。

10 注 先慎曰：〈解老篇〉：「目不能決黑白之色，則謂之盲」，此「情」字當作「色」。

11 注 先慎曰：「化」，疑「術」之誤。「事上」二字，當在「行正理」上。「若以道術事上」，與上「我以忠信事上」相對。

12 注 王渭曰：句絕。

13 注 顧廣圻曰：《道藏》本脫，止「不」字。按：此乃乾道本之第七、八兩葉也，《藏》本出於乾道本，可知矣。

14 注 先慎曰：「也」當作「矣」。

15 注 顧廣圻曰：「能」上當有「我安」二字。

16 注 盧文弨曰：「人」，《藏》本作「臣」。

夫有術者之爲人臣也，得效度數之言[1]，上明主法，下困姦臣，以尊主安國者也。是以度數之言得效于前，則賞罰必用于後矣。人主誠明於聖人之術，而不苟於世俗之言[2]，循名實而定是非，因參驗而審言辭。是以左右近習之臣，知僞詐之不可以得安也，必曰：「我不去姦私之行，盡力竭智以事主，而乃以相與比周[3]、妄毀譽以求安，是猶負千鈞之重、陷於不測之淵而求生也，必不幾矣。」百官之吏，亦知爲姦利之不可以得安也，必曰：「我不以清廉方正奉法，乃以貪污之心枉法以取私利，是猶上高陵之顛、墮峻谿之下而求生[4]，必不幾矣。」安危之道若此其明也，左右安能以虛言惑主，而百官安敢以貪漁下？是以臣得陳其忠而不弊[5]，下得守其職而不怨。此管仲之所以治齊，而商君之所以強秦也。從是觀之，則聖人之治國也，固有使人不得不愛我之道[6]，而不恃人之以愛爲我也。恃人之以愛爲我者危矣[7]，恃吾不可不爲者安矣。夫君臣非有骨肉之親，正直之道可以得利[8]，則臣盡力以事主，正直之道不可以得安，則臣行私以干上。明主知之，故設利害之道以示天下而已矣。夫是以人主雖不口教百官，不目索姦衺，而國已治矣。人主者，非目若離婁乃爲明也，非耳若師曠乃爲聰也。不任其數而待目以爲明[9]，所見者少矣，非不弊之術也[10]。不因其勢而待耳以爲聰[11]，所聞者寡矣，非不欺之道也。明主者，使天下不得不爲己視，使天下不得不爲己聽[12]。故身在深宮之中而明照四海之內[13]，而天下弗能蔽、弗能欺者，何也？闇亂之道廢而聰明之勢興也。故善任勢者國安，不知因其勢者國危。古秦之俗，君臣廢法而服私，是以國亂兵弱而主卑。商君說秦孝公以變法易俗而明公道，賞告姦[14]，困末作而利本事[15]。當此之時，秦民習故俗之有罪可以得免、無功可以得尊顯也，故輕犯新法。於是犯之者其誅重而必，告之者其賞厚而信，故姦莫不得而被刑者衆，民疾怨而衆過日聞[16]。孝公不聽，遂行商君之法，民後知有罪之必誅，而私姦者衆也[17]，故民莫犯，其刑無所加。是以國治而兵強，地廣而主尊。此其所以然者，匿罪之罰重，而告姦之賞厚也。此亦使天下必爲己視聽之道也。至治之法術已明矣，而世學者弗知也。

1 注 俞樾曰：「得」字衍文。此論有術者之為人臣，其道如此，非論得不得也。蓋涉下文「度數之言得效於前」而衍。

2 注 先慎曰：「苟」當作「徇」，形近而誤。

3 **注** 先慎曰：依下文，「而」字當衍。

4 **注** 先慎曰：依上文，當有「也」字。

5 **注** 顧廣圻曰：《藏》本、今本「弊」作「蔽」。

6 **注** 俞樾曰：「不得不愛我」，當作「不得不為我」，涉下句而誤耳。下文云「恃吾不可不為者安矣」，「不可不為」即「不得不為」也。又曰「明主者使天下不得不為己視，天下不得不為己聽」，此使人不得不為我之義也，可據以訂正。

▲先慎曰：俞說是。

7 **注** 先慎曰：乾道本無「為」字。盧文弨云：「凌本有，《藏》本、張本倒，作『為愛』，譌。」今據凌本增。

8 **注** 先慎曰：「利」當作「安」，下云「不可以得安」，正反對「得安」而言，即其證。

9 **注** 先慎曰：各本「不」上有「目必」二字。盧文弨云：「目必」二字疑衍。

▲先慎案：《治要》無，今據刪。

10 **注** 先慎曰：《治要》「弊」作「蔽」，二字本書通用。

11 **注** 先慎曰：乾道本「不」上有「耳必」二字，「因」作「固」。盧文弨云：《藏》本、張本皆無「耳必」二字。顧廣圻云：《藏》本、今本「固」作「因」。

▲先慎案：《治要》亦無「耳必」二字，「固」作「因」，今據刪改。

12 **注** 先慎曰：各本無下「使」字，據《治要》增。

13 **注** 先慎曰：《治要》無「而」字。

14 **注** 先慎曰：《史記．衛鞅傳》：「告姦者與斬敵首同賞。」

15 **注** 先慎曰：「末作」，工商也；「本事」，耕織也。〈衛鞅傳〉：「事末利及怠而貧者，舉以為收孥；大小僇力本業，耕織致粟帛多者復其身。」故末作困而本事利。

16 **注** 顧廣圻曰：「衆」字衍。
▲先慎曰：「衆」當作「罪」，涉上文而誤。

17 **注** 顧廣圻曰：「私」下當有「告」字。
▲先慎曰：商君之法賞告姦，則告姦非私也。「私」即「告」之誤。

且夫世之愚學，皆不知治亂之情[1]，讘詼多誦先古之書，以亂當世之治[2]；智慮不足以避穽井之陷[3]，又妄非有術之士[4]。聽其言者危[5]，用其計者亂[6]，此亦愚之至大而患之至甚者也。俱與有術之士[7]，有談說之名，而實相去千萬也[8]，此夫名同而實有異者也。夫世愚學之人比有術之士也，猶螘垤之比大陵也，其相去遠矣。而聖人者，審於是非之實，察於治亂之情也。故其治國也，正明法，陳嚴刑，將以救群生之亂，去天下之禍，使強不陵弱，衆不暴寡，耆老得遂，幼孤得長，邊境不侵，君臣相親，父子相保，而無死亡係虜之患[9]，此亦功之至厚者也。愚人不知，顧以爲暴。愚者固欲治而惡其所以治[10]，皆惡危而喜其所以危者。何以知之？夫嚴刑重罰者，民之所惡也，而國之所以治也；哀憐百姓、輕刑罰者，民之所喜，而國之所以危也。聖人爲法國者[11]，必逆於世，而順於道德。知之者，同於義而異於俗；弗知之者，異於義而同於俗。天下知之者少，則義非矣。

1 注 先愼曰：「情」，實也。

2 注 先愼曰：《說文》：「讘，多言也；唊，妄語也。」此「詼」字當作「唊」。言愚學溺於所聞，妄談治亂，誦說先古之書，使人主聞之不敢變法而理。

3 注 顧廣圻曰：句有誤。

▲先愼曰：「穽井」當作「井穽」。《韓詩外傳．五》云：「兩瞽相扶，不陷井穽，則其幸也。」作「井穽」是其證。《禮記》：「人皆曰予知，驅而納諸罟獲陷阱之中，而莫知避也」，即「智慮不足以避陷穽」義。

4 注 先愼曰：乾道本無「非」字，顧廣圻云：「《藏》本、今本有『非』字。」今據補。

5 注 先愼曰：狃於故習，輕犯新法。

6 注 先愼曰：法古循禮，不敢變更。

7 注 先愼曰：「與」，讀若「為」。《禮記・内則》「小切之與稻米」，《周禮・醢人》注作「小切之為稻米」，是其證。此言世之愚學與法術之士，皆名為有術之士，而其實不同也。

8 注 先愼曰：乾道本「相」作「於」，顧廣圻云：「《藏》本、今本『於』作『相』。」今據改。

9 注 先愼曰：趙本「係」作「繫」。盧文弨云：「《藏》本、張本『繫』作『係』。」案：二字古通。

10 注 先愼曰：依下文，「治」下當有「者」字。

11 注 顧廣圻曰：「國者」當作「者固」。「者」句絕，「固」下屬。《藏》本「聖」上有「故」字，非也。

處非道之位，被衆口之譖，溺於當世之言，而欲當嚴天子而求安，幾不亦難哉[1]！此夫智士所以至死而不顯於世者也[2]。楚莊王之弟春申君[3]有愛妾曰余，春申君之正妻子曰甲，余欲君之棄其妻也，因自傷其身以視君而泣[4]，曰：「得爲君之妾，甚幸。雖然，適夫人非所以事君也，適君非所以事夫人也。身故不肖，力不足以適二主，其勢不俱適，與其死夫人所者，不若賜死君前。妾以賜死[5]，若復幸於左右，願君必察之，無爲人笑。」君因信妾余之詐，爲棄正妻。余又欲殺甲而以其子爲後，因自裂其親身衣之裏以示君而泣，曰：「余之得幸君之日久矣，甲非弗知也，今乃欲強戲余，余與爭之，至裂余之衣，而此子之不孝，莫大於此矣。」君怒，而殺甲也。故妻以妾余之詐棄，而子以之死。從是觀之，父之愛子也，猶可以毀而害也[6]。君臣之相與也，非有父子之親也，而群臣之毀言非特一妾之口也，何怪夫賢聖之戮死哉！此商君之所以車裂於秦，而吳起之所以枝解於楚者也[7]。凡人臣者，有罪固不欲誅，無功者皆欲尊顯。而聖人之治國也，賞不加於無功，而誅必行於有罪者也。然則有術數者之爲人也[8]，固左右姦臣之所害，非明主弗能聽也。

1 注 顧廣圻曰：「幾」當在「難」字下。

2 注 盧文弨曰：《藏》本無「而」字。

3 注 顧廣圻曰：與〈楚世家〉、〈春申君列傳〉皆不合。

4 注 先慎曰：「視」當作「示」。「以示君」，謂以身受傷之處示君也，與下「自裂其親身衣之裏以示君」同義。下正作「示」，明此「視」為「示」之譌。

5 注 先慎曰：「以」當作「不」。謂不賜妾死也。

6 注 先慎曰：乾道本「以」下無「毀」字，《藏》本「父」上有「夫」字。盧文弨云：「毀」字脫，凌本有。俞樾云：「以」字衍文，「可而」即可以也。此文本云「父之愛子也，猶可而害也」，淺人不達古語，於

「而」上又增入「以」字，則不可通矣。

▲先慎按：凌本作「猶可以毀而害也」，是也。下文「群臣之毀言，非特一妾之口也」，即蒙此句，明各本脫「毀」字。俞氏據誤本，勢不得不刪字以就己說。今據凌本補。

7 注 先慎曰：〈釋名〉：「車裂曰『轘』。轘，散也，肢體分散也。」是二子皆受轘死，各國名刑不同，韓非亦因而稱之耳。「枝」，當作「支」。

8 注 顧廣圻曰：《藏》本、今本「人」下有「臣」字。

▲先慎曰：「人」下當有「主」字。「為」音「于偽反」。

世之學術者說人主，不曰「乘威嚴之勢以困姦衺之臣」，而皆曰「仁義惠愛而已矣」。世主美仁義之名而不察其實，是以大者國亡身死，小者地削主卑。何以明之？夫施與貧困者[1]，此世之所謂仁義；哀憐百姓、不忍誅罰者，此世之所謂惠愛也。夫有施與貧困[2]，則無功者得賞；不忍誅罰，則暴亂者不止。國有無功得賞者，則民不外務當敵斬首[3]，內不急力田疾作，皆欲行貨財、事富貴、爲私善、立名譽以取尊官厚俸。故姦私之臣愈衆，而暴亂之徒愈勝，不亡何待？夫嚴刑者[4]，民之所畏也；重罰者，民之所惡也。

故聖人陳其所畏以禁其衺，設其所惡以防其姦。是以國安而暴亂不起。吾以是明仁義愛惠之不足用，而嚴刑重罰之可以治國也。無捶策之威、銜橛之備，雖造父不能以服馬。無規矩之法、繩墨之端，雖王爾不能以成方圓。無威嚴之勢、賞罰之法，雖堯、舜不能以爲治。今世主皆輕釋、重罰、嚴誅、行愛惠，而欲霸王之功[5]，亦不可幾也。故善爲主者，明賞設利以勸之，使民以功賞而不以仁義賜；嚴刑重罰以禁之，使民以罪誅而不以愛惠免。是以無功者不望，而有罪者不幸矣。託於犀車良馬之上[6]，則可以陸犯阪阻之患；乘舟之安，持檝之利，則可以水絕江河之難[7]；操法術之數，行重罰嚴誅，則可以致霸王之功。治國之有法術賞罰，猶若陸行之有犀車良馬也，水行之有輕舟便檝也，乘之者遂得其成。伊尹得之湯以王，管仲得之齊以霸，商君得之秦以強。此三人者，皆明於霸王之術，察於治強之數，而不以牽於世俗之言。適當世明主之意，則有直任布衣之士，立爲卿相之處[8]；處位治國，則有尊主廣地之實——此之謂足貴之臣。湯得伊尹，以百里之地立爲天子；桓公得管仲，立爲五霸主，九合諸侯，一匡天下；孝公得商君，地以廣，兵以強。

故有忠臣者[9]，外無敵國之患，內無亂臣之憂，長安於天下而名垂後世，所謂忠臣也。若夫豫讓爲智伯臣也，上不能說人主使之明法術[10]、度數之理，以避禍難之患，下不能領御其衆以安其國。及襄子之殺智伯也，豫讓乃自黔劓[11]，敗其形容，以爲智伯報襄子之仇，是雖有殘刑殺身以爲人主之名[12]，而實無益於智伯，若秋毫之末。此吾之所下也，而世主以爲忠而高之。古有伯夷、叔齊者，武王讓以天下而弗受，二人餓死首陽之陵。若此臣者[13]，不畏重誅，不利重賞，不可以罰禁也，不可以賞使也——此之謂無益之臣也，吾所少而去也，而世主之所多而求也。

1 注 先慎曰：乾道本無「與」字。盧文弨云：「與」字脫，一本有。
▲先慎按：有「與」字是也，下有「與」字，即其證，今依《拾補》增。

2 注 顧廣圻曰：當衍「有」字。

3 注 顧廣圻曰：「不外」當作「外不」。

4 注 先慎曰：乾道本無「刑」字。顧廣圻云：《藏》本、今本「嚴」下有「刑」字。
▲先慎按：「嚴刑」、「重罰」相對，明此脫，今據補。

5 注 盧文弨曰：《藏》本無「欲」字。

6 注 顧廣圻曰：「犀」字未詳。俞樾曰：顧氏偶失考耳，《漢書．馮奉世傳注》引晉灼云：「犀，堅也。」然則「犀車良馬」，即「堅車良馬」矣。《吳子．應變篇》云「車堅馬良」，是其義也。

7 注 先慎曰：趙本「水」誤「永」。

8 注 盧文弨曰：「處」，凌本作「功」。

9 注 先慎曰：乾道本無「臣」字。盧文弨云：「臣」字脫，凌本有。

▲先慎按：有「臣」字是，下「所謂忠臣也」即承此，今據補。

10 注 先慎曰：乾道本「人」字在「使」字下，顧廣圻云：「《藏》本、今本『人』字在『主』字上」，今據改。

11 注 盧文弨曰：「黔」，《藏》本、張本作「黚」，本當作「鉗」。顧廣圻曰：「當作『黥』。」

▲先慎曰：顧說是。《書．呂刑》：「爰始淫為劓、刵、椓、黥。」黥、劓刑在面，〈趙策〉所謂「自刑以變其容」也。

12 注 先慎曰：「刑」當作「形」。

13 注 先慎曰：乾道本無「者」字，盧文弨云：「凌本有『者』字。」今據補。

諺曰：「厲憐王[1]。」此不恭之言也。雖然，古無虛諺，不可不察也。此謂劫殺死亡之主言也[2]。人主無法術以御其臣[3]，雖長年而美材[4]，大臣猶將得勢，擅事主斷，而各爲其私急。而恐父兄豪傑之士[5]，借人主之力以禁誅於己也，故弒賢長而立幼弱，廢正的而立不義[6]。故《春秋》記之曰：「楚王子圍將聘於鄭，未出境，聞王病而反，因入問病，以其冠纓絞王而殺之，遂自立也[7]。齊崔杼，其妻美，而莊公通之，數如崔氏之室。及公往，崔子之徒賈舉率崔子之徒而攻公。公入室[8]，請與之分國，崔子不許，公請自刃於廟，崔子又不聽。公乃走，踰於北牆[9]，賈舉射公，中其股，公墜。崔子之徒以戈斫公而死之，而立其弟景公。」近之所見[10]：李兌之用趙也，餓主父百日而死[11]；卓齒之用齊也[12]，擢湣王之筋[13]，懸之廟梁，宿昔而死[14]。故厲雖癰腫疕瘍，上比於《春秋》，未至於絞頸射股也[15]；下比於近世[16]，未至餓死擢筋也[17]。故劫殺死亡之君，此其心之憂懼、形之苦痛也，必甚於厲矣[18]。由此觀之，雖「厲憐王」可也。

1 **注** 顧廣圻曰：乾道本、《藏》本提行，今本連前，誤。《戰國策》以此至末「可也」，皆作孫子為書謝春申君，《韓詩外傳》同。

2 **注** 先慎曰：「謂」，讀為「為」。「殺」，《策》作「弑」。

3 **注** 先慎曰：乾道本無「主」字。盧文弨云：「主」字脫，凌本有。

▲先慎按：《楚策》、《韓詩外傳》皆有，今據補。

4 **注** 盧文弨曰：「美材」，《藏》本、張本作「材美」。

5 注 先愼曰：「父兄」，謂側室公子，人主之所親愛也。見〈八姦篇〉。「豪傑之士」，即上所云「有術之士」。

6 注 盧文弨曰：「弒」，《外傳》作「捨」。顧廣圻曰：《藏》本「的」作「適」，是也。《策》、《外傳》皆作「適」。

7 注 先愼曰：事見《左．昭元年傳》。

8 注 先愼曰：《左．襄二十五年傳》作「臺」。

9 注 先愼曰：「北」，《策》、《外傳》作「外」。

10 注 盧文弨曰：「之」，《外傳》作「世」。

11 注 先愼曰：事互見〈喻老篇〉。

12 注 顧廣圻曰：《藏》本、今本「卓」作「淖」，《策》、《外傳》皆作「淖」。今按：「卓」、「淖」同字。乾道本未嘗誤，改者非也。《古今人表》「淖齒」，師古曰：「淖，或作『卓』。」

▲先愼曰：《御覽》三百七十五引作「淖」。

13 注 先愼曰：「湣」，《策》、《外傳》作「閔」，《御覽》引亦作「閔」。

14 注 先愼曰：「宿昔」，《策》作「宿夕」。

15 注 先愼曰：乾道本無「射」字，顧廣圻云：「《藏》本、今本『股』上有『射』字，《策》、《外傳》

有。」今據增。

16 注 顧廣圻曰：《藏》本同。今本「近世」作「近臣」，誤。

17 注 顧廣圻曰：《藏》本同。今本「至」下有「於」字，「饑」作「餓」。《策》作「未至擢筋而餓死也」。《外傳》無「而」字，餘同。

18 注 先慎曰：乾道本無「於」字。盧文弨云：「於」字脫，《藏》本、張本有，《外傳》同。

▲先慎按：《策》有「於」字，今據補。

# 卷第五

**思想議題**

〈亡徵〉：法與賞罰／術不欲見：察姦與考核／君臣之道。
〈三守〉：勢與權位／術不欲見：察姦與考核。
〈備內〉：人性趨利避害／勢與權位／術不欲見：察姦與考核／君臣之道。
〈南面〉：君臣之道／法與賞罰。
〈飾邪〉：法治與德治、賢治／反儒、墨，非俠、辯／法與賞罰／君臣之道。

## 亡徵第十五

凡人主之國小而家大，權輕而臣重者，可亡也。簡法禁而務謀慮，荒封內而恃交援者，可亡也。群臣爲學，門子好辯，商賈外積，小民內困者[1]，可亡也。好宮室臺榭陂池，事車服器玩好[2]，罷露百姓[3]，煎靡貨財者，可亡也。用時日，事鬼神，信卜筮而好祭祀者，可亡也。聽以爵不以衆言參驗[4]，用一人爲門戶者，可亡也。官職可以重求，爵祿可以貨得者，可亡也[5]。緩心而無成[6]，柔茹而寡斷，好惡無決而無所定立者，可亡也。饕貪而無饜，近利而好得者，可亡也。喜淫而不周於法[7]，好辯說而不求其用，濫於文麗而不顧其功者，可亡也。淺薄而易見，漏泄而無藏，不能周密而通群臣之語者，可亡也。很剛而不和[8]，愎諫而好勝，不顧社稷而輕爲自信者，可亡也。恃交援而簡近隣，怙強大之救而侮所迫之國者，可亡也。羈旅僑士，重帑在外，上間謀計，下與民事者，可亡也。民信其相[9]，下不能其上，主愛信之而弗能廢者，可亡也。境內之傑不事而求封外之士，不以功伐課試而好以名問舉錯，羈旅起貴以陵故常者，可亡也。輕其適正，庶子稱衡，太子未定而主即世者，可亡也。大心而無悔，國亂而自多，不料境內之資而易其鄰敵者，可亡也。國小而不處卑，力少而不畏強，無禮而侮大鄰，貪愎而拙交者，可亡也。太子已置，而娶於強敵以爲后妻，則太子危，如是，則群臣易慮，群臣易慮者[10]，可亡也。怯懾而弱守，蚤見而心柔懦，知有謂可[11]，斷而弗敢行者，可亡也。出君在外而國更置[12]，質太子未反而君易子，如是則國攜，國攜者，可亡也。挫辱大臣而狎其身，刑戮小民而逆其使[13]，懷怒思恥而專習則賊生[14]，賊生者，可亡也。大臣兩重，父兄衆強，內黨外援以爭事勢者，可亡也。婢妾之言聽，愛玩之智用，外內悲惋而數行不法者，可亡也。簡侮大臣，無禮父兄，勞苦百姓，殺戮不辜者，可亡也。好以智矯法，時以行襍公[15]，法禁變易，號令數下者，可亡也。無地固[16]，城郭惡，無畜積，財物寡，無守戰之備而輕攻伐者，可亡也。種類不壽[17]，主數即世[18]，嬰兒爲君，大臣專制，樹羈旅以爲黨，數割地以待交者，可亡也。太子尊顯，徒屬衆強，多大國之交，而威勢蚤具者，可亡也。變褊而心急[19]，輕疾而易動發[20]，心悁忿而不訾前後者[21]，可亡也。主多怒而好用兵，簡本教而輕戰攻者[22]，可亡也。貴臣相妬[23]，大臣隆盛，外藉敵國、內困百姓以攻怨讎，而人主弗誅者，可亡也。君不肖而側室賢[24]，太子輕而庶子伉，官吏弱而人民桀，如此則國躁，國躁者，可亡也。藏怒而弗發[25]，懸罪而弗誅，使群臣陰憎而愈憂懼，而久未可知者，可亡也。出軍命將太重，邊地任守太尊，專制擅命，徑爲而無所請者，可亡也。后妻淫亂，主母畜穢，外內混通，男女無別，是謂兩主，兩主者，可亡也。后妻賤而婢妾貴，太子卑而庶子尊，相室輕而典謁重，如此則內外乖，內外乖者，可亡也。大臣甚貴，偏黨衆強，壅塞主斷而重擅國者，可亡也。私門之官用，馬府之世[26]，鄉曲之善舉，官職之勞廢，貴私行而賤公功者，可亡也。公家虛而大臣實，正戶貧而寄寓富，耕戰之士困，末作之民利者，可亡也。見大利而不趨，聞禍端而不備，淺薄於爭守之事而務以仁義自飾者，可亡也。不為人主之孝而慕匹夫之孝，不顧社稷之利而聽主母之令，女子用國，刑餘用事者，可亡也。辭辯而不法，心智而無術，主多能而不以法度從事者，可亡也。親臣進而故人退[27]，不肖用事而賢良伏，無功貴而勞苦賤，如是則下怨，下怨者，可亡也。父兄大臣祿秩過功，章服侵等，宮室供養太侈[28]而人主弗禁，則臣心無窮，臣心無窮者，可亡也。公壻、公孫與民同門，暴憿其鄰者[29]，可亡也。

1 注 先慎曰：乾道本「內困」作「右仗」，盧文弨云：「『右仗』，凌本作『內困』。」今據改。

2 注 顧廣圻曰：句絕。「器」下當有脫字。

3 注 先慎曰：「露」當作「潞」，羸也。《呂氏春秋．不屈篇》：「士民罷潞。」

4 注 先慎曰：乾道本「不以衆言」四字作「以待」二字。盧文弨云：「一本作『不以衆言』。」顧廣圻云：今本下「以」字作「不」。

▲先慎案：謂聽以爵之尊卑，不參驗衆言得失。今據盧校改。

5 注 先慎曰：〈八姦篇〉「財利多者買官以為貴，有左右之交者請謁以成重，此亡國之風也」，即此意。

6 注 先愼曰：乾道本「而無」作「無而」，顧廣圻云：「《藏》本、今本『無而』作『而無』。」今據乙。

7 注 先愼曰：乾道本無「刑」字。盧文弨云：「凌本『淫』下有『刑』字。」顧廣圻云：「淫」，淫辭也，見本書〈存韓篇〉。又《呂氏春秋‧審應覽》有「淫辭」，義同，皆可證也。別本於此「淫」下妄加「刑」字，乃誤之甚者。凡別本異同，大率類此，故略不復載。

▲先愼案：訓「淫」為「淫辭」，已嫌添設，且與下言「辯說」無別，顧說非也。「喜淫刑」與下「好辯說」對文，不當少一字，今依凌本增。

8 注 盧文弨曰：「很」，《藏》本作「佷」。

9 注 顧廣圻曰：句有誤。俞樾曰：「民」下脫「不」字。「民不信其相」、「下不能其上」兩文相對。民所不信，下所不能，而人主弗能廢，故曰「可亡也」。

10 注 顧廣圻曰：《藏》本、今本重「群臣易慮」。

11 注 盧文弨曰：「謂」字衍，凌本無。顧廣圻曰：「知有謂可」四字為一句。

12 注 先愼曰：乾道本無「更」字，顧廣圻云：「《藏》本、今本『國』下有『更』字。」今據補。

13 注 顧廣圻曰：「民」當作「人」，「逆」當作「近」。按：此言近刑人也。

14 注 先愼曰：「習」字疑誤，未詳所當作。

15 注 顧廣圻曰：《藏》本同。今本「行」作「私」，誤。按：簡行而貴公者，韓子之家法也。

16 注 盧文弨曰：「無地」，一本倒。

17 注 先慎曰：《楚語》「臣能自壽也」，注：「壽，保也。」

18 注 先慎曰：「數」音「色各反」。

19 注 先慎曰：《拾補》「變」作「偏」。盧文弨云：一作「攣」。顧廣圻云：《藏》本同。今本「變」作「偏」，誤。按：當作「攣」，形相近。俞樾云：「變」當讀為「辨」。《說文．心部》：「辨，一曰急也。」是與「褊」同義。作「變」者，聲近叚借也。《易．文言傳》「由辯之不早辯也」，《釋文》：「辯，荀作『變』。」《孟子．告子篇》「萬鍾則不辨禮義而受之」，《音義》引丁音云：「辨，本作『變』。」皆其例矣。

20 注 顧廣圻曰：六字為一句。

21 注 顧廣圻曰：「心」當作「必」。

▲先慎曰：「訾」，量也。

22 注 先慎曰：乾道本「教」上有「欲」字，顧廣圻云：「《藏》本、今本無『欲』字。」今據刪。

23 注 盧文弨曰：「臣」，各本皆作「人」。

24 注 先慎曰：〈八姦篇〉云：「何謂父兄？曰：側室公子。」是「側室」即君之父兄行也。

25 注 先慎曰：乾道本「怒」作「怨」，顧廣圻云：「《藏》本、今本『怨』作『怒』。」今據改。

26 注 軍馬之府，立功者也。顧廣圻曰：《藏》本同。今本「世」下有「絀」字。按：「世」下脫字，未詳其所當作。

27 注 先慎曰：「親」，讀為「新」。

28 注 先慎曰：張榜本、趙本「太」作「大」，字同。

29 注 先慎曰：趙本「慠」作「傲」。《說文》：「傲，倨也，从人，敖聲。」古本作「敖」，通作「傲」。《釋文》：《禮記·樂記》「傲」字又作「敖」；《左·襄二十年傳》「大夫敖」，本又作「慠」是其證。盧文弨《拾補》「慠」下旁注「傲」字，云：「《藏》本作『慠』。」下張本多同。

亡徵者，非曰必亡[1]，言其可亡也。夫兩堯不能相王，兩桀不能相亡，亡王之機，必其治亂、其強弱相踦者也[2]。木之折也必通蠹，牆之壞也必通隙。然木雖蠹，無疾風不折；牆雖隙，無大雨不壞。萬乘之主，有能服術行法以爲亡徵之君風雨者，其兼天下不難矣。

1 注 盧文弨曰：一本有「也」字。

2 注 先慎曰：下「其」字疑衍。

# 三守第十六

人主有三守。三守完則國安身榮，三守不完則國危身殆。何謂三守？人臣有議當途之失、用事之過、擧臣之情[1]，人主不心藏而漏之近習能人[2]，使人臣之欲有言者，不敢不下適近習能人之心而乃上以聞人主，然則端言直道之人不得見，而忠直日疏[3]。愛人不獨利也，待譽而後利之；憎人不獨害也，待非而後害之，然則人主無威而重在左右矣[4]。惡自治之勞憚，使群臣輻湊用事[5]，因傳柄移藉，使殺生之機、奪予之要在大臣，如是者侵[6]。此謂三守不完。三守不完則劫殺之徵也。

1 注 王先謙曰：「擧臣」，猶言「衆臣」，若後世言「擧朝」之比。
2 注 先慎曰：「能人」，解見〈有度篇〉。
3 注 先慎曰：是守之不完者一也。
4 注 先慎曰：是守之不完者又其一也。
5 注 先慎曰：乾道本「用事」作「之變」，顧廣圻云：「今本『之變』作『用事』。」今據改。
6 注 先慎曰：是又其守之不完也。

凡劫有三：有明劫，有事劫，有刑劫。人臣有大臣之尊，外操國要以資群臣，使外內之事非己不得行。雖有賢良，逆者必有禍，而順者必有福。然則群臣莫敢忠主憂國以爭社稷之利害[1]。人主雖賢，不能獨計，而人臣有不敢忠主，則國爲亡國矣，此謂國無臣。國無臣者，豈郎中虛而朝臣少哉？群臣持祿養交，行私道而不效公忠，此謂明劫。鬻寵擅權，矯外以勝內，險言禍福得失之形以阿主之好惡，人主聽之，卑身輕國以資之，事敗與主分其禍，而功成則臣獨專之。諸用事之人，壹心同辭以語其美[2]，則主言惡者必不信矣[3]，此謂事劫。至於守司囹圄，禁制刑罰，人臣擅之，此謂刑劫。三守不完則三劫者起，三守完則三劫者止，三劫止塞則王矣[4]。

1 注 先慎曰：乾道本「群臣」下有「直」字。顧廣圻云：《藏》本、今本無「直」字。按：「直」當作「且」。

▲先慎案：無「直」字是，今據刪。

2 注 先慎曰：「壹」，趙本作「一」。

3 注 顧廣圻曰：「主」，謂為主首也，與〈初見秦篇〉「主謀」義同。

4 注 先慎曰：《拾補》「止塞」下旁注「者止」二字。盧文弨云：「張本『止塞』，別本多同。」顧廣圻云：

《藏》本同。今本「止塞」作「者止」。



# 備內第十七

人主之患，在於信人，信人則制於人。人臣之於其君，非有骨肉之親也，縛於勢而不得不事也。故爲人臣者，窺覘其君心也無須臾之休，而人主怠慠處其上，此世所以有劫君弑主也。爲人主而大信其子，則姦臣得乘於子以成其私，故李兌傅趙王而餓主父。爲人主而大信其妻，則姦臣得乘於妻以成其私，故優施傅麗姬、殺申生而立奚齊。夫以妻之近與子之親而猶不可信，則其餘無可信者矣。

且萬乘之主，千乘之君，后妃、夫人、適子爲太子者，或有欲其君之蚤死者。何以知其然？夫妻者，非有骨肉之恩也[1]，愛則親，不愛則疏。語曰：「其母好者其子抱。」然則其爲之反也，其母惡者其子釋。丈夫年五十而好色未解也，婦人年三十而美色衰矣。以衰美之婦人事好色之丈夫，則身死見疏賤[2]，而子疑不爲後，此后妃、夫人之所以冀其君之死者也。唯母爲后而子爲主，則令無不行，禁無不止，男女之樂不滅於先君，而擅萬乘不疑，此鴆毒扼昧[3]之所以用也。故《桃左春秋》曰[4]：「人主之疾死者不能處半。」人主弗知則亂多資，故曰：利君死者衆，則人主危。故王良愛馬，越王勾踐愛人，爲戰與馳。醫善吮人之傷[5]，含人之血，非骨肉之親也，利所加也[6]。故輿人成輿則欲人之富貴，匠人成棺則欲人之夭死也，非輿人仁而匠人賊也，人不貴則輿不售，人不死則棺不買，情非憎人也，利在人之死也。故后妃、夫人、太子之黨成而欲君之死也，君不死則勢不重，情非憎君也，利在君之死也，故人主不可以不加心於利己死者。故日月暈圍於外[7]，其賊在內，備其所憎，禍在所愛。是故明王不舉不參之事[8]，不食非常之食，遠聽而近視以審內外之失[9]，省同異之言以知朋黨之分，偶參伍之驗[10]以責陳言之實，執後以應前，按法以治衆，衆端以參觀[11]。士無幸賞[12]，無踰行[13]，殺必當[14]，罪不赦，則姦邪無所容其私矣[15]。徭役多則民苦，民苦則權勢起，權勢起則復除重[16]，復除重則貴人富。苦民以富，貴人起勢，以藉[17]人臣[18]，非天下長利也。故曰徭役少則民安，民安則下無重權，下無重權則權勢滅，權勢滅則德在上矣。今夫水之勝火亦明矣，然而釜鬵閒之[19]，水煎沸竭盡其上，而火得熾盛焚其下，水失其所以勝者矣。今夫治之禁姦又明於此[20]，然守法之臣爲釜鬵之行，則法獨明於胸中，而已失其所以禁姦者矣。上古之傳言，《春秋》所記，犯法爲逆以成大姦者，未嘗不從尊貴之臣也。而法令之所以備[21]，刑罰之所以誅，常於卑賤，是以其民絕望，無所告愬。大臣比周，蔽上爲一，陰相善而陽相惡以示無私，相爲耳目以候主隙，人主掩蔽，無道得聞，有主名而無實，臣專法而行之，周天子是也。偏借其權勢則上下易位矣，此言人臣之不可借權勢[22]。

1 **注** 先慎曰：「恩」疑「親」之誤。上下文並作「骨肉之親」，即其證。

2 **注** 顧廣圻曰：《藏》本、今本無「死」字。按：以下句例之，此字當作「疑」。下又云「而擅萬乘不疑」，相承也。

▲先慎曰：顧說是也。

3 **注** 「扼昧」，謂暗中絞縊也。

4 **注** 顧廣圻曰：《藏》本「桃」作「挑」。案：皆未詳。俞樾曰：「左」疑「兀」字之誤，「桃兀」蓋即「檮兀」之異文，楚之「檮兀」，亦有《春秋》之名，〈楚語〉申叔時所謂「教之《春秋》」是也。故謂之《檮兀春秋》矣。

5 **注** 先慎曰：《御覽》七百二十四、《初學記》二十引「傷」作「腸」。

6 注 先慎曰：《御覽》、《初學記》引「利」下有「之」字。

7 注 顧廣圻曰：《國策．趙》四有此下四句，「暈圍」作「暉」，誤，當依此訂。

8 注 盧文弨曰：「王」，《藏》本作「主」。

9 注 先慎曰：《拾補》「內外」作「外內」。盧文弨云：倒。今從張本、凌本。

▲先慎案：乾道本未誤。

10 注 先慎曰：《拾補》「參」下旁注「三」字。盧文弨云：「三」，凌本作「參」。顧廣圻云：今本作「三」。

11 注 衆事之端皆相參而觀之。盧文弨曰：注張本作「皆相觀而參之」。舊脫「皆」字、「之」字。

▲先慎曰：趙本無「皆」、「之」二字。

12 注 顧廣圻曰：句絕。

13 注 顧廣圻曰：《藏》本同。今本重「賞」字，誤。按：本書〈南面篇〉云「雖有賢行不得踰功而先勞」，即此「無踰行」之意。

14 注 盧文弨曰：「當」字下，凌本有「罪有」二字。

15 注 先慎曰：乾道本無「矣」字。顧廣圻云：《藏》本、今本「私」下有「矣」字。今按：此與「徭役多」不相接，「私」字下當有脫文。

▲先慎案：「矣」字當有，今據補。

16 注 趙用賢曰：謂權勢之人，得為民復除重役也。

▲先慎曰：趙說非也。「重」字承「權勢」而言，下云「下無重權」，即其證。復除傜役，則苦民歸心，故其權勢重也。

17 注 「藉」，假借也。

18 注 先慎曰：下云「偏借其權勢」，即此義。

19 注 盧文弨曰：「鬻」，張本作「鬲」，下同。

20 注 先慎曰：乾道本無「於」字，顧廣圻云：「《藏》本、今本『明』下有『於』字。」今據補。

21 注 先慎曰：乾道本「而」上有「然」字，盧文弨云：「『然』字衍，張、凌本無。」今據刪。

22 注 也。顧廣圻曰：此十一字乃舊注誤入正文，乾道本以末「也」字作旁注，是其迹之未盡泯者。

▲先慎曰：疑「權勢」下有脫文，校者因旁注「也」字，以完此句。

# 南面第十八

人主之過，在己任在臣矣[1]，又必反與其所不任者備之[2]，此其說必與其所任者為讐，而主反制於其所不任者[3]。今所與備人者，且曩之所備也。人主不能明法而以制大臣之威[4]，無道得小人之信矣[5]。人主釋法而以臣備臣，則相愛者比周而相譽，相憎者朋黨而相非[6]，非譽交爭，則主惑亂矣[7]。人臣者，非名譽請謁無以進取，非背法專制無以為威，非假於忠信無以不禁[8]，三者，惛主壞法之資也。人主使人臣雖有智能不得背法而專制，雖有賢行不得踰功而先勞，雖有忠信不得釋法而不禁[9]，此之謂明法。

1 注 顧廣圻曰：當衍「任」下「在」字。

2 注 先慎曰：衛嗣君貴薄疑以敵如耳是也。見〈七術篇〉。

3 注 先慎曰：是恐為任者所制，而反制於不任者，故聽不任者之言，以絀前之所任者。

4 注 顧廣圻曰：當衍「而」字，以十二字為一句。

5 注 顧廣圻曰：《藏》本、今本「人」作「臣」。

6 注 先慎曰：《意林》「非」作「誹」，下同。

7 注 先愼曰：《意林》無「亂」字。

8 注 僞為忠信，然後不禁。

9 注 王先謙曰：不以無心之過為解，而不加罪。

人主有誘於事者[1]，有壅於言者，二者不可不察也。人臣易言事者[2]，少索資，以事誣主[3]，主誘而不察，因而多之[4]，則是臣反以事制主也，如是者謂之誘[5]，誘於事者困於患[6]。其進言少，其退費多，雖有功，其進言不信[7]，不信者有罪，事有功者必賞[8]，則群臣莫敢飾言以惛主。主道者[9]，使人臣前言不復於後，後言不復於前，事雖有功，必伏其罪，謂之任下[10]。人臣爲主設事而恐其非也，則先出說設言曰：「議是事者，妬事者也。」人主藏是言，不更聽群臣，群臣畏是言，不敢議事，二勢者用[11]，則忠臣不聽而譽臣獨任，如是者謂之壅於言，壅於言者制於臣矣。主道者，使人臣必有「言之責[12]」，又有「不言之責」。言無端末、辯無所驗者，此言之責也。以不言避責、持重位者，此不言之責也。人主使人臣言者必知其端以責其實[13]，不言者必問其取舍以爲之責[14]，則人臣莫敢妄言矣，又不敢默然矣，言、默則皆有責也。人主欲爲事，不通其端末而以明其欲[15]，有爲之者[16]，其爲不得利，必以害反，知此者，任理去欲。舉事有道，計其入多、其出少者，可爲也。惑主不然，計其入不計其出，出雖倍其入，不知其害，則是名得而實亡，如是者功小而害大矣。凡功者，其入多、其出少乃可謂功。今大費無罪而少得爲功，則人臣出大費而成小功，小功成而主亦有害。

1 注 先慎曰：舊連上，顧廣圻云：「當以此句提行。」今從之。

2 注 顧廣圻曰：句絕。

3 注 顧廣圻曰：「少索資」逗，「以事誣主」句，《藏》本同。今本「少」作「必」，誤。俞樾曰：「誣」字無義，疑「誘」字之誤。下云「主誘而不察，因而多之」，即承此而言。蓋先少索資而以事誘其主，主既為其所誘，乃因而多之也。王先謙曰：「少索資」，矯為廉讓。《廣雅·釋詁》：「誣，欺也。」俞說非，下乃言「誘」也。

4 注 王先謙曰：「多之」，猶言「賢之」。

5 注 顧廣圻曰：「誘」下當有「於事」二字。

6 注 王先謙曰：言如此者，必為憂患所困。

7 注 王先謙曰：下云「出大費而成小功也，如此者謂之『進言不信』。」

8 注 盧文弨曰：「不」上脫「夫」字，凌本有。「有」上「事」字衍，凌本無。顧廣圻曰：「事有功者必賞」，當作「事雖有功不賞」。

▲先慎曰：顧說是。下云「事雖有功必伏其罪」，即其證。凌本不審而妄改，不可從。

9 注 先慎曰：謂為主之道。

10 注 先慎曰：人主之患在於任臣。然以言責事，以事責功，不專任一臣，凡下之人皆得而任之，故謂之「任下」。

11 注 王先謙曰：「二勢」者，主拒諫，臣緘默，兩有必然之勢。

12 注 先慎曰：乾道本「有必」作「必有」。盧文弨云：「必有」倒，張本作「有必」，凌本作「知有」。

▲先慎案：張本是，今據改。

13 注 先慎曰：依上下文，「端」下當有「末」字。

14 注 顧廣圻曰：《藏》本同。今本「責」作「資」，誤。

15 注 王先謙曰：「明其欲」者，群下之意同曉然於主心。

16 注 顧廣圻曰：《藏》本同。今本「之」下有「意」字，誤。

不知治者[1]，必曰：「無變古，毋易常。」變與不變，聖人不聽，正治而已。然則古之無變，常之毋易，在常、古之可與不可。伊尹毋變殷，太公毋變周，則湯、武不王矣；管仲毋易齊，郭偃毋更晉[2]，則桓、文不霸矣。凡人難變古者，憚易民之安也。夫不變古者，襲亂之迹；適民心者，恣姦之行也。民愚而不知亂，上懦而不能更，是治之失也。人主者，明能知治，嚴必行之，故雖拂於民心[3]，立其治[4]。說在商君之內外而鐵殳重盾而豫戒也。故郭偃之始治也，文公有官卒；管仲始治也[5]，桓公有武車——戒民之備也。是以愚贛窳墮之民[6]，苦小費而忘大利也[7]，故夤虎受阿謗[8]。而輾小變而失長便[9]，故鄒賈非載旅[10]。狎習於亂而容於治[11]，故鄭人不能歸[12]。

1 **注** 先慎曰：舊連上，顧廣圻云：「當以此句提行。」今從之。

2 **注** 先慎曰：「郭偃」，《墨子·所染篇》作「高偃」，「高」與「郭」一聲之轉。《左傳》作「卜偃」。韋、杜注：「晉掌卜大夫。」

3 **注** 顧廣圻曰：逗。

4 **注** 顧廣圻曰：《藏》本、今本「心」作「必」。按：「拂於民心」與上「適民心」相對，唯乾道本為未誤。

▲先慎曰：乾道本脫「必」字，《藏》本、趙本脫「心」字耳。當作「拂於民心，必立其治」。顧氏知「拂民心」與「適民心」相對，而不知「必立其治」與「嚴必行之」又相承也。

5 注 先慎曰：「管仲」下當有「之」字，與上句相對。

6 注 盧文弨曰：以下多不可曉，疑有脫誤。

▲先慎曰：乾道本「愚」作「遇」。顧廣圻云：「《藏》本同。今本『贛』作『戇』，『墮』作『惰』。按：『贛』或省字也。乾道本『愚』作『遇』，譌。」今據改。

7 注 顧廣圻曰：逗。

8 注 顧廣圻曰：句。

9 注 顧廣圻曰：逗。按：「輾」字有誤，未詳所當作。

10 注 顧廣圻曰：句。

11 注 顧廣圻曰：逗。

12 注 顧廣圻曰：句絕。按：此皆未詳。自上文「說在商君」云云以下句例，全與本書〈內儲說七術〉、〈六微〉、〈外儲說左、右〉四篇之《經》相同，必《韓子》此下尚有其說，亦如四篇之說者，而今佚之耳。

▲先慎曰：顧說是。〈外儲說左下〉：「鄭縣人賣豚，人問其價。曰：『道遠日暮，安暇語汝。』」當即「鄭人不能歸」佚文。

# 飾邪第十九

鑿龜數筴，兆曰「大吉」，而以攻燕者，趙也。鑿龜數筴，兆曰「大吉」，而以攻趙者，燕也。劇辛之事，燕無功而社稷危[1]；鄒衍之事，燕無功而國道絕[2]。趙代先得意於燕，後得意於齊[3]，國亂節高[4]，自以爲與秦提衡[5]，非趙龜神而燕龜欺也。趙又嘗鑿龜數筴而北伐燕，將劫燕以逆秦，兆曰「大吉」，始攻大梁而秦出上黨矣[6]，兵至釐而六城拔矣，至陽城，秦拔鄴矣[7]，龐援揄兵而南則鄣盡矣[8]。臣故曰：趙龜雖無遠見於燕，且宜近見於秦。秦以其大吉，辟地有實，救燕有有名[9]，趙以其大吉，地削兵辱[10]，主不得意而死[11]，又非秦龜神而趙龜欺也。初時者，魏數年東鄉攻盡陶、衛[12]，數年西鄉以失其國[13]，此非豐隆、五行、太一[14]、王相、攝提、六神、五括、天河、殷搶、歲星非數年在西也[15]，又非天缺、弧逆、刑星、熒惑、奎台非數年在東也[16]。故曰：龜筴鬼神不足舉勝，左右背鄉不足以專戰。然而恃之，愚莫大焉。

1 **注** 顧廣圻曰：《史記·趙世家》：「悼襄王三年，龐煖將，攻燕，禽其將劇辛」，即其事，詳見〈燕世家〉。

2 注 顧廣圻曰：未詳。

3 注 先慎曰：乾道本「後」下無「得」字，王渭云：「當衍『代』字。」顧廣圻云：「《藏》本、今本『後』下有『得』字。」今據補。按：〈趙世家〉，四年移攻齊，取饒安，即其事也。

4 注 顧廣圻曰：《藏》本同。今本「節」作「飾」，誤。〈十過篇〉「其行矜而意高，非他時之節也」，即此「節高」之義。

5 注 先慎曰：〈世家〉：「悼襄王四年，龐煖將趙、楚、魏、燕之銳師攻秦蕞，不拔。」

6 注 先慎曰：「攻」、「出」二字互誤。

7 注 顧廣圻曰：〈世家〉：「九年，攻燕，取魏陽城，兵末罷，秦攻鄴，拔之。」又〈年表〉云：「秦拔我閼與鄴，取九城。」即其事也。

8 注 盧文弨曰：「龐援」即「龐煖」，亦作「龐涓」。顧廣圻曰：「援」，讀為「煖」。《史記・燕、趙世家》，《漢書・人表》、〈藝文志〉皆作「煖」，「援」、「煖」同字耳。「南」者，兵自燕返也。

9 注 顧廣圻曰：《藏》本、今本不重「有」字。王渭曰：上「有」字讀為「又」。

10 注 先慎曰：乾道本「地」作「利」，盧文弨：「凌本『利』作『地』。」今據改。

11 注 先慎曰：〈趙世家〉：「悼襄王九年卒」。

12 注 先慎曰：魏安釐王事見〈有度篇〉。

13 注 先愼曰：魏景湣王事，見《史・表、世家》。

14 注 先愼曰：張、趙本「一」作「乙」，字同。《漢書・天文志》作「泰一」。

15 注 先愼曰：〈天文志〉：「歲星所在，國不可伐，可以伐人。」「數」上不當有「非」字，承上「此非」言，下「非數年在東也」，「非」字亦衍。

16 注 先愼曰：〈天文志〉：「熒惑出則有大兵，入則兵散，周還止息，迺為其死喪寇亂，在其野者亡地，以戰不勝。」

古者先王盡力於親民，加事於明法，彼法明則忠臣勸，罰必則邪臣止。忠勸邪止而地廣主尊者，秦是也。群臣朋黨比周以隱正道、行私曲而地削主卑者，山東是也。亂弱者亡[1]，人之性也；治強者王，古之道也。越王勾踐恃大朋之龜，與吳戰而不勝[2]，身臣入宦於吳[3]，反國棄龜，明法親民以報吳，則夫差爲擒。故恃鬼神者慢於法，恃諸侯者危其國。曹恃齊而不聽宋，齊攻荊而宋滅曹。荊恃吳而不聽齊，越伐吳而齊滅荊[4]。許恃荊而不聽魏，荊攻宋而魏滅許。鄭恃魏而不聽韓，魏攻荊而韓滅鄭[5]。今者韓國小而恃大國，主慢而聽秦[6]、魏，恃齊、荊爲用，而小國愈亡[7]。故恃人不足以廣壤，而韓不見也？荊

**為攻魏而加兵許、鄢，齊攻任扈而削魏，不足以存鄭[8]，而韓弗知也？此皆不明其法禁以治其國，恃外以滅其社稷者也。**

1 **注** 顧廣圻曰：四字為一句，下「治強者王」句同。

2 **注** 先慎曰：乾道本「吳」作「吾」。顧廣圻云：今本「吾」作「吳」。按：「吾」、「吳」二字，他書亦有相亂者。

▲先慎案：下均作「吳」，似應一律，今據改。

3 **注** 顧廣圻曰：「臣」字當衍。

▲先慎曰：趙本「宧」作「官」。案：作「官」者，蓋以〈越語〉與范蠡入官於吳，《越絕書．請糴內傳》、《外傳．記地傳》、《吳越春秋．句踐入臣傳》改也，本書自作「宧」。〈喻老篇〉「句踐入宧於吳」，又云「越王之霸也不病宧」，是其證。

4 **注** 顧廣圻曰：二「荊」字，皆當作「邢」。

5 **注** 先慎曰：乾道本「魏攻」作「攻魏」，今據《藏》本、今本改。王渭云：「《戰國策》一作『魏攻蔡而鄭亡』。蔡、荊異同，未詳孰是。」顧廣圻云：今按：〈魏策四〉又云「伐榆關而韓氏亡鄭」，皆即其事，蔡入楚者也。榆關，詳見吳師道《補正》。

6 **注** 顧廣圻曰：當補「不」字於「聽秦」上，此與上諸「不聽」相承為文也。

▲先慎曰：顧說非也，此正言韓聽秦之弊，玩下文自知，不當以上文為說。

7 注 顧廣圻曰：「魏」上當有脫文，此複說上文邢、鄭、曹、許之恃吳、魏，恃齊、荊為用也，故曰「而小國愈亡」。

8 注 顧廣圻曰：以上皆有脫誤。此「荊攻魏」、「削魏」，當為不足以存許言之。「齊攻任扈」，當為不足以存曹言之。其「不足以存鄭」，當言魏攻也。

臣故曰：明於治之數，則國雖小，富[1]；賞罰敬信，民雖寡，強。賞罰無度，國雖大兵弱者，地非其地，民非其民也[2]，無地無民，堯、舜不能以王，三代不能以強。人主又以過予，人臣又以徒取。舍法律而言先王明君之功者[3]，上任之以國，臣故曰：是願古之功，以古之賞賞今之人也，主以是過予[4]，而臣以此徒取矣。主過予則臣偷幸[5]，臣徒取則功不尊，無功者受賞則財匱而民望[6]，財匱而民望則民不盡力矣。故用賞過者失民，用刑過者民不畏。有賞不足以勸，有刑不足以禁，則國雖大，必危。故曰：小知不可使謀事，小忠不可使主法。荊恭王與晉厲公戰於鄢陵，荊師敗，恭王傷。酣戰而司馬子反渴而求飲，其友豎穀陽[7]奉巵酒而進之。子反曰：「去之！此酒也。」豎穀陽曰：「非也。」

子反受而飲之。子反爲人嗜酒，甘之，不能絕之於口，醉而臥。恭王欲復戰而謀事，使人召子反，子反辭以心疾。恭王駕而往視之，入幄中，聞酒臭而還，曰：「今日之戰，寡人目親傷，所恃者司馬，司馬又如此，是亡荊國之社稷而不恤吾衆也，寡人無與復戰矣[8]。」罷師而去之，斬子反以爲大戮。故曰：豎穀陽之進酒也，非以端惡子反也[9]，實心以忠愛之，而適足以殺之而已矣。此行小忠而賊大忠者也。故曰：小忠，大忠之賊也。若使小忠主法，則必將赦罪，赦罪以相愛[10]，是與下安矣，然而妨害於治民者也。

1 **注** 顧廣圻曰：「則國雖小」逗，「富」句絕。下文「民雖寡」逗，「強」句絕。「國雖大」逗，「兵」句絕。其句例同。

▲先愼曰：「國雖大，兵」句讀，誤。

2 **注** 顧廣圻曰：「弱者」二字逗，「地非其地民非其民也」九字為一句，與上文「民雖寡，強」相對。自「則國雖小」至此，今皆失其讀也。俞樾曰：此言賞罰無紀，則國雖大而兵必弱，所以然者，由地非其地，民非其民也。文義本甚分明，顧氏讀「國雖大」逗，「兵」句，謂與上文「困雖小，富」、「民雖寡，強」一律，則「兵」之一字，殊不成義，而「弱者」二字屬下讀，於義亦未安矣。

▲先愼曰：俞說是也。

3 注 先慎曰：乾道本「明」上無「以」字，「古」作「君」，盧文弨云：「凌本有『以』字。『君』作『古』。」今據改。

4 注 先慎曰：乾道本「主以」作「以主」。顧廣圻云：《藏》本、今本「以主」作「主以」。

▲先慎案：「主以是過予」、「臣以此徒取」相對成文，乾道本誤倒耳，今據改。

5 注 先慎曰：乾道本「臣」作「人」，盧文弨云：「人，張本作『臣』。」今據改。

6 注 先慎曰：望，怨也。

7 注 顧廣圻曰：〈十過篇〉無「其友」二字。

▲先慎曰：他書無以穀陽豎為子反友者，《呂覽・權勳篇》、《淮南・人閒訓》高誘注：「豎，小使也。」《左傳・成十六年》杜注：「穀陽，反內豎。」《正義》云：「鄭元云：『豎，未冠之名。』故杜以為『內豎』也。」「友」字當為衍文。

8 注 顧廣圻曰：〈十過篇〉無「與」字。

▲先慎曰：「與」字當有，說見〈十過篇〉。

9 注 「端」，故也。

10 注 先慎曰：乾道本不重「赦罪」二字，顧廣圻云：「《藏》本、今本重『赦罪』。」今據補。

當魏之方明立辟[1]、從憲令行之時[2]，有功者必賞，有罪者必誅，強匡天下，威行四鄰，及法慢，妄予[3]，而國日削矣。當趙之方明國律、從大軍之時，人衆兵強，辟地齊、燕，及國律慢，用者弱[4]，而國日削矣。當燕之方明奉法、審官斷之時，東縣齊國，南盡中山之地，及奉法已亡，官斷不用，左右交爭，論從其下，則兵弱而地削，國制於鄰敵矣。故曰：明法者強，慢法者弱。強弱如是，其明矣，而世主弗爲，國亡宜矣。語曰：「家有常業，雖饑不餓。國有常法，雖危不亡。」夫舍常法而從私意，則臣下飾於智能[5]，臣下飾於智能，則法禁不立矣。是妄意之道行，治國之道廢也。治國之道，去害法者，則不惑於智能、不矯於名譽矣。昔者舜使吏決鴻水，先令有功而舜殺之；禹朝諸侯之君會稽之上[6]，防風之君後至而禹斬之。以此觀之，先令者殺，後令者斬，則古者先貴如令矣[7]。故鏡執清而無事，美惡從而比焉；衡執正而無事，輕重從而載焉。夫搖鏡則不得爲明，搖衡則不得爲正，法之謂也。故先王以道爲常，以法爲本，本治者名尊，本亂者名絕。凡智能明通，有以則行，無以則止。故智能單，道不可傳於人[8]，而道法萬全，智能多失。夫懸衡而知平，設規而知圓，萬全之道也。明主使民飾於道之故[9]，故佚而則功[10]。釋規而任巧，釋法而任智，惑亂之道也。亂主使民飾於智[11]，不知道之故，故勞而無功。

1 注 顧廣圻曰：逗。

2 注 顧廣圻曰：當衍「行」字。按：下文「當趙之方明國律」逗，「從大軍之時」句；「當燕之方明奉法」逗，「審官斷之時」句，其句例同。又下文云「故曰明法者強」，承此三句之三「明」字也。

3 注 顧廣圻曰：「及法慢」三字為一句，「妄予」二字為一句。

4 注 顧廣圻曰：三字為一句。

5 注 先慎曰：乾道本無「下」字。盧文弨云：「張、凌本皆有『下』字。」顧廣圻云：《藏》本「臣」下有「下」字，是也。

▲先慎案：《意林》「臣」下有「下」字，今據補。

6 注 盧文弨曰：「之君」二字，凌本無。

7 注 顧廣圻曰：《藏》本同。今本「先」作「必」。按：此字有誤，未詳。王先謙曰：首以遵令為貴，故曰「先貴如令」，說亦可通。

8 注 王先謙曰：「單」，盡也。言雖智能竭盡，虛而無徵，不能為後人法守，故云「道不可傳於人」。

9 注 王渭曰：「於」下當有「法知」二字。顧廣圻曰：按：「法」句絕，「知」下屬。

10 注 先慎曰：乾道本無「故」字，「有」作「則」。顧廣圻云：今本「佚」上更有「故」字，「則」作

「有」。《藏》本有「故」字，是也。

▲先愼案：下「故勞而無功」與此句相承，今本是，今據改。

11 **注** 先愼曰：乾道本「於」作「將」，顧廣圻云：「今本『將』作『於』。」今據改。

釋法禁而聽請謁，群臣賣官於上，取賞於下[1]，是以利在私家而威在群臣。故民無盡力事主之心，而務爲交於上。民好上交，則貨財上流[2]而巧說者用[3]，若是，則有功者愈少。姦臣愈進而材臣退，則主惑而不知所行，民聚而不知所道[4]，此廢法禁、後功勞、舉名譽、聽請謁之失也。凡敗法之人，必設詐託物以來親[5]，又好言天下之所希有，此暴君亂主之所以惑也，人臣賢佐之所以侵也。故人臣稱伊尹、管仲之功[6]，則背法飾智有資，稱比干、子胥之忠而見殺，則疾強諫有辭[7]。夫上稱賢明，下稱暴亂，不可以取類[8]，若是者禁[9]。君之立法[10]，以爲是也[11]。今人臣多立其私智[12]，以法爲非者是邪[13]，以智[14]過法立智[15]，如是者禁[16]，主之道也[17]。禁主之道[18]，必明於公私之分，明法制，去私恩。夫令必行，禁必止，人主之公義也；必行其私，信於朋友，不可爲賞勸，不可爲罰沮，人臣之私義也。私義行則亂，公義行則治，故公、私有分。人臣有私心，有公義——修身潔白而行公行正[19]，居官無私，人臣之公義也；汙行從欲，安身利家，人臣之私心也。明主在上則人臣去私心、行公義，亂主在上則人臣去公義、行私心，故君臣異心。君以計畜臣，臣以計事君，君臣之交，計也。害身而利國，臣弗爲也；害國而利臣，君不爲也[20]。臣之情，害身無利；君之情，害國無親。君臣也者，以計合者也。至夫臨難必死，盡智竭力，爲法爲之[21]。故先王明賞以勸之，嚴刑以威之。賞刑明則民盡死，民盡死則兵強主尊。刑賞不察則民無功而求得，有罪而幸免則兵弱主卑。故先王賢佐盡力竭智。故曰：公、私不可不明，法禁不可不審，先王知之矣。

1 注 先愼曰：「賞」，讀為「償」。

2 注 先愼曰：「流」，行也。

3 注 先愼曰：謂請謁也。

4 注 「道」，從也。

5 注 顧廣圻曰：《藏》本同。今本「來」作「求」。

6 注 先愼曰：此下疑脫「而見用」三字，與下「而見殺」對文。

7 注 顧廣圻曰：「疾」下當有脫字。

8 注 王先謙曰：能用伊尹、管仲，是賢明之主，殺子胥、比干，是暴亂之主。凡此稱說古人，皆以劫制其君，使下易於干進，上難於行罰。然伊尹、管仲不世出，進諫者非必比干、子胥，故曰「不可以取類」。

9 注 先慎曰：乾道本無「者」字。顧廣圻云：「《藏》本、今本『是』下有『者』字。按：有『者』字是也，四字為句，屬上。」今據補。

10 注 顧廣圻曰：句絕。

11 注 顧廣圻曰：四字為一句。

12 注 顧廣圻曰：逗，此與上「君之立法」句相對。

13 注 盧文弨曰：「者」字衍。顧廣圻曰：「以法為非者」五字句，與上「以為是也」句對。

▲先慎曰：顧讀誤。當於下「是耶」句。此立私智之臣，動與法違，故以法為非是也。上言「是」，此言「非是」，語意相承，「者」字不當有。

14 注 以此思之，則知凡臣下之情皆欲過公法、立私智也。

▲先慎曰：乾道本注「臣下」二字作「官」，「公」作「功」。盧文弨云：皆從凌本改。

15 注 俞樾曰：上「邪」字衍文。「是以智過法立智」七字為句。言自以其智過公法，立私智也。舊注不說「邪」字，疑其所據本作「是以智過法立智」。今衍「邪」字，於義難通。顧氏於前後文句讀一一訂正，而此句未了，由不知「邪」字之衍耳。凌本作「以邪為智」，與舊注不合，非是。

▲先慎曰：俞說非。「邪」，語辭，屬上為句。「以智過法立智」，當作「以知過法立智」，古文「知」、「智」同用「知」字，後人於「知」之讀為「智」者，並加「日」字於下。此涉上下文而誤，舊注云「以此思之，則知凡臣下之情皆欲過公法立私智」，是其所見本尚作「知」字，不誤。

16 **注** 顧廣圻曰：句絕。

17 **注** 顧廣圻曰：四字為句。

18 **注** 盧文弨曰：「禁」，凌本作「明」。顧廣圻曰：「禁」字衍。「主之道」三字逗，屬下。自「若是者禁」至此，今皆失其讀。

19 **注** 先慎曰：「正」字衍文。

20 **注** 先慎曰：乾道本「害」作「富」，「為」作「行」。案：《意林》「富」作「害」，「行」作「為」，今據改。

21 **注** 顧廣圻曰：《藏》本、今本「之」下有「也」字。王先謙曰：上「為」字，音「于偽反」。

卷第六

**思想議題**

〈解老〉：歸本黃老。

# 解老第二十[1]

1 **注** 盧文弨曰：此及下篇當依《老子》各章分段。

德者，內也。得者，外也。上德不德，言其神不淫於外也。神不淫於外則身全，身全之謂德。德者，得身也[1]。凡德者，以無爲集，以無欲成，以不思安，以不用固。爲之欲之，則德無舍[2]，德無舍則不全。用之思之則不固，不固則無功，無功則生有德[3]。德則無德[4]，不德則有德[5]，故曰「上德不德，是以有德」。

1 注 先慎曰：「謂得得者」，兩「得」字各本作「德」。案：「身全之謂得，得者，得身也」，正承上「得者」言之，《御覽》七百二十引正作「得」，明作「德」誤，今據正。

2 注 王先謙曰：「舍」，止也。「無舍」，言不能安其止。

3 注 先慎曰：「生有德」，承上「不全」、「無功」兩者言，疑「無功」上脫「不全」二字。乾道本「有」作「於」。盧文弨云：《藏》本、張、凌本「有」作「於」，凌本無「則」字。顧廣圻云：今本「於」作「有」誤。

▲先慎案：作「生有德」者是也。本無而致有之之謂生，《老子》云：「下德為之而有以為也。」「有以為」即所謂「生有德」也。改從今本。

4 注 王先謙曰：「德」，非病也。「德則無德」文不成義。「德」上當有「生有」二字。

5 注 先慎曰：乾道本作「不得則在有德」。盧文弨云：「在」字疑衍。顧廣圻云：《藏》本、今本「得」作「德」。

▲先慎案：作「德」是，今據改。「在」字衍，張榜本無，今據刪。

所以貴無爲無思爲虛者[1]，謂其意無所制也。夫無術者，故以無爲無思爲虛也[2]。夫故以無爲無思爲虛者，其意常不忘虛，是制於爲虛也。虛者，謂其意無所制也[3]。今制於爲虛，是不虛也。虛者之無爲也，不以無爲爲有常，不以無爲爲有常則虛，虛則德盛，德盛之謂上德，故曰「上德無爲而無不爲也[4]」。

1 注 先慎曰：舊連上，今提行。

2 注 先慎曰：《說文》：「故，使為之也。」靈臺清靜，自然而虛。若無道術之人，有意為虛，所謂「故」也。

3 注 盧文弨曰：「所」、「無」疑倒。

4 注 先慎曰：《德經》河上公、王弼本「不」作「以」，葉夢得「不」作「非」，傅奕本無「無」字，各本無末「也」字。按：此篇及《喻老》每條末「也」字、「矣」字多非《老子》文。

仁者，謂其中心欣然愛人也。其喜人之有福，而惡人之有禍也。生心之所不能已也，非求其報也，故曰「上仁爲之而無以爲也[1]」。

1 注 先慎曰：今《德經》無「也」字。

義者，君臣上下之事[1]，父子貴賤之差也，知交朋友之接也，親疏內外之分也。臣事君宜，下懷上宜[2]，子事父宜，賤敬貴宜[3]，知交友朋之相助也宜[4]，親者內而疏者外宜[5]。義者，謂其宜也，宜而爲之，故曰「上義爲之而有以爲也」。

1 注 盧文弨曰：凌本「事」作「禮」。

▲先愼曰：《御覽》四百二十一引亦作「禮」。

2 注 先愼曰：乾道本脫下「宜」字。顧廣圻云：此下當有「宜」字。

▲先愼按：《拾補》有「宜」字，今依增。

3 注 先愼曰：乾道本「賤」作「衆」。顧廣圻云：《藏》本、今本「衆」作「賤」，今本無「宜」字，誤。《藏》本有。

▲先愼按：「衆」字亦誤，此承上「父子」、「貴賤」言，明字當作「賤」，依《藏》本、今本改。

4 注 先愼曰：九字為句。謂知父朋友宜相助也。今本「宜」字屬下為句，非。「友朋」，依上當作「朋友」。

5 注 顧廣圻曰：今本無「宜」字，《藏》本有。

禮者，所以貌情也[1]，群義之文章也，君臣父子之交也，貴、賤、賢、不肖之所以別也。中心懷而不諭，故疾趨卑拜而明之[2]。實心愛而不知，故好言繁辭以信之。禮者，外節之所以諭內也[3]，故曰[4]「禮以貌情也」。凡人之爲外物動也，不知其爲身之禮也。衆人之爲禮也，以尊他人也，故時勸時衰。君子之爲禮，以爲其身[5]，以爲其身，故神之爲上禮。上禮神而衆人貳，故不能相應，不能相應，故曰「上禮爲之而莫之應」。衆人雖貳，聖人之復恭敬盡手足之禮也不衰[6]，故曰「攘臂而仍之[7]」。道有積而德有功[8]，德者道之功。功有實而實有光，仁者德之光。光有澤而澤有事，義者仁之事也。事有禮而禮有文，禮者義之文也。故曰「失道而後失德，失德而後失仁，失仁而後失義，失義而後失禮[9]」。

1 **注** 先慎曰：乾道本「貌情」作「情貌」，下同。盧文弨云：「情貌」倒，從張本作「貌情」。

▲先慎案：盧說是。作「情貌」者，涉下條「禮為情貌也」而誤。「貌」與「飾」同義。《荀子・大略篇》「文貌情用，相為表裏」，「文貌」即「文飾」也。《禮記・月令》疏引定本「飾，謂容飾也」，「容飾」即「容貌」也。下文「禮者，外飾之所以諭內也」，「內」指「情」言，「飾」即「貌」也。《御覽》五百四十二引作「禮者，所以飾貌情也」，「貌」上更有「飾」字，蓋校者旁注「飾」字以釋「貌」義，刊書者失刪，亦見「飾」、「貌」二字古通，而作「情貌」者誤，今據乙。

2 **注** 先慎曰：乾道本「故」作「其」，「以」作「而」，誤。下文「故好言繁辭以信之」，與此正相對。顧廣圻云：今本「其」作「故」。

▲先慎案：《御覽》引「其」作「故」，「而」作「以」，今據改。

3 注 先慎曰：乾道本「飾」誤作「節」，盧文弨云：「凌本『節』作『飾』。」今據改。

4 注 顧廣圻曰：當衍「曰」字。案：此及〈喻老〉凡「故曰」之下，例必引《老子》文，其不然者，即有誤也，今皆正之。

5 注 先慎曰：乾道本下「之」字作「以」。顧廣圻云：今本上「以」字作「之」。

▲先慎案：作「之」者是也，「以」字涉下文而誤。上文「衆人之為禮」與此「君子之為禮」相對，明此不當作「以」，改從今本。

6 注 顧廣圻曰：《藏》本同。今本無上「之」字，誤。案：此以十四字為一句。

7 注 顧廣圻曰：《經典釋文》「仍」作「扔」，傅本及今《德經》皆作「仍」。

▲先慎曰：「仍」，王弼作「扔」。《說文》：「仍，因也；扔，亦因也。」「仍」、「扔」字異義同。

8 注 顧廣圻曰：「德」當作「積」。

9 注 盧文弨曰：凡「而後」下俱不當有「失」字。顧廣圻曰：傅本及《德經》無下「失」字。

禮爲情貌者也[1]，文爲質飾者也。夫君子取情而去貌，好質而惡飾。夫恃貌而論情者，其情惡也；須飾而論質者，其質衰也。何以論之？和氏之璧，不飾以五采，隋侯之珠，不飾以銀黃[2]，其質至美，物不足以飾之。夫物之待飾而後行者，其質不美也。是以父子之間，其禮樸而不明[3]，故曰「禮薄也[4]」。凡物不並盛，陰陽是也。理相奪予，威德是也。實厚者貌薄，父子之禮是也。由是觀之，禮繁者實心衰也[5]。然則爲禮者，事通人之樸心者也[6]。衆人之爲禮也，人應則輕歡[7]，不應則責怨。今爲禮者事通人之樸心，而資之以相責之分，能毋爭乎？有爭則亂[8]，故曰「禮者，忠信之薄也[9]，而亂之首乎[10]」。

1 **注** 先慎曰：乾道本連上。盧文弨云：當提行。此「為情貌」與前文自別。

▲先慎案：盧說是，今從《拾補》提行。

2 **注** 先慎曰：《御覽》八百三、八百六引「隋」並作「隨」，八百六引「銀黃」作「黃金」。

3 **注** 先慎曰：乾道本無「樸」字。顧廣圻云：今本「禮」下有「樸」字。按：句有誤，未詳。

▲先慎案：「樸而不明」，即下文「實厚者貌薄」之意，無「樸」字則文不成義，改從今本。

4 **注** 顧廣圻曰：句有誤。

▲先慎曰：顧氏謂「曰」下必引《老子》文，故疑誤。不知此即本《老子》「夫禮者，忠信之薄也」，所以亦用「故曰」以明之，非必盡引《老子》成文而不節也。下文「是謂深其根，固其柢」，本書無「是謂」二字，「善建者不拔」，本書僅云「故曰拔」之類是也。又有增多其字以足義者——「是謂道紀」，本書作

「道理之者也」，〈喻老篇〉「子孫以其祭祀世世不輟」，而《老子》原文作「子孫祭祀不輟」是也。此既云「禮薄也」，下又申明「故曰夫禮者忠信之薄也」；正與下文「故曰道之華也」，又申之以「故曰前識者道之華也」；「故曰迷」，又申之以「故曰人之迷其日故以久矣」；「故曰重積德」，又申之以「故曰蚤服是謂重積德」；「故曰無不克」，又申之以「故曰無不克則莫知其極」之類同例。

5 注 王先謙曰：「禮繁者實衰」與「實衰者貌薄」對文，「心」字不當有，此緣下文「樸心」而衍。

6 注 王先謙曰：「通人」，謂衆人。緣衆人之實心而形之於事，則為禮之貌，故曰「為禮者事通人之樸心者也」。

7 注 顧廣圻曰：「歡」當作「勸」。上文云「時勸時衰」。

8 注 先慎曰：依下文「是以曰愚之首也」文例，此當脫「是以曰亂之首也」一句。

9 注 顧廣圻曰：傳本及今《德經》皆無「也」字，下「道之華也」同。

10 注 顧廣圻曰：今《德經》無「乎」字，傳本作「也」。

先物行先理動之謂前識[1]，前識者，無緣而忘意度也[2]。何以論之？詹何坐，弟子侍，有牛鳴於門外[3]，弟子曰：「是黑牛也，而白在其題[4]。」詹何曰：「然，是黑牛也，而白在其角[5]。」使人視之，果黑牛而以布裹其角。以詹子之術，嬰衆人之心，華焉殆矣[6]，故曰「道之華也」。嘗試釋詹子之察，而使五尺之愚童子視之，亦知其黑牛而以布裹其角也。故以詹子之察，苦心傷神，而後與五尺之愚童子同功，是以曰「愚之首也[7]」。故曰「前識者，道之華也[8]，而愚之首也[9]」。

1 注 王先謙曰：與物來順應異。

2 注 先慎曰：「忘」與「妄」通，《左傳・哀二十七年》注「言公之多忘」，《釋文》：「忘，本又作『妄』。」《莊子・盜跖篇》「故推正不忘耶」，《釋文》：「忘，或作『妄』。」此「忘」、「妄」古通之證。「無緣而忘意度」，謂無所因而妄以意忖度之也。〈用人篇〉「去規矩而妄意度」，是其證。

3 注 先慎曰：乾道本無「有」字。顧廣圻曰：《藏》本、今本有「有」字。

▲先慎案：《御覽》八百九十九、《事類賦》二十二引並有，今據補。

4 注 先慎曰：乾道本無「在其」二字。案：下文「而白在其角」文法一律，明乾道本脫「在其」二字，今據《御覽》、《事類賦》引補。「題」，《御覽》、《事類賦》作「蹏」。

5 注 先慎曰：《御覽》引無「是」字；「角」作「頸」，誤，下仍作「角」，可證。

6 注 先慎曰：竭其聰明，役其智力，使衆人之心為之營惑，如華之末，庶幾近之。

7 注 顧廣圻曰：句有誤，當衍「以曰」二字。

▲先慎曰：「是以」二字不誤，與「故」字同用。上文「故曰道之華也」，此言「是以曰愚之首也」，語正相同，皆本《老子》文。變「故」言「是以」者，避下「故曰」以成文也。

8 注 先慎曰：「也」字，《德經》諸本皆無。

9 注 顧廣圻曰：今《德經》無「也」字，傳本有，與此合。「首」皆作「始」。

所謂「大丈夫」者，謂其智之大也。所謂「處其厚不處其薄」者[1]，行情實而去禮貌也。所謂「處其實不處其華」者，必緣理不徑絕也[2]。所謂「去彼取此」者，去貌徑絕[3]而取緣理好情實也[4]，故曰「去彼取此[5]」。

1 注 顧廣圻曰：今《德經》下「處」字作「居」，非。傳本與此合，下「不處其華」同。

2 注 先慎曰：「徑絕」，即妄意度也。「徑絕」與「經絕」同義，解見下文。

3 注 顧廣圻曰：「去」下當有「禮」字。

4 注 顧廣圻曰：當衍「好」字。

5 注 先慎曰：以上見三十八章。

人有禍則心畏恐，心畏恐則行端直，行端直則思慮熟，思慮熟則得事理，行端直則無禍害，無禍害則盡天年，得事理則必成功，盡天年則全而壽，必成功則富與貴，全壽富貴之謂福[1]。而福本於有禍，故曰「禍兮福之所倚[2]」，以成其功也。

1 注 先慎曰：乾道本「富」下無「貴」字。盧文弨云：「脫，張本有。」顧廣圻云：《藏》本有「貴」者，是也。

▲先慎案：依上文應有，今據補。

2 注 先慎曰：《老子》明皇、陸希聲本無「之」字。「倚」，因也。

人有福則富貴至，富貴至則衣食美[1]，衣食美則驕心生，驕心生則行邪僻而動棄理[2]。行邪僻則身死夭，動棄理則無成功。夫內有死夭之難，而外無成功之名者，大禍也。而禍本生於有福[3]，故曰「福兮禍之所伏[4]」。

1 注 先慎曰：乾道本「至」下無「則」字。顧廣圻云：《藏》本有「則」字，是也。

▲先慎案：《御覽》四百七十二引亦有「則」字，今據補。

2 注 先慎曰：乾道本無「行」字。顧廣圻云：今本「則」下有「行」字，依下文當補。

▲先慎案：《御覽》引有「行」字，今據補。「理」下《御覽》有「也」字。

3 注 王先謙曰：上「福本於有禍」，與此對文，不當更有「生」字，此緣上「生」字而誤衍。

4 注 先慎曰：明皇、陸希聲本無「之」字。「伏」，匿也。

夫緣道理以從事者，無不能成。無不能成者，大能成天子之勢尊，而小易得卿相將軍之賞祿。夫棄道理而妄舉動者，雖上有天子諸侯之勢尊，而下有猗頓、陶朱、卜祝之富[1]，猶失其民人而亡其財資也。衆人之輕棄道理而易妄舉動者，不知其禍福之深大而道闊遠若是也，故諭人曰：「孰知其極[2]」。人莫不欲富貴全壽，而未有能免於貧賤死夭之禍也。心欲富貴全壽，而今貧賤死夭，是不能至於其所欲至也。凡失其所欲之路而妄行者之謂「迷」，迷則不能至於其所欲至矣。今衆人之不能至於其所欲至，故曰「迷[3]」。衆人之所不能至於其所欲至也，自天地之剖判以至于今[4]，故曰「人之迷也，其日故以久矣[5]」。

1 注 先慎曰：乾道本「下」上有「天」字。顧廣圻云：《藏》本、今本無「天」字。「卜祝」，未詳。

▲先慎案：「天」字衍，今依顧校刪。「卜祝」，疑為「十倍」之譌。

2 注 先愼曰：此變文而言，與「是以曰愚之首也」同例。

3 注 先愼曰：與失路等。下「故曰拔」與此句例同。

4 注 盧文弨曰：「于」字，張本無。

5 注 盧文弨曰：「曰」字，凌本無。顧廣圻曰：今《德經》「人」作「民」，無「也」字、「矣」字。傳本與此合。「故」皆作「固」，皆無「以」字。

▲先愼曰：王弼作「人」，與此同。陸希聲、趙孟頫本作「民迷其日固以久矣」。

所謂「方」者，內外相應也[1]，言行相稱也[2]。所謂「廉」者，必生死之命也[3]，輕恬資財也[4]。所謂「直」者，義必公正，心不偏黨也[5]。所謂「光」者，官爵尊貴，衣裘壯麗也。今有道之士，雖中外信順，不以誹謗窮墮[6]；雖死節輕財，不以侮罷羞貪；雖義端不黨[7]，不以去邪罪私；雖勢尊衣美，不以夸賤欺貧。其故何也？使失路者而肯聽習問知[8]，即不成迷也。今衆人之所以欲成功而反爲敗者，生於不知道理而不肯問知而聽能。衆人不肯問知聽能，而聖人強以其禍敗適之[9]，則怨。衆人多而聖人寡，寡之不勝衆，數也[10]。今舉動而與天下爲讎[11]，非全身長生之道也，是以行軌節而舉之也[12]。故曰「方而不割，廉而不劌[13]，直而不肆，光而不耀[14]」。

1 **注** 盧文弨曰：「內外」二字，凌本倒。

2 **注** 先慎曰：「稱」，副也，音「昌證反」。

3 **注** 先慎曰：謂能死節。

4 **注** 先慎曰：「恬」，淡也。

5 **注** 先慎曰：乾道本「心」上有「公」字。顧廣圻云：今本「公」作「立」，當衍此字。盧文弨云：下「立」字，凌本無此字。

▲先慎案：顧說是，今依凌本刪。

6 **注** 盧文弨曰：「誹」張本作「非」。

▲先慎曰：《論語》「子貢方人」，《釋文》：「鄭本作『謗』，謂言人之過惡。」「墮」，當作「隋」。《禮記．曲禮》「上言不隋」，注：「隋，不正之言。」順從自不言人之過惡，忠信則無不正之言，然己雖信順自持，不以信順責人，則世之謗隋者，吾不誹之窮之，所謂「方而不割」。

7 **注** 顧廣圻曰：《藏》本同。今本「義」作「異」，誤。「端」，正也。

8 **注** 王渭曰：「習」，當作「能」，見下文。顧廣圻曰：案：下文二「能」字，或本皆作「習」，而後人改之耳。「知」，如字。

9 **注** 王渭曰：「適」，讀為「讁」。

10 **注** 先慎曰：「數」，音「索角反」。

11 **注** 先慎曰：乾道本「下」下有「之」字，顧廣圻云：「今本無『之』字。」今據刪。

12 **注** 顧廣圻曰：句有誤。

▲先慎曰：「行」，謂己之所行。「軌節」，即方、廉、直、光。「舉之」，謂以此正衆人也。《呂覽》「自知所以舉過也」，注：「舉，猶『正』也。」是其證。

13 **注** 先慎曰：乾道本「劌」作「穢」。顧廣圻云：《藏》本「穢」作「劌」，今《德經》作「害」，傳本作「劌」，《經典釋文》云：「劌，河上作『害』」，《淮南子．道應訓》引亦作「劌」，今案：《藏》本乃以他本《老子》改耳，《韓子》自作「穢」，上文云：「不以侮罷羞貪」即「不穢」之義。

▲先慎案：王弼注「劌，傷也，不以清廉劌傷於物也」，即「死節輕財，不以侮罷羞貪」之義。「劌」、「穢」聲近而誤，非《韓子》本作「穢」也，今據《藏》本改。

14 **注** 先慎曰：《說文》無「耀」字，河上公作「曜」，傳本作「燿」，李約本作「方而不割，直而不肆，光而不耀，廉而不劌」，與各本全異，誤倒。以上見五十八章。

**聰明睿智，天也；動靜思慮，人也。人也者，乘於天明以視，寄於天聽以聽，託於**

天智以思慮。故視強則目不明，聽甚則耳不聰，思慮過度則智識亂。目不明則不能決黑白之分[1]，耳不聰則不能別清濁之聲，智識亂則不能審得失之地。目不能決黑白之色則謂之「盲」，耳不能別清濁之聲則謂之「聾」，心不能審得失之地則謂之「狂」。盲則不能避晝日之險[2]，聾則不能知雷霆之害，狂則不能免人間法令之禍。書之所謂治人者[3]，適動靜之節，省思慮之費也。所謂事天者，不極聰明之力，不盡智識之任。苟極盡則費神多，費神多則盲聾悖狂之禍至，是以嗇之。嗇之者，愛其精神，嗇其智識也，故曰「治人事天莫如嗇[4]」。

1 注 先慎曰：「分」，當依下文作「色」。

2 注 王先謙曰：言非獨夜迷。

3 注 先慎曰：「書」，謂《德經》。

4 注 顧廣圻曰：傳本及今《德經》「如」皆作「若」，《經典釋文》作「如」，同此。

▲先慎曰：趙孟頫本亦作「如」。

衆人之用神也躁，躁則多費，多費之謂「侈」。聖人之用神也靜，靜則少費，少費之謂「嗇」。嗇之謂術也[1]，生於道理。夫能嗇也，是從於道而服於理者也。衆人離於患[2]，陷於禍，猶未知退，而不服從道理。聖人雖未見禍患之形[3]，虛無，服從於道理，以稱蚤服[4]，故曰「夫謂嗇，是以蚤服」。

1 **注** 盧文弨曰：「謂」，張本作「為」。
▲先慎曰：「為」、「謂」古通，俗人妄改。

2 **注** 先慎曰：「離」，罹也。

3 **注** 盧文弨曰：「禍患」二字，張、凌本倒。

4 **注** 盧文弨曰：張本「謂」作「惟」，「以」作「謂」。凌本「服」作「復」，上下句皆同。王弼本作「復」。《釋文》：「復，音『服』。」顧廣圻曰：傳本及今《德經》「謂」皆作「惟」，今《德經》「以」作「謂」，傳本與此合。
▲先慎曰：凌本作「復」者，用《老子》誤本改也。上文「從於道而服於理」，又云「不服從道理」，又云「虛無服從道理」，即解《老子》「蚤服」之義。「服從」之「服」字，當作「服」字，更無疑義，知韓子所見《德經》本作「服」，不作「復」也。《困學紀聞》卷十引《老子》「服」作「復」，並引司馬公、朱文公說云「不遠而復」，謂王弼本作「早服」，而注云「早服常也」，亦當作「復」，據此，則王弼本仍作

「服」，與本書合。宋儒據《釋文》為訓，未檢《韓子》也。凌氏依誤本《老子》改本書，非是。

知治人者，其思慮靜；知事天者，其孔竅虛。思慮靜，故德不去[1]；孔竅虛，則和氣日入，故曰「重積德」。夫能令故德不去、新和氣日至者，蚤服者也，故曰「蚤服是謂重積德[2]」。積德而後神靜，神靜而後和多，和多而後計得，計得而後能御萬物，能御萬物則戰易勝敵，戰易勝敵而論必蓋世，論必蓋世，故曰「無不克[3]」。無不克本於重積德，故曰「重積德則無不克」。戰易勝敵則兼有天下，論必蓋世則民人從。進兼天下而退從民人，其術遠，則衆人莫見其端末[4]。莫見其端末是以莫知其極，故曰「無不克，則莫知其極」。

1 注 先慎曰：「故」上當有「則」字。「故」，舊也。

2 注 顧廣圻曰：今《德經》及傳本「是謂」皆作「謂之」。

▲先慎曰：河上公作「是謂」，與此合。

3 注 先慎曰：河上公作「剋」，下同。

4 注 先慎曰：下「末」字，乾道本無，顧廣圻云：「《藏》本、今本『端』下有『末』字。」今據增。

凡有國而後亡之，有身而後殃之，不可謂能有其國、能保其身。夫能有其國，必能安其社稷，能保其身，必能終其天年，而後可謂能有其國、能保其身矣。夫能有其國、保其身者，必且體道，體道則其智深，其智深則其會遠，其會遠，衆人莫能見其所極。唯夫能令人不見其事極[1]，不見事極者爲保其身、有其國[2]，故曰「莫知其極，莫知其極則可以有國[3]」。

1 注 盧文弨曰：「夫」，張本作「天」。顧廣圻曰：「能」上當有「體道」二字。

▲先慎曰：顧說是。

2 注 先慎曰：乾道本「見」下脫「其」字，「為」下脫「能」字，盧文弨：「張本有。」今據增。

3 注 盧文弨曰：複「莫知其極」四字，疑衍。顧廣圻曰：今《德經》及傳本皆無「則」字。

所謂「有國之母」，母者，道也。道也者，生於所以有國之術，所以有國之術，故謂之「有國之母」。夫道以與世周旋者，其建生也長，持祿也久，故曰「有國之母，可以長久」。樹木有曼根，有直根。根者，書之所謂「柢」也[1]。柢也者，木之所以建生也；曼根者，木之所以持生也[2]。德也者，人之所以建生也；祿也者，人之所以持生也。今建於理者，其持祿也久，故曰「深其根」。體其道者，其生日長，故曰「固其柢」。柢固則生長，根深則視久，故曰「深其根，固其柢，長生久視之道也[3]」。

1 注 顧廣圻曰：今《德經》「柢」作「蔕」，傳本作「柢」，與此合。《經典釋文》云：「柢，亦作『蔕』。」今案：「蔕」字非此之用。俞樾曰：「根」上當有「直」字。上云「有曼根，有直根」。此云「直根」者，下云「曼根」者，蓋承上而分釋之。韓子之意，以《老子》所謂「深根固柢」者，「根」即「曼根」，「柢」是「直根」也，今奪「直」字，失其旨矣。

2 注 先慎曰：乾道本「持」上脫「以」字。顧廣圻云：今本「所」下有「以」字，依下文，當補。

▲先慎案：上文亦有「以」字，明乾道本脫，改從今本。

3 注 顧廣圻曰：傳本及今《德經》皆無兩「其」字、「也」字，「深」上有「是謂」二字。

▲先慎曰：「是謂」二字，本《韓子》節去，彼以「是謂」承上文，此以「故曰」二字代之，顧說非。以上見五十九章。

工人數變業則失其功，作者數搖徙則亡其功。一人之作，日亡半日，十日則亡五人之功矣[1]。萬人之作，日亡半日，十日則亡五萬人之功矣[2]。然則數變業者，其人彌衆，其虧彌大矣。凡法令更則利害易[3]，利害易則民務變，民務變之謂變業[4]。故以理觀之，事大衆而數搖之則少成功，藏大器而數徙之則多敗傷，烹小鮮而數撓之則賊其宰[5]，治大國而數變法則民苦之，是以有道之君貴虛靜而重變法[6]，故曰「治大國者若烹小鮮[7]」。

1 注 先慎曰：《治要》無「矣」字。

2 注 先慎曰：《治要》無「矣」字。

3 注 先慎曰：乾道本提行。顧廣圻云：《藏》本連上，自「工人數變業」至「若烹小鮮」止，通為一條，是也。

▲先慎案：《治要》亦連上為一條，今據改。「易」，音「夷益切」。

4 注 先慎曰：各本無下「民」字，「謂之」作「之謂」，據《治要》改。

5 注 先慎曰：各本「宰」作「澤」。案：「澤」字誤，當作「宰」。割烹，宰夫之職，當烹時而頻數撓亂，則宰夫不能盡其烹飪之功，是謂賊害其宰。「宰」與「睪」隸形相似，因謁為「睪」，淺人不審，妄加水旁作「澤」耳。《治要》引作「宰」，明唐本《韓子》不誤，今據改。

6 注 先慎曰：各本無「虛」字，「而」作「不」。案：「不」字誤。「重」，猶「難」也。「貴虛靜而難變法」，文曲而有致，作「不」則率然矣。《治要》、《藝文類聚》五十四、《御覽》六百三十八引「靜」上並有「虛」字，據補。《治要》、《藝文類聚》「不」作「而」，據改。

7 注 顧廣圻曰：傳本及今《德經》皆無「者」字。

▲先慎曰：《治要》有「者」字。

人處疾則貴醫[1]，有禍則畏鬼。聖人在上則民少欲，民少欲則血氣治而舉動理，舉動理則少禍害[2]。夫內無痤疽癉痔之害[3]，而外無刑罰法誅之禍者，其輕恬鬼也甚[4]，故曰「以道蒞天下[5]，其鬼不神」。治世之民不與鬼神相害也，故曰「非其鬼不神也，其神不傷人也[6]」。鬼祟也疾人之謂鬼傷人[7]，人逐除之之謂人傷鬼也；民犯法令之謂民傷上，上刑戮民之謂上傷民。民不犯法則上亦不行刑，上不行刑之謂上不傷人，故曰「聖人亦不傷民[8]」。上不與民相害，而人不與鬼相傷，故曰「兩不相傷」。民不敢犯法，則上內不用刑罰而外不事利其產業，上內不用刑罰而外不事利其產業，則民蕃息，民蕃息而蓄積盛，民蕃息而蓄積盛之謂有德。凡所謂「祟」者，魂魄去而精神亂，精神亂則無德。鬼不祟人則魂魄不去，魂魄不去則精神不亂[9]，精神不亂之謂有德。上盛蓄積而鬼不亂其精神，則德盡在於民矣，故曰「兩不相傷，則德交歸焉[10]」，言其德上下交盛而俱歸於民也[11]。

1 注 先慎曰：舊連上，今提行。

2 注 先慎曰：乾道本不重「舉動理」三字。顧廣圻云：《藏》本、今本重「舉動理」。按：當重「血氣治而舉動理」七字。

▲先慎案：顧說是，今據《藏》本、今本增三字。

3 注 顧廣圻曰：「痔」當作「疛」，《說文》：「疛，小腹病也」，小徐本云：「讀若『紂』」。《詩・小弁》釋文云：「擣，《韓詩》作『疛』」，《集韻・四十九宥》「疛」云：「或從『壽』」。

▲先慎曰：「痔」字不誤，此皆指身可見之病而言。《說文》：「痤，小腫也。疽，癰也。癉，勞病也，謂勞倦。痔，後病也。」《急就篇》：「癉熱瘻痔眵瞢眼。」「癉痔」古本連文，無庸改「疛」。

4 注 先慎曰：「恬」，安也。相安不以為怪也。《荀子・富國篇》「輕非譽而恬失民」，「輕」、「恬」對文，是「輕」、「恬」義近。

5 注 顧廣圻曰：傳本此下有「者」字，與各本全異。

▲先慎曰：《治要》引《老子》亦有「者」字，蓋唐人所見《老子》本有「者」字。

6 注 先慎曰：乾道本無「人」字。盧文弨云：「『傷』下脫『人』字，張、凌本皆有。」顧廣圻云：「傳本及今《德經》皆無上下兩『也』字。《藏》本『傷』下有『人』字，是也，傳本及今《德經》皆有。」今據補。

7 注 王渭曰：「也」字衍。「鬼祟疾人」四字作一句讀，與下文「民犯法令」同。又按：「人逐除之」、「上刑戮民」句例皆同。

8 注 顧廣圻曰：傳本及今《德經》「民」皆作「人」，按：《韓子》自作「民」。

▲先慎曰：上當有「非其神不傷人」句，惟趙孟頫本無，疑刊本書者從誤本《老子》刪之也。河上公、王弼、傳本並有。

9 注 先慎曰：乾道本下「則」字作「而」，盧文弨云：「凌本『而』作『則』。」今據改。

10 注 顧廣圻曰：傳本及今《德經》「則」皆作「故」。

▲先慎曰：「兩」上並有「夫」字。

11 注 先慎曰：以上見六十章。

有道之君，外無怨讎於鄰敵，而內有德澤於人民。夫外無怨讎於鄰敵者，其遇諸侯也外有禮義[1]；內有德澤於人民者，其治人事也務本[2]。遇諸侯有禮義則役希起，治民事務本則淫奢止。凡馬之所以大用者，外供甲兵而內給淫奢也。今有道之君，外希用甲兵，而內禁淫奢。上不事馬於戰鬬逐北，而民不以馬遠淫通物[3]，所積力唯田疇，積力於田疇[4]必且糞灌，故曰「天下有道，卻走馬以糞也[5]」。

1 注 顧廣圻曰：「外」字當衍，八字為一句。

2 注 先慎曰：「人」當作「民」，下文「治民事務本」即承此而言。

3 注 先愼曰：乾道本「通淫」作「淫通」。顧廣圻云：今本作「通淫」，誤。

▲先愼案：顧說非。《禮・王制》疏「淫，謂過奢侈」，是「淫物」，奢侈之物，謂不以馬遠致奢侈之物也。若作「遠淫通物」，則不辭矣。下文「得於好惡，怵於淫物」，「淫物」連文是其證。改從今本。

4 注 先愼曰：乾道本無「積力於田疇」五字。顧廣圻云：「《藏》本有。今本『於』仍作『唯』。」今據《藏》本補。

5 注 顧廣圻曰：傳本「糞」作「播」，與各本全異。又傳本及今《德經》皆無「也」字。按：〈喻老〉無。

▲先愼曰：「糞」、「播」古通。

**人君者無道[1]，則內暴虐其民，而外侵欺其鄰國。內暴虐則民產絕，外侵欺則兵數起。民產絕則畜生少，兵數起則士卒盡。畜生少則戎馬乏，士卒盡則軍危殆。戎馬乏則將馬出[2]，軍危殆則近臣役。馬者，軍之大用；郊者，言其近也。今所以給軍之具於將馬近臣[3]，故曰「天下無道，戎馬生於郊矣[4]」。**

1 注 先愼曰：乾道本無「者」字，「道」下更有「道」字。盧文弨云：張、凌本「君」下有「者」字。顧廣圻云：《藏》本「君」下有「者」字，乾道本重「道」字，譌。

▲先愼按：乾道本脫「者」字，空格於下，淺人妄增「道」字以補之。今據盧、顧校改。

2 注 顧廣圻曰：「將」當作「牸」，形近之誤。《鹽鐵論．未通》云：「當此之時，卻走馬以糞，其後師旅數發，戎馬不足，牸牝入陣，故駒犢生於戰地」，即本於此也。他書又作「字」，《史記．平準書》云：「而乘字牝者，擯而不得聚會。」下文「於將馬近臣」，誤同。

3 注 先愼曰：「牸馬近臣」，非軍中之用，今因乏殆，故並及之。

4 注 顧廣圻曰：傳本及今《德經》皆無「矣」字，〈喻老〉無。

人有欲則計會亂，計會亂而有欲甚[1]，有欲甚則邪心勝，邪心勝則事經絕，事經絕則禍難生[2]。由是觀之，禍難生於邪心，邪心誘於可欲。可欲之類，進則教良民爲姦，退則令善人有禍[3]。姦起則上侵弱君，禍至則民人多傷[4]。然則可欲之類，上侵弱君而下傷人民。夫上侵弱君而下傷人民者，大罪也，故曰「禍莫大於可欲[5]」。是以聖人不引五色、不淫於聲樂，明君賤玩好而去淫麗。

1 注 先愼曰：「而」字，依上下文當作「則」。

2 注 盧文弨曰：二「經」字，張本作「輕」。顧廣圻曰：《藏》本二「經」字皆作「輕」。按：「經」當作「徑」。上文「必緣理不徑絕也」，陸行不緣理為「徑」，《周禮》云「禁徑踰者」是也；水行不緣理為

「絕」，《爾雅》云「正絕流曰亂」是也。《藏》本所改，失之。

▲先慎曰：「經」、「徑」二字義同。《易．上經》釋文、《廣雅．釋言》：「經，徑也。」〈釋名〉：「徑，經也，言人之所經由也。」二字疊訓。《左．僖二十五年傳》「趙衰以壺飧從徑」，《釋文》：「徑，讀為『經』」，是「經」、「徑」古通用。

3 注 王先謙曰：可欲之類，非善人不能退之。既退之後，更思闚伺中傷，故令有禍也。

4 注 先慎曰：依下文「民人」當作「人民」。

5 注 顧廣圻曰：「禍」當作「罪」，與上文「大罪也」相承，〈喻老〉不誤，傳本及今《德經》皆作「罪」，據《經典釋文》、王弼《老子》無此句，非是。

人無毛羽[1]，不衣則不犯寒[2]。上不屬天，而下不著地，以腸胃爲根本，不食則不能活。是以不免於欲利之心，欲利之心不除，其身之憂也。故聖人衣足以犯寒，食足以充虛，則不憂矣。眾人則不然，大爲諸侯，小餘千金之資，其欲得之憂不除也。胥靡有免，死罪時活[3]，今不知足者之憂，終身不解，故曰「禍莫大於不知足」。

1 注 先慎曰：舊連上，今提行。

2 **注** 俞樾曰：「犯寒」上當有「足以」二字，下文「故聖人衣足以犯寒」是其證。

▲先慎曰：俞說非，此與下文「不食則不能活」句例正同，不當有「足以」二字。「犯」，勝也。

3 **注** 王先謙曰：「有」字當在「罪」字下，「罪有時活」與「終身不解」文義相對。

**故欲利甚於憂[1]。憂則疾生，疾生而智慧衰，智慧衰則失度量，失度量則妄舉動，妄舉動則禍害至。禍害至而疾嬰內，疾嬰內則痛，禍薄外則苦[2]，苦痛雜於腸胃之間[3]，則傷人也憯，憯則退而自咎，退而自咎也生於欲利，故曰「咎莫憯於欲利[4]」。**

1 **注** 先慎曰：舊連上，今提行。

2 **注** 先慎曰：乾道本重「痛禍薄外」四字，「苦」下有「痛雜於腸胃之間」七字。盧文弨云：張本不複「痛禍薄外」四字，「苦」下「痛雜於腸胃之間」七字衍。顧廣圻云：「痛禍薄外」四字，《藏》本不重。按：此「疾嬰內則痛」為一句，「禍薄外則苦」為一句，下多複衍。

▲先慎按：盧、顧說是，據《藏》本、張本刪四字，依《拾補》刪七字。

3 **注** 顧廣圻曰：八字為句。「腸胃」當作「外內」。

4 **注** 顧廣圻曰：今《德經》「憯」作「大」，非，傳本與此合。傳本及《德經》「利」皆作「得」。按：當作「得」，上文云「欲利」，猶「欲得」也，又云「其欲得之憂不除也」，仍作「得」可證。〈喻老〉不誤。

▲先愼曰：李約本「㬈」作「甚」，《說文》：「㬈，痛也」，古音「甚」、「㬈」同。「利」當作「得」，顧說是。以上見四十六章。

道者，萬物之所然也[1]，萬理之所稽也。理者，成物之文也；道者，萬物之所以成也。故曰「道，理之者也[2]」。物有理不可以相薄[3]。物有理不可以相薄，故理之爲物之制[4]。萬物各異理，萬物各異理而道盡[5]。稽萬物之理，故不得不化[6]。不得不化，故無常操[7]。無常操，是以死生氣稟焉，萬智斟酌焉，萬事廢興焉。天得之以高，地得之以藏，維斗得之以成其威[8]，日月得之以恆其光[9]，五常得之以常其位，列星得之以端其行，四時得之以御其變氣，軒轅得之以擅四方，赤松得之與天地統[10]，聖人得之以成文章。道與堯、舜俱智，與接輿俱狂，與桀、紂俱滅，與湯、武俱昌。以爲近乎，遊於四極；以爲遠乎，常在吾側。以爲暗乎，其光昭昭[11]；以爲明乎，其物冥冥——而功成天地，和化雷霆，宇內之物，恃之以成。凡道之情，不制不形，柔弱隨時，與理相應。萬物得之以死，萬物得之以生；萬事得之以敗[12]，得之以成。道譬諸若水[13]，溺者多飲之即死，渴者適飲之即生。譬之若劍戟，愚人以行忿則禍生，聖人以誅暴則福成。故得之以死，得之以生，得之以敗，得之以成[14]。

1 注 先愼曰：「然」，可也。
2 注 顧廣圻曰：句有誤。按：自上文「道者萬物之所然也」以下，不見所解何文？詳《老子》第十四章有云：「是謂道紀」，此當解彼也。「紀」，理也。
▲先愼曰：顧說是也。「道」字逗。「紀」、「理」義同，故《道經》作「紀」，《韓子》改為「理」。
3 注 王先謙曰：「薄」，迫也。
4 注 王先謙曰：「制」上「之」字衍。
5 注 先愼曰：乾道本「萬」下五字不重，顧廣圻云：「《藏》本、今本重。」今據補。
6 注 王先謙曰：稽合萬物之理，不變則不通。
7 注 王先謙曰：言不執一。
8 注 先愼曰：乾道本無「之」字。顧廣圻云：今本「得」下有「之」字。按：依上下文當補。
▲先愼案：顧說是，依今本補。《莊子．大宗師篇》「維斗得之，終古不忒，日月得之，終古不息」，並有「之」字，是其證。
9 注 先愼曰：乾道本無「之」字，顧廣圻云：「《藏》本、今本『得』下有『之』字」，今據補。
10 注 孫詒讓曰：「統」，疑當作「終」，言壽與天地同長也。「終」、「統」二字篆文形相近而誤。

11 注 先慎曰：乾道本無「其」字，顧廣圻云：「《藏》本、今本『光』上有『其』字。」今據補。

12 注 先慎曰：乾道本「事」作「物」。案：「物」字緣上文而誤，依《拾補》改。

13 注 先慎曰：《意林》「諸」作「之」。

14 注 先慎曰：「故」下當有「曰」字。「得之以死」四句，《老子》各本無，蓋佚文也。

人希見生象也，而得死象之骨，案其圖以想其生也，故諸人之所以意想者皆謂之象也。今道雖不可得聞見，聖人執其見功以處見其形[1]，故曰「無狀之狀，無物之象[2]」。

1 注 先慎曰：今人不聞道見一，聖人則執其顯見之功，以處見其形也。

2 注 先慎曰：趙孟頫本「物」作「象」。以上見十四章。

凡理者，方圓、短長、麤靡、堅脆之分也，故理定而後物可得道也[1]。故定理有存亡，有死生，有盛衰。夫物之一存一亡，乍死乍生，初盛而後衰者，不可謂「常」。唯夫與天地之剖判也具生[2]，至天地之消散也不死、不衰者謂「常」。而常者[3]，無攸易，無定理，無定理非在於常[4]，是以不可道也。聖人觀其玄虛，用其周行，強字之曰

「道[5]」，然而可論[6]，故曰「道之可道，非常道也[7]」。

1 **注** 先慎曰：乾道本無「物」字，盧文弨云：「張、凌本有。」今據補。

2 **注** 先慎曰：乾道本「地」上有「與」字，「俱」作「具」。顧廣圻云：《藏》本、今本無下「與」字，今本「具」作「俱」，誤。

▲先慎案：「與」字衍，今據刪。「俱」字是，今據改。

3 **注** 先慎曰：乾道本下「者」字在「謂常」下。盧文弨云：「謂常」下「者」字衍，張、凌本俱無。顧廣圻云：《藏》本「者」字在「而常」下，是也。「謂常」二字句絕，屬上；「而常者」三字逗，屬下。今本兩「常」下各有「者」字，誤。

▲先慎案：顧、盧說是，據改。「無攸易」，謂無所變易也。

4 **注** 先慎曰：乾道本「常」下有「所」字。盧文弨云：「『所』字衍，張、凌本俱無。」顧廣圻云：「《藏》本無『所』字。」王渭云：「常」字句絕。

▲先慎案：盧、顧說是，今據刪。

5 **注** 顧廣圻曰：傳本第二十五章云：「故強字之曰道」，與此合。今《道經》無「故強」二字，非也。

6 **注** 王先謙曰：惟有名，故可言。

7 **注** 盧文弨曰：「道」下「之」字，凌本無。顧廣圻曰：「傳本及今《道經》無『之』字、『也』字。」

▲先愼曰：見第一章。

人始於生而卒於死。始之謂「出」，卒之謂「入」，故曰「出生入死」。人之身三百六十節，四肢，九竅，其大具也。四肢與九竅十有三者[1]，十有三者之動靜盡屬於生焉。屬之謂徒也，故曰「生之徒也，十有三者[2]」。至其死也[3]，十有三具者皆還而屬之於死，死之徒亦有十三[4]，故曰「生之徒十有三，死之徒十有三[5]」。凡民之生生而生者固動，動盡則損也，而動不止，是損而不止也，損而不止則生盡，生盡之謂死，則十有三具者皆爲死死地也[6]。故曰「民之生生而動[7]，動皆之死地[8]，亦十有三[9]」。是以聖人愛精神而貴處靜，此甚大於兕虎之害。夫兕虎有域，動靜有時，避其域，省其時，則免其兕虎之害矣。民獨知兕虎之有爪角也，而莫知萬物之盡有爪角也，不免於萬物之害。何以論之？時雨降集，曠野閒靜，而以昏晨犯山川，則風露[10]之爪角害之。事上不忠，輕犯禁令，則刑法之爪角害之。處鄉不節，憎愛無度，則爭鬥之爪角害之。嗜慾無限，動靜不節，則痤疽之爪角害之[11]。好用其私智而棄道理，則網羅之爪角害之。兕虎有域而萬害有原，避其域，塞其原，則免於諸害矣。凡兵革者，所以備害也[12]。重生者雖入軍無忿爭之心，無忿爭之心，則無所用救害之備。此非獨謂野處之軍也，聖人之遊世也無害人之心，無害人之心[13]，則必無人害，無人害則不備人，故曰「陸行不遇兕虎[14]」。入山不恃備以救害[15]，故曰「入軍不備甲兵[16]」。遠諸害，故曰「兕無所投其角，虎無所錯其爪，兵無所容其刃[17]」。不設備而必無害，天地之道理也。體天地之道，故曰「無死地焉[18]」。動無死地，而謂之「善攝生」矣[19]。

1 注 先慎曰：「者」字緣下而衍。

2 注 盧文弨曰：「徒」下「也」字，一本無，「三」下「者」字衍。顧廣圻曰：《德經》無「也」字、「者」字。按本書之例，當作「故曰生之徒十有三也」。

▲先慎曰：「也」、「者」二字皆衍。

3 注 先慎曰：乾道本「至」下無「其」字，顧廣圻云：「《藏》本、今本有『其』字。」今據補。

4 注 先慎曰：「有十」二字誤倒。

5 注 先慎曰：據此，明上有「也」字、「者」字，皆非原文。

6 注 盧文弨曰：下「死」字衍，凌本不重。

▲先慎曰：盧說誤，見下。

7 注 顧廣圻曰：當於此句。

8 注 顧廣圻曰：當於此句。

9 注 先慎曰：乾道本「亦」作「之」，《拾補》作「亦」。顧廣圻云：傳本「之」作「亦」，餘盡與此合。今《德經》作「人之生動之死地十有三」，非也。按：上文云「凡民之生生而生者固動」，又云「皆為死死地也」，「生生」與「死死」相對，所以解此文之「生生」也，可見《韓子》自如此。

▲先慎案：王弼本「之」作「亦」，今據《拾補》改。

10 注 先慎曰：乾道本「風露」作「虎兕」，誤。顧廣圻云：「今本『兕虎』作『風露』。」今據改。

11 注 先慎曰：乾道本「瘞」上衍「虛」字，顧廣圻云：「《藏》本、今本無『虛』字。」今據刪。

12 注 顧廣圻曰：「乾道本、《藏》本皆提行，今本誤連。」

▲先慎曰：上即解「陸行不遇兕虎」三句，不當提行，改從今本。

13 注 先慎曰：乾道本不重「無害人之心」句，顧廣圻云：「《藏》本重，是也。」今據補。

14 注 先慎曰：河上、王弼本「兕虎」作「虎兕」，傳本、趙本與此合。

15 注 顧廣圻曰：「山」當作「世」。

16 注 盧文弨曰：張、凌本「備」作「被」。顧廣圻曰：《藏》本作「被」，《德經》作「避」，傳本作「被」。《經典釋文》云：「被，皮彼反。」案：《藏》本以他本《老子》改耳，《韓子》自作「備」。

▲先慎曰：「備」、「被」義同。《廣雅・釋詁》：「備，具也。」《史記・絳侯世家》集解引張揖注：「被，具也。」故本書作「備」，王弼本作「被」。「甲兵」以在己者言，明作「備」、作「被」二字並通。河上本作「避」，聲之誤也。注謂「不好戰以殺人」，則依文立訓，非是。

17 注 先慎曰：乾道本「容」作「害」，顧廣圻云：今本作「容」，《德經》亦作「容」。▲先慎案：《釋名》：「容，用也，合事宜之用也。」「害」乃「容」字形近之誤，改從今本。

18 注 顧廣圻曰：今《德經》無「焉」字，傳本有，與此合。

19 注 先慎曰：《德經》無「矣」字。以上見五十章。

愛子者慈於子，重生者慈於身，貴功者慈於事。慈母之於弱子也，務致其福則事除其禍[1]，事除其禍則思慮熟，思慮熟則得事理，得事理則必成功，必成功則其行之也不疑，不疑之謂勇。聖人之於萬事也，盡如慈母之爲弱子慮也，故見必行之道。見必行之道則明[2]，其從事亦不疑[3]，不疑之謂勇。不疑生於慈，故曰「慈故能勇[4]」。

1 注 先慎曰：乾道本四字不重。盧文弨云：「張、凌本皆重。」顧廣圻云：「《藏》本重『務致其福』，是也。」今據補。

2 注 先慎曰：乾道本不重「見必行之道」五字，顧廣圻云：「《藏》本、今本重。」今據補。

3 注 先慎曰：乾道本「其」上有「明」字，今據張榜本刪。

4 注 先慎曰：傳本「慈」上有「夫」字。

周公曰[1]：「冬日之閉凍也不固，則春夏之長草木也不茂。」天地不能常侈常費，而況於人乎？故萬物必有盛衰，萬事必有弛張，國家必有文武，官治必有賞罰。是以智士儉用其財則家富，聖人愛寶其神則精盛，人君重戰其卒則民衆。民衆則國廣，是以舉之曰「儉故能廣[2]」。

1 注 先慎曰：舊連上，今提行。

2 注 顧廣圻曰：「之」下當有脫文。

▲先慎曰：此與上「故謂之善攝生矣」句同一律，皆變文也，顧說非。

凡物之有形者易裁也，易割也。何以論之？有形則有短長，有短長則有小大，有小大則有方圓，有方圓則有堅脆，有堅脆則有輕重，有輕重則有白黑。短長、大小[1]、方圓、堅脆、輕重、白黑之謂理，理定而物易割也。故議於大庭而後言[2]則立，權議之士知之矣[3]。故欲成方圓而隨其規矩，則萬事之功形矣。而萬物莫不有規矩，議言之士，計會規矩也。聖人盡隨於萬物之規矩，故曰「不敢爲天下先」。不敢爲天下先則事無不事，功無不功，而議必蓋世，欲無處大官，其可得乎？處大官之謂爲成事長[4]，是以故曰[5]「不敢爲天下先，故能爲成事長[6]」。

1 注 先慎曰：「大小」，當依上文作「小大」。

2 注 王先謙曰：「後言」者，集議而後斷之。

3 注 先慎曰：有權謀者，能決議於大庭。

4 注 王先謙曰：「為」字衍。「謂」、「為」一也，「謂」下不當更有「為」字。

5 注 顧廣圻曰：「以下當有脫文。」

▲先慎曰：顧說非也。此當衍「故」字，或衍「是以」字。上文或作「是以曰」，或作「故曰」，是其證。

6 注 顧廣圻曰：傳本及今《德經》皆無「為」字，「事」皆作「器」，《經典釋文》作「器」。《韓子》自作「事」。

慈於子者不敢絕衣食，慈於身者不敢離法度，慈於方圓者不敢舍規矩。故臨兵而慈於士吏則戰勝敵，慈於器械則城堅固。故曰「慈，於戰則勝[1]，以守則固」。夫能自全也而盡隨於萬物之理者，必且有天生。天生也者[2]，生心也[3]。故天下之道盡之生也，若以慈衛之也[4]。事必萬全而舉無不當，則謂之寶矣，故曰「吾有三寶，持而寶之[5]」。

1 注 顧廣圻曰：傳本及今《德經》「於」皆作「以」，傳本「戰」作「陣」，與各本全異。

▲先慎曰：傳本「勝」作「正」。案：王注「相慜而不避於難，故勝也」，是晉時本作「勝」，傳本誤。「於」當作「以」。「慈」字逗，《老子》「慈」上有「夫」字。

2 注 顧廣圻曰：《德經》六十七章云「天將救之」，此解彼也。當是《韓子》所引有不同，今未詳。

3 注 王先謙曰：有善心，故天救而生之。

4 注 王先謙曰：「盡」下「之」字訓為「往」，天下之道皆往生於其心，是「以慈衛之也」。

5 注 先慎曰：河上、王弼本「吾」作「我」，「寶之」作「保之」，陸希聲、趙孟頫作「保而持之」，傳本與此合。以上見六十七章。

書之所謂大道也者，端道也[1]。所謂貌施也者[2]，邪道也。所謂徑大也者[3]，佳麗也[4]。佳麗也者，邪道之分也。朝甚除也者，獄訟繁也。獄訟繁則田荒[5]，田荒則府倉虛[6]，府倉虛則國貧，國貧而民俗淫侈，民俗淫侈則衣食之業絕，衣食之業絕則民不得無飾巧詐，飾巧詐則知采文，知采文之謂服文采[7]。獄訟繁、倉廩虛而有以淫侈爲俗，則國之傷也，若以利劍刺之[8]，故曰「帶利劍[9]」。諸夫飾智故以至於傷國者[10]，其私家必富，私家必富，故曰「資貨有餘[11]」。國有若是者，則愚民不得無術而效之，效之則小盜生。由是觀之，大姦作則小盜隨[12]，大姦唱則小盜和。竽也者，五聲之長者也，故竽先則鍾、瑟皆隨[13]，竽唱則諸樂皆和。今大姦作則俗之民唱，俗之民唱則小盜必和，故「服文采、帶利劍、厭飲食而貨資有餘者，是之謂盜竽矣[14]」。

1 注 顧廣圻曰：解第五十三章「行於大道也」。

▲先慎曰：各本連上，今依《拾補》分段。

2 注 顧廣圻曰：《德經》作「惟施是畏」，此未詳。

▲先慎曰：「貌」，飾也，下文所謂「飾巧詐」也。「施」讀為「池」，「池」，邪也。說詳《老子集解》。

3 注 先慎曰：《德經》「大道甚夷而民好徑」，河上公云：「徑，邪不平正也。」此「大」字衍。

4 注 先慎曰：謂服文采。

5 注 顧廣圻曰：《德經》作「田甚蕪」，《經典釋文》：「蕪，音『無』。」

6 注 顧廣圻曰：《德經》作「倉甚虛」。

7 注 先慎曰：王弼、河上公本「采」作「綵」，傳本與此合。

8 注 先慎曰：國之受傷，猶身受利劍之刺。

9 注 先慎曰：此下未解「厭飲食」，疑有脫文。

10 注 顧廣圻曰：十一字為一句。

11 注 盧文弨曰：「資」，《老子》作「財」。顧廣圻曰：「資貨」，下文作「貨資」，傳本作「貨財」，今《德經》作「財貨」，非。

12 注 先慎曰：乾道本「作」下無「則」字，顧廣圻云：「今本有。」改從今本。

13 注 先慎曰：「鐘」，古通用「鍾」。

14 注 顧廣圻曰：「故」下當有「曰」字。《德經》無「而」、「者」、「之」、「矣」四字，「竽」作「夸」。今按：《韓子》自作「竽」。

▲先慎曰：乾道本「資貨」作「貨資」，據《道藏》本、《拾補》校，張、凌本乙，上文正作「資貨」，不誤。「夸」字無義，當依此訂正。以上見五十三章。

**人無愚智，莫不有趨舍。恬淡平安，莫不知禍福之所由來。得於好惡、怵於淫物而後**

變亂，所以然者，引於外物，亂於玩好也。恬淡有趨舍之義，平安知禍福之計。而今也玩好變之，外物引之，引之而往，故曰「拔[1]」。至聖人不然，一建其趨舍，雖見所好之物不能引，不能引之謂「不拔[2]」。一於其情，雖有可欲之類，神不為動，神不為動之謂「不脫[3]」。為人子孫者體此道，以守宗廟不滅之謂「祭祀不絕[4]」。身以積精為德，家以資財為德，鄉國天下皆以民為德。今治身而外物不能亂其精神，故曰「脩之身[5]，其德乃眞」。眞者，愼之固也。治家者[6]，無用之物不能動其計，則資有餘，故曰「脩之家，其德有餘[7]」。治鄉者行此節，則家之有餘者益衆，故曰「脩之鄉，其德乃長」。治邦者行此節，則鄉之有德者益衆，故曰「脩之邦，其德乃豐[8]」。莅天下者行此節，則民之生莫不受其澤，故曰「脩之天下，其德乃普[9]」。脩身者以此別君子小人，治鄉、治邦、莅天下者各以此科適觀息耗，則萬不失一[10]，故曰「以身觀身，以家觀家，以鄉觀鄉[11]，以邦觀邦[12]，以天下觀天下，吾奚以知天下之然也？以此[13]」。

1 注 先愼曰：此與上「故曰迷」同例。

2 注 先愼曰：《德經》：「善建者不拔。」

3 注 先愼曰：《德經》：「善袌者不脫。」

4 注 顧廣圻曰：《藏》本、今本重「宗廟」。按：此不當重。傳本及《德經》「絕」皆作「輟」，《經典釋文》：「『不輟』，張劣反。」〈喻老篇〉作「輟」。

▲先慎曰：此亦當作「輟」。

5 注 顧廣圻曰：今《德經》「之」下有「於」字，非。傳本無，與此合，下四句同。按：《淮南子・道應訓》引此句亦無「於」字。

▲先慎曰：趙寫本無「於」字。

6 注 先慎曰：「者」字依《拾補》引馮校增。

7 注 盧文弨曰：「有」，《老子》作「乃」，當據改，與上下一例。顧廣圻曰：「有」當作「乃」，涉上下文而誤。

8 注 顧廣圻曰：今《德經》「邦」作「國」，非。傳本作「邦」，與此合。

▲先慎曰：作「國」者，漢人避諱改也。「邦」與「豐」韻。

9 注 顧廣圻曰：傳本「普」作「溥」。按：「普」、「溥」同字也。

10 注 先慎曰：用此程法，靜觀動止，自無不知者。

11 注 顧廣圻曰：《藏》本有此句，《德經》亦有。

▲先慎曰：乾道本脫「以鄉觀鄉」四字，據《藏》本補。

12 注 先慎曰：王弼、河上本「邦」作「國」。

13 注 顧廣圻曰：今《德經》「奚」作「何」，非。傅本作「奚」，與此合。「也」皆作「哉」。

▲先慎曰：王弼本無「知」字。以上見五十三章。

# 卷第七

**思想議題**

〈喻老〉：歸本黃老。

〈說林上〉：人性趨利避害（詐偽、權謀）／法與賞罰。

## 喻老第二十一[1]

1 **注** 盧文弨曰：《藏》本連六卷中。

天下有道，無急患則曰靜[1]，遽傳不用，故曰「卻走馬以糞[2]」。天下無道，攻擊不休，相守數年不已，甲冑生蟣蝨、鷰雀處帷幄而兵不歸，故曰「戎馬生於郊[3]」。

1 **注** 顧廣圻曰：「曰」當作「日」。

2 **注** 先慎曰：〈解老〉有「也」字，說詳上。

3 注 先愼曰：〈解老〉有「矣」字。

翟人有獻豐狐、玄豹之皮於晉文公，文公受客皮而歎曰：「此以皮之美自爲罪。」夫治國者以名號爲罪，徐偃王是也；以城與地爲罪[1]，虞、虢是也，故曰「罪莫大於可欲」。

1 注 先愼曰：乾道本「以城」上有「則」字。盧文弨云：凌、張本「者」下有「則」字。顧廣圻云：今本「以城」上無「則」字，誤。按：「則」讀為「即」。《藏》本並上句亦添「則」字，非也。

▲先愼案：《藏》本、張、凌本即沿乾道本下「則」字而誤增，「以城與地為罪」承「夫治國者」言之，亦不當有「則」字，顧說非。今並依今本刪。

智伯兼范、中行而攻趙不已，韓、魏反之，軍敗晉陽，身死高梁之東[1]，遂卒被分[2]，漆其首以爲溲器[3]，故曰「禍莫大於不知足」。

1 注 盧文弨曰：凌本「梁」作「良」。

2 注 先愼曰：〈十過篇〉云：「國分為三。」

3 注 先慎曰：《說苑．建本篇》作「酒器」。《說文》：「浚，浸沃也。」「浸沃」，若今人之浚麪。〈士虞禮〉「明齊浚酒」，鄭注：「明齊，新水也，言以新水浚釀此酒也。」「浚器」即釀酒之器。《淮南．道應訓》作「飲器」，「飲器」亦酒器也。《左傳》：「行人執榼承飲，造於子重。」褚少孫補〈大宛傳〉「飲器」，韋注：「椑榼也」，皆為酒器。後人不識「浚」字本義，遂以〈晉語〉「少浚於豕牢而得文王」，韋注：「『少浚』，小便，言其易也。」之「浚」釋之。

**虞君欲屈產之乘與垂棘之璧，不聽宮之奇，故邦亡身死，故曰「咎莫憯於欲得」。**

**邦以存爲常，霸王其可也[1]。身以生爲常，富貴其可也[2]。不欲自害則邦不亡、身不死，故曰「知足之爲足矣[3]」。**

1 注 先慎曰：乾道本無「王」字。顧廣圻云：《藏》本、今本「霸」下有「王」字。

▲先慎案：此與「富貴其可也」相對成文，不當少一字，今據補。有國者不務廣土，先圖自立，邦基既定，故可霸王。

2 注 先慎曰：不求於外，先修其內，身體無恙，故可富貴。

3 注 顧廣圻曰：今《德經》無「矣」字。傳本有，與此合。皆作「知足之足常足」。
▲先慎曰：《德經》句上有「故」字。本書當依《德經》於「之」下補「足」字。「為」當作「常」。人無欲心則能常守其真根，故曰：「知足之足常足」。以上見四十六章。

**楚莊王既勝[1]狩于河雍，歸而賞孫叔敖，孫叔敖請漢間之地，沙石之處。楚邦之法，祿臣再世而收地，唯孫叔敖獨在[2]。此不以其邦爲收者[3]，瘠也，故九世而祀不絕[4]。故曰「善建不拔，善抱不脫[5]，子孫以其祭祀世世不輟[6]」，孫叔敖之謂也[7]。**

1 注 先慎曰：乾道本連上，盧文弨云：「凌本提行。」今據改。

2 注 先慎曰：《呂氏春秋．孟冬紀》：「楚孫叔敖有功於國，疾將死，戒其子曰：『王數欲封我，我辭不受；我死，必封汝，汝無受利地。荊、楚間有寢邱者，其為地不利，而前有妬谷，後有戾邱，其名惡，可長有也。』其子從之。楚功臣封二世而收，唯寢邱不奪也。」「獨在」，《藝文類聚》五十一引作「獨存」，「存」、「在」義同，言惟孫叔敖所請之地不收也。

3 注 顧廣圻曰：「邦」，讀為「封」。

4 注 先慎曰：《史記．優孟傳》「九世」作「十世」。

5 注 顧廣圻曰：《德經》兩「不」上皆有「者」字。

6 注 顧廣圻曰：《德經》無「以其」、「世世」四字。

▲先慎曰：王弼有「以」字。

7 注 先慎曰：見五十三章。

制在己曰「重[1]」，不離位曰「靜」。重則能使輕，靜則能使躁[2]。故曰「重爲輕根，靜爲躁君。故曰君子終日行不離輜重也[3]」。邦者，人君之輜重也。主父生傳其邦[4]，此離其輜重者也。故雖有代、雲中之樂，超然已無趙矣。主父，萬乘之主，而以身輕於天下，無勢之謂輕，離位之謂躁，是以生幽而死[5]。故曰「輕則失臣，躁則失君[6]」，主父之謂也[7]。

1 注 先慎曰：乾道本連上，今依趙本提行。

2 注 王先謙曰：重可御輕，靜可鎮躁，使之謂也。

3 注 顧廣圻曰：今《道經》「君子」作「聖人」，非。傅本作「君子」與此合。下「也」字皆無。

▲先慎曰：此與上二句《道經》連文，不應有「故曰」二字，「故曰」當為「是以」之譌，《道經》作「是以」即其證。傅、趙本「離」下有「其」字。

4 注 先慎曰：《史記．趙世家》武靈王二十七年傳國，立王子何以為王，自稱為主父。

5 注 先慎曰：惠文王四年，公子成、李兌圍主父宮三月餘，而餓死沙邱宮。

6 注 顧廣圻曰：「臣」當作「本」，傳本作「本」。《經典釋文》云：「『本』，上作『臣』。」按：上文云「重為輕根」，「本」，根也，河上非是。

7 注 先慎曰：以上見二十六章。

勢重者，人君之淵也。君人者，勢重於人臣之閒[1]，失則不可復得也[2]。簡公失之於田成，晉公失之於六卿，而邦亡身死。故曰「魚不可脫於深淵[3]」。賞罰者，邦之利器也，在君則制臣，在臣則勝君。君見賞，臣則損之以爲德；君見罰，臣則益之以爲威。人君見賞而人臣用其勢，人君見罰而人臣乘其威[4]。故曰「邦之利器不可以示人[5]」。

1 注 先慎曰：君於臣不當以閒言，「閒」疑「上」之誤。

2 注 先慎曰：失其勢重，則不得為君。

3 注 顧廣圻曰：《道經》無「深」字。

▲先慎曰：「深」字衍，唐諱「淵」改「深」，後人回改，兼存「深」字耳。上「人君之淵」，亦無「深」

字，即其證。

4 注 先慎曰：乾道本無「而」字，顧廣圻云：「今本有，依上句當有。」今據補。

5 注 先慎曰：〈六微篇〉「邦」作「國」，河上、王弼並作「國」，《莊子》引作「國」，《後漢．翟酺傳》亦作「國」，《說苑》作「國之利器，不可以借人」。唯傳本作「邦」。案：「國」為「邦」字避改，說見上。

越王入宧於吳，而觀之伐齊以弊吳[1]。吳兵既勝齊人於艾陵，張之於江、濟，強之於黃池，故可制於五湖[2]。故曰「將欲翕之[3]，必固張之；將欲弱之[4]，必固強之」。晉獻公將欲襲虞，遺之以璧馬；知伯將襲仇由[5]，遺之以廣車[6]。故曰「將欲取之[7]，必固與之」。起事於無形[8]而要大功於天下，是謂微明[9]。處小弱而重自卑謂損「弱勝強」也[10]。

1 注 顧廣圻曰：藏本、今本「觀」作「勸」。按：「觀」，示也。「勸」字非。

2 注 先慎曰：〈越語〉「吳、越戰於五湖」，韋注：「五湖，今太湖。」《初學記》七引《揚州記》曰：「太湖，一名笠澤。」《左．哀十七年傳》「越子伐吳，吳子禦之笠澤」，是也。

3 注 顧廣圻曰：傳本作「翕」，與此合。《經典釋文》：「⿰亻翕，河上本作『噏』。」

▲先慎曰：古無「⿰亻翕」、「噏」二字，梁簡文作「歙」，《說文》：「歙，縮鼻也。」「歙」有縮義，故與

「張」為對。「翕」乃「歙」之省文。

4 注 先慎曰：河上本「欲」或作「使」，非。

5 注 先慎曰：「將」下當有「欲」字。

6 注 先慎曰：〈西周策〉：「昔智伯欲伐厹由，遺之大鐘，載以廣車，因隨入以兵」，高注：「廣車，大車也」。

7 注 顧廣圻曰：《道經》「取」作「奪」。

8 注 盧文弨曰：當分段。

▲先慎曰：盧說誤，至「弱勝強也」合上為一章。

9 注 顧廣圻曰：「是」上當有「故曰」二字。

10 注 顧廣圻曰：當作「而重自卑損之謂弱勝強也」，「損」句絕。傳本云：「柔之勝剛，弱之勝強。」今《道經》云「柔弱勝剛強」，傳本與此為近之。

▲先慎曰：顧說是。以上見三十六章。

有形之類[1]，大必起於小；行久之物，族必起於少[2]。故曰「天下之難事必作於易，天下之大事必作於細[3]」。是以欲制物者於其細也[4]，故曰「圖難於其易也，爲大於其細也[5]」。千丈之隄以螻蟻之穴潰，百尺之室以突隙之烟焚[6]，故曰[7]白圭之行隄也塞其穴，丈人之慎火也塗其隙[8]。是以白圭無水難，丈人無火患[9]，此皆慎易以避難，敬細以遠大者也。扁鵲見蔡桓公[10]，立有間，扁鵲曰：「君有疾在腠理，不治將恐深。」桓侯曰：「寡人無疾[11]。」扁鵲出，桓侯曰：「醫之好治不病以爲功。」居十日，扁鵲復見曰：「君之病在肌膚，不治將益深。」桓侯不應，扁鵲出，桓侯又不悅。居十日，扁鵲復見曰：「君之病在腸胃，不治將益深。」桓侯又不應，扁鵲出[12]，桓侯又不悅。居十日，扁鵲望桓侯而還走[13]，桓侯故使人問之[14]，扁鵲曰：「疾在腠理，湯熨之所及也[15]；在肌膚，鍼石之所及也；在腸胃，火齊之所及也[16]；在骨髓，司命之所屬[17]，無奈何也。今在骨髓，臣是以無請也。」居五日，桓公體痛，使人索扁鵲，已逃秦矣，桓侯遂死。故良醫之治病也，攻之於腠理，此皆爭之於小者也。夫事之禍福亦有腠理之地，故曰聖人蚤從事焉[18]。

1 注 先慎曰：舊連上，今提行。

2 注 先慎曰：「族」，衆也。

3 注 先慎曰：河上、王弼本均無兩「之」字，傅本有。

4 注 先慎曰：「是以」下有脫文，此當承上兩句言，乃與下引《老子》合。

5 注 盧文弨曰：張本「難」下、「大」下並有「乎」字。顧廣圻曰：《藏》本有「乎」字，傳本有，無「也」字。今《德經》「乎」字、「也」字皆無。

6 注 王引之曰：「突隙之煙」不能焚室。「煙」當為「熛」，「熛」誤為「煙」，又轉寫為「烟」耳。舊本《北堂書鈔．地部》十三引此正作「熛」。陳禹謨本刪去。《說文》：「熛，火飛也，讀若『標』。」《一切經音義》十四引《三倉》云：「熛，迸火也。」《呂氏春秋．慎小篇》云：「巨防容螻而漂邑殺人，突泄一熛而焚宮燒積。」今本「熛」字亦誤作「煙」，《一切經音義》十三引此正作「熛」。《淮南．人間訓》曰：「千里之隄以螻螘之穴漏，百尋之屋以突隙之熛焚。」今本亦誤作「煙」。《御覽．蟲豸部》四引此正作「熛」。語意並與此同。世人多見「煙」，少見「熛」，故諸書中「熛」字多誤作「煙」。說見《呂氏春秋》「煙火」下。

7 注 顧廣圻曰：「曰」字當衍。

▲先慎曰：「曰」，即「白」字之誤而複者。

8 注 先慎曰：《易．師》「丈人吉」，鄭注：「丈之言長，能以法度長於人」，是以「丈人」為位尊者之稱。襄九年宋災，樂喜為司城以為政，使伯氏司里，積土塗，以備火之乘隙而入也。

9 注 先慎曰：《初學記》二十五引「難」、「患」互易。

10 注 顧廣圻曰：《史記列傳》、《新序》作「齊桓公」。

11 注 先愼曰：各本無「疾」字，盧文弨云：「『無』下脫『疾』字，《新序》、《史記・扁鵲傳》皆有『疾』字。」今依《拾補》增。

12 注 先愼曰：乾道本無「出」字。顧廣圻云：「《藏》本、今本有『出』字。」

▲先愼案：《史記》亦有，今據補。

13 注 先愼曰：「還走」，反走也。

14 注 先愼曰：張榜本無「故」字。

15 注 先愼曰：乾道本無「也」字。顧廣圻云：今本有「也」字，依下二句當有。

▲先愼案：《史記》亦有，今據補。

16 注 盧文弨曰：「火齊」，《新序》作「大劑」。

▲先愼曰：火齊湯，治腸胃病。〈倉公傳〉：「齊郎中令循不得前後溲三日，飲以火齊湯而疾愈。」又：「齊王太后病，難於大小溲溺，飲火齊湯而病已。」《新序》作「大劑」者，「齊」、「劑」古通，「大」乃「火」字之誤，當依此訂正。

17 注 盧文弨曰：「屬」字，《新序》無。

18 注 顧廣圻曰：「曰」字當衍，《新序》云「故聖人早從事矣」，其明證也。

▲先愼曰：以上見《德經》六十三章。

昔晉公子重耳出亡[1]，過鄭，鄭君不禮。叔瞻諫曰：「此賢公子也，君厚待之，可以積德。」鄭君不聽。叔瞻又諫曰：「不厚待之[2]，不若殺之，無令有後患。」鄭君又不聽[3]。及公子返晉邦，舉兵伐鄭，大破之，取八城焉。晉獻公以垂棘之璧假道於虞而伐虢，大夫宮之奇諫曰：「不可。脣亡而齒寒，虞、虢相救，非相德也[4]。今日晉滅虢，明日虞必隨之亡。」虞君不聽，受其璧而假之道。晉已取虢[5]，還，反滅虞。此二臣者，皆爭於腠理者也，而二君不用也。然則叔瞻、宮之奇亦虞、鄭之扁鵲也，而二君不聽，故鄭以破，虞以亡，故曰「其安易持也，其未兆易謀也[6]」。

1 注 先慎曰：各本連上，盧文弨曰「當分段」，今從之。

2 注 盧文弨曰：張、凌本無「待之」二字。

3 注 先慎曰：「公」當作「君」。

4 注 先慎曰：虞、虢之所以相救者，非彼此見德，緣滅亡隨之耳。

5 注 先慎曰：張榜本「已」作「以」。

6 注 顧廣圻曰：《德經》皆無兩「也」字。

▲先慎曰：見六十四章。

昔者紂爲象箸[1]而箕子怖[2]。以爲象箸必不加於土鉶，必將犀玉之杯。象箸、玉杯必不羹菽藿，則必旄象豹胎[3]。旄象豹胎必不衣短褐而食於茅屋之下[4]，則錦衣九重[5]，廣室高臺。吾畏其卒，故怖其始。居五年，紂爲肉圃，設炮烙[6]，登糟邱[7]，臨酒池，紂遂以亡。故箕子見象箸以知天下之禍，故曰「見小曰明[8]」。

1 **注** 先慎曰：乾道本連上，盧文弨云「當分段」，今從之。

2 **注** 盧文弨曰：「怖」，《史記》、《淮南》作「唏」，凌本同。此自作「怖」，後同。顧廣圻曰：「怖」當作「悕」，下文及〈說林上〉同。

▲先慎曰：顧說非。《說文》：「怖，惶也。『怖』或从『布』聲。」「唏，笑也，一曰哀痛不泣曰『唏』。」按：下文「吾懼其卒，故怖其始」，卒言「懼」，則始當言「惶」，不得於始即哀痛也。《史記》、《淮南》作「唏」，誤，當依此訂正。《藝文類聚》七十三、《御覽》七百五十九引作「怖」。

3 **注** 先慎曰：乾道本無「則」字，盧文弨云：「必上脫『則』字，張、凌本有。」今據補。顧廣圻云：「旄」，讀為「芼」。

▲先慎按：顧讀誤。《呂氏春秋．本味篇》「肉之美者旄象之約」，高注：「旄，旄牛也。」「旄象」二字，《藝文類聚》、《御覽》均作「薦」字，誤。〈說林上篇〉亦作「旄象」。

4 注 顧廣圻曰：《藏》本同。今本「短」作「裋」，誤。按：本書〈說林上〉亦作「短」。〈王命論〉「思有短褐之襲」，《文選注》云：「韋昭以『短』為『裋』。裋，襦也；短，丁管切。」依此，「短褐」自有所出，不必改為「裋」矣。

5 注 先慎曰：「則」下當有「必」字，〈說林上〉有，是其證。

6 注 俞樾曰：段氏玉裁謂「炮烙」本作「炮格」，《史記索隱》引鄒誕云：「烙，一音『閣』。」楊倞注《荀子·議兵篇》云：「烙，音『古責反』。」觀鄒、楊所音皆是「格」字無疑。鄭康成注《周禮·牛人》云：「互，若今屠家縣肉格。」意紂所為亦相似。段氏此說洵足訂正向來傳寫之誤。惟「炮格」似有二義：《荀子·議兵篇》：「紂刳比干，囚箕子，為炮格刑。」楊注引《列女傳》曰：「炮格，為膏銅柱，加之炭上，令有罪者行焉，輒墜火中，紂與妲己大笑。」此則「炮格」為淫刑以逞之事，是一義也。若此文云：「紂為肉圃，設炮格，登糟邱，臨酒池」，則似為飲食奢侈之事，別為一義。蓋為銅格，布火其下，欲食者於肉圃取肉置格上，炮而食之也。如此說方與「肉圃」、「糟邱」、「酒池」一類。且因「為象箸」而至此，正見其由小而大，箕子所以畏其卒而怖其始也。若是炮格之刑，則不特與「肉圃」諸事不類，且與上文「為象箸」事亦絕不相干矣。《呂氏春秋·過理篇》云：「糟邱酒池，肉圃為格。」「格」即「炮格」，不言「炮格」而直曰為「格」，即承「肉圃」之下，是於肉圃中為格也，其為炮肉之格明矣。高注：「格以銅為之，布火其下，以人置上，人爛墮火而死。」夫「糟邱」、「酒池」、「肉圃」皆是飲食之地，何故即於其地炮炙人乎？蓋古書說

「炮格」者，本有二義，當各依本書說之。學者但知有前一義，不知有後一義，古事之失傳久矣。

▲先慎曰：本書亦有二義：如〈難一篇〉「炮烙」連「斬涉者之脛」言，〈難二篇〉兩言「請解炮烙之刑」，〈難勢篇〉「桀、紂為高臺深池以盡民力，為炮烙以傷民性」，是皆以「炮烙」為淫刑。此「炮烙」與「肉圃」、「糟邱」、「酒池」並言，則指飲食奢侈之事。俞氏知古義之有二，而不知本書之義亦有二，故詳說之。

7 **注** 先慎曰：張榜本「糟」作「曹」。

8 **注** 顧廣圻曰：今《德經》「曰」作「日」，傳本與此合。

▲先慎曰：王弼作「曰」，《淮南》同，下同。見五十二章。

**句踐入宦於吳**[1]**，身執干戈爲吳王洗馬**[2]**，故能殺夫差於姑蘇**[3]**。文王見詈於王門**[4]**，顏色不變，而武王擒紂於牧野，故曰「守柔曰強」。越王之霸也不病宦**[5]**，武王之王也不病詈，故曰「聖人之不病也，以其不病，是以無病也**[6]**」。**

1 **注** 先慎曰：舊連上，今提行。

2 **注** 顧廣圻曰：「洗」，他書又作「先」。

▲先慎曰：「洗」、「先」古通，謂前馬而走。〈越語〉「其身親為夫差前馬」是也。古本賤役，至漢始以此

名官。〈百官公卿表〉太子太傅屬官有「先馬」，如淳云：「前驅也，『先』或作『洗』。」〈汲黯傳〉作「洗馬」，是其證。

3 **注** 先愼曰：《北堂書鈔》一百二十三引「於」作「破」。

4 **注** 盧文弨曰：「王」即古「玉」字。顧廣圻曰：《戰國策》云：「而武王羈於王門。」又《呂氏春秋》云「武王事之，夙夜不懈，亦不忘王門之辱」，高注：「文王得歸，乃築靈臺，作玉門，相女童，武王以此為恥而不忘也。」「王」即「玉」字。高所說見《淮南．道應訓》。彼注「玉門，以玉飾門」，可證也。武王不當有羈事，《策》「羈」當即「詈」之譌。

5 **注** 先愼曰：「宦」，趙本作「官」，誤。

6 **注** 顧廣圻曰：今《德經》無「之」字。傳本有，與此合。皆無「也」字。「以其不病」，傳本及《德經》皆作「以其病病」。按：《韓子》自作「不病」。「是以無病也」，傳本作「是以不吾病」，今《德經》作「是以不病」，皆無「也」字。

▲先愼曰：此謂不以為病，故能除病。以上見七十一章。

宋之鄙人[1]得璞玉而獻之子罕[2]，子罕不受。鄙人曰：「此寶也，宜爲君子器，不宜爲細人用。」子罕曰：「爾以玉爲寶，我以不受子玉爲寶。」是鄙人欲玉，而子罕不欲玉，故曰「欲不欲，而不貴難得之貨3」。

1 注 盧文弨曰：下二條皆當連。

2 注 先慎曰：見《左．襄十五年傳》。〈二柄篇〉有子罕，當別一人。

3 注 顧廣圻曰：《藏》本同。今本無「而」字，傳本及今《德經》皆無「而」字。

王壽負書而行，見徐馮於周塗1。馮曰：「事者，爲也。爲生於時，知者無常事2。書者，言也。言生於知，知者不藏書3。今子何獨負之而行？」於是王壽因焚其書而儛之4。故知者不以言談教，而慧者不以藏書篋5。此世之所過也，而王壽復之6，是學不學也，故曰「學不學，復歸衆人之所過也7」。

1 注 顧廣圻曰：「周」字句絕，讀依《淮南．道應訓》。「塗」字，《淮南》作「徐」。此文上「徐」下「塗」，未詳孰是。

▲先慎曰：依《淮南》作「徐」是也。「涂」為「徐」字形近之誤，後人又加「土」於其下耳。

2 注 王渭曰：「知」當作「時」。

▲先慎曰：王說是。〈道應訓〉「時」上有「知」字，乃誤衍，當依此訂正。

3 注 顧廣圻曰：《淮南子》無「不」字。

▲先慎曰：《淮南》脫「不」字。「知」，讀曰「智」。

4 注 先慎曰：高誘注：「自喜焚其書，故舞之也。」

5 注 王先謙曰：「書」字當在「藏」字上。

6 注 先慎曰：河上公注：「復之者，使反本也。」

7 注 顧廣圻曰：傳本及《德經》無「歸」字、「也」字。又傳本「復」上有「以」字，與各本全異。

▲先慎曰：王弼注：「學不學，以復衆人之過。」「歸」字疑衍。

夫物有常容，因乘以導之，因隨物之容[1]。故靜則建乎德，動則順乎道[2]。宋人有爲其君以象爲楮葉者[3]，三年而成。豐殺莖柯[4]，毫芒繁澤，亂之楮葉之中而不可別也[5]。此人遂以功食祿於宋邦[6]。列子聞之曰：「使天地三年而成一葉，則物之有葉者寡矣[7]。」故不乘天地之資，而載一人之身；不隨道理之數，而學一人之智[8]——此皆一葉之行也。故冬耕之稼，后稷不能羨也[9]；豐年大禾，臧獲不能惡也。以一人力，則后稷不足；隨自然，則臧獲有餘。故曰「恃萬物之自然而不敢爲也[10]」。

1 注 顧廣圻曰：有誤，未詳。

▲先慎曰：顧說非也。下「因」字微逗，其義甚明。物有定形，乘其機以引導之，不待雕琢，而聽其自然以成形。

2 注 王先謙曰：靜則心有常主，動則物來順應。

3 注 顧廣圻曰：「象」，《列子·說符篇》作「玉」。

4 注 顧廣圻曰：「豐」，《列子》作「鋒」。

▲先慎曰：作「豐」是。「豐殺」，謂肥瘦也。「殺」，音「所拜反」。

5 注 先慎曰：《列子》同。《白孔六帖》八十三引「亂」作「雜」，「別」作「辨」。

6 注 顧廣圻曰：「功」，《列子》作「巧」。

▲先慎曰：「功」當作「巧」。《列子》下文云「聖人恃道化而不恃智巧」，張湛注：「此明用巧能不足以贍物，因道而化則無不周」，即承此「巧」字言之。「功」、「巧」形近而誤。

7 注 先慎曰：《白孔六帖》引「天地」作「造化」，「寡」作「鮮」。

8 注 先慎曰：乾道本「智」上無「之」字，趙本有，依上文當有，改從趙本。

9 注 俞樾曰：「羡」當作「美」，字之誤也。下文云「豐年大禾，臧獲不能惡也」，「美」與「惡」相對。

10 注 顧廣圻曰：「恃」字，傅本及今《德經》皆作「以輔」。下「也」字，今《德經》無，傅本有，與此合。

▲先慎曰：《治要》引《老子》「也」作「焉」。以上見六十四章。

空竅者，神明之戶牖也[1]。耳目竭於聲色，精神竭於外貌，故中無主。中無主，則禍福雖如丘山，無從識之，故曰「不出於戶，可以知天下；不闚於牖，可以知天道[2]」，此言神明之不離其實也。

1 注 先慎曰：乾道本連上，盧文弨云「當分段」，今從《拾補》。

2 注 顧廣圻曰：兩「可以」二字，今《德經》無，傳本有，與此合。皆無「於」字。下「知」字，今《德經》作「見」，傳本作「知」，與此合。《淮南．道應訓》引有「以」字，無「於」字，下「知」字亦作「見」。

▲先慎曰：「闚」，河上公及傳本作「規」。畢沅《考異》云：「《說文》：『窺，小視也。』『闚，閃也。』『閃，闚頭門中也。』《方言》：『凡相竊視，南楚謂之「闚」。』」蓋穴中竊視曰「窺」，門中竊視曰「闚」。老子楚人，用楚語作「窺」，《韓子》自作「闚」。

趙襄主學御於王子期[1]，俄而與於期逐，三易馬而三後。襄主曰[2]：「子之教我御，術未盡也。」對曰：「術已盡，用之則過也。凡御之所貴，馬體安於車，人心調於馬，而後可以進速致遠。今君後則欲逮臣，先則恐逮於臣。夫誘道爭遠[3]，非先則後也，而先後心皆在於臣，上何以調於馬[4]？此君之所以後也[5]。」白公勝慮亂[6]，罷朝，倒杖而策銳貫顛[7]，血流至於地而不知。鄭人聞之曰：「顛之忘，將何爲忘哉[8]！」故曰「其出彌遠者，其智彌少[9]」。此言智周乎遠，則所遺在近也，是以聖人無常行也[10]。能並智，故曰「不行而知」。能並視，故曰「不見而明[11]」。隨時以舉事，因資而立功，用萬物之能而獲利其上，故曰「不爲而成[12]」。

1 **注** 顧廣圻曰：「期」上當有「於」字，下文及本書〈外儲說右下〉皆同。

▲先慎曰：顧說是。古「於」字作「于」，與「子」形近，淺人以為複衍而妄刪之，下已改「于」為「於」，故得存其真耳。盧本反據此以改下文「於」字為「子」，誤。

2 **注** 先慎曰：趙本「主」作「王」，誤。

3 **注** 先慎曰：「誘道」，誘馬於道也。

4 **注** 顧廣圻曰：今本「上」作「尚」。

▲先慎曰：「上」、「尚」古通。張榜本「何」作「可」，誤。

5 **注** 先慎曰：此當連下為一條。

6 **注** 先慎曰：〈秦策〉高注：「慮，謀也。」

7 **注** 顧廣圻曰：《淮南子·道應訓》、《列子·說符篇》作「罷朝而立，倒杖策，錣上貫頤」。按：「顛」即

「頤」字之別體也。《玉藻》鄭注「頤，或為『霤』」，可借證矣。

▲先慎曰：《御覽》三百六十八引無「而」字，「頰」作「頤」。

8 注 顧廣圻曰：「為」，《淮南子》、《列子》作「不」。

▲先慎曰：作「不」是，「為」字誤。

9 注 顧廣圻曰：傳本及今《德經》皆無「者」字。「少」，傳本作「尠」，與各本異。

10 注 王先謙曰：思遠則忽近。

11 注 顧廣圻曰：傳本及今《德經》「明」皆作「名」。

12 注 先慎曰：趙孟頫本「不」作「無」。以上見四十七章。

楚莊王莅政三年[1]，無令發，無政爲也。右司馬御座[2]而與王隱曰：「有鳥止南方之阜，三年不翅、不飛、不鳴[3]，嘿然無聲，此爲何名？」王曰：「三年不翅，將以長羽翼[4]。不飛、不鳴，將以觀民則[5]。雖無飛，飛必沖天；雖無鳴，鳴必驚人。子釋之，不穀知之矣。」處半年，乃自聽政，所廢者十，所起者九，誅大臣五，舉處士六，而邦大治。舉兵誅齊，敗之徐州[6]，勝晉於河雍，合諸侯於宋，遂霸天下。莊王不爲小害善[7]，故有大名；不蚤見示，故有大功，故曰「大器晚成，大音希聲[8]」。

1 注 先慎曰：乾道本連上，盧文弨云：「當分段，凌本提行。」今據改。

2 注 盧文弨曰：張、凌本「座」作「坐」。

3 注 顧廣圻曰：《史記．楚世家》、《新序》無「不翅」，餘亦各不同。《呂氏春秋．重言篇》「不翅」作「不動」。

4 注 先慎曰：乾道本「長」上有「觀」字，顧廣圻云：「《藏》本、今本無『觀』字。」今據刪。

5 注 先慎曰：「則」，法也。

6 注 顧廣圻曰：《史記．年表》「威王七年圍齊於徐州」，〈楚世家〉同。或此「莊王」謂威王也。

7 注 王先謙曰：「害」字不當有，蓋與「善」形近誤衍。

8 注 顧廣圻曰：傳本「希」作「稀」。按：「希」、「稀」同字也。

▲先慎曰：傳本「音」作「言」，與各本全異。見四十一章。

楚莊王欲伐越[1]，莊子諫曰[2]：「王之伐越何也？」曰：「政亂兵弱。」莊子曰：「臣患智之如目也[3]，能見百步之外而不能自見其睫[4]。王之兵自敗於秦、晉，喪地數百里，此兵之弱也。莊蹻爲盜於境內[5]而吏不能禁，此政之亂也。王之弱、亂非越之下也，而欲伐越[6]，此智之如目也。」王乃止。故知之難，不在見人，在自見，故曰「自見之謂明[7]」。

1 **注** 盧文弨曰：連下為一條。顧廣圻曰：《荀子》楊倞注引無「莊」字。按：莊王與莊蹻不同時，或此莊王亦謂威王也。〈古今人表〉下有嚴蹻與威王相接。

2 **注** 先慎曰：乾道本「莊」作「杜」。顧廣圻云：楊注引此「杜」作「莊」。

▲先慎案：「杜」乃「莊」之誤，《御覽》三百六十六引作「莊」，下同，今據改。

3 **注** 先慎曰：「乾道」本「臣」下有「愚」字，「智之」作「之智」。盧文弨云：「『愚』字衍，張、凌本無。『之智』，當作『智之』，舊倒，譌。」王渭云：「愚」下有脫字。

▲先慎案：盧說是。下「此智之如目也」即承此句，王渭不知「之智」二字之倒，故疑有脫文。《御覽》引正作「臣患知之如目也」，今據刪。

4 **注** 先慎曰：《御覽》引無「自」字，「睫」作「眥」。

5 **注** 先慎曰：乾道本「蹻」上有「蹊」字。顧廣圻云：《藏》本、今本無「蹊」字。按：「蹊」字當衍。《荀子·議兵篇》「莊蹻起，楚分為三四」，楊倞注引此無「蹊」字。《史記·西南夷列傳》「始楚威王時，使將軍莊蹻將兵」，又云「莊蹻者，故楚莊王苗裔也」，《索隱》「楚莊王弟為盜者」，當是據此耳。《呂氏春秋·介立篇》云「莊蹻之暴郢」，高誘注「莊蹻，楚成王之大盜」，「成」當作「威」。又〈異用篇〉云「跖與企足」，高誘注：「企足，莊蹻也，皆大盜人名。」「蹻」誤作「蹊」，校者旁改，遂致兩有。

▲先慎按：顧說是，今據刪。

6 **注** 先慎曰：乾道本「欲」上脫「而」字。盧文弨云：張、凌本有。

▲先慎案：《御覽》引亦有，今據補。

7 **注** 顧廣圻曰：傳本及今《道經》「之謂」二字作「者」。傳本末有「也」字，下句同。

▲先慎曰：「自見」，《老子》作「自知」，此文上言「臣患智之如目也」，又言「此智之如目也」，即以莊王事喻《老子》「自知之謂明」句，《道經》「自知」即承「知人者智也」而言，無作「見」之本。此「見」字即緣上兩「見」字而誤，非韓子所見本有不同也。當依《老子》作「知」。

子夏見曾子，曾子曰：「何肥也？」對曰：「戰勝，故肥也[1]。」曾子曰：「何謂也？」子夏曰：「吾入見先王之義則榮之，出見富貴之樂又榮之，兩者戰於胷中，未知勝負，故臞。今先王之義勝，故肥。」是以志之難也，不在勝人，在自勝也。故曰「自勝之謂強[2]」。

1 注 先慎曰：《御覽》三百七十八引無「也」字。

2 注 先慎曰：以上見三十三章。

周有玉版，紂令膠鬲索之，文王不予，費仲來求，因予之。是膠鬲賢而費仲無道也[1]，周惡賢者之得志也，故予費仲。文王舉太公於渭濱者，貴之也；而資費仲玉版者，是愛之也。故曰「不貴其師，不愛其資，雖知大迷[2]，是謂要妙[3]」。

1 注 先慎曰：《事類賦》九引無「而」字。

2 注 先慎曰：「知」讀為「智」。趙本「大」作「太」，誤。

3 注 顧廣圻曰：傳本「是」作「此」，與各本全異。

▲先慎曰：河上公注：「能通此意，是謂知微妙要道也。」見二十七章。

# 說林上第二十二[1]

1 注 盧文弨曰：《藏》本卷七起。

▲先慎曰：《索隱》云：「〈說林〉者，廣說諸事，其多若林，故曰〈說林〉也。」

湯以伐桀[1]，而恐天下言己爲貪也，因乃讓天下於務光。而恐務光之受之也，乃使人說務光曰：「湯殺君而欲傳惡聲于子，故讓天下於子[2]。」務光因自投於河。

1 注 先慎曰：「以」、「已」同。

2 注 先慎曰：言湯欲嫁名於務光，故讓務光以天下；受湯之天下，是並弒君之名而受之。

秦武王令甘茂擇所欲爲於僕與行事[1]。孟卯曰：「公不如爲僕。公所長者[2]，使也，公雖爲僕，王猶使之於公也[3]。公佩僕璽而爲行事，是兼官也。」

1 注 俞樾曰：「事」字衍文。下文曰「公佩僕璽而為行事」，是「僕」與「行」為官名，言佩「僕」之璽，而為「行」之事也。讀者誤以「行事」連讀，遂於此文亦增「事」字矣。

2 注 先慎曰：「長」，音「直良切」。

3 注 先慎曰：言雖受僕之職而行之事猶使公。

子圉見孔子於商太宰。孔子出，子圉入，請問客。太宰曰：「吾已見孔子，則視子猶蚤蝨之細者也。吾今見之於君。」子圉恐孔子貴於君也，因謂太宰曰[1]：「君已見孔子，亦將視子猶蚤蝨也[2]。」太宰因弗復見也。

1 注 先慎曰：各本「謂」作「請」，緣上文「請」字而誤。《御覽》九百五十一引作「謂」，今據正。

2 注 先慎曰：乾道本重「孔子」二字，趙本「視子」作「視之」。盧文弨云：「已」，張、凌本作「君」，凌本不重「孔子」，《藏》本、凌本「之」作「子」。顧廣圻云：今本下「子」字作「之」，誤。按：「孔子」二字不當更有。

▲先慎案：趙本「君」亦作「已」，誤。《御覽》不重「孔子」二字，今據刪。

魏惠王爲臼里之盟[1]，將復立於天子[2]，彭喜謂鄭君曰[3]：「君勿聽。大國惡有天子[4]，小國利之。若君與大不聽，魏焉能與小立之[5]？」

1 注 顧廣圻曰：「曰」。《戰國·韓策》作「九」。

2 注 先慎曰：「立於」二字當衍，《策》無。

3 注 顧廣圻曰：「彭」，《策》作「房」。「鄭君」，《策》作「韓王」。按：「房」當是「旁」之誤，「彭」、「旁」同字也。「鄭」，即韓也。〈韓策〉有「謂鄭王曰」章，本書〈七術篇〉「魏王謂鄭王曰」，又「困梁、鄭」，〈六微篇〉「公叔因內齊軍於鄭」，皆可證也。

4 注 先慎曰：「惡」，音「烏路反」。

5 注 先慎曰：《策》「大」、「小」下並有「國」字。

晉人伐邢[1]，齊桓公將救之。鮑叔曰：「太蚤。邢不亡，晉不敝；晉不敝，齊不重。且夫持危之功，不如存亡之德大。君不如晚救之以敝晉，齊實利[2]。待邢亡而復存之，其名實美[3]。」桓公乃弗救。

1 注 顧廣圻曰：與《左傳》不同。

▲先慎曰：乾道本連上，今從趙本提行。

2 注 先慎曰：「齊」當為「其」之誤，下「其名美」，此言「其實利」，明不當作「齊」。

3 注 王渭曰：「實」字衍。

子胥出走[1]，邊候得之[2]。子胥曰：「上索我者，以我有美珠也。今我已亡之矣，我且曰子取呑之。」候因釋之[3]。

1 注 顧廣圻曰：〈燕策〉云「張丑」。

▲先慎曰：《吳越春秋》作「伍子胥」，與此同。

2 注 先慎曰：「候」，吏也。《吳越春秋》作「關吏欲執之」。

3 注 先慎曰：《藝文類聚》八十四引「候」上有「邊」字，「因」字作「憂而」二字，誤。《吳越春秋》作「關吏因舍焉」，正作「因」字。

慶封爲亂於齊而欲走越[1]，其族人曰：「晉近，奚不之晉？」慶封曰：「越遠，利以避難。」族人曰：「變是心也，居晉而可。不變是心也，雖遠越，其可以安乎！」

1 注 顧廣圻曰：《左傳》云「奔吳」。

▲先慎曰：舊連上，今提行。

智伯索地於魏宣子[1]，魏宣子弗予。任章曰[2]：「何故不予？」宣子曰：「無故請地[3]，故弗予。」任章曰：「無故索地，鄰國必恐，彼重欲無厭，天下必懼。君予之地，智伯必驕而輕敵，鄰邦必懼而相親，以相親之兵待輕敵之國，則智伯之命不長矣[4]。《周書》曰[5]：『將欲敗之，必姑輔之，將欲取之，必姑予之。』君不如予之以驕智伯。且君何釋以天下圖智氏，而獨以吾國爲智氏質乎[6]？」君曰：「善。」乃與之萬戶之邑，智伯大悅。因索地於趙，弗與，因圍晉陽，韓、魏反之外，趙氏應之內，智氏自亡[7]。

1 **注** 顧廣圻曰：「宣」，《策》作「桓」，《說苑・權謀篇》作「宣」。
▲先慎曰：〈十過篇〉作「宣」，與此同。

2 **注** 顧廣圻曰：《說苑・權謀篇》作「任增」。按：〈魏策〉與此同，〈古今人表〉中有「任章」。
▲先慎曰：《淮南・人間訓》作「任登」，「登」、「增」聲近，本書〈外儲說左上篇〉作「王登」，「王」即「壬」之誤，「任」、「壬」古通，「章」、「登」蓋一人而二名耳。

3 **注** 先慎曰：「請」當為「索」，上下文並作「索」，《策》亦作「索」。

4 **注** 盧文弨曰：「伯」，張、凌本作「氏」。
▲先慎曰：《策》亦作「氏」。

5 **注** 先慎曰：王應麟疑此為蘇秦所讀《周書》、《陰符》之類。

6 注 先慎曰：「質」，的也。〈存韓篇〉「則秦必為天下兵質矣」，義正同。

7 注 先慎曰：《策》「自」作「遂」，《說苑》亦作「遂」。

秦康公築臺三年，荊人起兵，將欲以兵攻齊。任妄曰：「饑召兵，疾召兵，勞召兵，亂召兵。君築臺三年，今荊人起兵將攻齊，臣恐其攻齊爲聲，而以襲秦爲實也，不如備之。」戍東邊，荊人輟行[1]。

1 注 先慎曰：「輟」，一本作「輒」，非。

齊攻宋，宋使臧孫子南求救於荊[1]。荊大說，許救之，甚歡[2]。臧孫子憂而反。其御曰：「索救而得，今子有憂色，何也？」臧孫子曰：「宋小而齊大。夫救小宋而惡於大齊，此人之所以憂也，而荊王說[3]，必以堅我也。我堅而齊敝，荊之所利也。」臧孫子乃歸，齊人拔五城於宋而荊救不至。

1 注 顧廣圻曰：〈宋衛策〉無「孫」字。

2 注 顧廣圻曰：「歡」，當從《策》作「勸」，高注：「勸，力也」。

3 **注** 先慎曰：《策》「說」下有「甚」字。

魏文侯借道於趙而攻中山，趙肅侯將不許。趙刻曰[1]：「君過矣。魏攻中山而弗能取，則魏必罷，罷則魏輕，魏輕則趙重。魏拔中山，必不能越趙而有中山也，是用兵者魏也，而得地者趙也。君必許之而大歡[2]，彼將知君利之也，必將輟行。君不如借之道，示以不得已也。」

1 **注** 顧廣圻曰：「刻」，〈趙策〉作「利」。

2 **注** 顧廣圻曰：《藏》本、今本重「許之」，《策》有。「歡」，當從《策》作「勸」。

鴟夷子皮事田成子[1]，田成子去齊，走而之燕，鴟夷子皮負傳而從。至望邑，子皮曰：「子獨不聞涸澤之蛇乎？澤涸[2]，蛇將徙，有小蛇謂大蛇曰：『子行而我隨之，人以爲蛇之行者耳，必有殺子者[3]。不如相銜負我以行，人以我爲神君也[4]。』乃相銜負以越公道而行[5]，人皆避之，曰：『神君也。』今子美而我惡，以子爲我上客，千乘之君也；以子爲我使者，萬乘之卿也。子不如爲我舍人。」田成子因負傳而隨之。至逆旅，逆旅之君待之甚敬，因獻酒肉。

1 注 顧廣圻曰：《墨子·非儒篇》「乃樹鴟夷子皮於田常之門」，即其事也。《說苑·臣術篇》：「陳成子謂鴟夷子皮。」

2 注 先慎曰：各本作「涸澤」，誤倒。《藝文類聚》九十六、《御覽》九百三十三、《事類賦》二十八引作「澤涸」，今據乙。

3 注 先慎曰：各本脫「子者」二字，文不成句。《藝文類聚》、《御覽》引有「子」字，無「者」字，亦誤。今依《事類賦》引補「子者」二字。

4 注 先慎曰：乾道本無「必」字。盧文弨云：「人」下脫「必」字。

▲先慎案：《藝文類聚》、《御覽》、《事類賦》引亦有「必」字，今據補。

5 注 先慎曰：乾道本無「而行」二字。顧廣圻云：《藏》本、今本「道」下有「而行」二字。按：不當有。

▲先慎案：「而行」二字不當省，《藝文類聚》、《御覽》、《事類賦》引亦有，今據補。

溫人之周，周不納客[1]，問之曰：「客耶[2]？」對曰：「主人。」問其巷而不知也[3]，吏因囚之。君使人問之曰：「子非周人也，而自謂非客，何也？」對曰：「臣少也誦《詩》曰：『普天之下，莫非王土，率土之濱，莫非王臣[4]』。今君，天子，則我天子之臣也，豈有爲人之臣而又爲之客哉？故曰『主人』也。」君使出之。

1 注 顧廣圻曰：句絕。

2 注 顧廣圻曰：〈周策〉無「問之曰客」四字，「耶」作「即」，非。姚校「一本同此」者是。

3 注 先愼曰：各本「巷」下衍「人」字，〈周策〉作「問其巷而不知也」，無「人」字，此涉上文而誤。《御覽》六百四十二引此無「人」字，今據刪。

4 注 先愼曰：《詩．小雅．北山》之篇。

韓宣王謂樛留曰[1]：「吾欲兩用公仲、公叔，其可乎？」對曰：「不可。晉用六卿而國分，簡公兩用田成、闞止而簡公殺，魏兩用犀首、張儀而西河之外亡[2]。今王兩用之，其多力者樹其黨[3]，寡力者借外權。群臣有[4]內樹黨以驕主，內[5]有外爲交以削地[6]，則王之國危矣。」

1 注 顧廣圻曰：「樛」，〈韓策〉作「摎」。案：「樛」、「摎」同字，本書〈難一篇〉作「樛」。

▲先愼曰：乾道本連上，今從趙本提行。

2 注 先慎曰：〈難一篇〉「犀首、張儀」作「樓、翟」，餘亦不同。

3 注 顧廣圻曰：此「樹」上脫「內」字，《策》有。

4 注 顧廣圻曰：「有」，《策》作「或」。按：「或」、「有」同字。

5 注 顧廣圻曰：此衍「內」字，《策》無。

▲先慎曰：此「內」字即上文「樹」上「內」字，錯移在此。

6 注 王念孫曰：「削地」當為「列地」。「列」，古「裂」字。〈艮．九三〉曰：「艮其限，列其夤。」《大戴禮．曾子天圓篇》曰：「割列禳瘞。」《管子．五輔篇》曰：「博帶梨大袂列。」《荀子．哀公篇》曰：「兩驂列兩服入廄。」「裂」，分也，言借外權以分地也。〈韓策〉作「或外為交以裂其地」，是其明證。「列」字本作「削」，形與「削」相似，因誤為「削」。《說文》：「削，分解也。從刀，肖聲。」「裂，繒餘也。從衣，削聲。」今九經中「分列」之字多作「裂」，未必非後人所改，此「列」字若不誤為「削」，則後人亦必改為「裂」矣。

紹績昧醉寐而亡其裘[1]，宋君曰[2]：「醉足以亡裘乎？」對曰：「桀以醉亡天下，而〈康誥〉曰：『毋彝酒[3]。』彝酒者，常酒也[4]。常酒者，天子失天下，匹夫失其身。」

1 注 先慎曰：《御覽》四百九十七引「績」作「緇」，無「寐」字。

2 注 先慎曰：《御覽》引「宋」作「梁」。

3 注 盧文弨曰：「而」字，孫云「衍」。

▲先慎曰：今在〈酒誥〉中。楊子《法言・問神篇》云：「昔之說書者序以百，而〈酒誥〉之篇俄空焉，今亡夫。」是漢時已無〈酒誥〉，而〈康誥〉亦有佚文，後人纂輯〈酒誥〉，並〈康誥〉佚句亦併錯入，當據此訂正。

4 注 盧文弨曰：「者」字舊誤在上「彝酒」下，孫移正。

▲先慎曰：孫移是，今從之。「常酒」，謂常飲酒也。

管仲、隰朋從於桓公而伐孤竹[1]，春往冬反，迷惑失道，管仲曰：「老馬之智可用也。」乃放老馬而隨之，遂得道。行山中無水，隰朋曰：「蟻冬居山之陽，夏居山之陰，蟻壤寸而有水[2]。」乃掘地，遂得水。以管仲之聖而隰朋之智，至其所不知，不難師於老馬與蟻，今人不知以其愚心而師聖人之智，不亦過乎[3]！

1 注 先慎曰：各本「桓」上有「於」字，「伐」上有「而」字。《意林》及《御覽》四百九十、《事類賦》三十引並無「於」字、「而」字，今據刪。

2 注 先慎曰：各本「寸」上有「一」字，「而」下有「仞」字。《意林》及《御覽》卷三十七、又九百四十七、《事類賦》引無「一」字、「仞」字，今據刪。

3 注 先慎曰：乾道本「聖人」上無「師」字。顧廣圻云：《藏》本、今本有。

▲先慎案：此謂管仲、隰朋之聖智，尚師老馬與蟻之所知，而今人不知己之愚以師聖人之智，是謂過矣。「師老馬與蟻」與「師聖人之智」相比成文，「聖人」上不當無「師」字，今據《藏》本、今本補。

有獻不死之藥於荊王者，謁者操之以入，中射之士問曰：「可食乎？」曰：「可。」因奪而食之，王大怒，使人殺中射之士，中射之士使人說王曰：「臣問謁者[1]曰『可食』，臣故食之，是臣無罪，而罪在謁者也[2]。且客獻不死之藥，臣食之而王殺臣，是死藥也，是客欺王也。夫殺無罪之臣而明人之欺王也，不如釋臣。」王乃不殺。

1 注 先慎曰：〈楚策〉三重「謁者」二字，是也，此脫。

2 注 先慎曰：謁者漫云「可食」，故食者不任罪。

田駟欺鄒君，鄒君將使人殺之，田駟恐，告惠子。惠子見鄒君曰：「今有人見君則睞其一目[1]，奚如？」君曰：「我必殺之。」惠子曰：「瞽，兩目暎，君奚爲不殺[2]？」君曰：「不能勿暎。」惠子曰：「田駟東欺齊侯[3]，南欺荊王，駟之於欺人，瞽也，君奚怨焉[4]？」鄒君乃不殺。

1 注 先慎曰：「暎」，《御覽》三百六十六引作「睞」，下同。注云：「大叶切，閉目也。」蓋即《韓子》舊注。《玉篇》「睞，閉一目也」，本此為訓。「暎」為目旁毛，義稍隔。

2 注 先慎曰：《藝文類聚》十七引作「瞽暎兩目，君奚弗殺」。

3 注 先慎曰：各本「欺」作「慢」。顧廣圻云：「慢」，讀為「謾」。

▲先慎案：《藝文類聚》、《御覽》引「慢」並作「欺」，是也。下「駟之欺人」，正承此「欺」字言，明不當作「慢」，今據改。

4 注 先慎曰：瞽以閉目為常，駟以欺人為常，習與性成，又何尤焉？

魯穆公使衆公子或宦於晉，或宦於荊[1]，犁鉏曰：「假人於越而救溺子，越人雖善遊，子必不生矣。失火而取水於海，海水雖多，火必不滅矣，遠水不救近火也。今晉與荊雖強，而齊近，魯患其不救乎？」

1 注 先慎曰：欲結援晉、楚，故使公子宦焉。乾道本上「宦」字作「宧」，據趙本改。

嚴遂不善周君[1]，患之，馮沮曰[2]：「嚴遂相，而韓傀貴於君[3]，不如行賊於韓傀，則君必以爲嚴氏也。」

1 注 盧文弨曰：「周君」二字當重。

2 注 顧廣圻曰：即〈周策〉之「馮且」也。「沮」、「且」同字。

3 注 顧廣圻曰：與本書〈六微篇〉及〈韓策〉不同。

張譴相韓，病將死，公乘無正懷三十金而問其疾，居一月，公自問張譴曰[1]：「若子死，將誰使代子？」答曰：「無正重法而畏上[2]，雖然，不如公子食我之得民也。」張譴死，因相公乘無正。

1 注 先慎曰：各本無「公」字，《拾補》「自」改「君」。顧廣圻云：「居」當作「君」，「月」當作「曰」。

▲先慎案：「居一月」與下「孟孫」條及〈六微篇〉「居三月」文法正同。盧、顧二家不知「自」上脫「公」

字，故改上下文以就其義，皆非也。《御覽》八百十引有「公」字，今據補。

2 注 先慎曰：《御覽》引無「重」字。

樂羊爲魏將而攻中山[1]，其子在中山，中山之君烹其子而遺之羹，樂羊坐於幕下而啜之，盡一杯[2]，文侯謂堵師贊曰[3]：「樂羊以我故而食其子之肉。」答曰：「其子而食之，且誰不食？」樂羊罷中山[4]，文侯賞其功而疑其心。孟孫獵得麑[5]，使秦西巴持之歸[6]，其母隨之而啼，秦西巴弗忍而與之[7]。孟孫適至而求麑[8]，答曰：「余弗忍而與其母。」孟孫大怒，逐之，居三月[9]，復召以爲其子傅。其御曰：「曩將罪之，今召以爲子傅，何也？」孟孫曰：「夫不忍麑，又且忍吾子乎？」故曰「巧詐不如拙誠」。樂羊以有功見疑，秦西巴以有罪益信[10]。

1 注 先慎曰：《治要》、《御覽》六百四十五、《初學記》十七引無「而」字，〈中山策〉亦無。《說苑．貴德篇》「而」作「以」。

2 注 先慎曰：《藝文類聚》七十三、《御覽》、《初學記》引「啜」並作「饗」。《淮南．人間訓》作「啜三杯」。

3 注 顧廣圻曰：「堵」，《魏策》作「覩」，姚校云：「《後語》作『堵』。」

4 注 先慎曰：《吳語》韋注：「罷，歸也。」謂樂羊歸自中山也。

5 注 先慎曰：各本「孟」下提行。《治要》連上，自「樂羊為將」至「秦西巴以有罪益信」為一條，是也。今據改。

6 注 先慎曰：各本「持之歸」作「載之持歸」。案：「載之持歸」語重複，蓋一本作「載之歸」，一本作「持之歸」，校者誤合為一，又誤乙「持」字於「之」字下耳。《治要》、《藝文類聚》六十六、《御覽》八百二十二引無「載」字，《說苑》亦無，今據改。《淮南子》作「持歸烹之」。

7 注 先慎曰：《藝文類聚》、《御覽》引「之」字作「其母」二字。

8 注 先慎曰：各本「適」作「歸」。案：「歸至」二字複，今據《藝文類聚》、《御覽》引改。《淮南子》作「孟孫歸求麑安在」。

9 注 先慎曰：《淮南子》、《說苑》「居三月」作「居一年」。

10 注 先慎曰：各本「西巴」作「巴西」。案：上兩云「西巴」，此誤。《治要》正作「西巴」，今據改。《藝文類聚》引並上亦誤作「巴西」。

曾從子，善相劍者也。衛君怨吳王，曾從子曰：「吳王好劍，臣相劍者也，臣請爲吳王相劍，拔而示之，因爲君刺之。」衛君曰：「子爲之是也，非緣義也，爲利也。吳強而富，衛弱而貧，子必往，吾恐子爲吳王用之於我也。」乃逐之[1]。

1 注 先愼曰：乾道本無「之」字，顧廣圻云：「《藏》本、今本『逐』下有『之』字。」今據補。

紂爲象箸而箕子怖[1]，以爲象箸必不盛羹於土鉶[2]，則必犀玉之杯；玉杯、象箸必不盛菽藿，則必旄象、豹胎；旄象、豹胎必不衣短褐而舍茅茨之下[3]，則必錦衣九重，高臺廣室也。稱此以求，則天下不足矣。聖人見微以知萌[4]，見端以知末，故見象箸而怖，知天下不足也[5]。

1 注 先愼曰：乾道本無「而」字。盧文弨云：脫，凌本有。

▲先愼案：《御覽》七百六十引有「而」字，〈喻老〉亦有，今據補。

2 注 先愼曰：乾道本「不」上無「必」字，「鉶」作「簋」。盧文弨云：凌本有「必」字。

▲先愼案：〈喻老〉亦有「必」字，「簋」作「鉶」。《御覽》七百五十九引同，今據改。

3 注 先愼曰：〈喻老篇〉作「而食於茅屋之下」。

4 注 顧廣圻曰：「萌」當作「明」。

5 注 先慎曰：知不滿其欲也。

周公旦已勝殷，將攻商蓋[1]，辛公甲曰[2]：「大難攻，小易服，不如服衆小以劫大。」乃攻九夷而商蓋服矣。

1 注 江聲曰：「商蓋」，商奄也。

2 注 先慎曰：即辛甲，周太史，見《左·襄四年傳》。一曰「辛尹」，《晉語》所謂文王訪於辛尹者也。

紂爲長夜之飲，懼以失日[1]，問其左右，盡不知也，乃使人問箕子。箕子謂其徒曰[2]：「爲天下主而一國皆失日，天下其危矣。一國皆不知而我獨知之，吾其危矣。」辭以醉而不知。

1 注 顧廣圻曰：「懼」當作「懽」。

2 注 先慎曰：《御覽》四百九十七引「徒」作「從」。

魯人身善織屨，妻善織縞[1]，而欲徙於越。或謂之曰：「子必窮矣。」魯人曰：「何也？」曰：「屨爲履之也[2]，而越人跣行；縞爲冠之也[3]，而越人被髮。以子之所長，游於不用之國，欲使無窮，其可得乎？」

1 注 先慎曰：《禮．王制》正義云：「生絹曰縞。」

2 注 先慎曰：《說文》：「屨，履也。」「履，足所依也。」是「履」為足踐之通稱。

3 注 先慎曰：《禮．王制》鄭注「殷尚白而縞衣裳」，是周以前衣裳皆用縞。〈玉藻〉「縞冠素紕，既祥之冠也」，則周人惟冠用縞耳。

陳軫貴於魏王[1]，惠子曰：「必善事左右。夫楊橫樹之即生[2]，倒樹之即生，折而樹之又生。然使十人樹之而一人拔之，則毋生楊矣[3]。以十人之衆[4]樹易生之物，而不勝一人者，何也？樹之難而去之易也。子雖工自樹於王，而欲去子者衆，子必危矣。」

1 注 顧廣圻曰：〈魏策〉云「田需」。按：「田」、「陳」同字，「軫」當仿《策》作「需」。

2 注 先慎曰：《策》「即」作「則」，二字通。

3 注 先慎曰：乾道本無「矣」字。盧文弨云：凌本「則」作「即」，「楊」下有「矣」字。

▲先慎案：《策》亦有，今據補。

4 注 盧文弨曰：凌本「至」作「夫」。

▲先愼曰：《策》作「故」。

魯季孫新弒其君，吳起仕焉。或謂起曰：「夫死者，始死而血，已血而衂[1]，已衂而灰，已灰而土，及其土也，無可爲者矣[2]。今季孫乃始血，其毋乃未可知也。」吳起因去之晉。

1 注 先愼曰：乾道本「衂」上無「而」字。顧廣圻云：《藏》本、今本有。

▲先愼案：依上下文當有「而」字，今據補。「衂」乃「衄」之俗字，《廣雅·釋言》：「衄，縮也。」又「朒」之假借，《說文》「朒」下云：「朔而月見東方謂之縮朒。」「衂」、「朒」並音「女六反」，義相近，故通用。此言人血盡則皮肉皆縮。

2 注 先愼曰：言不能為祟也。趙本「及」作「反」，誤。

隰斯彌[1]見田成子，田成子與登臺四望，三面皆暢，南望，隰子家之樹蔽之[2]，田成子亦不言。隰子歸，使人伐之，斧離數創[3]，隰子止之，其相室曰：「何變之數也[4]？」

隰子曰：「古者有諺曰：『知淵中之魚者不祥。』夫田子將有大事[5]，而我示之知微，我必危矣。不伐樹，未有罪也，知人之所不言，其罪大矣。」乃不伐也。

1 注 先慎曰：見〈人表〉第五。

2 注 王先謙曰：「家之」二字誤倒。

3 注 先慎曰：「離」，割也，見《儀禮．士冠禮》注。「數」，音「所矩反」，言斧割其樹創未多也。

4 注 先慎曰：「數」，急也。

5 注 盧文弨曰：「大事」二字，張作「事事大」三字。

楊子過於宋東之逆旅[1]，有妾二人，其惡者貴，美者賤。楊子問其故，逆旅之父答曰[2]：「美者自美，吾不知其美也，惡者自惡，吾不知其惡也」。楊子謂弟子曰：「行賢而去自賢之心[3]，焉往而不美？」

1 注 先慎曰：《莊子．山木篇》「楊」作「陽」，《釋文》：「司馬云：『陽朱也。』」案：「楊」、「陽」二字古通，本書自作「楊」，下「楊朱之弟」及此皆作「楊」。「東之」，當依《莊子》作「宿於」。下重「逆旅」字。

2 注 先慎曰：《莊子》作「逆旅小子對曰」。

3 注 先慎曰：「行」，音「下孟反」。「去」，音「起呂反」。

衛人嫁其子而教之曰：「必私積聚。爲人婦而出，常也。其成居[1]，幸也。」其子因私積聚，其姑以爲多私而出之，其子所以反者倍其所以嫁[2]。其父不自罪於教子非也，而自知其益富[3]。今人臣之處官者，皆是類也[4]。

1 注 先慎曰：《書・益稷》鄭注：「成，猶終也。」《國語・周語》：「成，德之終也。」終與同室未可必也。

2 注 盧文弨曰：「反」上脫「自」字。張、凌本有。

▲先慎曰：《御覽》五百四十一引此正同。張、凌本涉下文而衍「自」字耳。

3 注 顧廣圻曰：「知」讀為「智」。

4 注 先慎曰：人主令臣聚斂附益，傷損國體，與教其嫁子無異也。

魯丹三說中山之君而不受也，因散五十金事其左右，復見，未語，而君與之食。魯丹出，不反舍[1]，遂去中山。其御曰：「反見[2]，乃始善我，何故去之？」魯丹曰：「夫以人言善我[3]，必以人言罪我[4]。」未出境，而公子惡之曰：「爲趙來間中山。」君因索而罪之。

1 注 先慎曰：各本「不」上有「而」字。《御覽》八百十引無，今據刪。

2 注 先慎曰：乾道本「及」作「反」。顧廣圻云：《藏》本、今本「反」作「及」。

▲先慎案：「及」、「反」形相近，又涉上文而誤，今據改。《御覽》引「及見」二字作「交」。

3 注 先慎曰：《意林》有「者」字。

4 注 先慎曰：《意林》有「也」字。

田伯鼎好士而存其君，白公好士而亂荊，其好士則同，其所以爲則異[1]。公孫友自刖而尊百里[2]，豎刁自宮而諂桓公，其自刑則同，其所以自刑之爲則異[3]。慧子曰[4]：「狂者東走[5]，逐者亦東走，其東走則同，其所以東走之爲則異。」故曰：同事之人，不可不審察也。

1 注 先慎曰：「以」下當有「好士之」三字。此謂其好士則同，其所以好士之為則異。下文「其自刑則同，其所以自刑之為則異」、「其東走則同，其所以東走之為則異」，與此語句一律，明此脫「好士之」三字。《淮南．時則訓》注：「為，故也。」

2 注 盧文弨曰：「友」當作「支」。

▲先慎曰：盧說是，《左傳》作「枝」，「枝」、「支」同字。

3 注 先慎曰：乾道本無「以」字。盧文弨云：「所」下脫「以」字，張、凌本有。

▲先慎案：此典上下文法一律，今據補。

4 注 盧文弨曰：「慧」、「惠」同。

5 注 先慎曰：趙本「狂」作「往」。

# 卷第八

## 思想議題

〈說林下〉：人性趨利避害（詐偽、權謀）／術不欲見：察姦與考核。

〈觀行〉：術不欲見：察姦與考核。

〈安危〉：法與賞罰／君臣之道。

〈守道〉：法與賞罰／人性趨利避害。

〈用人〉：法與賞罰／人性趨利避害／術不欲見：察姦與考核。

〈功名〉：勢與權位。

〈大體〉：歸本黃老／法與賞罰。

# 說林下第二十三[1]

1 注 顧廣圻曰：《藏》本連前為卷，非。

伯樂教二人相踶馬，相與之簡子廄觀馬。一人舉踶馬，其一人舉踶馬其一人[1]從後而循之，三撫其尻而馬不踶，此自以爲失相。其一人曰[2]：「子非失相也。此其爲馬也，踒肩而腫膝。夫踶馬也者，舉後而任前，腫膝不可任也，故後不舉。子巧於相踶馬而拙於任腫膝[3]。」夫事有所必歸，而以有所[4]，腫膝而不任，智者之所獨知也。惠子曰：「置猿於柙中[5]，則與豚同。」故勢不便，非所以逞能也。

1 注 顧廣圻曰：今本無此六字。按：有者，衍也。

▲先慎曰：此六字當在下文「自以為失相」上，上衍「此」字。「其」猶「之」也，古人「其」、「之」通用，《呂氏春秋·音初篇》注云：「之，其也。」「之」可訓為「其」，「其」亦可訓為「之」。「舉踶馬其一人」，即謂「舉踶馬之一人」。因傳寫誤衍「此」字，又不知「其」、「之」同義，故移於上以為疊句。趙本知其誤而不知其所以誤，遂刪此六字耳。蓋一人舉踶馬，一人自後循撫而馬不踶，故舉踶馬之一人

自以為失相，而自後循撫之一人解之曰：「子非失相也。」文字極為從順，一經譌誤，遂不可讀。

2 **注** 先慎曰：乾道本無「曰」字，顧廣圻云：「今本『人』下有『曰』字」，今據補。

3 **注** 顧廣圻曰：乾道本「任」下有「在腫膝而不任拙於」八字。按：有者，衍也。俞樾曰：乾道本錯誤不可讀，各本皆作「子巧於相踶馬而拙於任腫膝」，顧氏《識誤》從之。然上文云「夫踶馬也者，舉後而任前，腫膝不可任也」，是任膝者馬也，非相馬者也，安得云「巧於相踶馬，拙於任腫膝」乎？疑《韓子》原文本作「子巧於相踶馬而拙於在腫膝」，「在」者，察也。蓋徒知其為踶馬，而不能察知其腫膝之不可任，是「巧於相踶馬而拙於在腫膝」也。乾道本「在腫膝」三字不誤，但「在」上又有「任」字，則是因「任」與「在」形似，又涉上下文諸「任」字而誤衍耳。其下又有「而不任拙於腫膝」七字，全無意義，則即上句之複文，傳寫又錯誤，當刪去無疑。乃各本皆作「而拙於任腫膝」，則徒知乾道本之誤，而以意刪改之，仍無當也。

▲先慎曰：趙本「任」下無「在」字，是誤以「在」字為衍文，而不知衍「任」字也。又無「而不任拙於腫膝」七字，與俞說合，今據刪。

4 **注** 先慎曰：語意不完，疑有脫文。

5 **注** 先慎曰：《意林》「柙中」二字作「檻」。

**衛將軍文子見曾子，曾子不起而延於坐席，正身見於奧**[1]**。文子謂其御曰：「曾子，**

愚人也哉！以我爲君子也，君子安可毋敬也？以我爲暴人也，暴人安可侮也？曾子不僇，命也。」

1 注 先慎曰：各本無「見」字。《御覽》一百八十八引「身」下有「見」字，今據補。《說文》：「奧，宛也，室之西南隅。」謂藏室之尊處也。己處於尊，客坐於旁，故文子以為侮而不敬也。

鳥有翢翢者[1]，重首而屈尾，將欲飲於河則必顛，乃銜其羽而飲之。人之所有飲不足者，不可不索其羽也[2]。

1 注 盧文弨曰：《文選》阮嗣宗〈詠懷詩〉「周周尚銜羽」，李善注引此亦作「周周」。顧廣圻曰：「翢」、「周」同字。《集韻》又云：「翢，弱羽者」，即此。

2 注 趙用賢曰：疑有脫文。

鱣似蛇[1]，蠶似蠋。人見蛇則驚駭，見蠋則毛起。漁者持鱣[2]，婦人拾蠶，利之所在，皆爲賁、諸[3]。

1 注 先慎曰：「鱣」即「鱓」叚字。

2 注 先慎曰：《事類賦》二十九引「持」作「取」，下〈七術篇〉作「握」。

3 注 先慎曰：《事類賦》「賁、諸」作「賁、育」。

**伯樂教其所憎者相千里之馬，教其所愛者相駑馬。以千里之馬時一有[1]，其利緩，駑馬日售，其利急。此《周書》所謂「下言而上用者，惑也[2]」。**

1 注 先慎曰：各本無「以」字、「有」字。《藝文類聚》九十三、《御覽》八百九十六引並有「以」字、「有」字，今據增。

2 注 孫詒讓曰：此所引蓋《逸周書》佚文，《淮南子．氾論訓》云：「昔者《周書》有言曰：『上言者下用也，下言者上用也；上言者常也，下言者權也』」，高注：「用，可否相濟也。常，謂君常也。權，謀也。謀度事宜，不失其道。」兩文同出一原，而意恉皆不甚明晰。以高說推之，似謂上言而下用之者為事之常，下言而上用之者則為權時暫用。「權」與「常」相對為文。故《文子．道德篇》亦云「上言者常用也，下言者權用也」，即隱襲《淮南》書語，蓋尚得其恉。此云「下言而上用者，惑也」，「惑」，古字與「或」通用，「或」亦不常用之言，與《淮南子》、《文子》言「權」畧同。《韓子》引之者，以況「千里馬時一有，其利緩」，猶下言上用之不可為常耳。

桓赫曰[1]：「刻削之道，鼻莫如大，目莫如小。鼻大可小，小不可大也。目小可大，大不可小也。」舉事亦然，爲其後可復者也[2]，則事寡敗矣。

1 注 顧廣圻曰：「桓赫」未詳，或「桓」當是「杜」也。

2 注 先愼曰：乾道本「後」作「不」。盧文弨云：「不」字衍。

▲先愼案：張榜本「不」作「後」，今從之。

崇侯、惡來知不適紂之誅也[1]，而不見武王之滅之也。比干、子胥知其君之必亡也，而不知身之死也。故曰：「崇侯、惡來知心而不知事[2]，比干、子胥知事而不知心[3]。」聖人其備矣。

1 注 先愼曰：《書大傳》一注：「適，得也。」

2 注 先愼曰：二人窺見紂心之喜怒，而不明國事廢興。

3 注 先愼曰：二人能料國事之成敗，而不知己之生死。

宋太宰貴而主斷。季子將見宋君，梁子聞之曰：「語必可與太宰三坐乎[1]，不然，將不免。」季子因說以貴主而輕國[2]。

1 注 顧廣圻曰：「三」，讀為「參」，高誘注《戰國策》云：「參，三人竝也。」

2 注 顧廣圻曰：「主」當作「生」，《呂氏春秋》有〈貴生〉，即其義。宋君貴重其生，輕賤其國，則太宰長擅宋，故參坐而無惡於太宰矣。

楊朱之弟楊布衣素衣而出，天雨，解素衣，衣緇衣而反，其狗不知而吠之。楊布怒，將擊之。楊朱曰：「子毋擊也，子亦猶是。曩者使女狗白而往，黑而來，子豈能毋怪哉！」

惠子曰：「羿執鞅持扞[1]，操弓關機，越人爭為持的。弱子扞弓[2]，慈母入室閉戶。故曰：可必，則越人不疑羿；不可必，則慈母逃弱子。」

1 注 王引之曰：「鞅」為馬頸靼，非射所用。「鞅」當為「決」。「決」誤為「決」，後人因改為「鞅」耳。「決」，謂鞢也，箸於右手大指，所以鉤弦也。「扞」，謂「韝」也，或謂之「拾」，或謂之「遂」，箸於左臂，所以扞弦也。故曰：「執決持扞，操弓關機。」〈衛風．芄蘭篇〉「童子佩鞢」，毛《傳》曰：「鞢，玦也。」〈小雅．車攻篇〉「決拾既佽」，毛《傳》曰：「決，鉤弦也。拾，遂也。」《周官》：「繕人掌王之用弓弩矢箙，矰弋抉拾。」鄭注引鄭司農云：「抉，謂引弦彄也。拾，謂韝扞也。」〈鄉射禮〉「袒決遂」，鄭注曰：「決，猶闓也，以象骨為之，箸右大擘指以鉤弦。闓，體也。遂，射韝也。以韋為之，箸左臂，所以遂弦也。」〈內則〉曰「右佩玦捍」，《賈子．春秋篇》曰「丈夫釋玦靬」，「抉」、「玦」並與「決」同，「捍」、「靬」並與「扞」同。

2 **注** 王引之曰：「扞弓」當作「扜弓」。「扜」字從「于」，不從「干」。「扜弓」，引弓也。《說文》：「弙，滿弓有所鄉也。」字或作「扜」，〈大荒南經〉「有人方扜弓射黃蛇」，郭注曰：「扜，挽也，音『紆』。」《呂氏春秋．壅塞篇》「扜弓而射之」，高注曰：「扜，引也。」《淮南．原道篇》「射者扜烏號之弓」，高注曰：「扜，張也。」「弱子扜弓」則矢必妄發，故「慈母入室閉戶」。若作扞禦之「扞」，則義不可通。今本《呂覽》、《淮南》「扜」字皆誤「扞」，惟《山海經》不誤，則賴有郭音也。

**桓公問管仲：「富有涯乎[1]？」答曰：「水之以涯，其無水者也。富之以涯[2]，其富已足者也。人不能自止於足，而亡其富之涯乎[3]！」**

1 **注** 先愼曰：《說文》「厓」下云「山邊也」，又「崖，高邊也」，皆有「邊」義。《新附》云：「涯，水邊也。」水至於邊，則無水矣，是「涯」為水之止境。許書收《韓子》而無「涯」字，疑脫文。

2 注 先慎曰：乾道本「富」上有「以」字，顧廣圻云：「今本無上『以』字。」今據刪。

3 注 先慎曰：「亡」讀為「忘」。謂欲富無厭，故忘其涯也。

宋之富賈有監止子者，與人爭買百金之璞玉[1]，因佯失而毀之，負其百金[2]，而理其毀瑕，得千溢焉[3]。事有舉之而有敗而賢其毋舉之者，負之時也。

1 注 先慎曰：《御覽》八百二十八引無「玉」字。

2 注 孫詒讓曰：「負其百金」者，謂償其值百金。「負」，猶後世言「陪」也。《韓詩外傳》：「子產之治鄭，一年，而負罰之過省。」《魏書·刑法志》云：「盜官物一備五，私物一備十。」《通鑑·宋紀》胡三省注云：「備，陪償。」今人多云「陪」。「備」、「負」、「陪」聲近字通。「陪」今俗作「賠」，古無此字。

3 注 顧廣圻曰：今本「溢」作「鎰」，誤。

▲先慎曰：《御覽》引作「得十鎰焉」。

有欲以御見荊王者，衆騶妒之，因曰：「臣能撽鹿[1]。」見王，王爲御，不及鹿，自御，及之。王善其御也，乃言衆騶妒之。

1 注 盧文弨曰：「撽」，音「竅」，旁擊也。

荊令公子將伐陳[1]，丈人送之曰：「晉強，不可不愼也。」公子曰：「丈人奚憂，吾爲丈人破晉。」丈人曰：「可。吾方廬陳南門之外[2]。」公子曰：「是何也？」曰：「我笑句踐也，爲人之如是其易也，己獨何爲密密十年難乎？」

1 注 先愼曰：《左．哀十六年傳》「楚公孫朝帥師伐陳」，杜注：「子西子。」此言公子，當即公孫朝。

2 注 先愼曰：公子方伐陳，丈人即為廬於南門之外，較公子所說為更易矣。

堯以天下讓許由，許由逃之，舍於家人，家人藏其皮冠。夫棄天下而家人藏其皮冠，是不知許由者也。

三蝨食彘[1]相與訟，一蝨過之[2]，曰：「訟者奚說？」三蝨曰：「爭肥饒之地。」一蝨曰：「若亦不患臘之至而茅之燥耳[3]，若又奚患？」於是乃相與聚嘬其身而食之[4]。彘臞，人乃弗殺[5]。

1 注 先慎曰：各本無「食彘」二字。《御覽》九百五十一引有，今據補。

2 注 先慎曰：《御覽》引「過」作「遇」。

3 注 先慎曰：《說文》：「臘，冬至後三戌臘祭百神。」《詩·汝墳》釋文：「楚人名火曰『燥』。」「耳」，讀為「耶」。言若不患臘祭之日至，而人之燥以茅耶。

4 注 先慎曰：各本「身」作「母」。《御覽》引作「身」，是，今據改。

5 注 顧廣圻曰：卷首至此，《藏》本脫。

**蟲有螝者[1]，一身兩口，爭食相齕。遂相殺也[2]。人臣之爭事而亡其國者，皆螝類也[3]。**

1 注 或作「蚘」。

2 注 先慎曰：乾道本「螝」作「就」，「爭」下無「食」字，「齕」下有「也」字，「遂相殺」下無「也」字，有「因自殺」三字。張、趙本「螝」作「蚘」，「遂相殺」下有「食自殺」三字。盧文弨云：「蚘」、「虮」皆非，據《顏氏家訓·勉學篇》改正作「螝」。「爭」下脫「食」字，顏有，張本同。「齕」下「也」字衍，「遂相」下「食因自」三字衍，俱依顏改，下「蚘」字當併改。顧廣圻云：《古今字詁》「螝，亦古之『虺』字」，舊注當云「或作『虺』」，《藏》本、今本皆作「蚘」。王渭云：「洪興祖《楚辭注》引及柳子厚〈天對〉亦作『螅』也。」《藏》本「爭」下有「食」字。

▲先慎案：《御覽》九百五十一引正作「螅」字，「爭」下有「食」字，是也，今據改。

3 注 先慎曰：乾道本「螅」作「就」，說見上。

宮有堊，器有滌，則潔矣。行身亦然，無滌堊之地則寡非矣。

公子糾將爲亂[1]，桓公使使者視之，使者報曰：「笑不樂，視不見，必爲亂。」乃使魯人殺之。

1 注 先慎曰：乾道本連上，今依趙本提行。

公孫弘斷髮而爲越王騎，公孫喜使人絕之曰：「吾不與子爲昆弟矣。」公孫弘曰：「我斷髮，子斷頸而爲人用兵，我將謂子何？」周南之戰，公孫喜死焉。

有與悍者鄰，欲賣宅而避之。人曰：「是其貫將滿矣[1]，子姑待之。」答曰：「吾恐其以我滿貫也。」遂去之[2]。故曰：「物之幾者，非所靡也。」

1 **注** 先慎曰：乾道本「滿」下有「也遂去之故曰勿之」八字，盧文弨云：下「遂去之或曰勿之矣」八字，從凌本刪。

▲先慎案：八字涉下文而複衍。顧廣圻謂「也」當作「矣」，是也。《御覽》一百八十引無「也遂去之故曰勿之」八字，今據刪。

2 **注** 先慎曰：乾道本脫「之」字。盧文弨云：「之」字，張、凌本有。

▲先慎案：《御覽》引有「之」字，今據補。

孔子謂弟子曰：「孰能導子西之釣名也？」子貢曰：「賜也能。」乃導之，不復疑也。孔子曰：「寬哉，不被於利；絜哉，民性有恆。曲爲曲，直爲直[1]。孔子[2]曰：子西不免。」白公之難，子西死焉。故曰：「直於行者曲於欲。」

1 **注** 先慎曰：數句當是子西對子貢言，「孔子」二字疑「子西」之誤。子貢導其釣名，子西曰：「寬哉不被於利」，何必釣名；「絜哉民性有恆」，謂我有恒性，無庸導也。恒性若何？曲者則為曲，直者則為直，此其恒性也——皆子西對子貢之言。下「直於行者曲於欲」，即指子西「曲為曲，直為直」之語，此孔子聞之，而知其不免也。今誤「子西」為「孔子」，義不可通。

3 注 先慎曰：各本同。孫星衍《孔子集語》引此云「宋本提行」，誤。

晉中行文子出亡，過於縣邑。從者曰：「此嗇夫，公之故人，公奚不休舍？且待後車。」文子曰：「吾嘗好音，此人遺我鳴琴；吾好珮，此人遺我玉環。是振我過者也[1]。以求容於我者，吾恐其以我求容於人也。」乃去之。果收文子後車二乘而獻之其君矣。

1 注 先慎曰：《孟子》趙注：「振，揚也。」

周趮[1]謂宮他曰：「爲我謂齊王曰：以齊資我於魏，請以魏事王。」宮他曰：「不可，是示之無魏也。齊王必不資於無魏者，而以怨有魏者。公不如曰：『以王之所欲，臣請以魏聽王。』齊王必以公爲有魏也，必因公[2]。是公有齊也，因以有齊、魏矣[3]。」

1 注 顧廣圻曰：「趮」。〈魏策〉作「肖」。按：又作「霄」，皆同字。

2 注 先慎曰：《策》作「必資公矣」。

3 注 顧廣圻曰：「有齊」當作「齊有」。《策》云「以齊有魏也」可證。

白圭謂宋令尹曰：「君長，自知政，公無事矣。今君，少主也，而務名，不如令荊賀君之孝也，則君不奪公位，而大敬重公，則公常用宋矣。」

管仲、鮑叔相謂曰：「君亂甚矣，必失國。齊國之諸公子其可輔者，非公子糾則小白也。與子人事一人焉，先達者相收[1]。」管仲乃從公子糾，鮑叔從小白。國人果弒君，小白先入爲君，魯人拘管仲而效之，鮑叔言而相之。故諺曰：「巫咸雖善祝，不能自祓也；秦醫雖善除[2]，不能自彈也。」以管仲之聖而待鮑叔之助，此鄙諺所謂「虜自賣裘而不售[3]，士自譽辯而不信」者也。

1 注 先慎曰：乾道本「先」作「相」。顧廣圻云：《藏》本、今本上「相」字作「先」。
▲先慎案：作「先」者是，今據改。

2 注 先慎曰：乾道本「秦」上有「養」字。顧廣圻云：《藏》本、今本無「養」字。按：未詳。
▲先慎案：「善」字涉上下「善」字而誤衍。此與上「巫咸雖善祝」對文，不當有「養」字，今據各本刪。

3 注 先慎曰：《御覽》八百二十八引「虜」作「傭」，「裘」作「衣」。

荊王伐吳，吳使沮衛蹷融犒於荊師[1]。荊將軍曰[2]：「縛之，殺以釁鼓。」問之曰：「汝來卜乎？」答曰：「卜。」「卜吉乎？」曰：「吉[3]。」荊人曰：「今荊將以女釁鼓[4]，其何也？」答曰：「是故其所以吉也。吳使人來也，固視將軍怒[5]。將軍怒，將深溝高壘；將軍不怒，將懈怠。今也將軍殺臣，則吳必警守矣。且國之卜，非為一臣卜。夫殺一臣而存一國，其不言『吉』何也？且死者無知，則以臣釁鼓無益也；死者有知也，臣將當戰之時，臣使鼓不鳴。」荊人因不殺也。

1 注 顧廣圻曰：未詳，《左傳》云「蹷由」，餘多不同。

▲先慎曰：《御覽》三百三十八引作「吳使沮衛獻蟲蠹於荊師」。

2 注 先慎曰：乾道本「荊」作「而」，顧廣圻云：「今本『而』作『荊』。」今據改。

3 注 先慎曰：乾道本無「乎曰吉」三字，顧廣圻云：「《藏》本、今本有『乎曰吉』三字。」今據補。

4 注 先慎曰：乾道本「以」作「欲」，盧文弨云：「欲，張、凌本作『以』。」今據改。

5 注 盧文弨曰：「人」，凌本作「臣」。「怒」字衍。

知伯將伐仇由[1]，而道難不通[2]。乃鑄大鐘遺仇由之君，仇由之君大說，除道將內之。赤章曼枝曰[3]：「不可。此小之所以事大也，而今也大以來，卒必隨之[4]，不可內也。」仇由之君不聽，遂內之。赤章曼枝因斷轂而驅，至於齊七月[5]，而仇由亡矣。

1 **注** 顧廣圻曰：《戰國策》作「厹由」，注：「或作『仇首』。」《史記・樗里子傳》作「仇猶」。「首」者，「酋」之誤。本書〈說林上篇〉作「仇由」，同此。吳師道引此「由」作「繇」。《呂氏春秋・權勳篇》作「夙繇」，高誘注：「或作『仇酋』。」「夙」，「厹」之誤也，當互正。《說文》云：「臨淮有厹猶縣」，《漢書・地理志》同。

2 **注** 先愼曰：《呂氏春秋》作「而無道也」。此「難不」二字，疑衍其一。

3 **注** 顧廣圻曰：「曼」，《呂氏春秋》作「蔓」。

▲先愼曰：「枝」，《御覽》五百七十五引作「之」，下同。

4 **注** 先愼曰：乾道本「必」作「以」。顧廣圻云：《藏》本、今本「以」作「必」，《呂氏春秋》作「必」。

▲先愼案：《御覽》引正作「必」，今據改。

5 **注** 顧廣圻曰：「月」當作「日」。《呂氏春秋》云「至衛七日」。

▲先愼曰：《御覽》引作「十月」。

越已勝吳，又索卒於荊而攻晉，左史倚相謂荊王曰：「夫越破吳，豪士死，銳卒盡，大甲傷。今又索卒以攻晉，示我不病也。不如起師與分吳[1]。」荊王曰：「善。」因起師而從越，越王怒，將擊之。大夫種曰：「不可。吾豪士盡，大甲傷，我與戰必不剋，不如賂之。」乃割露山之陰五百里[2]以賂之。

1 **注** 顧廣圻曰：《藏》本同。今本「與」作「以」，誤。盧文弨曰：「以」，張、凌本作「與」。

2 **注** 顧廣圻曰：《說苑・權謀篇》云：「遂取東國。」

荊伐陳[1]，吳救之，軍閒三十里，雨十日夜，星[2]。左史倚相謂子期曰：「雨十日，甲輯而兵聚，吳人必至，不如備之。」乃爲陳，陳未成也而吳人至，見荊陳而反[3]。左史曰：「吳反覆六十里，其君子必休，小人必食。我行三十里擊之，必可敗也。」乃從之，遂破吳軍。

1 **注** 先慎曰：《說苑・指武篇》云「楚莊王」，案：倚相、子期與莊王不同時。

2 **注** 顧廣圻曰：《說苑・指武篇》云：「雨十日十夜，晴。」按：「星」正字作「姓」，《說文》：「雨而夜除星見也。」《集韻》有「姓」、「晴」、「暒」三文。

▲先慎曰：「姓」、「星」疊韻，古文本通用「星」。《毛詩》：「星言夙駕」，《韓詩》云：「星者，精也。」「精」，今「晴」字。《漢書．天文志》孟康注「暒，精明也」，韋昭注「精，清朗也」。郭璞《爾雅．釋天》注「暒，雨止無雲也」。是「暒」、「姓」、「精」皆今之「晴」字，而《詩》作「星」，與本書同，明古文通用「星」字。

3 注 先慎曰：《御覽》十引「陳」作「有戒」。

韓、趙相與爲難。韓子索兵於魏[1]，曰：「願借師以伐趙。」魏文侯曰：「寡人與趙兄弟，不可以從。」趙又索兵以攻韓，文侯曰：「寡人與韓兄弟，不敢從。」二國不得兵，怒而反。已乃知文侯以搆於己[2]，乃皆朝魏。

1 注 王渭曰：「子」字衍，《策》無。孫詒讓曰：〈存韓篇〉亦云：「書言韓子之未可舉」，則「子」字似非衍。

▲先慎曰：「子」字不當有，〈存韓篇〉亦誤，孫說非。

2 注 顧廣圻曰：「搆」，《策》作「講」。按：「搆」、「講」同字。

齊伐魯，索讒鼎[1]，魯以其鴈往。齊人曰：「鴈也。」魯人曰：「眞也。」齊曰：「使樂正子春來[2]，吾將聽子。」魯君請樂正子春，樂正子春曰：「胡不以其眞往也？」君曰：「我愛之[3]。」答曰：「臣亦愛臣之信。」

1 注 顧廣圻曰：《呂氏春秋．審己篇》、《新序．節士篇》云「岑鼎」。

2 注 顧廣圻曰：《呂氏春秋》、《新序》云「柳下季」。

3 注 先愼曰：各本「之」下有「信」字。俞樾云：「信」字衍文。「君曰：『我愛之』」，「之」者指鼎而言，君固愛鼎不愛信也。涉下句而衍「信」字，則義不可通。

▲先愼案：俞說是，《御覽》四百三十引正無「信」字，今據刪。

韓咎立爲君，未定也。弟在周，周欲重之，而恐韓咎不立也。綦毋恢曰：「不若以車百乘送之。得立，因曰『爲戒』；不立，則曰『來效賊』也[1]。」

1 注 先愼曰：「效」，致也。咎為韓君，以兵車為其弟之戒。否則咎為韓賊，則以兵車致賊於韓也。

靖郭君將城薛[1]，客多以諫者。靖郭君謂謁者曰：「毋爲客通。」齊人有請見者曰：

「臣請三言而已，過三言，臣請烹。」靖郭君因見之。客趨進曰：「海大魚。」因反走。靖郭君曰：「請聞其說。」客曰：「臣不敢以死爲戲。」靖郭君曰：「願爲寡人言之。」答曰：「君聞大魚乎？網不能止，繳不能絓也，蕩而失水，螻蟻得意焉。今夫齊亦君之海也，君長有齊，奚以薛爲？君失齊，雖隆薛城至於天，猶無益也。」靖郭君曰：「善。」乃輟，不城薛[2]。

1 注 先慎曰：乾道本「君」下有「曰」字。顧廣圻云：今本無「曰」字。《齊策》無。《新序·雜事》同，「將」作「欲」。

▲先慎案：無「曰」字是，《御覽》一百九十二引正無「曰」字，今據刪。

2 注 盧文弨曰：「城」上「不」字衍，《齊策》無。顧廣圻曰：《新序》作「罷民弗城薛也」。

▲先慎曰：此當各依本書。「輟」乃「輒」之譌，本書「輟」、「輒」多互亂，《御覽》一百九十二引「乃不城薛」，蓋不審「輟」為「輒」之誤而誤刪之也。

荊王弟在秦[1]，秦不出也。中射之士曰[2]：「資臣百金，臣能出之。」因載百金之晉，見叔向，曰：「荊王弟在秦，秦不出也，請以百金委叔向。」叔向受金，而以見之晉平公曰：「可以城壺丘矣[3]。」平公曰：「何也？」對曰：「荊王弟在秦，秦不出也[4]，是秦惡荊也，必不敢禁我城壺丘。若禁之，我曰：『爲我出荊王之弟，吾不城也。』彼如出之，可以得荊。彼不出，是卒惡也，必不敢禁我城壺丘矣。」公曰：「善。」乃城壺丘，謂秦公曰：「爲我出荊王之弟，吾不城也。」秦因出之。荊王大說，以鍊金百鎰遺晉[5]。

1 注 先慎曰：《說苑．權謀篇》云：「楚公子午。」

2 注 先慎曰：《御覽》八百十引「射」作「尉」。

3 注 先慎曰：乾道本「壺」作「壺」，今據趙本改，下同，《說苑》正作「壺」。《左傳》：「彭城降晉，晉人以宋五大夫在彭城者歸寘諸瓠丘」，注：「瓠丘，晉地，河東東垣東南有壺丘」。

4 注 先慎曰：《御覽》無「也」字。

5 注 顧廣圻曰：《藏》本「鍊」作「諫」，「鎰」作「溢」。按：作「溢」是也，「諫」當作「練」，「練」、「鍊」同字也。

▲先慎曰：《御覽》同。《藏》本誤，不可從。《淮南子》云：「秦以一鎰為一金而重一斤，漢以一斤為一金。」「以百鎰鍊金遺晉」，語自可通，毋庸改字。

闔廬攻郢，戰三勝，問子胥曰：「可以退乎？」子胥對曰：「溺人者，一飲而止則無逆者[1]，以其不休也，不如乘之以沈之。」

1 注 顧廣圻曰：《藏》本、今本「逆」作「溺」。按：所改誤也，「逆」當作「遂」，形近之誤。〈十過篇〉云「不可遂」，又云「子其使遂之」。

鄭人有一子[1]，將宦，謂其家曰：「必築壞牆，是不善人將竊。」其巷人亦云。不時築，而人果竊之。以其子爲智[2]，以巷人告者爲盜。

1 注 先慎曰：〈說難篇〉「鄭」作「宋」。

2 注 先慎曰：「以」上當有「其家」二字，〈說難篇〉作「其家甚智其子」。

# 觀行第二十四[1]

1 注 盧文弨曰：《藏》本卷八起。

古之人目短於自見，故以鏡觀面；智短於自知，故以道正己。鏡無見疵之罪[1]，道無明過之惡[2]。目失鏡則無以正鬚眉，身失道則無以知迷惑。西門豹之性急，故佩韋以自緩[3]；董安于之心緩[4]，故佩弦以自急。故以有餘補不足[5]，以長續短之謂明主。

1 **注** 先慎曰：各本「鏡」上有「故」字，涉上文而衍。《藝文類聚》七十、《御覽》七百十七、《初學記》二十五引並無「故」字，今據刪。

2 **注** 先慎曰：各本「惡」作「怨」。《藝文類聚》、《御覽》、《初學記》引作「惡」，今據改。

3 **注** 先慎曰：各本「自緩」作「緩己」。《藝文類聚》二十三、《御覽》三百七十六引「緩己」作「自緩己」。案：「自」字是，「佩韋以自緩」與「佩絃以自急」文法正同，「己」字誤衍。《御覽》四百五十九、《意林》引並作「自緩」，無「己」字，今據改。

4 **注** 先慎曰：《治要》「安」作「閼」，說見〈難言篇〉。《意林》「心」作「性」，是。

5 **注** 先慎曰：張榜本無「有」字。盧文弨云：「脫，張、凌本有。」顧廣圻云：《藏》本同，今本無「有」字，誤。

▲先慎案：《藝文類聚》二十三、《御覽》四百五十九引「以」上有「能」字，是。《類聚》、《御覽》並有「有」字。

天下有信數三：一曰智有所不能立，二曰力有所不能舉，三曰彊有所不能勝。故雖有堯之智而無衆人之助，大功不立。有烏獲之勁而不得人助，不能自舉。有賁、育之彊而無法術，不得長生。故勢有不可得[1]，事有不可成。故烏獲輕千鈞而重其身，非其身重於千鈞也，勢不便也；離朱易百步而難眉睫[2]，非百步近而眉睫遠也，道不可也。故明主不窮烏獲，以其不能自舉；不困離朱，以其不能自見。因可勢，求易道[3]，故用力寡而功名立。時有滿虛，事有利害，物有生死，人主爲三者發喜怒之色，則金石之士離心焉。聖賢之撲淺深矣[4]。故明主觀人，不使人觀己。明於堯不能獨成，烏獲不能自舉[5]，賁、育之不能自勝，以法術則觀行之道畢矣。

1 注 先慎曰：乾道本「勢」作「世」。盧文弨云：「世」，凌本作「勢」。

▲先慎案：《治要》正作「勢」，今據改。

2 注 先慎曰：《治要》「朱」作「婁」，下同。

3 注 先慎曰：此言因其可得之勢，求其易行之道也，即承上「勢不便」、「道不可」而言。

4 注 盧文弨曰：「賢聖」舊倒，今從張、凌本。「撲」作「樸」。

5 注 先慎曰：乾道本無「之」字，盧文弨云：「『獲』下脫『之』字，張、凌本有。」今據補。

# 安危第二十五

安術有七，危道有六。

安術：一曰賞罰隨是非，二曰禍福隨善惡，三曰死生隨法度，四曰有賢不肖而無愛惡，五曰有愚智而無非譽[1]，六曰有尺寸而無意度，七曰有信而無詐。

1 注 先慎曰：「非」讀為「誹」。

危道：一曰斲削於繩之內，二曰斲割於法之外[1]，三曰利人之所害，四曰樂人之所禍，五曰危人於所安[2]，六曰所愛不親，所惡不疏。如此，則人失其所以樂生，而忘其所以重死。人不樂生則人主不尊，不重死則令不行也[3]。

1 注 顧廣圻曰：《藏》本同。今本「斲」作「斷」。按：此有誤，未詳。

▲先慎曰：「法」疑作「繩」，〈大體篇〉「不引繩之外，不推繩之內」，〈孤憤篇〉「必在繩之外矣」，是其證。

2 注 先慎曰：乾道本「之」作「於」，顧廣圻云：「《藏》本、今本『於』作『之』。」今據改。

3 注 盧文弨曰：凌本無「不重死則令不行也」八字。

使天下皆極智能於儀表，盡力於權衡，以動則勝，以靜則安。治世使人樂生於爲是，愛身於爲非。小人少而君子多，故社稷常立[1]，國家久安。奔車之上無仲尼，覆舟之下無伯夷。故號令者，國之舟車也。安則智廉生，危則爭鄙起。故安國之法，若饑而食[2]，寒而衣，不令而自然也。先王寄理於竹帛[3]，其道順，故後世服[4]。今使人饑寒去衣食[5]，雖賁、育不能行；廢自然，雖順道而不立。強勇之所不能行，則上不能安[6]。上以無厭責己盡，則下對「無有[7]」，無有則輕法[8]。法所以爲國也而輕之，則功不立、名不成。聞古扁鵲之治其病也[9]，以刀刺骨；聖人之救危國也，以忠拂耳[10]。刺骨，故小痛在體而長利在身；拂耳，故小逆在心而久福在國。故甚病之人利在忍痛，猛毅之君以福拂耳[11]。忍痛，故扁鵲盡巧；拂耳，則子胥不失[12]——壽安之術也。病而不忍痛，則失扁鵲之巧；危而不拂耳，則失聖人之意。如此，長利不遠垂，功名不久立。

1 注 盧文弨曰：「常」，張、凌本作「長」。

2 注 盧文弨曰：「饑」當作「飢」，下同。

3 注　盧文弨曰：凌本「寄」下有「治」字。
▲先慎曰：「治」字衍文。「理」，治也。
4 注　先慎曰：句絕。
5 注　先慎曰：乾道本作「令使人去饑寒」。盧文弨云：從凌本增改作「今使人饑寒去衣食」。
▲先慎案：盧校是，今依改。顧廣圻謂作「令」者誤，以「令」字屬上讀，非。
6 注　顧廣圻曰：《藏》本同。今本「則」作「雖」，誤。
▲先慎曰：盧文弨云：「張、凌本亦作『則』。」
7 注　先慎曰：既盡而猶索之，故下以實封。
8 注　先慎曰：乾道本無「無有」二字。顧廣圻云：《藏》本、今本有。按：當重「下對無有」四字。
▲先慎案：顧說是也，今據《藏》本、今本補二字。
9 注　先慎曰：「其」字當為「甚」之殘闕字。「甚病」與「危國」相對為文，明「其」為「甚」之誤，下云「甚病之人，利在忍痛」，作「甚」字，即其證。
10 注　先慎曰：忠言也。
11 注　先慎曰：謂以拂耳之言為福也。
12 注　顧廣圻曰：七字為一句。

人主不自刻以堯，而責人臣以子胥，是幸殷人之盡如比干，盡如比干則上不失、下不亡。不權其力而有田成，而幸其身盡如比干[1]，故國不得一安。廢堯、舜而立桀、紂，則人不得樂所長而憂所短。失所長則國家無功，守所短則民不樂生，以無功御不樂生[2]，不可行於齊民。如此，則上無以使下，下無以事上。

1 **注** 先慎曰：盧文弨《拾補》改「身」為「臣」。顧廣圻云：此二句以「其力」與「其身」相對。言人主當權其臣之力，使不得為田成，不當責其臣之身，使為比干也。或謂此有誤字，非。

▲先慎案：顧說是。

2 **注** 顧廣圻曰：乾道本此下重「以無功御不樂生」七字，《藏》本、今本無。

▲先慎曰：《道藏》本、今本是，今據刪。

安危在是非，不在於強弱。存亡在虛實，不在於衆寡。故齊[1]，萬乘也，而名實不稱，上空虛於國內，不充滿於名實，故臣得奪主[2]。殺天子也[3]，而無是非。賞於無功，使讒諛以詐僞爲貴；誅於無罪，使傴以天性剖背；以詐僞爲是[4]，天性爲非，小得勝大[5]。

1 注 盧文弨曰：「齊」下脫「故」字，張、凌本有。

▲先慎曰：「齊」下不當有「故」字，張、凌本誤。

2 注 先慎曰：此指田成而言。

3 注 盧文弨曰：凌本作「以成其簒弒也」。顧廣圻曰：「故臣得奪主」句絕。「殺」當作「桀」，形近之誤。「桀」字逗，「天子也」句，與上文「故齊萬乘也」句例同。《戰國策》、《新序》皆言宋康王「剖傴之背」，《史記》云：「於是諸侯皆曰桀宋。」下文「使傴以天性剖背」，是其證矣。

▲先慎曰：顧說是。凌本不得其義而改之耳。

4 注 先慎曰：乾道本無「為」字。顧廣圻云：《藏》本、今本「偽」下有「為」字。

▲先慎案：「詐偽為是」、「天性為非」相對成文，有「為」字者是，今據補。

5 注 顧廣圻曰：《藏》本同。今本「大」下有「矣」字，誤。

明主堅內，故不外失。失之近而不亡於遠者無有[1]。故周之奪殷也，拾遺於庭，使殷不遺於朝，則周不敢望秋毫於境，而況敢易位乎？

1 注 先慎曰：乾道本「而」作「正」。盧文弨云：凌本「正」作「而」。顧廣圻云：「正」字當衍。

▲先慎案：顧說是，今依凌本改。趙用賢云：「近失正國之理也」，是據誤本而為之辭，不可從。

明主之道忠法，其法忠心，故臨之而法，去之而思。堯無膠漆之約於當世而道行[1]，舜無置錐之地於後世而德結[2]。能立道於往古[3]，而垂德於萬世者之謂明主。

1 注 先慎曰：乾道本「道」作「遺」。顧廣圻云：《藏》本、今本「遺」作「道」。

▲先慎案：下「能立道於往古」即指「道行」而言，明「遺」字形近而誤，今據改。

2 注 先慎曰：《御覽》七百六十四引有「民心」二字。

3 注 先慎曰：乾道本「往」下有「名」字，顧廣圻云：「今本無名字」，今據刪。

## 守道第二十六

聖王之立法也，其賞足以勸善，其威足以勝暴，其備足以必完法[1]。治世之臣，功多者位尊，力極者賞厚，情盡者名立。善之生如春，惡之死如秋，故民勸極力而樂盡情，此之謂上下相得。上下相得，故能使用力者自極於權衡，而務至於任鄙；戰士出死[2]，而願爲賁、育；守道者皆懷金石之心[3]，以死子胥之節。用力者爲任鄙，戰如賁、育，中爲金石[4]，則君人者高枕而守己完矣。

1 注 盧文弨曰：「其備足以必完」句，凌本無「必」字，非。「法」字疑衍。

2 注 先慎曰：此當有脫字。

3 注 先慎曰：趙本「皆」作「出」，是。

4 注 顧廣圻曰：《藏》本、今本「中」作「守」。

▲先慎曰：「中」字是。「中為金石」即心懷金石也，此指上「守道者皆懷金石之心」而言。

古之善守者，以其所重禁其所輕，以其所難止其所易。故君子與小人俱正，盜跖與曾、史俱廉。何以知之？夫貪盜不赴谿而掇金[1]，赴谿而掇金則身不全，賁、育不量敵則無勇名，盜跖不計可則利不成。

1 注 先慎曰：乾道本不重「赴谿而掇金」五字，據《道藏》本、趙本補。

明主之守禁也，賁、育見侵於其所不能勝，盜跖見害於其所不能取[1]。故能禁賁、育之所不能犯，守盜跖之所不能取，則暴者守愿，邪者反正。大勇愿，巨盜貞[2]，則天下公平，而齊民之情正矣。

1 注 先慎曰：己不能禁，賁、育得而勝之；己不能守，盜跖得而取之。

2 注 先慎曰：乾道本「貞」下有「平」字。按：「平」字涉下文而衍，今從趙本刪。

人主離法失人，則危於伯夷不妄取，而不免於田成、盜跖之禍[1]，何也[2]？今天下無一伯夷，而姦人不絕世，故立法度量。度量信則伯夷不失是，而盜跖不得非。法分明則賢不得奪不肖，強不得侵弱，衆不得暴寡。託天下於堯之法，則貞士不失分，姦人不徼幸。寄千金於羿之矢，則伯夷不得亡，而盜跖不敢取。堯明於不失姦，故天下無邪；羿巧於不失發[3]，故千金不亡。邪人不壽[4]而盜跖止[5]，如此，故圖不載宰予，不舉六卿；書不著子胥，不明夫差[6]。孫、吳之略廢，盜跖之心伏。人主甘服於玉堂之中，而無瞋目切齒傾取之患[7]。人臣垂拱於金城之內[8]，而無扼腕聚脣嗟唶之禍[9]。服虎而不以柙，禁姦而不以法，塞僞而不以符，此賁、育之所患，堯、舜之所難也。

1 注 先慎曰：乾道本「禍」作「耳」。顧廣圻云：今本「耳」作「禍」，誤。按：「不」字衍。「耳」當作「身」，形相近也。與上句對。

▲先慎案：《說文》：「危，在高而懼也。」故「危」有「高」義。《文選．七命注》引《論語》鄭注，《莊子．盜跖篇》釋文引李注並云：「危，高也」。此言人主雖於伯夷不妄取之高，離法失人，不能禁止臣下，終有田常、盜跖之禍。顧說謬甚。趙本「耳」作「禍」，是也，今依改。

2 **注** 先慎曰：乾道本「何」作「可」，今據趙本改。

3 **注** 先慎曰：「不失發」，乾道本作「失廢」。顧廣圻云：「《藏》本、今本『於』下有『不』字。乾道本『發』作『廢』，譌。」今據改。

4 **注** 顧廣圻曰：《藏》本同。今本「壽」作「售」，誤。按：上文云「惡之死如秋」，此其義也。

5 **注** 王先謙曰：句絕。

6 **注** 王先謙曰：此宰予謂齊簡公臣，與田成爭權而死者。蓋周世有二說，或云闞止，或即以為孔子弟子宰我也。「六卿」，晉臣。言無爭奪亡滅之禍，故圖書不得而載著。

7 **注** 先慎曰：《拾補》「瞋」作「瞑」。盧文弨云：「瞑」，張、凌本作「瞋」。

▲先慎案：作「瞋」者是。《莊子．說劍篇》「瞋目而語難」。

8 **注** 先慎曰：乾道本無「於」字。顧廣圻云：「今本『拱』下有『於』字。按：依上文當有。」今據補。

9 **注** 盧文弨曰：「捥」、「腕」同。

故設柙非所以備鼠也，所以使怯弱能服虎也；立法非所以備曾、史也[1]，所以使庸主能止盜跖也[2]；爲符非所以豫尾生也，所以使衆人不相謾也。不恃比干之死節[3]，不幸亂臣之無詐也，恃怯之所能服[4]，握庸主之所易守。當今之世，爲人主忠計，爲天下結德者，利莫長於如此[5]。故君人者無亡國之圖，而忠臣無失身之畫。明於尊位必賞[6]，故能使人盡力於權衡，死節於官職。通賁、育之情[7]，不以死易生；惑於盜跖之貪[8]，不以財易身，則守國之道畢備矣。

1 注 顧廣圻曰：《藏》本、今本「避」作「備」。按：「備」字涉上句誤。

2 注 先慎曰：乾道本無「使」字。顧廣圻云：《藏》本、今本「以」下有「使」字。

▲先慎案：依上下文當有，今據補。

3 注 先慎曰：乾道本「不」下有「獨」字，盧文弨云：「凌本無『獨』字」，今據刪。

4 注 盧文弨曰：「恃」，凌本作「持」。顧廣圻曰：《藏》本同。今本「怯」下有「士」字，誤。按：依上文當有「弱」字。

5 注 先慎曰：「如」字衍。

6 注 盧文弨曰：「賞」，凌本作「法」。

7 注 顧廣圻曰：《藏》本同。今本「通」下有「於」字，誤。
8 注 王渭曰：「惑」字有誤。

## 用人第二十七

聞古之善用人者，必循天順人而明賞罰。循天則用力寡而功立，順人則刑罰省而令行，明賞罰則伯夷、盜跖不亂。如此，則白黑分矣。治國之臣，效功於國以履位，見能於官以受職，盡力於權衡以任事。人臣皆宜其能，勝其官，輕其任[1]而莫懷餘力於心，莫負兼官之責於君。故內無伏怨之亂，外無馬服之患[2]。明君使事不相干，故莫訟；使士不兼官，故技長，使人不同功，故莫爭[3]。爭訟止，技長立，則彊弱不觳力，冰炭不合形，天下莫得相傷，治之至也。

1 注 先慎曰：不兼官也。
2 注 盧文弨曰：「馬」，凌本作「獁」。王先謙曰：凌本非也，「馬服」謂趙括。
3 注 先慎曰：乾道本「爭」下有「訟」字。盧文弨云：「『訟』字，秦本無。」顧廣圻云：「訟」字衍，此涉下句而誤。

▲先慎案：〈飭令篇〉亦無「訟」字，今據秦本刪。

釋法術而任心治1，堯不能正一國。去規矩而妄意度2，奚仲不能成一輪。廢尺寸而差短長，王爾不能半中3。使中主守法術，拙匠執規矩尺寸4，則萬不失矣5。君人者，能去賢巧之所不能，守中拙之所萬不失6，則人力盡而功名立。

1 注 先慎曰：各本無「任」字。《御覽》八百三十引「心」上有「任」字，是。下「去規矩而妄意度」，「妄意度」與「任心治」相對為文，明此脫「任」字，今據補。

2 注 先慎曰：《御覽》引「妄」作「委」，《治要》無「度」字，均誤。〈解老篇〉「妄」作「忘」，說詳彼。

3 注 王先謙曰：「王爾」，巧工，《淮南子》：「王爾無所錯其剞劂」。

▲先慎曰：「中」，音「丁仲反」。

4 注 先慎曰：各本「執」作「守」，《治要》、《藝文類聚》五十四、《御覽》引並作「執」。

5 注 先慎曰：《藝文類聚》引「矣」作「一」。

6 注 先慎曰：《治要》「守」上有「而」字。

明主立可爲之賞，設可避之罰。故賢者勸賞而不見子胥之禍，不肖者少罪而不見傴剖背[1]，盲者處平而不遇深谿，愚者守靜而不陷險危。如此，則上下之恩結矣。古之人曰：「其心難知，喜怒難中也。」故以表示目，以鼓語耳[2]，以法教心[3]。君人者釋三易之數而行一難知之心[4]，如此，則怒積於上，而怨積於下，以積怒而御積怨，則兩危矣。

1 注 先愼曰：此宋康王事，〈安危篇〉云「誅於無罪，使傴以天性剖背」，是也。

2 注 顧廣圻曰：「鼓」當作「教」，下文「其教易知故言用」承此。

3 注 顧廣圻曰：此「教」字誤，未詳所當作。

4 注 先愼曰：乾道本「行」下有「之」字，「知之」下無「心」字。顧廣圻云：「今本無上『之』字，下『之』字下有『心』字。按：依上文當刪補。」今據改。

明主之表易見，故約立；其教易知，故言用；其法易爲，故令行。三者立而上無私心，則下得循法而治，望表而動，隨繩而斵[1]，因攢而縫[2]。如此，則上無私威之毒，而下無愚拙之誅。故上君明而少怒[3]，下盡忠而少罪。

1 注 先愼曰：〈安危篇〉云「一曰斲削於繩之內，二曰斲割於繩之外」，是也。

2 注 俞樾曰：「攢」字無義，當作「簪」。《荀子・賦篇》「簪以為父」，楊倞注：「簪形似箴而大。」是「簪」亦「箴」類，故曰「因簪而縫」也。《說文・金部》：「鐕，可以綴著物者。」「簪」即「鐕」之段字。亦或作「撍」，《周易・豫》九四「朋盍簪」，京作「撍」，是也。古本《韓子》當亦作「撍」，傳寫因誤為「攢」矣。

3 注 顧廣圻曰：《藏》本同。今本「君」作「居」。按：「君」字誤。

聞之曰：「舉事無患者，堯不得也。」而世未嘗無事也。君人者不輕爵祿，不易富貴，不可與救危國。故明主厲廉恥，招仁義。昔者介子推無爵祿而義隨文公，不忍口腹而仁割其肌，故人主結其德，書圖著其名。人主樂乎使人以公盡力，而苦乎以私奪威。人臣安乎以能受職，而苦乎以一負二[1]。故明主除人臣之所苦，而立人主之所樂，上下之利，莫長於此。不察私門之內，輕慮重事，厚誅薄罪，久怨細過，長侮偷快[2]，數以德追禍[3]，是斷手而續以玉也，故世有易身之患。

1 注 謂一身兩役也。

2 注 長輕侮人，偷取一時之快也。

3 注 禍賊當誅，而反以德報之也。

人主立難爲而罪不及，則私怨生[1]；人臣失所長而奉難給，則伏怨結。勞苦不撫循，憂悲不哀憐。喜則譽小人，賢不肖俱賞；怒則毀君子，使伯夷與盜跖俱辱。故臣有叛主。

1 注 先慎曰：乾道本「生」作「立」。顧廣圻云：「今本『立』作『生』。按：『立』字譌。」今據改。

使燕王內憎其民而外愛魯人[1]，則燕不用而魯不附。見憎[2]，不能盡力而務功；魯見說，而不能離死命而親他主。如此，則人臣爲隙穴，而人主獨立。以隙穴之臣而事獨立之主，此之謂危殆。

1 注 先慎曰：乾道本不提行，今依趙本。

2 注 顧廣圻曰：《藏》本同。今本「見」上有「民」字。按：當脫「燕」字。

釋儀的而妄發，雖中小不巧[1]；釋法制而妄怒，雖殺戮而姦人不恐。罪生甲，禍歸乙，伏怨乃結。故至治之國，有賞罰而無喜怒，故聖人極；有刑法而死無螫毒，故姦人服。發矢中的，賞罰當符，故堯復生，羿復立。如此，則上無殷、夏之患，下無比干之禍，君高枕而臣樂業，道蔽天地[2]，德極萬世矣。

1 注 顧廣圻曰：《藏》本同。今本「小」作「而」，誤。

2 注 先慎曰：「蔽」當作「被」。

夫人主不塞隙穴[1]，而勞力於赭堊，暴雨疾風必壞。不去眉睫之禍，而慕賁、育之死；不謹蕭牆之患，而固金城於遠境；不用近賢之謀，而外結萬乘之交於千里。飄風一旦起，則賁、育不及救而外交不及至，禍莫大於此。當今之世，爲人主忠計者，必無使燕王說魯人，無使近世慕賢於古，無思越人以救中國溺者[2]，如此，則上下親，內功立，外名成。

1 注 先慎曰：乾道本連上，今依趙本提行。

2 注 先慎曰：見〈說林上〉「魯穆公」條。

# 功名第二十八

明君之所以立功成名者四：一曰天時，二曰人心，三曰技能，四曰勢位。非天時，雖十堯不能冬生一穗；逆人心，雖賁、育不能盡人力。故得天時則不務而自生[1]，得人心則不趣而自勸，因技能則不急而自疾，得勢位則不進而名成[2]。若水之流，若船之浮，守自然之道，行毋窮之令，故曰明主。

1 注 先慎曰：乾道本無「不」字。盧文弨云：「則」下脫「不」字，凌本有。

▲先慎案：《治要》有「不」字，今據補。

2 注 先慎曰：各本「進」上有「推」字。案：「推」即「進」字誤而衍者，《治要》無，今據刪。

夫有材而無勢，雖賢不能制不肖。故立尺材於高山之上，則臨千仞之谿[1]，材非長也，位高也。桀爲天子，能制天下，非賢也，勢重也；堯爲匹夫，不能正三家，非不肖也，位卑也。千鈞得船則浮，錙銖失船則沈[2]，非千鈞輕錙銖重也[3]，有勢之與無勢也。故短之臨高也以位，不肖之制賢也以勢。人主者，天下一力以共載之，故安；衆同心以共立之，故尊；人臣守所長，盡所能，故忠。以尊主主御忠臣，則長樂生而功名成。名實相持而成[4]，形影相應而立，故臣主同欲而異使。

1 注 先愼曰：乾道本「下」作「則」，「千」作「十」。盧文弨云：「則」字，凌本作「而下」二字。「十」，張、凌本作「千」。

▲先愼案：《意林》「則」作「下」，「十」作「千」，今據改。

2 注 先愼曰：《白孔六帖》十一引兩「船」字並作「舟」。

3 注 先愼曰：乾道本「鈞」作「金」，無「而」字。盧文弨云：「金」，《藏》本作「鈞」。

▲先愼案：上文作「鈞」，明「鈞」者是，「而」字脫，據《藝文類聚》七十一、《白孔六帖》、《御覽》七百六十八引改補。

4 注 盧文弨曰：「尊主」下馮校添「以尊」二字。「持」，張本作「待」。王渭曰：「當衍一『主』字。」

▲先愼曰：王說是。「持」字，《御覽》三百七十引作「須」。

人主之患在莫之應，故曰：一手獨拍，雖疾無聲。人臣之憂在不得一，故曰：右手畫圓，左手畫方[1]，不能兩成。故曰：至治之國，君若桴，臣若鼓，技若車，事若馬。故人有餘力易於應，而技有餘巧便於事[2]。立功者不足於力，親近者不足於信，成名者不足於勢。近者已親而遠者不結，則名不稱實者也[3]。聖人德若堯、舜，行若伯夷，而位不載於世，則功不立，名不遂。故古之能致功名者，衆人助之以力，近者結之以成，遠者譽之以名，尊者載之以勢。如此，故太山之功長立於國家，而日月之名久著於天地[4]。此堯之所以南面而守名[5]，舜之所以北面而效功也。

1 注 先愼曰：《御覽》三百七十引「右」、「左」互易。

2 注 先愼曰：乾道本無「便」字。顧廣圻云：「易」字當衍。今本「巧」下有「便」字，誤，《藏》本無。

▲先愼案：有「便」字是，此二文相對。顧氏以上「易」字為衍，故下不應有「便」字。改從今本。

3 注 盧文弨曰：張、凌本無「者」字。

4 注 先愼曰：乾道本「名」作「明」。顧廣圻云：「《藏》本『明』作『名』。」王渭云：「《文選·解嘲》注引此作『名』。『名』字是，此皆以『功』、『名』對言。」今據改。

5 注 顧廣圻曰：《藏》本同。今本「名」作「功」，誤。

# 大體第二十九

古之全大體者[1]，望天地，觀江海，因山谷，日月所照，四時所行，雲布風動，不以智累心[2]，不以私累己[3]。寄治亂於法術，託是非於賞罰，屬輕重於權衡，不逆天理，不傷情性。不吹毛而求小疵，不洗垢而察難知。不引繩之外，不推繩之內[4]；不急法之外，不緩法之內。守成理，因自然，禍福生乎道法而不出乎愛惡，榮辱之責在乎己，而不在乎人。故至安之世[5]，法如朝露，純樸不散[6]；心無結怨，口無煩言。故車馬不疲弊於遠路，旌旗不亂於大澤，萬民不失命於寇戎，雄駿不創壽於旗幢，豪傑不著名於圖書，不錄功於盤盂，記年之牒空虛。故曰：利莫長於簡，福莫久於安。

1 注 盧文弨曰：孫詒穀云：《文選・四子講德論》注引作「古之人君大體者」。

▲先慎曰：「《治要》、《御覽》四百二十九引與本書同，《選》注誤，不可從。」

2 注 先慎曰：《御覽》引「智」作「欲」。

3 注 先慎曰：《治要》「私」作「心」。

4 注 先慎曰：〈用人篇〉云「隨繩而斵」，是也。

5 注 先慎曰：乾道本「至」上有「致」字。顧廣圻云：今本無「致」字。

▲先慎案：「致」即「至」字誤而複者，改從今本。

6 注 先慎曰：乾道本「樸」作「撲」，今從趙本改。

使匠石以千歲之壽操鉤[1]，視規矩，舉繩墨而正太山；使賁、育帶干將而齊萬民，雖盡力於巧，極盛於壽，太山不正，民不能齊。故曰：古之牧天下者，不使匠石極巧以敗太山之體，不使賁、育盡威以傷萬民之性。因道全法，君子樂而大姦止；澹然閒靜，因天命，持大體。故使人無離法之罪，魚無失水之禍。如此，故天下少不可[2]。

1 注 顧廣圻曰：《藏》本同。今本「鉤」作「鈞」，誤。

2 注 盧文弨曰：「少」凌本作「無」。顧廣圻曰：《藏》本同。今本「可」作「治」，誤。

上不天則下不偏覆，心不地則物不畢載[1]。太山不立好惡，故能成其高；江海不擇小助，故能成其富。故大人寄形於天地而萬物備，歷心於山海而國家富[2]。上無忿怒之毒[3]，下無伏怨之患[4]，上下交順[5]，以道爲舍。故長利積，大功立，名成於前，德垂於後，治之至也。

1 注 先慎曰：乾道本「畢」作「必」，今據《治要》改作「畢」。

2 注 先慎曰：《治要》「歷」作「措」。

3 注 先慎曰：《治要》「毒」作「志」，注云：「『志』作『毒』。」

4 注 先慎曰：《治要》注：「怨，舊作『慦』，改之。」

5 注 先慎曰：乾道本「順」作「撲」，盧文弨云：「撲，凌本作『順』。」今據改。

## 卷第九

**思想議題**

〈內儲說上〉：術不欲見：察姦與考核／法治與德治、賢治／法與賞罰。

# 內儲說上七術第三十[1]

1 **注** 「儲」，聚也。謂聚其所說，皆君之內謀，故曰〈內儲說〉。

主之所用也七術，所察也六微[1]。

七術：一曰衆端參觀[2]，二曰必罰明威，三曰信賞盡能，四曰一聽責下[3]，五曰疑詔詭使[4]，六曰挾知而問[5]，七曰倒言反事[6]。此七者，主之所用也。

1 **注** 先慎曰：即〈內儲說下〉。

2 注 「端」，直也。欲求衆直，必參驗而聽觀也。

▲先慎曰：注誤。《方言》十：「緤，末紀緒也，南楚或曰『端』」，引申之，則凡末紀緒皆謂之「端」。《禮記．中庸》：「執其兩端。」《詩．載驅》序箋：「故，猶端也。」《疏》竝云：「端，謂頭緒也。」此謂頭緒衆多，則必參觀，否則誠不得聞而為臣壅塞矣。若訓為「直」，則與下文不合。

3 注 專聽一理，必有失；責下不一，能則不明。

▲先慎曰：「責下」，謂責臣下專司之事，下云「責下則人臣不參」，是也。注未明晰。

4 注 疑危而制之，譎詭而使之，則下不敢隱情。

▲先慎曰：乾道本注「詭而」下衍「叵」字，今從趙本刪。

5 注 先慎曰：下文「知」作「智」，字同。

6 注 或倒其言，或反其事，則姦情可得而盡。

觀聽不參則誠不聞[1]，聽有門戶則臣壅塞[2]。其說在侏儒之夢見竈[3]，哀公之稱「莫衆而迷[4]」。故齊人見河伯[5]，與惠子之言「亡其半」也[6]。其患在豎牛之餓叔孫[7]，而江乙之說荊俗也[8]。嗣公欲治不知[9]，故使有敵[10]。是以明主推積鐵之類[11]，而察一市之患[12]。

## 參觀一

1 注 「不參」，謂偏聽一人，則誠者莫告。

▲先慎曰：乾道本連上，盧文弨云：「本提行。」今據改。

2 注 其聽有所從，若門戶然，則為臣所塞。

▲先慎曰：《拾補》「壅」改「擁」。盧文弨云：後凡「擁」字，皆本作「擁」。

▲先慎按：趙本注「其」作「各」。

3 注 侏儒夢竈，言竈有一人煬，則後人不見，此譏靈公偏聽子瑕。

▲先慎曰：乾道本無「在」字，顧廣圻云：「今本『說』下有『在』字。按：依句例當補。」改從今本。

4 注 公言謀事，無衆故迷。孔子對舉國盡黨季孫，與之同亂，是一國為一人，公之迷宜矣。

5 注 齊王專信一人，故被誑以大魚為河伯。

6 注 惠子言君之謀事，有半疑，有半今皆稱不疑，則雷同朋黨，故曰「亡其半」。此上五說皆不參門戶之聽。

盧文弨曰：注「半疑」下衍「有半」二字。

7 注 叔孫專聽豎牛，故身餓死，而二子戮亡也。

8 注 荊俗不言人惡，故白公得以為亂。

▲先慎曰：乾道本「乙」作「乞」，下同。顧廣圻云：《藏》本「乞」作「乙」，是也。

▲先慎案：《策》正作「乙」，今據改。

9 注 謂不知治之術也。

10 注 恐其所貴臣妾擁己，故更貴臣妾以敵之，彼得敵，適足以成其朋黨，為擁更甚也。

11 注 積鐵為室，盡以備矢，則體不傷。積疑為心，盡以備臣，則姦不生。

12 注 雖一市之人言市有虎，猶未可信，況三人乎？

▲先慎曰：乾道本注「虎」上衍「之」字，今從趙本刪。

愛多者則法不立，威寡者則下侵上。是以刑罰不必則禁令不行。其說在董子之行石邑[1]，與子產之教游吉也[2]。故仲尼說隕霜[3]，而殷法刑棄灰；將行去樂池[4]，而公孫鞅重輕罪[5]。是以麗水之金不守[6]，而積澤之火不救[7]。成歡以太仁弱齊國[8]，卜皮以慈惠亡魏王[9]。管仲知之，故斷死人[10]；嗣公知之，故買胥靡[11]。

## 必罰二

1 **注** 董子至石邑，象深澗以立法，故趙國治也。

2 **注** 子產教游吉，令法火以嚴斷。

▲先慎曰：趙本注「火」誤作「吏」。

3 **注** 仲尼對哀公言隕霜不殺草，則以宜殺而不殺故也。

4 **注** 將行以樂池不專任以刑賞之柄，故去之。盧文弨曰：注「將行」，一本有「官名」二字。

5 **注** 公孫鞅以謂輕罪尚不能犯，則無由犯重罪，故先重輕罪。

6 **注** 竊麗水之金其罪辜磔，猶竊而不止，則有竊而獲免者，故雖重罪不止也。

▲先慎曰：「守」當作「止」，註不誤。

7 **注** 魯之積澤火焚而人不救，則以不行法故也。

8 **注** 成歡以齊王太仁，知其必弱齊國。盧文弨曰：「『成歡』後作『讙』，《荀子·解蔽篇》作『戴讙』。」

顧廣圻曰：說「歡」作「驩」、「驩」、「歡」同字。

▲先慎曰：「歡」、「驩」、「讙」三字古通用。《禮記·樂記》「鼓鼙之聲讙」，注：「或為『歡』。」「驩」為馬名本字。《孟子》「驩如」，《荀子·大略篇》「夫婦不得不驩」，皆以「驩」為歡樂字。

「驩」、「歡」、「讙」音義並同，故通用。《春秋．文公六年》「晉侯驩」，《公羊》作「讙」，《史記》作「歡」，是其證。《荀子》楊注引「成」作「戴」，誤，說見下。

9 注 卜皮以魏王慈惠，知其必亡其身也。盧文弨曰：「注上『其』字一本無。」

▲先慎曰：乾道本注脫「知」字，今從趙本。

10 注 知治國常嚴，禁人之厚葬，不用命者戮其尸。

11 注 嗣公亦知國當必罰，有胥靡逃之，以一都買而誅之。

賞譽薄而謾者，下不用[1]；賞譽厚而信者，下輕死。其說在文子稱「若獸鹿[2]」。故越王焚宮室[3]，而吳起倚車轅[4]，李悝斷訟以射[5]，宋崇門以毀死[6]。句踐知之，故式怒鼃[7]；昭侯知之，故藏弊袴[8]。厚賞之使人爲賁、諸也，婦人之拾蠶，漁者之握鱣，是以效之[9]。

## 賞譽二

1 注 「謾」，欺也。

▲先慎曰：乾道本「用」下有「也」字。顧廣圻云：《藏》本、今本無「也」字。

▲先慎案：無「也」字是也。「下不用」與「下輕死」句法一律，不當有「也」字，今據刪。

2 注 獸鹿唯就薦草，猶人臣之歸恩厚也。

3 注 焚其室者，欲行賞罰於救火，以驗人之用命。

4 注 賞移轅者，欲示其信而不欺也。

5 注 欲人之善射，故其斷訟與善射者理也。

6 注 祟門之人居喪而瘠，君與之官，故多毀死者也。

7 注 句踐知勸賞可以詔人，故式怒鼃以求勇。

▲先慎曰：乾道本無「之」字。顧廣圻云：《藏》本、今本「知」下有「之」字。

▲先慎案：有者是也，今據補。注趙本「詔」作「招」。

8 注 先慎曰：「弊」，今本作「蔽」，誤。

9 注 「拾蠶」、「握鱣」而不惱者，利在故也。此得利忘難之效也。俞樾曰：「是以效之」當作「以是效之」。「效」者，明也。「是」即指「婦人」、「漁者」而言。謂厚賞之下，可使人人為賁、諸，以「婦人之拾蠶，漁者之握鱣」明之也。下文云「鱣似蛇，蠶似蠋，人見蛇則驚駭，見蠋則毛起，然而婦人拾蠶，漁者握鱣，利之所在則忘其所惡，皆為孟賁」，是其義也。《荀子．正論篇》「故桀、紂無天下，而湯、武不弒君，由此效之也」，楊注曰：「效，明也。」與此文句法正同，今誤作「是以效之」。舊注謂「此得利忘難之效也」，失其解矣。

**一聽則智愚不分**[1]**，責下則人臣不參**[2]**。其說在「索鄭**[3]**」與「吹竽**[4]**」。其患在申子之以趙紹、韓沓為嘗試**[5]**。故公子汜議割河東**[6]**，而應侯謀弛上黨**[7]**。**

一聽四

1 注 直聽一理，不反覆參之，則愚智不分。

2 注 下之材能一一責之，則人臣不得參襍。

3 注 魏王以鄭本梁地，故索鄭而合之，不思梁本鄭地，鄭人亦索梁而合之。此一聽之過也。

4 注 混商吹竽，是不責下也，故令得參襍。盧文弨曰：注「混商」當是「混同」。

5 注 申子為請兵，先令趙紹、韓沓嘗韓君，知其意然後說，終成其私也。盧文弨曰：注「申子為」下脫「趙」字。

▲先慎曰：「趙紹、韓沓」，《國策》作「趙卓、韓鼂」。

6 注 韓王欲河東以搆三國，此非計也，公子氾激君行令。盧文弨曰：注「韓王欲」下脫「割」字。

7 注 應侯謀上黨亦非計也，秦王從之。此上二事皆一聽之患也。

▲先慎曰：注「謀」下脫「弛」字。

**數見久待而不任，姦則鹿散**[1]**。使人問他則不鬻私**[2]**。是以龐敬還公大夫**[3]**，而戴讙詔視轀車**[4]**。周主亡玉簪**[5]**，商太宰論牛矢**[6]**。**

## 詭使五

1 注 謂人數見於君，或復久待，雖不任用，外人則謂此得主之意，終不敢為姦，如鹿之散。顧廣圻曰：「姦則鹿散」四字為一句。

2 注 謂使此雖知其所為，陽若不知，更試以他事，或問之他人，不敢鬻其私矣。「鬻」，猶「售」。

3 注 龐敬使市者不為姦，故還大夫而警之。

4 注 戴讙欲知奉筒者，更使視輼車。

5 注 周主故亡玉簪，以求神明之譽也。

6 注 太宰詭論牛矢，以求聽察之名也。

挾智而問，則不智者至[1]；深智一物，衆隱皆變[2]。其說在昭侯之握一爪也[3]。故必南門而三鄉得[4]。周主索曲杖而群臣懼[5]，卜皮事庶子[6]，西門豹詳遺轄[7]。

## 挾智六

1 注 挾己所智而有所問，則雖不智者莫不皆智也。趙用賢曰：言挾己之智而問，則自多其智，故不智者反得以用其欺。是不若深知一物，則智有所積，而衆隱皆變為顯也。乃與下事相合，注非。顧廣圻曰：「智」，讀為「知」，下同。

2 注 於一物智之能深，則衆隱伏之物莫不變而露見。

▲先慎曰：乾道本注「於」下有「伏」字，今從趙本刪。

3 注 握爪佯亡，以驗左右之誠。

4 注 必審南門之牛犯苗，而三鄉之犯者皆得其情實。顧廣圻曰：《藏》本同。今本「必」下有「審」字，誤。

5 注 私得曲杖，群臣聳懼。

6 注 使庶子愛御史，便得彼陰懼也。盧文弨曰：注「陰情」譌「陰懼」。

▲先慎曰：「事」當作「使」，下文「卜皮為縣令，其御史汙穢而有愛妾，卜皮乃使少庶子佯愛之，以知御史陰情」，正作「使」字。注作「使庶子」是也，謂「愛御史」亦誤。卜皮使庶子佯愛御史之愛妾，非愛御史也，下〈說〉注同誤。

7 注 謀遺其轄，欲取清明之稱也。盧文弨曰：注「詳」譌作「謀」。顧廣圻曰：〈說〉「詳」作「佯」，「詳」、「佯」同字。

**倒言反事以嘗所疑，則姦情得[1]。故陽山謾樛豎[2]，淖齒爲秦使[3]，齊人欲爲亂[4]，子之以白馬[5]，子產離訟者[6]，嗣公過關市[7]。**

倒言七　右經

1 注 倒錯其言，反為其事，以試其所疑也。

2 注 偽謾繆豎知君疑也。

▲先慎曰：乾道本「繆」作「摎」。顧廣圻云：「陽山」當倒，詳後。《藏》本、今本「摎」作「繆」。

▲先慎案：「繆」字是，下文亦作「繆」。此誤，今據改。

3 注 詐為秦使知君惡己。

4 注 佯逐所愛，令君知而不疑。

5 注 謬言白馬，以驗左右之誠。

6 注 分離訟者，便得兩訟之情。

7 注 知過者之輸金，便得聽察之稱。

▲先慎曰：注「聽」字當作「明」，下文「而以嗣公為明察」，是其證。

【一】[1]衛靈公之時，彌子瑕有寵，專於衛國[2]，侏儒有見公者曰：「臣之夢踐矣[3]。」公曰：「何夢？」對曰：「夢見竈，爲見公也。」公怒曰：「吾聞見人主者夢見日，奚爲見寡人而夢見竈？」對曰：「夫日兼燭天下，一物不能當也[4]。人君兼燭一國[5]，一人不能擁也[6]，故將見人主者夢見日。夫竈一人煬焉，則後人無從見矣[7]。今或者一人有煬君者乎[8]？則臣雖夢見竈，不亦可乎！」

1 注 盧文弨曰：凌本作「傳一」，下倣此。

2 注 先慎曰：〈難四篇〉無「專」字。

3 注 先慎曰：乾道本「踐」作「賤」，盧文弨云：「賤」，凌本作「踐」。

▲先慎案：作「踐」是，今據改。〈難四篇〉作「淺」，亦誤。

4 注 言一物不能蔽日之光也。

5 注 先慎曰：乾道本「國」下有「人」字。盧文弨云：凌本無下「人」字。

▲先慎案：「人」字涉下文而衍，〈難四篇〉無「人」字，是其證，今據刪。

6 注 人不能擁君之明。顧廣圻曰：「擁」當作「壅」。

7 注 一人煬，則蔽竈之光，故後人不見之。「煬」，然也。

▲先慎曰：注「之煬」當作「煬之」。

8 注 此譏彌子瑕專擁蔽君之明也。

▲先慎曰：乾道本注「也」作「乎」。盧文弨云：「一本無上『者』字。注『乎』字譌，本作『也』。」今據改。

魯哀公問於孔子曰：「鄙諺曰：『莫衆而迷[1]。』今寡人舉事，與群臣慮之，而國愈亂，其故何也[2]？」孔子對曰：「明主之問臣，一人知之，一人不知也[3]。如是者，明主在上，群臣直議於下。今群臣無不一辭同軌乎季孫者，舉魯國盡化爲一[4]，君雖問境內之人，猶不免於亂也[5]。」

1 注 舉事不與衆謀者，必迷惑。

2 注 先慎曰：乾道本無「何」字，顧廣圻云：「《藏》本、今本『故』下有『何』字。」今據補。

3 注 「一人知之，一人不知」，則得再三詳議。

4 注 舉國既化為一，則不得論其是非也。

▲先慎曰：趙本注「不」作「安」。

5 注 境內之人，亦與季孫為一，故問之無益。

▲先慎曰：乾道本「猶」下有「之人」二字。顧廣圻云：《藏》本無「人」字，今本無「之人」二字。

▲先慎案：「之人」二字涉上文而衍，今據刪。

一曰[1]：晏嬰子聘魯[2]，哀公問曰[3]：「語曰：『莫三人而迷[4]。』今寡人與一國慮之，魯不免於亂，何也？」晏子曰：「古之所謂『莫三人而迷』者，一人失之，二人得之，三人足以爲衆矣，故曰『莫三人而迷』。今魯國之群臣以千百數，一言於季氏之私[5]，人數非不衆，所言者一人也，安得三哉？」

1 注 顧廣圻曰：按：「一曰」者，劉向敘錄時所下校語也。謂「一」見於《晏子春秋》，其所「曰」者如此。凡本書「一曰」皆同例。

2 注 盧文弨曰：凌本無「嬰」字。

3 注 王渭曰：《晏子春秋》「哀」作「昭」。

4 注 舉事不與三人謀，必知迷惑也。

▲先慎曰：注「知」字衍。

5 注 先慎曰：謂衆口同聲也。

齊人有謂齊王曰：「河伯，大神也[1]。王何不試與之遇乎？臣請使王遇之。」乃爲壇場大水之上[2]，而與王立之焉。有閒，大魚動，因曰：「此河伯[3]。」

1 注 先慎曰：《御覽》八百八十二引「大」作「水」。

2 注 先慎曰：乾道本「乃」作「遇」，《拾補》作「乃」。盧文弨云：「乃」字脫，張本有。顧廣圻云：《藏》本「遇」作「乃」，今本無。俞樾云：上「遇」字當作「與」，上文云「王何不試與之遇乎」，故此云「臣請使王與之遇」。乾道本作「遇之遇」，傳寫誤耳。《道藏》本改下「遇」字為「乃」字，屬下讀，趙本並刪「乃」字，均非其舊。

▲先慎案：下「遇」字為「乃」字之譌，「乃」與「廼」同，《爾雅》：「廼，乃也。」俗作「迺」，與「遇」字形相近，乾道本因譌作「遇」，趙本從而刪之，惟《道藏》本、張本不誤。讀當於「之」字絕句，「廼」字屬下讀。「請使王遇之」，「使」字即有「與」之意，既言「使」，不得復言「與」。且下文「為壇場大水之上」上無「廼」字，則文氣不接。俞說非也。《御覽》引正作「乃」，今據改。

3 注 直信一人言，故有斯弊。

張儀欲以秦、韓與魏之勢伐齊、荊，而惠施欲以齊、荊偃兵[1]。二人爭之，群臣左右皆爲張子言，而以攻齊、荊爲利，而莫爲惠子言。王果聽張子，而以惠子言爲不可。攻齊、荊事已定，惠子入見，王言曰[2]：「先生毋言矣。攻齊、荊之事果利矣，一國盡以爲然。」惠子因說：「不可不察也。夫齊、荊之事也誠利，一國盡以爲利，是何智者之衆也？攻齊、荊之事誠不利[3]，一國盡以爲利，何愚者之衆也？凡謀者，疑也[4]。疑也者，誠疑，以爲可者半[5]，以爲不可者半。今一國盡以爲可，是王亡半也[6]。劫主者，固亡其半者也[7]。」

1 注 以齊、荊為援，則秦、韓不敢加兵，故兵可偃也。

2 注 先愼曰：「言」字不當有，涉下文而衍。

3 注 先愼曰：乾道本「不」下有「可」字，顧廣圻云：「《藏》本、今本無『可』字。」今據刪。

4 注 有疑然後謀。

5 注 若誠有疑，則半可半不可。

6 注 無致疑之人，故亡其半。

7 注 無人致疑，則大盜得恣其謀。田成、趙高成其簒殺者，無人疑故也。

▲先愼曰：乾道本「簒」上有「言」字，今依趙本刪。

叔孫相魯，貴而主斷。其所愛者曰豎牛，亦擅用叔孫之令。叔孫有子曰壬，豎牛妒而欲殺之，因與壬游於魯君所，魯君賜之玉環，壬拜受之而不敢佩，使豎牛請之叔孫，豎牛欺之曰：「吾已爲爾請之矣，使爾佩之。」壬因佩之。豎牛因謂叔孫：「何不見壬於君乎？」叔孫曰：「孺子何足見也。」豎牛曰[1]：「壬固已數見於君矣。君賜之玉環，壬已佩之矣。」叔孫召壬見之，而果佩之，叔孫怒而殺壬。壬兄曰丙，豎牛又妒而欲殺之。叔孫爲丙鑄鐘，鐘成，丙不敢擊，使豎牛請之叔孫。豎牛不爲請，又欺之曰：「吾已爲爾請之矣[2]。使爾擊之。」丙因擊之。叔孫聞之曰：「丙不請而擅擊鐘。」怒而逐之。丙出走齊，居一年，豎牛爲謝叔孫，叔孫使豎牛召之，又不召而報之曰：「吾已召之矣，丙怒甚，不肯來。」叔孫大怒，使人殺之。二子已死，叔孫有病，豎牛因獨養之而去左右，不內人，曰：「叔孫不欲聞人聲。」因不食而餓死[3]。叔孫已死，豎牛因不發喪也，徙其府庫重寶空之而奔齊[4]。夫聽所信之言而子父爲人僇，此不參之患也。

1 注 先慎曰：乾道本「壬」上無「豎牛曰」三字，顧廣圻云：「今本有『豎牛曰』三字。」今依補。

2 注 先慎曰：乾道本「已為」二字作「以」字。顧廣圻云：《藏》本「以」上有「為」字，今本作「已為」，
▲先慎案：此與上文「吾已為爾請之矣」句法一律，作「已為」者是也。《御覽》五百七十五引正作「已為」，今據改。

3 注 先慎曰：乾道本無「因」字，「死」作「殺」。盧文弨云：「『殺』，一本作『死』。」顧廣圻云：

「《藏》本、今本『不』上有『因』字。」今據增改。

4 注 先慎曰：事見《左．昭四年傳》。彼言仲壬奔齊，此謂孟丙。《左氏》記當時事，《韓子》傳聞，故不相符。

江乙爲魏王使荊[1]，謂荊王曰：「臣入王之境內，聞王之國俗曰：『君子不蔽人之美，不言人之惡』，誠有之乎？」王曰：「有之。」「然則若白公之亂，得庶無危乎[2]？誠得如此，臣免死罪矣[3]。」

1 注 先慎曰：乾道本連上，今從趙本提行。

2 注 不言人惡，則白公得成其姦謀，故危也。顧廣圻曰：《藏》本、今本無「庶」字。〈楚策〉云：「得無遂乎！」

3 注 有惡不言，何罪之有？

衛嗣君[1]重如耳，愛世姬[2]，而恐其皆因其愛重以壅己也[3]，乃貴薄疑以敵如耳[4]，尊魏姬以耦世姬[5]，曰：「以是相參也。」嗣君知欲無壅，而未得其術也。夫不使賤議貴[6]，下必坐上7，而必待勢重之鈞也，而後敢相議8，則是益樹壅塞之臣也9。嗣君之壅乃始10。

1 注 先慎曰：「君」當作「公」，嗣公，衛平侯之子，秦貶其號為君，非此書未入秦作，必不從秦所貶為稱。且上〈經〉「嗣公欲治不知」，不作「君」，是「君」當為「公」之誤。《荀子．王道篇》注引此正作「公」。

2 注 顧廣圻曰：《荀子》注引「世」作「泄」。按：「世」、「泄」同字。

3 注 先慎曰：《荀子》注引「壅」作「雍」，古字通。

4 注 先慎曰：乾道本「敵」下有「之」字。盧文弨云：「之」字衍，凌本無。

▲先慎案：張榜本無，《荀子》注引亦無「之」字，今據刪。

5 注 先慎曰：《荀子》注「魏姬」作「魏妃」。

6 注 賤不得與貴議也。

▲先慎曰：此謂賤不得訾議貴者也，舊注誤。

7 注 下得罪，必坐於與上議也。盧文弨曰：凌本作「下偪上」，但注不如此。

▲先慎曰：「必」字衍文，「賤議貴」、「下坐上」均承上「夫不使」來。「坐」，即商君告坐之法。不使下坐上者，不使下與上告坐也。〈八說篇〉：「明君之道，賤得議貴，下必坐上，不待勢重之鈞也。」此與〈八說〉相反，故云「不使賤議貴，下坐上」，凌本不知「必」字之誤，而改「必坐」為「偪」，得其意而

失其真矣。注不可讀，盧氏據之，亦非。

8 注 今兩受，勢重既鈞，正可相與議。

9 注 兩受共謀，為壅更甚，此嗣君不得術。盧文弨曰：注「兩愛共謀」，「愛」譌「受」。

10 注 先慎曰：言乃自此始。

夫矢來有鄉[1]，則積鐵以備一鄉[2]；矢來無鄉，則為鐵室[3]以盡備之。備之則體不傷。故彼以盡備之不傷，此以盡敵之無姦也[4]。

1 注 「鄉」，方也。有來從之方。

2 注 謂聚鐵於身以備一處，即甲之不全者也。

3 注 謂甲之全者，自首至足無不有鐵，故曰「鐵室」。

4 注 言君亦當盡敵於臣，皆所防疑，則姦絕也。

▲先慎曰：趙本注「所」下有「以」字。盧文弨云：注「以」字衍。

龐恭[1]與太子質於邯鄲，謂魏王曰：「今一人言市有虎，王信之乎？」曰：「不信。」「二人言市有虎，王信之乎？」曰：「不信[2]。」「三人言市有虎，王信之乎？」王曰：「寡人信之。」龐恭曰：「夫市之無虎也明矣，然而三人言而成虎。今邯鄲之去魏也遠於市，議臣者過於三人，願王察之。」龐恭從邯鄲反，竟不得見[3]。

1 注 顧廣圻曰：〈魏策〉「恭」作「葱」，姚校云：「孫作『恭』。」按：「恭」字是，《新序》亦作「恭」。下文有「龐敬縣令也」，當是一人。

▲先慎曰：《事類賦》二十引「恭」作「共」，古字通用。

2 注 先慎曰：《御覽》一百九十一又八百二十七、八百九十一、《事類賦》二十引「不信」二字並作「不」，下同。

3 注 先慎曰：《事類賦》引「見」作「人」。

【二】董閼于爲趙上地守[1]，行石邑山中，見深澗[2]，峭如牆，深百仞，因問其旁鄉左右曰[3]：「人嘗有入此者乎？」對曰：「無有。」曰：「嬰兒、盲聾、狂悖之人嘗有入此者乎[4]？」對曰：「無有。」「牛馬、犬彘嘗有入此者乎[5]？」對曰：「無有。」董閼于喟然太息曰[6]：「吾能治矣。使吾法之無赦[7]，猶入澗之必死也，則人莫之敢犯也，何爲不治8？」

1 注 先愼曰：《藝文類聚》九又五十四、《御覽》卷六十九又六百三十八引「閼」作「安」。案：二字古通，說見〈難言篇〉。

2 注 先愼曰：各本「見深澗」作「澗深」，今據《藝文類聚》、《御覽》引改。

3 注 先愼曰：《藝文類聚》、《御覽》引無「旁」字。

4 注 先愼曰：各本「盲」作「癡」。今據《文選·永明九年策秀才文注》引改。《藝文類聚》、《御覽》引「盲」作「狂」，亦誤。

5 注 先愼曰：《藝文類聚》引「牛」上重「有」字。案：「有」當為「曰」之譌，此脫，上文正有「曰」字，即其證。《藝文類聚》上「曰」字亦作「有」。

6 注 先愼曰：《拾補》「太」作「大」。

7 注 先愼曰：乾道本「法」作「治」。盧文弨云「治」。張、凌本作「法」。顧廣圻云：《藏》本「治」作「法」。王渭云：《文選注》引作「吾法無赦也」。

▲先愼案：《藝文類聚》、《御覽》引並作「法」，今據改。

8 注 先愼曰：各本句末有「之」字。盧文弨云：《文選注》引句上有「又」字，無「之」字。

▲先愼案：《藝文類聚》引亦無「之」字，今據刪。

子產相鄭[1]，病將死，謂游吉曰：「我死後，子必用鄭，必以嚴莅人。夫火形嚴，故人鮮灼；水形懦，故人多溺[2]。子必嚴子之刑[3]，無令溺子之懦。」故子產死[4]，游吉不忍行嚴刑[5]，鄭少年相率爲盜，處於雚澤[6]，將遂以爲鄭禍。游吉率車騎與戰，一日一夜，僅能剋之。游吉喟然歎曰：「吾蚤行夫子之教，必不悔至於此矣。」

1 注 先慎曰：乾道本連上，今從趙本提行。

2 注 先慎曰：乾道本無「故」字。盧文弨云：「故」字脫，《藏》本有。

▲先慎案：此與上文句法一例，有「故」字是，今據增。

3 注 先慎曰：乾道本「刑」作「形」。顧廣圻云：「今本『形』作『刑』。案：當作『刑』，下同。」今據改。

4 注 盧文弨曰：「故」字衍。

5 注 先慎曰：乾道本作「游吉不肯嚴形」。盧文弨云：「張、凌本作『游吉不忍行嚴刑』。」今據改。

6 注 盧文弨曰：今《左傳》作「萑苻之澤」，唐《石經》初刻「萑」作「雚」，李義山詩：「直是滅雚莆」，「萑」乃「雚」之省文。

▲先慎曰：《詩・小弁》「萑葦淠淠」，《韓詩外傳》作「雚」，是「雚」為今文，「萑」為古文也。

魯哀公問於仲尼曰：「《春秋》之記曰[1]：『冬十二月，霣霜不殺菽[2]』，何為記此？」仲尼對曰：「此言可以殺而不殺也。夫宜殺而不殺，桃李冬實[3]。天失道，草木猶犯干之，而況於人君乎[4]？」

1 注 王先謙曰：此所謂不修《春秋》也。

2 注 顧廣圻曰：《春秋經》僖公三十三年「菽」作「草」。

▲先慎曰：「菽」當作「草」，下云「草木猶犯干之」，承此而言，明「菽」為「草」之譌。周之十二月，即今之十月，不應有菽，且菽亦不得言可以殺也。前〈經〉注引正作「草」，明注所據之本尚未誤。

3 注 顧廣圻曰：《藏》本「桃」作「梅」。按：《春秋經》云「李梅實」。

4 注 人君失道，人臣凌之者宜。盧文弨曰：《藏》本「人君」作「君人」，倒。

殷之法，刑棄灰於街者[1]，子貢以為重，問之仲尼。仲尼曰：「知治之道也。夫棄灰於街必掩人[2]，掩人，人必怒，怒則鬬，鬬必三族相殘也[3]。此殘三族之道也，雖刑之可也。且夫重罰者，人之所惡也，而無棄灰，人之所易也。使人行之所易而無離所惡，此治之道[4]。」

1 注 先慎曰：《初學記》二十引「刑」字在「者」字下。

2 注 灰塵播揚，善掩翳人也。

▲先慎曰：《初學記》引「掩」作「燔」。

3 注 因鬬相殘傷。

4 注 先慎曰：行之所易，即去其所易也。「行」，猶「去」也；「之」，猶「其」也。下「公孫鞅」章正作「去其所易」。「離」，讀為「罹」。

一曰：殷之法，棄灰于公道者斷其手，子貢曰：「棄灰之罪輕，斷手之罰重，古人何太毅也[1]？」曰：「無棄灰，所易也；斷手，所惡也。行所易，不關所惡，古人以爲易，故行之[2]。」

1 注 「毅」，酷也。

2 注 先慎曰：不關所惡，謂不入斷手之法也。《書大傳》「雖禽獸之聲猶悉關於律」，注：「關，猶入也」。

中山之相樂池以車百乘使趙，選其客之有智能者以爲將行[1]，中道而亂。樂池曰：

「吾以公爲有智[2]，而使公爲將行，今中道而亂，何也？」客因辭而去，曰：「公不知治。有威足以服之人[3]，而利足以勸之[4]，故能治之。今臣，君之少客也[5]。夫從少正長，從賤治貴，而不得操其利害之柄以制之，此所以亂也。嘗試使臣，彼之善者我能以爲卿相，彼不善者我得以斬其首[6]，何故而不治？」

1 注 將主行道之人，以為行位。
▲先愼曰：乾道本「能」下有「有」字。顧廣圻云：「《藏》本、今本無下『有』字。」今據刪。
2 注 先愼曰：依上文，「智」下脫「能」字。
3 注 顧廣圻曰：《藏》本同。今本無「之」字，誤。依下句此當衍「人」字。
4 注 顧廣圻曰：《藏》本同。今本「之」誤「人」。
5 注 言在客之少也。
6 注 顧廣圻曰：《藏》本同。今本「得」作「能」，誤。

公孫鞅之法也重輕罪。重罪者，人之所難犯也[1]；而小過者，人之所易去也。使人去其所易，無離其所難，此治之道。夫小過不生[2]，大罪不至，是人無罪而亂不生也。

1 注 先愼曰：乾道本無「重罪」二字。顧廣圻云：今本「者」上有「重罪」二字。

▲先愼案：「重罪」二字，與下「小過」相對，今本有是也，今依增。

2 注 今重輕罪，輕罪避，故能無罪而不生亂也。

一曰：公孫鞅曰：「行刑重其輕者，輕者不至，重者不來[1]，是謂『以刑去刑[2]』。」

1 注 不犯輕，自然無重罪也。俞樾曰：「不至」當作「不生」，言犯輕罪者不得生也。《商子・說民篇》曰「輕者不生」，是其證。

2 注 以輕刑去重刑。

荊南之地，麗水之中生金，人多竊采金。采金之禁，得而輒辜磔於市，甚衆，壅離其水也[1]，而人竊金不止。夫罪莫重辜磔於市，猶不止者，不必得也[2]。故今有於此，曰：「予汝天下而殺汝身」，庸人不爲也。夫有天下，大利也，猶不爲者，知必死，故不必得也。則雖辜磔，竊金不止；知必死，則天下不爲也[3]。

1 注 又設防禁遮擁，令人離其水也。顧廣圻曰：「離」，讀為「籬」。俞樾曰：此言辜磔其人而棄尸於水中，流為積尸壅遏，遂至分流，是謂「壅離其水」，極言辜磔者之多也。據下文云「夫罪莫重辜磔於市，猶不止者，不必得也」，又曰「故不必得也，則雖辜磔，竊金不止，知必死，則天下不為也」，竝無設禁遮擁令人離水之義。且設禁遮擁令人離水而猶竊金不止，則是設禁之未善，與下文「不必得」及「知必死」之意不相應矣。顧氏讀「離」為「籬」，此亦不得其解而強為之辭。

▲先慎曰：俞說是。「采金之禁」句。「得」，謂獲其人也。「而輒辜磔於市」，「而」猶則也。

2 **注** 言犯罪者不必一一皆得而有免脫者，則人幸其免脫而輕犯重罪。

3 **注** 盧文弨曰：凌本「則」字作「雖予之」三字，疑以意改。王先謙曰：「不必得」三字，當在「也」字下，文誤倒耳。「天下」上奪「有」字，以文義繹之如此。

魯人燒積澤，天北風，火南倚[1]，恐燒國。哀公懼，自將衆趣救火[2]，左右無人，盡逐獸而火不救。乃召問仲尼，仲尼曰：「夫逐獸者樂而無罰，救火者苦而無賞，此火之所以無救也。」哀公曰：「善。」仲尼曰：「事急，不及以賞[3]，救火者盡賞之，則國不足以賞於人，請徒行罰[4]。」哀公曰：「善。」於是仲尼乃下令曰：「不救火者，比降北之罪，逐獸者比入禁之罪。」令下未遍而火已救矣[5]。

1 注 火勢南靡，故曰「倚」也。

2 注 先慎曰：乾道本「趣」作「輒」，「火」下有「者」字。俞樾云：「輒」當作「趣」，「者」字衍文。上文云「魯人燒積澤」，所謂火田也，哀公實親在其間。及火南倚，將燒國，故哀公懼，自將衆趣救火也。「趣」誤作「輒」。蓋以形似之故。又因下文三言「救火者」而亦衍「者」字，於是其義愈晦，並「輒」字之誤莫之能正矣。

▲先慎案：趙本「輒」作「趣」，《藝文類聚》八十、《御覽》八百六十九、《初學記》二十引並作「趣」，無「者」字，今據改。

3 注 先慎曰：事急不及以賞，謂事急不及與賞也。《詩·江有汜》、〈擊鼓〉、〈桑柔〉、《儀禮·鄉射禮》、〈大射儀〉箋、注並云：「以，猶與也。」《藝文類聚》、《御覽》引「賞」作「罰」，是不知「以」有「與」義而妄改，下云「請徒行罰」，則此何得謂「事急不及以罰」乎？

4 注 先慎曰：乾道本「罰」作「賞」。顧廣圻云：「賞」當依馮氏舒校改作「罰」。

▲先慎案：《藝文類聚》、《御覽》引並作「請徒行罰」，今據改。

5 注 先慎曰：趙本「令下未遍」作「令未下遍」，《藝文類聚》、《初學記》引正作「令下未遍」。

成驩謂齊王曰[1]：「王太仁，太不忍人。」王曰：「太仁、太不忍人，非善名邪？」

對曰：「此人臣之善也，非人主之所行也。夫人臣必仁而後可與謀，不忍人而後可近也；不仁則不可與謀，忍人則不可近也。」王曰：「然則寡人安所太仁？安不忍人[2]？」對曰：「王太仁於薛公，而太不忍於諸田。太仁薛公則大臣無重[3]，太不忍諸田則父兄犯法。大臣無重則兵弱於外，父兄犯法則政亂於內[4]。兵弱於外，政亂於內，此亡國之本也。」

1 注 顧廣圻曰：《荀子・解蔽篇》楊注引此「成」作「戴」，云：「蓋為唐鞅所逐，奔之齊也」。今按：此非一人，楊說附會，失之也。

2 注 王渭曰：「安」下當有「所」字。

3 注 太仁則縱之驕奢，不修德義，衆必輕之，故威不得重也。

▲先慎曰：此謂齊王不裁抑薛公，則大臣得無重乎？「無」，猶「得無」也。古書多如是，〈士喪禮〉筮宅辭曰「無有後艱」，鄭注「得無後將有艱難乎」；又卜葬日辭曰「無有近悔」，鄭注「得無近於咎悔乎」，是其證。《韓子》一書，皆不欲大臣重於君，故〈孤憤〉一篇則曰「人主愈弊，大臣愈重」；再則曰「人主壅蔽，大臣專權」，「權」即「重」也；說見〈說難篇〉。又曰「萬乘之患，大臣太重」，此即其義。注謂「威不得重」，失其旨矣。下文云「大臣無重則兵弱於外」者，即〈八姦篇〉所謂「為人臣者，虛其國以事

大國而用其威，求誘其君，甚則舉兵以聚邊境而制斂於內，薄者數內大使以震其君，使之恐懼」之意。

4 注 先慎曰：趙本「內」作「外」，誤。

魏惠王謂卜皮曰：「子聞寡人之聲聞[1]亦何如焉？」對曰：「臣聞王之慈惠也。」王欣然喜曰：「然則功且安至？」對曰：「王之功至於亡。」王曰：「慈惠，行善也，行之而亡，何也？」卜皮對曰：「夫慈者不忍，而惠者好與也。不忍則不誅有過，好予則不待有功而賞。有過不罪，無功受賞，雖亡不亦可乎[2]？」

1 注 盧文弨曰：《藏》本作「問」。

2 注 先慎曰：上兩「卜」字，今局本均作「十」，誤。

齊國好厚葬，布帛盡於衣衾，材木盡於棺槨。桓公患之，以告管仲曰：「布帛盡則無以爲幣[1]，材木盡則無以爲守備，而人厚葬之不休，禁之奈何？」管仲對曰：「凡人之有爲也，非名之，則利之也。」於是乃下令曰：「棺槨過度者戮其尸，罪夫當喪者。」夫戮死無名，罪當喪者無利，人何故爲之也？

1 注 先愼曰：各本「幣」作「蔽」，《御覽》五百五十五又六百四十一、八百二十引並作「幣」，今據改。

衛嗣君之時[1]，有胥靡逃之魏，因爲襄王之后治病[2]，衛嗣君聞之，使人請以五十金買之，五反而魏王不予，乃以左氏易之[3]。群臣左右諫曰：「夫以一都買胥靡[4]，可乎？」王曰[5]：「非子之所知也。夫治無小而亂無大[6]。法不立而誅不必，雖有十左氏無益也；法立而誅必[7]，雖失十左氏無害也。」魏王聞之曰：「主欲治而不聽之，不祥。」因載而往，徒獻之[8]。

1 注 先愼曰：「君」當從〈經〉作「公」，說見上。

2 注 魏襄王之后也。顧廣圻曰：未詳，〈宋衛策〉無此句，餘亦多不同。

3 注 「左氏」，都邑名也。

4 注 先愼曰：乾道本「胥靡」上無「一」字，盧文弨云：《藏》本有。

▲先愼案：《策》作「贖一胥靡」，是有「一」字是，今據增。

5 注 顧廣圻曰：「王」當從〈宋衛策〉作「君」。

6 注 若不治小者，則大亂起也。

7 注 當誅而不誅，故曰「不必」也。

8 注 徒獻胥靡，不取都金。

▲先愼曰：乾道本注「獻」下有「雖」字，今據趙本删。

【三】齊王問於文子曰：「治國何如？」對曰：「夫賞罰之爲道，利器也。君固握之，不可以示人。若如臣者[1]，猶獸鹿也，唯薦草而就[2]。」

1 注 先愼曰：「若」、「如」同義，「如」字涉上文而衍。

2 注 獸鹿就薦草，人臣歸厚賞。故賞罰之利器，不可示於人也。

越王問於大夫種曰[1]：「吾欲伐吳，可乎？」對曰：「可矣。吾賞厚而信，罰嚴而必。君欲知之[2]，何不試焚宮室？」於是遂焚宮室，人莫救之[3]，乃下令曰：「人之救火者死[4]，比死敵之賞。救火而不死者，比勝敵之賞。不救火者，比降北之罪[5]。」人之塗其體[6]、被濡衣而走火者，左三千人，右三千人。此知必勝之勢也。

1 注 先愼曰：乾道本「種」上有「文」字。盧文弨云：凌本無「文」字。

▲先愼案：《藝文類聚》五十四又八十、《御覽》六百三十八引無「文」字，今據刪。

2 注 先愼曰：乾道本無「知」字。顧廣圻云：《藏》本、今本「欲」下有「知」字。

▲先愼案：《藝文類聚》、《御覽》引有「知」字，今據補。

3 注 先愼曰：《藝文類聚》、《御覽》引「人」作「民」，下同，「之」作「火」。

4 注 先愼曰：「者死」當作「死者」。

5 注 先愼曰：趙本「降北」作「北降」，誤倒。

6 注 先愼曰：各本無「之」字，據《藝文類聚》引增。盧文弨云：「走」，張、凌本作「赴」。

▲先愼案：《御覽》引亦作「赴」，《藝文類聚》仍作「走」。

吳起爲魏武侯西河之守，秦有小亭臨境，吳起欲攻之。不去，則甚害田者[1]；去之，則不足以徵甲兵[2]。於是乃倚一車轅於北門之外[3]，而令之曰：「有能徙此南門之外者，賜之上田上宅。」人莫之徙也。及有徙之者，遂賜之如令[4]。俄又置一石赤菽東門之外[5]，而令之曰：「有能徙此於西門之外者，賜之如初。」人爭徙之。乃下令曰[6]：「明日且攻亭，有能先登者，仕之國大夫，賜之上田上宅[7]。」人爭趨之，於是攻亭，一朝而拔之。

1 注 言小亭能為田者害，政當去之。盧文弨曰：注「政」或是「故」。

2 注 亭小故也。盧文弨曰：「甲兵」，《藏》本倒。

3 注 先慎曰：《事類賦》十六引「倚」作「徙」。

4 注 先慎曰：各本「遂」作「還」。《御覽》二百九十六、六百三十八引「還」作「遂」，今據改。

5 注 先慎曰：各本無「於」字。案：與上文「倚一車轅於北門之外」文法一律，此脫「於」字，《御覽》引有，今據補。

6 注 先慎曰：各本「令」下有「大夫」二字。案：此涉下文而衍，《御覽》二百九十六及七百七十五、八百四十二、《初學記》二十七引並無此二字，今據刪。

7 注 先慎曰：各本「宅」上無「上」字。案：上文「有能徙此南門之外者，賜之上田上宅」句法一律，此不當省，《御覽》、《事類賦》引並有「上」字，今據補。

李悝爲魏文侯上地之守，而欲人之善射也[1]，乃下令曰：「人之有狐疑之訟者，令之射的[2]，中之者勝，不中者負。」令下而人皆疾習射[3]，日夜不休。及與秦人戰，大敗之，以人之善射也[4]。

1 注 先慎曰：《藝文類聚》五十引「人」作「民」，下同。

2 注 「的」，所射質。

▲先慎曰：《藝文類聚》引「的」作「狗」。

3 注 先慎曰：「疾」，讀為「亟」。

4 注 先慎曰：各本「射」上有「戰」字。顧廣圻云：「戰射」當作「射戰」。

▲先慎案：「戰」字涉上文而誤衍，《藝文類聚》引無「戰」字，今據刪。

宋崇門之巷人服喪而毀，甚瘠，上以為慈愛於親，舉以為官師。明年，人之所以毀死者歲十餘人。子之服親喪者，為愛之也，而尚可以賞勸也，況君上之於民乎[1]？

1 注 君而無賞，則功不立。

越王慮伐吳[1]，欲人之輕死也，出見怒鼃乃為之式。從者曰：「奚敬於此？」王曰：「為其有氣故也[2]。」明年之請以頭獻王者歲十餘人[3]。由此觀之，譽之足以殺人矣[4]。

1 注 「慮」，謀也。

▲先慎曰：乾道本連上，今依趙本提行。

2 注 先慎曰：《御覽》九百四十九引「氣」作「勇」誤，下文正作「氣」。

3 注 先慎曰：趙本「明年」下無「之」字。

4 注 譽於勇則人以頭獻。

▲先慎曰：乾道本「譽」作「毀」。顧廣圻云：《藏》本、今本「毀」作「譽」。按當作「敬」，形近之誤。上文云「奚敬於此」。

▲先慎案：顧說非也。「毀」乃「譽」字之，注不誤，《御覽》四百三十七引正作「譽」，今據改。

一曰[1]：越王句踐見怒鼃而式之，御者曰：「何爲式？」王曰：「鼃有氣如此，可無爲式乎？」士人聞之曰：「鼃有氣，王猶爲式，況士人之有勇者乎[2]！」是歲人有自剄死以其頭獻者[3]。故越王將復吳而試其教[4]，燔臺而鼓之，使民赴火者，賞在火也[5]；臨江而鼓之，使人赴水者，賞在水也；臨戰而使人絕頭刳腹而無顧心者[6]，賞在兵也，又況據法而進賢，其助甚此矣[7]。

1 **注** 先慎曰：乾道本提行，今依趙本。

2 **注** 先慎曰：乾道本無「之」字，盧文弨云：「脫，《藏》本有。」今據補。

3 **注** 「剄」，割也。

▲先慎曰：此謂人有以自剄之頭獻者。

4 **注** 先慎曰：乾道本「越」作「曰」，「吳」作「吾」，今依張榜本、趙本改。

5 **注** 火雖殺人，赴之必得賞，故赴之不懼也。

▲先慎曰：「民」，當作「人」，注不誤。

6 **注** 盧文弨曰：「頭」，本作「頸」。

7 **注** 進賢可以得賞，又無水火之難，則人豈不為哉！其所不進賢者，但不賞故也。顧廣圻曰：「助」當作「勸」。盧文弨曰：「注『但』下脫『君』字。」

▲先慎曰：注「所」下脫「以」字。

韓昭侯使人藏弊袴。侍者曰：「君亦不仁矣，弊袴不以賜左右而藏之。」昭侯曰：「非子之所知也。吾聞明主之愛，一嚬一笑[1]，嚬有爲嚬而笑有爲笑。今夫袴，豈特嚬笑哉[2]！袴之與嚬笑相去遠矣[3]，吾必待有功者，故藏之未有予也[4]。」

1 注 必憂其不善，勸其能善，不妄為也。

2 注 嚬笑尚不妄為，況弊袴豈可以無功而與也？

3 注 先慎曰：各本無「相去」二字，今據《御覽》三百九十二、六百二十三引補。

4 注 先慎曰：各本「故」下有「收」字，《御覽》無，今據刪。

**鱣似蛇[1]，蠶似蠋。人見蛇則驚駭，見蠋則毛起。然而婦人拾蠶，漁者握鱣[2]，利之所在，則忘其所惡，皆爲賁、諸[3]。**

1 注 盧文弨曰：已見前〈說林下篇〉，此重出。

▲先慎曰：「此條見之於〈經〉，〈說林〉誤重。」

2 注 先慎曰：〈說林〉「握」作「持」。

3 注 鱣、蠶有利，故人握拾，皆有賁、諸之勇。

▲先慎曰：乾道本「賁諸」作「孟賁」，注同。案：〈經〉及〈說林下篇〉並作「賁諸」，明「孟賁」為「賁諸」之誤，今依張榜本改，《御覽》八百二十五、九百三十三引正作「賁諸」。又案：張榜本依〈說林〉刪「則忘其所惡」五字，不可從。

【四】魏王謂鄭王曰[1]：「始鄭、梁一國也，已而別，今願復得鄭而合之梁。」鄭君患之，召群臣而與之謀所以對魏，鄭公子謂鄭君曰[2]：「此甚易應也。君對魏曰：『以鄭爲故魏[3]而可合也，則弊邑亦願得梁而合之鄭』。」魏王乃止。

1 注 先慎曰：鄭，即韓也，說見〈說林上〉。

2 注 先慎曰：乾道本「公」上無「鄭」字，顧廣圻云：「《藏》本、今本『公』上有『鄭』字。」今據補。

3 注 先慎曰：張榜本「魏」作「梁」。

齊宣王使人吹竽，必三百人。南郭處士請爲王吹竽，宣王說之，廩食以數百人[1]。宣王死，湣王立[2]，好一一聽之，處士逃。

1 注 「廩」，給。

▲先慎曰：《御覽》五百八十一引「粟食與三百人等」，《北堂書鈔》一百十引與此同。

2 注 先慎曰：《御覽》引「湣」作「文」，誤。《北堂書鈔》引與此同。

一曰：韓昭侯曰：「吹竽者衆，吾無以知其善者。」田嚴對曰[1]：「一一而聽之。」

1 注 先慎曰：《御覽》引「嚴」作「巖」。

趙令人因申子於韓請兵，將以攻魏。申子欲言之君，而恐君之疑己外市也[1]，不則恐惡於趙，乃令趙紹、韓沓嘗試君之動貌而後言之[2]，內則知昭侯之意，外則有得趙之功[3]。

1 注 為外請兵，取其貨利，故曰「市」。
▲先慎曰：乾道本「疑」上有「欲」字，盧文弨云：「下『欲』字張本、凌本皆無。」今據刪。

2 注 許不之貌，必有變動，可得而知，故曰「動貌」。

3 注 既為之請，若許，其恩固以成；不許，終以為之請矣，亦不敢許其恩，固趙之功也。

三國至韓。王謂樓緩曰[1]：「三國之兵深矣，寡人欲割河東而講[2]，何如？」對曰：「夫割河東，大費也；免國於患，大功也。此父兄之任也，王何不召公子氾而問焉？」王召公子氾而告之，對曰：「講亦悔，不講亦悔。王今割河東而講，三國歸，王必曰：『三國固且去矣，吾特以三城送之[3]』。不講，三國也入韓，則國必大舉矣[4]，王必大悔，王曰：『不獻三城也[5]』。臣故曰：『王講亦悔，不講亦悔。』」王曰：「爲我悔也[6]，寧亡三城而悔，無危乃悔[7]。寡人斷講矣。」

1 **注** 盧文弨曰：此見〈秦策〉「三國攻秦，入函谷，秦王謂樓緩曰」云云。下「公子氾」作「公子池」。顧廣圻曰：《藏》本、今本「國」下有「兵」字，此「韓」即「函」之，又脫「谷」字耳。下文亦當云「三國入函谷」。「王」上當依《策》有「秦」字。

▲先慎曰：顧說是。張本自「三國」以下，均脫。

2 **注** 「講」，謂有急且與之，後寧將復取，事疑存，終反復，若講論，故曰「講」。

▲先慎曰：《策》高注：「講，成也。」案：春秋時人謂之「成」，戰國時人謂之「講」，其義一也。春秋時多背成，與戰國時多反復，皆事後變計，不可謂「講」字本有是義。《說文》：「講，和解也。」注說非。

3 **注** 三國自去，又與之城，是徒以三城為送，此悔之辭。

4 **注** 顧廣圻曰：《策》云：「三國入函谷，咸陽必危。」

5 **注** 若不講之，三國入而韓必大舉，王必悔曰：「不獻三城之故也。」盧文弨曰：下「王」字衍。注「三國」下脫「入」字，「悔曰」下脫「吾」字，凌本皆有。顧廣圻曰：「王」當作「之」。

▲先慎曰：盧說是，玩注說則所見之本尚無「王」字。注「入」字，趙本亦脫。

6 **注** 盧文弨曰：《策》作「鈞吾悔也」。

7 **注** 言講事斷定。盧文弨曰：「無危」，舊倒譌。

▲先慎曰：《策》作「無危咸陽而悔也」。

**應侯謂秦王曰：「王得宛、葉、藍田、陽夏，斷河內，因梁、鄭[1]，所以未王者，趙未服也。弛上黨在一而已[2]以臨東陽，則邯鄲口中虱也[3]。王拱而朝天下[4]，後者以兵中之[5]。然上黨之安樂，其處甚劇，臣恐弛之而不聽[6]，奈何？」王曰：「必弛易之矣[7]。」**

1 注 先慎曰：梁、鄭即魏、韓。

2 注 廢上黨，棄一郡而已。

3 注 以守上黨之兵臨東陽，則邯鄲危如口中虱也。

▲先慎曰：「口」即「圍」之古文。

4 注 先慎曰：「拱」，拱手。

5 注 「中」，傷也。

6 注 今上黨既安樂，而其處又煩劇，雖欲弛之，恐王不聽。

7 注 謂移易其兵，以臨東陽，吾斷定矣。顧廣圻曰：「易」字當衍，「弛」即易也，不容複出。謂以地易上黨，舊注全誤。

【五】龐敬，縣令也，遣市者行，而召公大夫而還之[1]，立有間[2]，無以詔之，卒遣行[3]。市者以爲令與公大夫有言，不相信，以至無姦[4]。

1 注 公大夫亦遣為市。

2 注 先慎曰：乾道本「有」作「以」。顧廣圻云：今本「以」作「有」。

▲先慎案：《御覽》八百二十七引亦作「有」，今據改。

3 注 不命，卒遣去，俱不測其由也。

4 注 大夫雖告以不命，復亦不信，故不敢為姦。盧文弨曰：注「復」字，《藏》本作「反」，凌本作「返」。

▲先慎曰：《御覽》引注「復」作「彼」，是也。

戴驩、宋太宰，夜使人曰：「吾聞數夜有乘轀車至李史門者，謹爲我伺之[1]。」使人報曰[2]：「不見轀車，見有奉笥而與李史語者，有間，李史受笥[3]。」

1 注 盧文弨曰：《荀子·解蔽篇》注引「轀」作「輼」，下同；「伺」作「司」，古字。

2 注 盧文弨曰：《荀》注「人」作「者」。

3 注 遣伺轀車，故實奉笥，本令伺奉笥，彼當易其辭。

周主亡玉簪，令吏求之，三日不能得也。周主令人求，而得之家人之屋閒。周主曰：「吾知吏之不事事也[1]，求簪，三日不得之。吾令人求之，不移日而得之。」於是吏皆聳懼，以爲君神明也。

1 注 不事於臣之事也。

▲先愼曰：乾道本「知」作「之」。顧廣圻曰：今本上「之」字作「知」，按依下文當作「知」。

▲先愼案：《北堂書鈔》一百二十七引正作「知」，今據改。

商太宰[1]使少庶子之市，顧反而問之曰：「何見於市？」對曰：「無見也。」太宰曰：「雖然，何見也？」對曰：「市南門之外甚衆牛車，僅可以行耳。」太宰因誡使者：「無敢告人吾所問於女。」因召市吏而誚之曰：「市門之外何多牛屎[2]？」市吏甚怪太宰知之疾也，乃悚懼其所也[3]。

1 注 顧廣圻曰：上文云「戴驩宋太宰」，〈六微篇〉同，〈說林下篇〉「宋太宰貴而主斷」，與此皆一人。

「商」，宋也。

2 注 先愼曰：「屎」，《經》作「矢」，是也，《御覽》八百二十七引正作「矢」。

3 注 先慎曰：「悚懼其所」，即悚懼其知也，下文「吏以昭侯為明察，皆悚懼其所」，即悚懼其明察也。「所」字即承上為義。《禮記·哀公問》：「今之君子，午其衆以伐有道，求得當欲不以其所」，鄭注：「所，道也」，孔《疏》：「言不以道而侵民，求其所得，必須稱己所欲，不用其養民之道」。是句末「所」字承上文為義之證。

**【六】韓昭侯握爪而佯亡一爪[1]，求之甚急，左右因割其爪而效之[2]，昭侯以此察左右之不誠[3]。**

1 注 先慎曰：《御覽》三百七十引「握」作「除」，「佯」作「陽」。

2 注 先慎曰：《意林》作「左右而取備之」，原注與此同，是馬氏所見本已有異者。

3 注 割爪不誠。

▲先慎曰：乾道本「以」下無「此」字，「之」下有「臣」字，「誠」作「割」。盧文弨云：「以」下脫「此」字，張本有。「臣」，《藏》本作「誠」。「不」下「誠」字衍。顧廣圻云：《藏》本「臣」作「誠」，是也。今本「割」作「誠」。按：「誠不」句絕，「不」、「否」同字也。「割」字當衍。今本所改誤甚。俞樾云：「割」字涉注文而衍，顧氏已訂正矣。顧以「誠不」句絕，非也。「誠不」當作「不誠」，注云「割爪不誠」，則所見本未倒也。下文云「子之以此知左右之不誠信」，注云「為報有白馬者，

是不誠信」，正與此一律。

▲先愼案：「割」字，張榜本作「誠」，是也。上「臣」字，《藏》本誤作「誠」耳，「臣」字當衍。盧、顧誤從《藏》本，故於下「不誠」二字未誤之張本而反訾之。俞氏止知顧氏讀「誠不」之非，而不審張本作「不誠」之是，亦未見其能擇善而從也。《御覽》引作「以此察左右之不誠」，是其證，今據删改。《意林》作「以此察左右之虛實」，亦有此字，「虛實」即「不誠」也，明為馬氏所改。

韓昭侯使騎於縣[1]，使者報，昭侯問曰[2]：「何見也？」對曰：「無所見也。」昭侯曰：「雖然，何見？」曰：「南門之外，有黃犢食苗道左者。」昭侯謂使者：「毋敢洩吾所問於女。」乃下令曰：「當苗時，禁牛馬入人田中固有令[3]，而吏不以為事，牛馬甚多入人田中。亟舉其數上之，不得，將重其罪。」於是三鄉舉而上之。昭侯曰：「未盡也。」復往審之，乃得南門之外黃犢。吏以昭侯為明察，皆悚懼其所而不敢為非。

1 注 先愼曰：乾道本連上，趙本提行。「昭」下無「侯」字。顧廣圻云：「《藏》本、今本『昭』下有『侯』字。」今據改。

2 注 盧文弨曰：《藏》本有「之」字。

3 注 先慎曰：乾道本「令」下有「入」字。顧廣圻云：今本無「入」字。▲先慎案：「入」字涉上文而衍，今據刪。「固」字，《藏》本作「同」，趙本作「國」，並誤。

周主下令索曲杖[1]，吏求之數日不能得，周主私使人求之，不移日而得之。乃謂吏曰：「吾知吏不事事也。曲杖甚易也，而吏不能得，我令人求之，不移日而得之。豈可謂忠哉？」吏乃皆悚懼其所，以君爲神明[2]。

1 注 先慎曰：《白孔六帖》十四引「主」作「王」。

2 注 先慎曰：此當作「吏乃以君為神明，皆悚懼其所」，文義乃順。後人不明「所」字之義，因移「以君為神明」於「所」字下，失之。上文「吏甚怪太宰知之疾也，乃悚懼其所」，又「以韓昭侯為明察，皆悚懼其所」，句法一例，是其證。

卜皮爲縣令。其御史汙穢[1]，而有愛妾，卜皮乃使少庶子佯愛之[2]，以知御史陰情。

1 注 顧廣圻曰：《藏》本、今本「史」作「吏」，下文同。按：「吏」字誤也，〈韓策〉云：「安邑之御史死。」

2 注 佯愛御史。盧文弨曰：注下似當有「之妾」二字。▲先慎曰：上〈經〉注云「使庶子愛御史」，亦無「之妾」二字，是注本作「愛御史」也，其誤已詳上〈經〉注下。

**西門豹爲鄴令，佯亡其車轄，令吏求之不能得，使人求之而得之家人屋間**[1]**。**

1 注 先慎曰：此下疑有脫文，上〈經〉注云「欲取清明之稱也」，當本此下說。

**【七】陽山君相衛，聞王之疑己也，乃僞謗樛豎以知之**[1]**。**

1 注 樛豎，王之所愛，令僞謗之，必憤而言王之疑己也。盧文弨曰：注「令」當作「今」。顧廣圻曰：《藏》本同。今本「謂」作「衛」。按：「謂」當作「韓」，「陽山」當作「山陽」，《戰國．韓策》有「或謂山陽君曰『秦封君以山陽』」云云，可為證。樛豎亦韓人，本書〈說林上〉及〈難一篇〉皆云「韓宣王謂樛留」也。今本輒改為「衛」，謬甚。

**淖齒聞齊王之惡己也，乃矯爲秦使以知之**[1]**。**

1 注 王既不疑秦使，必以情告。盧文弨曰：《藏》本「齊」下有「文」字，或「湣」作「汶」而脫其旁。

▲先慎曰：乾道本重「也」字。顧廣圻云：《藏》本、今本不重「也」字。

▲先慎案：「也」字不當重，今據刪。張榜本此接前下不提行，誤。

**齊人有欲為亂者，恐王知之，因詐逐所愛者，令走王知之**[1]**。**

1 注 王知逐所愛，則不疑其為亂也。俞樾曰：此本作「令王知之」，「走」字衍文也。舊注於上〈經〉云「佯逐所愛，令君知而不疑」，「令君知」即令王知也，可證舊本之無「走」字。

▲先慎曰：乾道本連上，今從趙本提行。

**子之相燕，坐而佯言曰：「走出門者何白馬也？」左右皆言不見。有一人走追之，報曰：「有。」子之以此知左右之不誠信**[1]**。**

1 注 偽報有白馬者，是不誠信。顧廣圻曰：《藏》本作「誠信不」。按：此當作「誠信不」，舊注誤。

▲先慎曰：「以此知左右之不誠信」，語極明顯，不當倒「不」字，顧說非。

有相與訟者，子產離之而無使得通辭，倒其言以告而知之[1]。

1 注 謂得以此言以告彼，彼言以告此，則知訟者之情實。盧文弨曰：「倒」字，後十一卷中作「到」，乃古字，此亦當同。

衛嗣公使人爲客過關市，關市苛難之[1]，因事關市，以金與關吏，乃舍之[2]。嗣公爲關吏曰[3]：「某時有客過而所[4]，與汝金，而汝因遣之[5]。」關市乃大恐[6]，而以嗣公爲明察[7]。

1 注 先慎曰：《意林》作「關吏乃呵之」。

2 注 盧文弨曰：「與」字衍，《意林》作「因以金與關吏」，乃翦截成文。「吏」，《荀子．王制》注引作「市」，後亦同。顧廣圻曰：「因事關市以金與」句絕，「關吏乃舍之」五字為一句。王先謙曰：「因事關市」句，「以金與關吏」句。關市蓋關吏之從者，與吏有別。以情事論，苛難之事，吏不便自為之，故知有別也。此人為事關市，因緣得通關吏而與以金，文自明顯，後人失其讀耳。

▲先慎曰：《荀子》注作「賂之以金」，亦非原文。

3 注 先慎曰：《拾補》「為」改為「謂」。顧廣圻云：《荀子》注引「為」作「召」。

▲先慎案：「為」、「謂」古通，作「為」不誤。《御覽》八百二十七引「為」作「謂」，「吏」作「市」。

4 注 王渭曰：句絕。

5 注 盧文弨曰：荀注引「因」作「回」。

6 注 顧廣圻曰：《藏》本同。今本「市」作「吏」，誤，楊注引作「市」。

7 注 顧廣圻曰：此下今本有「右傳」二字，誤。乾道本、《藏》本皆無，後各卷同。此說也，非傳。

卷第十

思想議題

〈內儲說下〉：勢與權位／術不欲見：察姦與考核。

# 內儲說下六微第三十一

六微：一曰權借在下，二曰利異外借，三曰託於似類，四曰利害有反，五曰參疑內爭，六曰敵國廢置。此六者，主之所察也。

權勢不可以借人，上失其一，臣以為百。故臣得借則力多，力多則內外為用，內外為用則人主壅[1]。其說在老聃之言失魚也。是以人主久語，而左右鬻懷刷[2]。其患在胥僮之諫厲公[3]，與州侯之一言，而燕人浴矢也。

## 權借一

1 注 先慎曰：乾道本不重「內外為用」四字，顧廣圻云：「《藏》本、今本重。」今據增。

2 注 先慎曰：張榜本、趙本「刷」作「尉」。盧文弨云：《藏》本作「刷」，凌本同。《北齊書．顏之推傳．觀我生賦》云：「祇夜語之見疑，寧懷㕞之足恃。」「夜語」當亦本此，今此作「久語」，未定孰是。「刷」本作「㕞」，則「尉」字為誤明矣。顧廣圻云：「以」下當有「故」字，「主」當作「富」，見下文。「刷」，今本作「尉」，誤。《說文》「刷」本作「㕞」，云：「拭也。」蓋巾帨之屬，可用以拭者。俞樾云：按：顏賦疑古本《韓子》「久語」作「夕語」，古人朝見謂之朝，夕見謂之夕。

3 注 先慎曰：乾道本「諫」作「權」。顧廣圻云：今本「權」作「諫」。按：此有誤，未詳。
▲先慎按：下文「胥僮長魚矯諫曰」、「又諫曰」，「諫」字兩見，作「諫」者是，改從今本。

君臣之利異，故人臣莫忠，故臣利立而主利滅[1]。是以姦臣者，召敵兵以內除，舉外事以眩主，苟成其私利，不顧國患。其說在衛人之夫妻禱祝也[2]。故戴歇議子弟，而三桓攻昭公[3]；公叔內齊軍，而翟黃召韓兵[4]；太宰嚭說大夫種，大成牛教申不害[5]；司馬喜告趙王[6]，呂倉規秦、楚[7]；宋石遺衛君書，白圭教暴譴。

## 利異二

1 **注** 先慎曰：「臣」上「故」字衍。

2 **注** 先慎曰：乾道本「夫妻」作「妻夫」。盧文弨云：「夫妻」舊倒，今從張本，與後文同。

▲先慎按：張榜本亦作「夫妻」，今據改。

3 **注** 先慎曰：「攻」，張榜本誤作「公」。

4 **注** 顧廣圻曰：《說》「黃」作「璜」。按：「黃」、「璜」同字。

5 **注** 盧文弨曰：〈韓策〉、《史記·趙世家》、《漢書·古今人表》俱作「大成午」，此「牛」字譌，後同。

▲先慎曰：「成」《史》作「戍」，《通志·氏族略》四謂：「大戍氏，晉公子大戍之後，或謂殷大戊後。」案：徐廣《史》注云「戍，一作『成』」，與〈韓策〉及本書合，則作「戍」者，形近而誤也。《路史·後紀》十注又作「郕」，古字通。

6 **注** 先慎曰：《策》「喜」作「憙」。

7 **注** 先慎曰：下作「秦荊」，本書「荊」、「楚」並用。

似類之事，人主之所以失誅，而大臣之所以成私也。是以門人捐水而夷射誅[1]，濟陽自矯而二人罪，司馬喜殺爰騫而季辛誅[2]，鄭袖言惡臭而新人劓，費無忌[3]教郄宛而令尹誅，陳需殺張壽而犀首走。故燒芻廥而中山罪[4]，殺老儒而濟陽賞也。

## 似類二

1 注 先慎曰：「門人」當作「門者」。

2 注 先慎曰：乾道本無「誅」字。顧廣圻云：《藏》本同。今本此下有「誅」字。按：脫一字，未詳。「爰」、「袁」同字也。

▲先慎按：下文「司馬喜與季辛惡，因令人殺爰騫，中山之君以為季辛也，因誅之」，明此脫「誅」字，今依補。

3 注 先慎曰：「忌」，下〈說〉作「極」，《左．昭十五年傳》作「極」，《史記．侯表》、〈楚世家〉、〈子胥傳〉、《呂覽．慎行篇》、《淮南．人間訓》、《吳越春秋》作「忌」。「極」、「忌」聲近通用。

4 注 先慎曰：下「廥」作「廐」。

事起而有所利，其尸主之[1]；有所害，必反察之。是以明主之論也，國害則省其利者，臣害則察其反者。其說在楚兵至而陳需相，黍種貴而廩吏覆。是以昭奚恤執販茅，而不僖侯譙其次[2]；文公髮繞炙，而穰侯請立帝。

## 有反四

1 注 先慎曰：乾道本「尸」作「市」。顧廣圻云：《藏》本、今本「市」作「尸」。按：句有誤。▲先慎案：「尸」字不誤。「尸」，主也。「其尸主之」，謂其君主之也。下云「國害則省其利者」，即指君言。今從《藏》本、今本改。

2 注 顧廣圻曰：《藏》本、今本無「不」字。按：依〈說〉當作「昭」。

參疑之勢，亂之所由生也，故明主慎之。是以晉驪姬殺太子申生，而鄭夫人用毒藥；衛州吁殺其君完，公子根取東周；王子職甚有寵，而商臣果作亂；嚴遂、韓廆爭而哀侯果遇賊；田常[1]、闞止、戴驩、皇喜敵而宋君、簡公殺。其說在狐突之稱「二好」，與鄭昭之對「未生」也。

1 注 先慎曰：「田常」，下〈說〉作「田恒」，後人避諱改也。

## 參疑五

敵之所務在淫察而就靡[1]，人主不察則敵廢置矣[2]。故文王資費仲，而秦王患楚使，黎且去仲尼，而干象沮甘茂。是以子胥宣言而子常用，內美人而虞、虢亡[3]，佯遺書而萇宏死[4]，用雞猳而鄶桀盡[5]。

## 廢置六

1 注 先慎曰：「淫」，亂也；「靡」，非也。人主之察既亂，則舉事皆非。

2 注 先慎曰：此言人主不明敵之所務，則敵得以廢置我之人才矣。

3 注 先慎曰：乾道本「宣」下有「王」字，無「人」字，顧廣圻云：「《藏》本、今本無『王』字，『美』下有『人』字。」今據刪補。

4 注 先慎曰：趙本無「宏」字。盧文弨云：「宏」字脫，張本有。

5 注 先慎曰：「桀」，一本作「傑」。盧文弨云：「傑」，張本作「桀」，後同。

**參疑、廢置之事，明主絕之於而施之於外。資其輕者，輔其弱者，此謂廟攻。參伍既用於內，觀聽又行於外，則敵僞得。其說在秦侏儒之告惠文君也。故襄疵言襲鄴，而嗣公賜令席[1]。**

1 注 先慎曰：〈說〉作「席」。

## 廟攻[1] 右經

1 注 先慎曰：趙本作「廟攻七」。盧文弨云：「此承上『參疑』、『廢置』為言，故不在『六微』中。」顧廣圻云：《藏》本同。今本此下有「七」字，誤。

▲先慎案：〈經〉既明言六微，則不應有「七」字。此接上文而來，並不應另標「廟攻」二字。

【一】勢重者，人主之淵也；臣者，勢重之魚也。魚失於淵而不可復得也，人主失其勢重於臣而不可復收也。古之人難正言，故託之於魚[1]。賞罰者[2]，利器也。君操之以制臣，臣得之以擁主。故君先見所賞則臣鬻之以爲德，君先見所罰則臣鬻之以爲威。故曰：「國之利器，不可以示人[3]」。

1 注 先慎曰：《老子》云：「魚不可脫於淵。」

2 注 先慎曰：乾道本「賞」下提行，盧文弨云：「凌本連上，是。」今據改。

3 注 先慎曰：〈喻老篇〉「國」作「邦」此作「國」，漢人改也。

靖郭君相齊，與故人久語則故人富[1]，懷左右刷則左右重[2]。久語、懷刷，小資也，猶以成富[3]，況於吏勢乎？

1 注 顧廣圻曰：《藏》本同。今本「與故」作「故與」，誤。

▲先慎曰：「久」當作「夕」，下同。說見上。

2 注 先慎曰：張榜本、趙本「刷」作「尉」，誤，下同。說見上。

3 注 顧廣圻曰：此下當有「取重」二字。

晉厲公之時，六卿貴[1]。胥僮、長魚矯諫曰：「大臣貴重，敵主爭事，外市樹黨，下亂國法，上以劫主，而國不危者，未嘗有也。」公曰：「善。」乃誅三卿。胥僮、長魚矯又諫曰：「夫同罪之人偏誅而不盡，是懷怨而借之閒也。」公曰：「吾一朝而夷三卿，予不忍盡也。」長魚矯對曰：「公不忍之，彼將忍公。」公不聽。居三月，諸卿作難，遂殺厲公而分其地[2]。

1 注 先慎曰：一本不提行。盧文弨云：提行。

2 注 先慎曰：事見《左．成十八年傳》。

州侯相荊，貴而主斷，荊王疑之，因問左右，左右對曰「無有」，如出一口也。

燕人惑易[1]，故浴狗矢。燕人，其妻有私通於士，其夫早自外而來，士適出。夫曰：

「何客也？」其妻曰：「無客。」問左右，左右言「無有」，如出一口。其妻曰：「公惑易也[2]。」因浴之以狗矢。

1 注 先慎曰：乾道本「惑易」作「無惑」。案：「無惑」則不浴矣。下文「公惑易也」，明「無惑」乃「惑易」之譌，今據張榜本改。此條舊連上，今提行。

2 注 顧廣圻曰：四字為一句。

一曰：燕人李季好遠出[1]，其妻私有通於士，季突至[2]，士在內中，妻患之。其室婦曰[3]：「令公子裸而解髮直出門，吾屬佯不見也[4]。」於是公子從其計，疾走出門。季曰：「是何人也？」家室皆曰[5]：「無有。」季曰：「吾見鬼乎？」婦人曰：「然。」「爲之奈何？」曰：「取五牲之矢[6]浴之。」季曰：「諾。」乃浴以矢。一曰浴以蘭湯[7]。

1 注 先慎曰：乾道本重「好」字。顧廣圻云：《藏》本、今本不重「好」字。

▲先慎案：《藝文類聚》十七、《御覽》三百九十五及四百九十九引不重「好」字，今據刪。

2 注 先慎曰：乾道本「至」作「之」。顧廣圻云：今本「之」作「至」。按：句有誤。

▲先慎按：季好遠遊，今不期而返，出家室意計之外也。作「至」字是，改從今本。《御覽》四百九十九引作

「李季至」，三百九十五引作「季忽歸」，《藝文類聚》作「季至」，皆非原文，不足據。

3 注 先慎曰：《藝文類聚》引無「中」字，「其室婦曰」作「妾曰」。

4 注 先慎曰：《御覽》引「公子」作「士」，下同。「佯」作「陽」。

5 注 先慎曰：乾道本無「曰」字。趙本「皆」下有「曰」字，《藝文類聚》、《御覽》引並有「曰」字，今據補。

6 注 一云「屎」。

▲先慎曰：乾道本「牲」作「姓」。盧文弨云：「姓」，一作「牲」，《藏》本作「性」，似「牲」之譌。

▲先慎案：《御覽》引正作「牲」，今據改。《左．昭十一年傳》杜注：「五牲：牛、羊、豕、犬、雞也。」

7 注 顧廣圻曰：此亦劉向校語，本卷上文云「矢，一云『屎』」，下文「共立，一云『公子赫』」，皆同例。與舊注相混，而實非舊注也。今《山海經》、《晏子春秋》皆多如此云者，《韓子》當不止三條，殆經後人刪去之耳。

【二】衛人有夫妻禱者，而祝曰：「使我無故[1]，得百束布[2]。」其夫曰：「何少也？」對曰：「益是，子將以買妾[3]。」

1 注 顧廣圻曰：句絕。「故」與下文「布」韻。

2 注 先慎曰：乾道本「束」上有「來」字。顧廣圻云：《藏》本、今本無，此不當有。

▲先慎案：「來」，即「束」字形近誤衍。《藝文類聚》八十五、《御覽》五百二十九、八百二十引並無「來」字，今據刪。

3 注 先慎曰：《藝文類聚》引句末有「矣」字。

荊王欲宦諸公子於四鄰，戴歇曰：「不可。」「宦公子於四鄰，四鄰必重之[1]。」曰：「子出者重，重則必為所重之國黨，則是教子於外市也，不便。」

1 注 顧廣圻曰：二句荊王之言也，上無「曰」字，古書多此例。

魯孟孫、叔孫、季孫相戮力劫昭公，遂奪其國而擅其制[1]。魯三桓公偪[2]，昭公攻季孫氏，而孟孫氏、叔孫氏相與謀曰：「救之乎？」叔孫氏之御者[3]曰：「我，家臣也，安知公家？凡有季孫與無季孫於我孰利[4]？」皆曰：「無季孫必無叔孫。」「然則救之。」於是撞西北隅而入[5]。孟孫見叔孫之旗入，亦救之，三桓為一。昭公不勝，逐之[6]，死於乾侯。

1 注 顧廣圻曰：此下當有「一曰」二字。

2 注 顧廣圻曰：《藏》本同。今本無「公」字。按：此不當有。

▲先慎曰：「魯三桓偪」四字不成句。「公偪」當作「偪公」，「公」謂公室也。乾道本、《藏》本誤倒，今本不審而刪之，不可從。

3 注 盧文弨曰：張、凌本皆無「者」字。

▲先慎曰：「御者」，《左·昭二十五年傳》作「司馬鬷戾」。

4 注 先慎曰：乾道本脫上「季」字，趙本移「季」字於「與」下，誤。顧廣圻云：「《藏》本、今本『有』下有『季』字。」今據補。

5 注 先慎曰：撞公圍也。

6 注 先慎曰：「逐」當為「遂」之誤。「之」下當有「齊」字，事見《左傳》。

**公叔相韓而有攻齊**[1]**，公仲甚重於王，公叔恐王之相公仲也，使齊、韓約而攻魏**[2]**，公叔因內齊軍於鄭**[3]**，以劫其君，以固其位，而信兩國之約。**

1 注 顧廣圻曰：《藏》本、今本「攻」作「功」。按：「攻」、「功」皆當衍，讀以「有齊」句絕。俞樾曰：《爾雅·釋詁》：「攻，善也。」「有」，讀為「又」。「相韓而有攻齊」，謂相韓而又善齊也。下文云「翟璜，魏王之臣也，而善於韓」，其義相同。《藏》本、趙本改「攻」為「功」，失之。

2 注 顧廣圻曰：《藏》本同。今本「魏」作「衛」誤。

3 注 先慎曰：鄭即韓也，說見〈說林上〉。

翟璜[1]，魏王之臣也，而善於韓，乃召韓兵令之攻魏，因請爲魏王搆之以自重也[2]。

1 注 盧文弨曰：「璜」，《藏》本作「黃」，與前同。

▲先慎曰：「乾道本連上，今從趙本提行。」

2 注 先慎曰：「搆」，講也。

越王攻吳王，吳王謝而告服，越王欲許之。范蠡、大夫種曰：「不可。昔天以越與吳，吳不受，今天反夫差[1]，亦天禍也。以吳予越，再拜受之，不可許也。」太宰嚭遺大夫種書曰：「狡兔盡則良犬烹，敵國滅則謀臣亡。大夫何不釋吳而患越乎？」大夫種受書讀之，太息而歎曰：「殺之，越與吳同命[2]。」

1 注 先慎曰：「今天」當作「今若」。

2 注 先慎曰：「殺」，謂殺其使也。「吳」當作「吾」，文種自謂，故後嚭之譖種，種之見殺，實基如此。

大成牛[1]從趙謂申不害於韓曰：「以韓重我於趙[2]，請以趙重子於韓，是子有兩韓，我有兩趙。」

1 注 先慎曰：「牛」乃「午」之誤，說見前。

2 注 先慎曰：「以」上當有「子」字。下「白圭相魏王」條「子以韓輔我於魏」，語意正同。此脫「子」字。

司馬喜，中山君之臣也，而善於趙，嘗以中山之謀微告趙王[1]。

1 注 先慎曰：《拾補》「嘗」改「常」，是也。

呂倉[1]，魏王之臣也，而善於秦、荊，微諷秦、荊令之攻魏，因請行和以自重也。

1 注 先慎曰：乾道本連上，盧文弨云：「凌本別為條。」今據改。

宋石，魏將也[1]。衛君，荊將也。兩國構難，二子皆將，宋石遺衛君書曰：「二軍相當[2]，兩旗相望，唯毋一戰，戰必不兩存，此乃兩主之事也，與子無有私怨，善者相避也。」

1 注 顧廣圻曰：《藏》本同。今本「魏」作「衛」，誤。

2 注 先慎曰：乾道本「軍」作「君」。顧廣圻云：今本「君」作「軍」，誤。按：依此，上文「宋石」，「石」當作「君」也。

▲先慎案：顧說謬。「君」與「軍」音近，又涉上文而譌，當作「軍」，今據改。

白圭相魏[1]，暴譴相韓。白圭謂暴譴曰：「子以韓輔我於魏，我請以魏待子於韓，臣長用魏，子長用韓。」

1 注 先慎曰：乾道本「魏」下有「王」字，顧廣圻云：「《藏》本、今本無『王』字。」今據刪。

【三】齊中大夫有夷射者[1]，御飲於王，醉甚而出，倚於郎門。門者刖跪請曰[2]：「足下無意賜之餘隸乎[3]？」夷射叱曰[4]：「去！刑餘之人，何事乃敢乞飲長者？」刖跪走退。及夷射去，刖跪因捐水郎門霤下，類溺者之狀。明日，王出而訶之曰：「誰溺於是？」刖跪對曰：「臣不見也。雖然，昨日中大夫夷射立於此。」王因誅夷射而殺之[5]。

1 注 盧文弨曰：此即《左・定二年》邾莊公夷射姑事而譌傳耳。

2 注 先慎曰：「跪」與「危」通，足也，說詳〈外儲說左下篇〉。

3 注 顧廣圻曰：《藏》本同。今本「隸」作「瀝」。

4 注 先慎曰：乾道本「叱曰」二字誤倒，從張榜本改。

5 注 王先謙曰：「誅」，責也。與下「乃誅萇弘而殺之」文句一例。

魏王臣二人不善濟陽君，濟陽君因僞令人矯王命而謀攻己，王使人問濟陽君曰[1]：「誰與恨？」對曰：「無敢與恨，雖然，嘗與二人不善，不足以至於此[2]。」王問左右，左右曰：「固然。」王因誅二人者。

1 注 先慎曰：乾道本重「濟陽君」三字，顧廣圻云：「今本不重『濟陽君』。按：此當衍。」今據刪。

2 注 王先謙曰：言不足至此，故設為疑詞。

季辛與爰騫相怨。司馬喜新與季辛惡，因微令人殺爰騫，中山之君以爲季辛也，因誅之。

荊王[1]所愛妾有鄭袖者。荊王新得美女，鄭袖因教之曰：「王[2]甚喜人之掩口也，爲近王[3]，必掩口。」美女入見，近王，因掩口。王問其故，鄭袖曰：「此固言惡王之臭。」及王與鄭袖、美女三人坐，袖因先誡御者曰：「王適有言，必亟聽從[4]。」王言美女前[5]，近王甚，數掩口，王悖然怒曰[6]：「劓之。」御因揄刀而劓美人[7]。

1 注 先慎曰：張榜本「荊王」以下至「一曰」並脫。趙用賢云：「此以下近本俱脫失，今從宋板校定。」

2 注 顧廣圻曰：「王」字下至「乃誅萇弘而殺之」，《藏》本脫。

3 注 先慎曰：「為」當作「若」。

4 注 先慎曰：「亟」、「急」同字。

5 注 王先謙曰：此當再有「美女」二字。

6 注 顧廣圻曰：今本「悖」作「勃」，誤。按：「悖」、「怫」同字，後又多作「怫」。

7 注 先慎曰：「御」下當有「者」字。

一曰：魏王遺荊王美人，荊王甚悅之[1]。夫人鄭袖知王悅愛之也，亦悅愛之，甚於王，衣服玩好擇其所欲爲之。王曰：「夫人知我愛新人也，其悅愛之甚於寡人，此孝子所以養親[2]，忠臣之所以事君也。」夫人知王之不以己爲妒也，因爲新人曰[3]：「王甚悅愛子，然惡子之鼻。子見王，常掩鼻，則王長幸子矣。」於是新人從之，每見王，常掩鼻。王謂夫人曰：「新人見寡人常掩鼻，何也？」對曰：「不己知也[4]。」王強問之，對曰：「頃嘗言惡聞王臭[5]。」王怒曰：「劓之。」夫人先誡御者曰：「王適有言，必可從命[6]。」御者因揄刀而劓美人。

1 注 先慎曰：《藝文類聚》十八引「荊」作「楚」，「美人」作「美女」。

2 注 先慎曰：「子」下當有「之」字，此與下句文法一例，《戰國・楚策》正有「之」字，明此脫。

3 注 先慎曰：「為」與「謂」古本通，趙本及《御覽》三百六十七引作「謂」，後人所改。

4 注 盧文弨曰：「己」字疑衍。顧廣圻曰：「《戰國策》云：『妾知也』。」

▲先慎曰：「己」即「人己」之「己」，「不己知也」，言我不知也。故王強問之，正女子進讒常態，無「不」字則與下文「王強問之」句不合。《策》下作「王曰：雖惡必言之」，與此不同。兩書不能強合，當各依本書為是。

5 注 先慎曰：張榜本「惡聞王臭」下用上「及王與鄭袖、美女三人坐」，但「掩口」作「掩鼻」，「悖然」作「勃然」，末句「御」作「御者」。

6 注 先慎曰：「可」當作「亟」。

費無極，荊令尹之近者也[1]。郄宛新事令尹，令尹甚愛之。無極因謂令尹曰：「君愛宛甚，何不一爲酒其家？」令尹曰：「善。」因令之爲具於郄宛之家。無極教宛曰：「令尹甚傲而好兵，子必謹敬，先亟陳兵堂下及門庭。」宛因爲之。令尹往而大驚曰：「此何也？」無極曰：「君殆去之[2]，事未可知也。」令尹大怒，舉兵而誅郄宛，遂殺之。

1 注 先慎曰：《左傳》：「邇無及也」（「及」即「極」之誤）。杜注：「邇，近也。」陸氏《釋文》云：「近，附近之『近』。」

2 注 盧文弨曰：「殆」當作「急」，《吳越春秋》作「王急去之」，「王」謂平王。

▲先慎曰：事見《左·昭二十七年傳》，時平王已死，《吳越春秋》誤作「王」。「殆」，猶「必」也。「君殆去之」，謂君必去之也。《呂覽·自知》云：「座殆尚在於門」，注：「殆，猶必也。」盧說非。

犀首與張壽爲怨[1]，陳需新入，不善犀首[2]，因使人微殺張壽。魏王以爲犀首也，乃誅之[3]。

1 注 先慎曰：「為」，猶「相」也。上文「季辛與爰騫相怨」，句法正同。

2 注 俞樾曰：「入」字衍文。上文云：「司馬喜新與季辛惡」，與此條情事相同，文法亦一律。此云「陳需新不善犀首」，猶彼云「司馬喜新與季辛惡」也。

3 注 顧廣圻曰：「張壽」，張旄也。「陳需」，田需也。大致與《戰國．楚策》所云「張旄果令人要靳尚刺之」為一事，傳之不同也。王先謙曰：上言「犀首走」，此「誅之」疑「逐之」之誤。

中山有賤公子，馬甚瘦，車甚弊。左右有私不善者，乃爲之請王曰[1]：「公子甚貧，馬甚瘦，王何不益之馬食？」王不許。左右因微令夜燒芻廄[2]，王以爲賤公子也，乃誅之。

1 注 先慎曰：「請」下當有「於」字。

2 注 顧廣圻曰：「廄」，當依上文作「廥」。

魏有老儒而不善濟陽君[1]，客有與老儒私怨者，因攻老儒殺之以德於濟陽君，曰：

「臣爲其不善君也，故爲君殺之。」濟陽君因不察而賞之[2]。

1 注 顧廣圻曰：今本無「而」字，誤也。

2 注 先愼曰：謂不察客固有私怨也。

一曰：濟陽君有少庶子者[1]，不見知，欲入愛於君者。齊使老儒掘藥於馬梨之山，濟陽少庶子欲以爲功，入見於君曰：「齊使老儒掘藥於馬梨之山，名掘藥也，實閒君之國。君殺之[2]，是將以濟陽君抵罪於齊矣。臣請刺之。」君曰：「可。」於是明日得之城陰而刺之。濟陽君還益親之[3]。

1 注 先愼曰：乾道本「者」作「有」，今據趙本改。顧廣圻云：「少」上「有」字當作「之」，非。

2 注 王先謙曰：「殺之」上當有「不」字，無則義不可通。

3 注 先愼曰：「益」字疑衍。上文「少庶子不見知，欲入愛於君」，是濟陽君初不親少庶子也。刺老儒，君還親之，則「親」上不當有「益」字。「還」，音「旋」。

【四】陳需，魏王之臣也，善於荊王，而令荊攻魏。荊攻魏，陳需因請爲魏王行解之[1]，因以荊勢相魏。

1 注 先慎曰：「解」，和也。本書多用「搆」字。

韓昭侯之時，黍種嘗貴甚有[1]，昭侯令人覆廩，廩[2]吏果竊黍種而糶之甚多。

1 注 先慎曰：各本「甚有」二字作「甚」，據《藝文類聚》八十五引改。謂民間甚有黍種也。

2 注 先慎曰：各本不重「廩」字，據《藝文類聚》引補。

昭奚恤之用荊也，有燒倉廥窌者[1]，而不知其人。昭奚恤令吏執販茅者而問之，果燒也[2]。

1 注 顧廣圻曰：「窌」當作「窌」。

2 注 王先謙曰：「果燒」下疑有「者」字。

昭僖侯之時，宰人上食而羹中有生肝焉。昭侯召宰人之次而誚之曰：「若何為置生肝寡人羹中？」宰人頓首服死罪曰：「竊欲去尚宰人也。」

一曰：僖侯浴，湯中有礫。僖侯曰：「尚浴免，則有當代者乎？」左右對曰：「有。」僖侯曰：「召而來。」譙之曰：「何爲置礫湯中？」對曰：「尚浴免，則臣得代之，是以置礫湯中。」

文公之時，宰臣上炙而髮繞之[1]。文公召宰人而譙之曰[2]：「女欲寡人之哽邪？奚爲以髮繞炙？」宰人頓首再拜請曰：「臣有死罪三[3]：援礪砥刀，利猶干將也，切肉，肉斷而髮不斷，臣之罪一也；援錐[4]貫臠而不見髮，臣之罪二也；奉熾爐炭，肉[5]盡赤紅炙熟而髮不焦[6]，臣之罪三也。堂下得微有疾臣者乎[7]？」公曰：「善。」乃召其堂下而譙之[8]，果然，乃誅之。

1 注 先慎曰：《意林》「而」下有「有」字。

2 注 先慎曰：《藝文類聚》十七引「譙」作「誚」，下同。

3 注 先慎曰：各本無「臣」字，今據《藝文類聚》、《意林》補。

4 注 先慎曰：各本「錐」字作「木而」二字，今據《藝文類聚》、《意林》改刪。

5 注 先慎曰：各本「肉」作「火」，今據《藝文類聚》、《意林》引改。

6 注 先慎曰：各本「炙」上有「而」字，「焦」作「燒」，今據《藝文類聚》刪改。

7 注 先慎曰：乾道本「得」下有「財無」兩字。顧廣圻云：今本無「財」字。按：句有誤。王引之云：「無」字後人所加，「得微」即「得無」也。〈邶風．式微〉傳云：「微，無也。」《晏子春秋．襍篇》云「諸侯得微有故乎，國家得微有事乎」，《莊子．盜跖篇》「得微往見跖耶」，皆其證也。後人加「無」字於「微」字之上，而其義遂不可通矣。

▲先慎案：王說是。《藝文類聚》引作「堂下得微有嫉臣者乎」，今據刪。「疾」、「嫉」古通。

8 注 先慎曰：各本「下」上有「堂」字。按：「堂」字衍，「召其下」，謂召其次也。《藝文類聚》引正無「堂」字，今據刪。

一曰：晉平公觴客，少庶子進炙而髮繞之。平公趣殺炮人，毋有反令。炮人呼天曰：「嗟乎！臣有三罪，死而不自知乎[1]？」平公曰：「何謂也？」對曰：「臣刀之利，風靡骨斷而髮不斷，是臣之一死也。桑炭炙之，肉紅白而髮不焦，是臣之二死也。炙熟，又重睫而視之，髮繞炙而目不見，是臣之三死也。意者堂下其有翳憎臣者乎？殺臣不亦蚤乎[2]！」

1 注 先慎曰：《御覽》八百六十三引「死而」作「而死」。

2 注 先慎曰：《御覽》引無「翳」字，「蚤」作「枉」。

穰侯相秦而齊強，穰侯欲立秦爲帝而齊不聽，因請立齊爲東帝而不能成也[1]。

1 注 顧廣圻曰：「不」當作「乃」。

【五】晉獻公之時，驪姬貴，擬於后妻，而欲以其子奚齊代太子申生，因患申生於君而殺之[1]，遂立奚齊爲太子。

1 注 先慎曰：「患」當作「惡」。

鄭君已立太子矣，而有所愛美女欲以其子爲後[1]，夫人恐，因用毒藥賊君殺之。

1 注 先慎曰：句絕。

衛州吁重於衛，擬於君，群臣百姓盡畏其勢重，州吁果殺其君而奪之政。

公子朝[1]，周太子也，弟公子根甚有寵於君。君死，遂以東周叛，分爲兩國。

1 注 顧廣圻曰：本書〈難三篇〉「朝」作「宰」。《史記．周本紀》云「威公卒，子惠公代立，乃封其少子於鞏以奉王，號東周惠公」，即其事。《索隱》云「名班」，與此不同。

楚成王以商臣爲太子，既而又欲置公子職。商臣作亂，遂攻殺成王。

一曰：楚成王[1]商臣爲太子，既欲置公子職。商臣聞之[2]，未察也，乃爲其傅潘崇曰[3]：「奈何察之也？」潘崇曰：「饗江芊而勿敬也。」太子聽之。江芊曰：「呼役夫！宜君王之欲廢女而立職也。」商臣曰：「信矣。」潘崇曰：「能事之乎？」曰：「不能。」「能爲之諸侯乎[4]？」曰：「不能。」「能舉大事乎？」曰：「能。」於是乃起宿營之甲[5]而攻成王，成王請食熊膰而死，不許，遂自殺。

1 注 先慎曰：此下當有「以」字。

2 注 先慎曰：乾道本「臣」作「人」，今據趙本改。

3 注 先慎曰：「為」、「謂」字通。

4 注 俞樾曰：「為」字衍文。「能之諸侯乎」，言能適諸侯乎。《左傳》作「能行乎」，是其證也。

5 注 顧廣圻曰：《左傳》云：「宮甲。」

韓廆相韓哀侯，嚴遂重於君，二人甚相害也。嚴遂乃令人刺韓廆於朝[1]，韓廆走君而抱之[2]，遂刺韓廆而兼哀侯[3]。

1 注 先慎曰：即聶政，見〈韓策〉。

2 注 先慎曰：《策》作「韓廆走而抱哀公」。

3 注 顧廣圻曰：〈說林上篇〉及〈韓策〉「廆」作「傀」，同字。「哀侯」即〈世家〉之「烈侯」，《世本》謂之「武侯」，《戰國策》及此謂之「哀侯」，各不同。事在三年，與〈世家〉之「哀侯」非一人也。

田恆相齊，闞止重於簡公，二人相憎而欲相賊也。田恆因行私惠以取其國，遂殺簡公而奪之政。

戴驩爲宋太宰，皇喜重於君，二人爭事而相害也，皇喜遂殺宋君而奪其政。

狐突曰：「國君好內則太子危，好外則相室危。」

鄭君問鄭昭曰：「太子亦何如？」對曰：「太子未生也。」君曰：「太子已置，而曰『未生』，何也？」對曰：「太子雖置，然而君之好色不已，所愛有子，君必愛之，愛之則必欲以爲後，臣故曰『太子未生』也。」

【六】文王資費仲而游於紂之旁[1]，令之諫紂而亂其心[2]。

1 注 先慎曰：《喻老篇》：「資費仲以玉版。」

2 注 盧文弨曰：「諫」，凌本作「閒」。案：《顏氏家訓・音辭篇》：「《穆天子傳》音『諫』為『閒』。」蓋《穆天子傳》「道里悠遠山川諫之」下郭璞注也。今本乃改正文作「閒」，注作「閒，音『諫』」，殊誤。此書亦是以「諫」為「閒」，凌本遽改作「閒」，其誤亦同。

荊王使人之秦，秦王甚禮之。王曰：「敵國有賢者，國之憂也。今荊王之使者甚賢，寡人患之。」群臣諫曰：「以王之賢聖與國之資厚，願荊王之賢人。王何不深知之而陰有之[1]，荊以爲外用也，則必誅之。」

1 注 王先謙曰：深知之，猶言「深結之」。

▲先慎曰：「陰」當作「陽」，字之誤也。「陽」與「佯」通。

仲尼爲政於魯，道不拾遺，齊景公患之。梨且[1]謂景公曰：「去仲尼猶吹毛耳。君何不迎之以重祿高位，遺哀公女樂以驕榮其意[2]。哀公新樂之，必怠於政，仲尼必諫，諫[3]必輕絕於魯。」景公曰：「善。」乃令梨且以女樂二八遺哀公[4]，哀公樂之，果怠於政。仲尼諫，不聽，去而之楚[5]。

1 注 盧文弨曰：孫云：「《後漢書·馮衍傳》注引作『犁鉏』。」顧廣圻曰：上文作「黎」，下文作「犁」，「犁」是也。今本皆作「黎」非。《史記·孔子世家》作「犁鉏」。

▲先慎曰：《御覽》四百七十八引作「黎鉏」，《意林》作「黎且」。

2 注 盧文弨曰：「哀」字譌，《後漢書注》引「君何不遺魯君以女樂」，此在定公時，云「哀公」皆誤。王渭曰：「榮」當作「熒」，下文「以榮其意」同。

▲先慎曰：「哀公」，《後漢注》引同。明此《韓非子》傳聞偶誤，非字譌也。《後漢注》上作「定」，下作

「哀」，不足為據。

3 注 盧文弨曰：《後漢書注》引有「而不聽」三字。

4 注 先慎曰：各本「二八」字作「六」字。盧文弨云：《意林》亦作「六」，疑皆「二八」兩字之譌。《太平御覽》五百七十一引《家語》作「八十」，疑後人以《史記》之文改之。八十人太多，六人太少。即非「二八」，亦是八人方成舞列，下晉遺虞亦同。

▲先慎案：「六」字乃「二八」二字之誤，《御覽》四百七十八引正作「二八」，今據改。

5 注 先慎曰：《後漢注》作「遂去之」三字，《御覽》引作「去而之齊」。

楚王謂干象曰[1]：「吾欲以楚扶甘茂而相之秦，可乎？」干象對曰：「不可也。」王曰：「何也？」曰：「甘茂少而事史舉先生。史舉，上蔡之監門也，大不事君，小不事家，以苛刻聞天下，茂事之順焉。惠王之明，張儀之辨也，茂事之，取十官而免於罪，是茂賢也。」王曰：「相人敵國而相賢[2]，其不可何也？」干象曰：「前時王使邵滑之越[3]，五年而能亡越[4]，所以然者，越亂而楚治也。日者知用之越[5]，今忘之秦，不亦太亟忘乎[6]！」王曰：「然則爲之奈何？」干象對曰：「不如相共立。」王曰：「共立可相，何也？」對曰：「共立[7]少見愛幸，長爲貴卿，被王衣[8]，含杜若，握玉環以聽於朝。且利以亂秦矣。」

1 注 顧廣圻曰：《史記．甘茂傳》作「范蜎」，徐廣云：「一作『蠉』」，《索隱》云：「《戰國策》一作『蝝』字」。今《楚策》作「環」。

▲先慎曰：汲古閣《文選．過秦論》李注引「干象」作「于象」，「干」、「于」字形相近而誤。吳鼒云：「宋槧一卷中前作『于』，後作『干』，查《姓氏急就篇》注，楚有干象，不誤。」

2 注 先慎曰：「賢」上「相」字衍。

3 注 顧廣圻曰：徐廣云：「『滑』一作『涓』。」《策》無「邵」字。

▲先慎曰：《史記．甘茂傳》作「召」，賈誼《新書》亦作「召」，〈秦本紀〉作「昭」，〈楚策〉作「卓」，〈趙策〉作「淖」。「召」、「昭」、「卓」、「淖」皆一聲之轉。李善《文選．過秦論》注引此亦作「召」，「召」、「邵」古通。

4 注 先慎曰：《文選注》引「亡越」作「盛之」。

5 注 王先謙曰：「日」字疑「昔」脫其半。

6 注 先慎曰：乾道本兩「忘」字作「亡」。顧廣圻云：當依《策》作「忘」。

▲先慎按：張榜本作「忘」，今據改。

7 注 「共立」，一云「公子赫」。顧廣圻曰：《策》作「公孫赫」。《史記》云「向壽」不同也。

8 注 俞樾曰：「王」當作「玉」，《三國志．魏文帝紀》注云「舜承堯禪，被珍裘」，「玉衣」猶云「珍裘」矣。古人於美好之物皆曰「玉」，食言「玉食」，衣言「玉衣」，其義同也。此與下文之「握玉環」本同。作「王」，後人不解而臆改耳。

吳政荊[1]，子胥使人宣言於荊曰：「子期用，將擊之。子常用，將去之。」荊人聞之，因用子常而退子期也。吳人擊之，遂勝之。

1 注 先慎曰：乾道本「攻」作「政」，今從趙本改。

晉獻公[1]欲伐虞、虢[2]，乃遺之屈產之乘，垂棘之璧，女樂二八，以榮其意而亂其政[3]。

1 注 先慎曰：乾道本連上，今從趙本提行。

2 注 先慎曰：乾道本無「欲」字。盧文弨云：一本作「欲伐虞」。案：〈經〉是虞、虢。

▲先慎案：乾道本脫「欲」字，一本脫「虢」字耳。《御覽》三百五又四百七十八、五百六十八引作「欲伐虞、虢」，今據補。

3 注 先慎曰：各本「二八」字作「六」字，今據《御覽》引改。「滎」當作「熒」。

叔向之讒萇弘也[1]，爲萇弘書[2]，謂叔向曰：「子爲我謂晉君，所與君期者，時可矣，何不亟以兵來？」因佯遺其書周君之庭而急去行[3]，周以萇弘爲賣周也，乃誅萇弘而殺之[4]。

1 注 王渭曰：《困學紀聞》謂此時叔向死已久。

▲先慎曰：《說苑．權謀篇》記誅萇宏事與本書略同，蓋古人相傳偶異也。

2 注 先慎曰：乾道本作「為書曰萇弘」，《拾補》作「為萇弘書」，盧文弨云：「『為書曰萇弘』誤。」今從凌本刪乙。

3 注 先慎曰：「行」字當衍。

4 注 盧文弨曰：凌本無此三字。王先謙曰：「『而殺之』三字句例見前，凌本妄刪。」

▲先慎曰：《難言篇》云：「萇宏分胣。」

鄭桓公將欲襲鄶[1]，先問鄶之豪傑、良臣、辯智果敢之士，盡與其姓名[2]，擇鄶之良田賂之，爲官爵之名而書之，因爲設壇場郭門之外而埋之[3]，釁之以雞豭，若盟狀。鄶君以爲內難也，而盡殺其良臣。桓公襲鄶，遂取之。

1 注 顧廣圻曰：他書「鄶」又作「檜」「會」。

2 注 盧文弨曰：張本無「與」字，凌本作「盡與其名姓」。顧廣圻曰：「盡與」，《說苑·權謀篇》作「書其」。俞樾曰：「與」當作「舉」。《周官·師氏》「王舉則從」，注曰：「故書『舉』為『與』」，是其例也。襄二十七年《左傳》「仲尼使舉是禮也」，《釋文》引沈云：「舉，謂紀錄之也。」然則「盡舉姓名」，為悉記錄其姓名矣。

3 注 先慎曰：乾道本「埋」作「理」。顧廣圻云：「理」當作「埋」。

▲先滇案：張榜本作「埋」，今據改。

【七】[1]秦侏儒善於荊王，而陰有[2]善荊王左右而內重於惠文君。荊適有謀，侏儒常先聞之，以告惠文君。

1 注 王先謙曰：「七」字不當有。

2 注 先慎曰：「有」，讀為「又」。

**鄴令襄疵[1]陰善趙王左右。趙王謀襲鄴，襄疵常輒聞而先言之魏王。魏王備之[2]，趙乃輒還[3]。**

1 注 顧廣圻曰：乾道本、《藏》本此條在「秦侏儒」前，當譌倒也。
▲先慎曰：依《經》次不誤，顧說非。

2 注 先慎曰：乾道本不重「魏王」二字，盧文弨云：「舊不重，張、凌本皆重。」今據補。

3 注 王念孫曰：「輒還」當作「輟行」，言趙王知魏之有備而止其行也。「輟」字既作「輒」，後人不得其解，故改「輒行」為「輒還」。不知上言趙謀襲鄴，則兵尚未出，不得言「還」也。

**衛嗣君之時，有人於縣令之左右[1]，縣令有發蓐而席弊甚[2]，嗣公還令人遺之席，曰：「吾聞汝今者發蓐而席弊甚，賜汝席。」縣令大驚，以君爲神也。**

1 注 先慎曰：各本脫「縣」字，據《御覽》七百九引補。

2 注 先慎曰：各本「令」下衍「有」字，據《御覽》引刪。

# 韓非年表

| 年代 | 生平紀事 |
| --- | --- |
| 西元前二八〇？ | 出生。 |
| 前二五五？～前二四七？ | 與李斯同師事荀卿。 |
| 前二四七？～前二三四？ | 多次上書諫韓王，始終不受重用。 |
| 西元前二三四？ | 出使秦國。 |
| 西元前二三三年 | 為李斯、姚賈所害，服李斯所遺藥，自殺。 |

註：本表所據，為今常見說法，部分年代事跡或有不同記載，請讀者自行參擇。

# 精進書目

國立臺灣師範大學國文學系教授　陳麗桂

## 一、考據（校、注、譯）

1. 清・王先慎《韓非子集解》，光緒二十一年成書，臺北：世界書局，二〇一八年十月一版二十一刷。

這是今傳《韓非子》考校版本中，較爲詳贍的古本。作者自稱，以宋乾道本（即明代周孔教所刊較爲精楷的大字本）爲主，對校趙用賢本，又旁採諸說，間附己見，其有訛脫者，據它本訂正。前有王先謙序文，及自己的簡短〈弁言〉，並有詳細的〈考證〉與〈佚文〉。〈考證〉部分詳細論述歷代《韓非子》版本的沿革，〈佚文〉部分則就其所蒐羅到百餘條《韓非子》佚文中，無法補入正文或注文者，合爲一卷。

2. 邵增樺《韓非子今註今譯》，（「古籍今註今譯」叢書），臺北：臺灣商務印書館，一九八二年九月。

這是臺灣較早「古籍今註今譯」叢書中的《韓非子》註譯本。

3. 陳奇猷《韓非子新校注》，上海：上海古籍出版社，二〇〇〇年十月。
近代考校《韓非子》者，陳奇猷《韓非子集釋》是權威代表。然陳奇猷於集釋出版後十餘年，重新考研《韓非子》體系，又蒐羅許多新資料，如各類書、經、史、子、《昭明文選》等舊注所引《韓非子》文，以及近年出土，若馬王堆帛書《老子》、《黃帝四經》、《戰國策》及包山簡等古佚文獻，幾近重撰地，大事增補改易原集釋內容及書名，成《韓非子新校注》，詳贍爲歷來諸家之冠。

4. 張素貞《新編韓非子》（上、下）（全註全譯），（國立編譯館「新編諸子叢書」），臺北：鼎文書局，二〇〇一年三月。
「新編諸子叢書」中的《韓非子》，該叢書對所譯註的諸子做全注全譯，內容包含「導論」、「校注與語譯」、「附錄」三部分；「導論」包含作者傳略、思想介紹，「附錄」包含該書之資料彙編、作者簡明年譜、重要參考書目等。

5. 張覺《韓非子校疏》（上、下），（《中國要籍叢書》），上海：上海古籍出版社，二〇一〇年三月。
前此作者曾有《韓非子全譯》、《韓非子校注譯》、《韓非子校釋譯》（上、中、下），本書不論內容印刷，都是其增修後之較完善本。

## 二、綜述與義理

1. 張素貞《韓非子思想體系》，臺北：黎明文化事業公司，一九七四年五月。
本書除概述韓非的生平、學術思想內因及外緣之淵源外，並探討其哲學、政治、國防、教育思想，終以得失及價值評判作結。

2. 王邦雄《韓非子的哲學》，臺北：東大圖書有限公司（三民書局），一九七七年八月。
本書主要探討《韓非子》的政治哲學。全書三分之一綜述其時代背景、思想淵源、哲學特質；其餘三分之二探討《韓非子》政治哲學的理論基礎、勢術法的實際發用、價值評價及現代意義。

3. 張純、王曉波《韓非子思想的歷史研究》，臺北：聯經出版事業公司，一九八三年。
全書雖分六章，六個議題，事實上其所聚焦的，仍是以韓非為主的法家政治哲學在先秦的崛起、其所展現的專制思維，及其在漢代先道後儒政治上的實踐。

4. 蔡榮桐《韓非子思想管窺》，臺北：臺灣書店，一九八八年六月。

本書簡述韓非生平、《韓非子》一書思想淵源、哲學思想、政治思想、科學思想、教育思想、經濟思想與領導統御術（法、術、勢），檢討其創見與價值，並附後代評論。一般學者公認為《韓非子》政治思想核心的法、術、勢三要項，本書卻只以二十頁左右的篇幅去述說。

5. 孫實明《韓非思想新探》，武漢：湖北人民出版社，一九九〇年七月。
本書除概述韓非的生平與思想淵源外，並分由勢、術、法三論及歷史觀、倫理思想、辯證法思想、唯物認識等議題，論述韓非子的思想，並以評論其歷史地位作結。

6. 鄭良樹《韓非之著述及思想》，臺北：學生書局，一九九三年七月。
本書分前編、後編、餘編三部分，前、後編又各分緒論、分論、結論三部分，核心重點都在分論。「前編」的「分論」逐篇述說《韓非子》五十五篇中四十一篇之要旨；「後編」的「分論」則分三期論述韓非的著述及思想，包括韓非的生平與學術思想，重要政術探討、對傳統文化道德、歷史觀及現實社會的否定與批判，是全書的主體；餘編分兩章，論述韓非的遇害與遺作——《韓非子》的編纂與流傳。

7. 姚蒸民《韓非子通論》，臺北：東大圖書公司，一九九九年三月。
本書除概述先秦諸子思想的本質、概況，《韓非子》一書相關問題與研究法考證、韓非的時代背景、學說淵源外，並分由基礎、勢論、法論、術論四大議題，探討其哲學思想，及其在後世的迴響與評價。

8. 施覺懷《韓非評傳》，（匡亞明主編《中國思想家評傳叢書》），南京：南京大學出版社，二〇〇二年二月。

本書分「綜論」與「分論」兩部分。「綜論」敘述韓非子的時代、生平事跡與著作、哲學思想、經濟觀、歷史觀；「分論」分別探討《韓非子》的君道、臣道、民論、臣民關係、法論、術論、勢論、刑賞論、毀譽觀，與外交、內政。

9. 陳惠娟《韓非子哲學新探》，臺北：文史哲出版社，二〇〇四年五月。

本書應是作者博士論文修訂後的正式出版。全書對《韓非子》大量徵引史事的情況，有相當大比重的考證，這在一般《韓非子》研究中，是少有的現象，在全書七章中就佔了四章，外加「附錄」近三十頁與前此史書《春秋》、《左傳》、《國語》的關係考證。直至五、六兩章才探討其哲學基礎與體系，第七章檢討其現代意義。內容與篇名不大一致；然其以史證狀況理解《韓非子》哲學，考證也仔細用心，能補他人之所忽略，亦可取。

10. 彭鴻程《秦漢韓非子學研究》，長沙：岳麓書社，二〇一四年六月。

本書探討《韓非子》一書的淵源、產生背景、在先秦的發展狀況、在《呂氏春秋》中的揚棄狀況，以迄在漢代制度與諸子思想中所呈現的吸收與批判狀況。

## 三、專論

1. 張素貞《韓非子喻老篇析論》，臺北：巨人出版社，一九七五年四月。

該書就〈喻老〉篇的例證，分由權謀、棄智、無爲、見微、自持、儉欲六大議題，論述其所表現的道法思想。

2. 張素貞《韓非子難篇研究》，臺北：學生書局，一九八七年三月。

該書就四〈難〉篇的豐富史例，循勢、術、法三議題，析論其所呈現的政論。結論並就其辯難體裁、寫作章法、參考比較其相同史例在先秦他籍中的載述情況，以呈顯四篇的價值。

3. 黃信彰《專制帝王的德行論——韓非子君德思想研究》，臺北：秀威（資訊），二〇〇六年六月。

本書專論《韓非子》一書的「君德」觀對法家各派與荀子、老子思想的淵源，及其以修身修家、護民爲國、抱法爲內容的「君德」，並檢討其影響與限制。

4. 王威威《韓非子思想研究——以黃老爲本》，南京：南京大學出版社，二〇一二年四月。

本書應是作者博士論文修訂後的正式出版。主要探討《韓非子》中所呈現的虛靜無爲，與道法相融的黃老思想。

## 四、其他

1. 謝雲飛著：《韓非子析論》（臺北：大林書店，一九七三年）
2. 趙海金著：《韓非子研究》（臺北：正中書局，一九八二年）
3. 張素貞著：《韓非子的實用哲學》（臺北：中央日報，一九八九年）
4. 高柏園著：《韓非哲學研究》（臺北：文津出版社，一九九四年）
5. 阮忠著：《韓非：權術人生》（武漢：長江文藝出版社，一九九四年）
6. 屈小強著：《強者哲學——韓非的智慧》（成都：四川教育出版社，一九九六年）
7. 李宗桂主編：《韓非與中國文化》（貴州：貴州人民出版社，一九九六年）
8. 蘇南著：《法家文化面面觀》（山東：齊魯書社，二〇〇〇年）

【筆記頁】

思想的・睿智的・獨見的

經典名著文庫

【筆記頁】

思想的・睿智的・獨見的

經典名著文庫

經典名著文庫 162

# 韓非子（上）

原　　著 —— 韓　非
集　　解 —— 王先慎
導　　讀 —— 陳麗桂
題　　解 —— 陳麗桂
發 行 人 —— 楊榮川
總 經 理 —— 楊士清
總 編 輯 —— 楊秀麗
文庫策劃 —— 楊榮川
副總編輯 —— 黃文瓊
責任編輯 —— 吳雨潔
特約編輯 —— 盧文心
封面設計 —— 姚孝慈
著者繪像 —— 莊河源
出 版 者 —— **五南圖書出版股份有限公司**
地　　址 —— 臺北市大安區 106 和平東路二段 339 號 4 樓
電　　話 —— 02-27055066（代表號）
傳　　眞 —— 02-27066100
劃撥帳號 —— 01068953
戶　　名 —— 五南圖書出版股份有限公司
網　　址 —— https://www.wunan.com.tw
電子郵件 —— wunan@wunan.com.tw
法律顧問 —— 林勝安律師事務所　林勝安律師
出版日期 —— 2022 年 4 月初版一刷
定　　價 —— 620 元



**國家圖書館出版品預行編目資料**

韓非子 / 韓非原著；王先慎集解；陳麗桂導讀、題解．
-- 初版．-- 臺北市： 五南圖書出版股份有限公司，
2022.04
冊；公分．--（經典名著文庫：162-163）
ISBN 978-626-317-689-8（上冊：平裝）.--
ISBN 978-626-317-690-4（下冊：平裝）

1.CST：韓非子　2.CST：注釋

121.671　　111002761